Le Vicomte DE CHAUNAC,
Lieutenant-Colonel du 9ᵉ Dragons.

VIES
DES GRANDS
CAPITAINES FRANÇAIS
DU MOYEN AGE.

TOME V.

SE VEND AUSSI CHEZ

CHARLES-BÉCHET, LIBRAIRE, quai des Augustins, n. 57;
ANSELIN, LIBRAIRE, rue Dauphine, n. 9;
GABRIEL DENTU, LIBRAIRE, rue du Colombier, n. 3,
et au Palais-Royal.

PROPRIÉTÉ DE L'AUTEUR.

IMPRIMERIE DE H. FOURNIER,
rue de Seine, n° 14.

VIES

DES GRANDS

CAPITAINES FRANÇAIS

DU MOYEN AGE,

POUR SERVIR DE COMPLÉMENT A L'HISTOIRE GÉNÉRALE DE LA FRANCE AUX XIIe, XIIIe, XIVe ET XVe SIÈCLES ;

PAR ALEXANDRE MAZAS,

ANCIEN OFFICIER D'ÉTAT-MAJOR.

Ne quid falsi dicere, ne quid veri non audeat.
CICERO.

Dédié à Monsieur le Dauphin.

―

TOME CINQUIÈME.

LOUIS II DE CLERMONT.	BOUCICAUT,
COMMANDANT-GÉNÉRAL DE LA GUYENNE.	MARÉCHAL DE FRANCE.

―――∞∞∞―――

A PARIS,

CHEZ M. EUGÈNE DEVENNE, ÉDITEUR,

RUE GÎT-LE-COEUR, N° 12.

―

M DCCC XXVIII.

LOUIS II DE CLERMONT,

COMMANDANT-GÉNÉRAL DE LA GUYENNE.

NOTE PRÉPARATOIRE.

Il existe une histoire de Louis de Clermont intitulée : *Histoire de la vie et faits héroïques de Louis II de Bourbon, en laquelle est compris le discours des guerres des Français, Anglais, Flamands et Sarrasins, sous la conduite dudit duc.*

Cette chronique fut commencée en 1429, par Jean d'Orronville, écuyer picard qui l'écrivit sur les récits que lui firent plusieurs nobles contemporains de Louis de Clermont, et notamment le sire de Chateaumorant, qui avait été élevé avec ce prince et qui l'accompagna dans toutes ses expéditions. Le manuscrit resta long-temps dans les archives de la maison de Condé, et fut imprimé en 1612, par Jean Baptiste Masson, en un volume in-12. Cette chronique est précieuse en ce qu'elle parle de beaucoup d'événemens rapportés déjà par Froissart, et l'on peut comparer les deux opinions; il y règne un grand air de vérité. Nous aurons souvent l'occasion de la citer.

LOUIS II DE CLERMONT,

COMMANDANT-GÉNÉRAL DE LA GUYENNE.

LIVRE PREMIER.

Après la mort de son père Pierre Ier, tué à la bataille de Poitiers, Louis de Clermont devient, à l'âge de dix-huit ans, un des plus puissans vassaux de la couronne. — Il disperse les bandes de la jacquerie. — A la paix de Bretigni il devient un des otages du roi. — Il ne rentre dans ses domaines qu'après huit ans de captivité. — Il devient le lieutenant de Duguesclin dans ses campagnes de Normandie, de Guyenne et d'Auvergne.

La nombreuse postérité de saint Louis engendra une multitude de branches qui, bien loin de contribuer à l'affermissement du trône, ne servirent qu'à tenir la royauté dans une situation périlleuse; il faut cependant excepter la branche de Robert de Clermont, dernier fils de saint Louis. Elle produisit pendant deux cent cinquante ans une foule d'hommes remarquables; tous ces princes consolèrent la patrie dans les momens de désastres; le plus illustre fut celui dont nous allons écrire l'histoire.

Louis de Clermont, duc de Bourbon, naquit le 4 août 1337, un mois avant la bataille de l'Écluse. Son père Pierre Ier fut tué à la bataille de Poitiers en parant les coups que l'on portait au roi Jean; ce Pierre Ier offrait un assemblage de qualités éminentes et de travers bizarres; il avait contracté beaucoup de dettes, autant pour secourir des malheureux et servir l'État, que pour fournir à ses plaisirs; les gens auxquels il devait eurent recours au pape; les lois d'alors ne pouvaient forcer un prince du sang à s'acquitter envers ses créanciers, elles ordonnaient bien la saisie des meubles, mais les domaines seigneuriaux et la personne du débiteur étaient inviolables; le pape, après avoir employé les exhortations, les injonctions même, fulmina l'excommunication; Pierre n'en tint compte, et dans le fait il lui était bien difficile de s'acquitter; il avait vendu une partie de ses domaines pour soutenir, à ses frais, la guerre contre les Anglais; car Jean II, dépourvu d'argent, ne lui avait pas donné un seul homme, pas un seul écu d'or lorsqu'il l'envoya défendre le Languedoc menacé par les armes d'Édouard III; le prince pensait qu'à cette considération ses créanciers pouvaient bien attendre ; mais le pape ne voulut jamais lever l'excommunication. Or, tout homme frappé des foudres de l'Église ne pouvait recevoir les honneurs de la sépulture; le lendemain de la bataille si funeste au roi Jean, le maire de Poitiers étant venu lui-même pour enlever les corps des bannerets tués sur place et les faire enterrer avec la pompe convenable, l'évêque ne voulut pas que celui du duc de Bourbon fût mis en terre; d'après ses ordres on l'embauma pour le garder dans une chapelle jusqu'à ce que l'excommunication fût levée. Le jeune Louis de Clermont, à peine âgé de dix-huit ans, se hâta d'y obvier; la mort de son père le dégageait légalement de toute espèce d'obligation, et anéantissait les dettes à son égard, mais l'honneur parlait chez lui plus haut que les lois; il réunit les créanciers de son père, et les paya en entier à leur grand étonnement. L'excommunication fut levée aussitôt, le cardinal François Scappi expédia les lettres d'absolution du pape Innocent VI. Louis alla chercher le corps de son père, et le fit inhumer dans l'église des cordeliers de Paris, à côté de Louis Ier son aïeul.

Quelque respect que Louis de Clermont professât pour la mémoire de son père, il ne chercha cependant pas à le prendre pour modèle, il en trouva un plus digne dans Jacques de Bourbon son oncle, dont le caractère chevaleresque jetait un grand éclat; mais lui-même devint bientôt pour ses contemporains un homme exemplaire; l'austérité de ses mœurs le fit distinguer des autres princes du sang, livrés la plupart à une vie licencieuse; la mesure qu'il mettait dans sa conduite, la prudence qui accompagnait ses moindres actions attirèrent sur lui l'attention du dauphin (Charles V), qui le jugea capable de remplir, avant l'âge requis, la charge de grand chambrier de France, possédée par son père et dans laquelle il devait lui succéder de droit, mais seulement à l'âge de vingt-cinq ans. Le grand chambrier de la couronne exerçait une juridiction supérieure sur tous les marchands et artisans du royaume, il délivrait les lettres de maîtrise, avait la police des corporations, et jugeait en premier ressort les différends élevés entre elles; il prélevait un droit sur les lettres de maîtrise; cette charge, la sixième de l'État, fut supprimée par François Ier.

Les fonctions de chambrier appelèrent à Paris Louis de Clermont plustôt qu'il ne l'aurait voulu; il habitait le Bourbonnais avec sa mère Isabelle, sœur de Philippe de Valois, et se complaisait à répandre des bienfaits sur ses vassaux. Arrivé à la cour du dauphin, il fixa tous les regards par son extérieur agréable et par ses qualités brillantes; voici le portrait qu'en fait Christine de Pisan, qui, élevée dans la maison de France, fut à même de le voir et de le juger : « En sa jeunesse fut prince bel, gracieux, aimable, joli, joyeux, de honourable amour, amoureux sans peschié selon que relacion témoigne, gentil en ses manières, bénigne en ses paroles, large en dons, d'accueil si gracieux qu'il tiroit à lui, princes, princesses, chevaliers, nobles et tous gens qui le fréquentoient. »

Le jeune Louis de Clermont, héritier d'une illustre race, n'aspirait pas à obtenir des succès dans une cour livrée à l'intrigue; son ambition avait un but plus noble. Le royaume se trouvait dans une position extrêmement difficile, le roi prisonnier, les Anglais dans le cœur de la France, Charles-le-Mauvais soufflant le feu de la discorde; enfin le régent, jeune prince de vingt-un ans, n'ayant ni argent, ni troupes à sa disposition; tel était l'état des affaires publiques. Louis de Clermont quitta précipitamment Paris, alla dans ses domaines, parcourut le Bourbonnais, l'Auvergne, le Forez, et ramena à sa suite 1,800 hommes; ce secours inattendu mit le dauphin à même de sortir de l'abattement où il était plongé. Sa position devenait chaque jour plus critique; les *Jacques* commettaient des désordres épouvantables; c'était une calamité d'un nouveau genre; 12,000 de ces forcenés se rassemblèrent devant Meaux, où la femme du dauphin, la duchesse d'Orléans, et trois cents dames ou demoiselles étaient retirées; les rebelles se ménagèrent des intelligences dans la place, les bourgeois leur en ouvrirent les portes, les princesses et leur suite eurent à peine le temps de se réfugier dans le quartier appelé le Vieux Marché, séparé du reste de la ville par la Marne; quelques cavaliers composaient seuls leur escorte. Les *Jacques* annonçaient hautement l'intention de massacrer toutes ces nobles dames après les avoir dépouillées. Le dauphin, instruit du danger des princesses, envoya de suite à leur secours Louis de Clermont, qui partit aussitôt pour Meaux avec 200 cavaliers; la femme du régent, renfermée dans cette ville, était sa propre sœur. Il arriva au moment où Gaston-Phœbus et le captal du Buch cherchaient aussi à pénétrer dans la place avec 150 cavaliers; ils se réunirent tous, forcèrent les obstacles, et entrèrent dans le Vieux Marché. L'honneur des dames menacé ne permettait pas à Gaston-Phœbus de réfléchir au péril qu'il courait en affrontant avec une poignée de chevaliers des milliers d'ennemis. Le captal, quoique au service de l'Angleterre, ne se laissa pas arrêter par des raisons de politique ; des femmes réclamaient son assistance, et la chevalerie lui faisait une loi de voler à leur défense.

L'arrivée de Louis de Clermont, du comte de Foix et du captal du Buch, ne fit pas changer la résolution des *Jacques* ; ils investirent le marché et bloquèrent étroitement le large pont qui unissait l'île à la ville ; la perte des princesses et de leurs généreux défenseurs paraissait inévitable, lorsque ces derniers prirent une détermination hardie, qui devait sur-le-champ consommer leur ruine ou leur procurer des chances favorables ; ils firent abattre les barrières et sortirent précipitamment en escadron serré, s'avançant fièrement sur le pont ; Louis de Clermont, le comte de Foix, le captal du Buch, marchaient en tête ; leurs écuyers portaient devant eux leurs bannières. A la vue de ces étendards, signes caractéristiques de la puissance seigneuriale, les paysans restèrent pétrifiés ; ils ne purent maîtriser un mouvement de respect. Les chevaliers les voyant incertains, fondirent sur eux avec impétuosité ; les *Jacques* n'avaient ni assez de courage ni assez d'habitude de la guerre pour résister à un pareil choc; ils cédèrent du terrain, se débandèrent, et s'enfuirent éperdus. Les chevaliers, profitant de cette circonstance, les foulèrent aux pieds des chevaux, pas un seul de ces *Jacques* ne chercha à résister; cruels vis-à-vis des femmes sans défense, pusillanimes devant des guerriers, ils ne surent pas supporter le choc de 300 cavaliers. Ce fut une boucherie et non pas un combat; les chevaliers se lassaient de frapper; ils tuèrent, ou précipitèrent dans la Marne au moins 7,000 de ces misérables; c'est un fait sur lequel aucun écrivain contemporain ne varie; le reste des *Jacques* se dispersa, en commettant dans sa fuite les mêmes cruautés qui avaient rendu ces hommes l'effroi de toutes les contrées.

Le captal et le comte de Foix, voyant les trois cents dames françaises hors de péril, regardèrent leur devoir comme rempli, et quittèrent la Brie; l'un partit pour l'Angleterre, l'autre pour la Guienne. Louis de Clermont se joignit au jeune Enguerand de Couci pour anéantir les dernières bandes de la jacquerie; ils poursuivirent les rebelles dans toutes les directions; grace à leur persévérance, le pays fut délivré de ce fléau, et le dauphin se vit affranchi des craintes sérieuses que cette révolte organisée lui avait justement inspirées.

La dispersion des *Jacques* fut d'autant plus appréciée, que le roi de Navarre, jetant-tout-à-fait le masque, venait de déclarer la guerre dans les formes au régent. Le premier soin du dauphin, en rentrant dans la capitale, fut de dédommager Louis de Clermont des pertes qu'il venait d'essuyer; car, pendant que le jeune prince soutenait dans l'île de France le trône chancelant, les Anglais envahissaient la majeure partie de ses domaines sans qu'il lui fût permis d'aller les défendre, puisque les intérêts de l'État réclamaient sa présence auprès du régent; celui-ci, par lettres patentes du 26 novembre 1359, lui adjugea toutes les terres voisines du comté de Clermont, confisquées sur les partisans d'Édouard III.

Cependant Jean II restait captif à Londres; son absence causait des maux incalculables; l'autorité du dauphin n'était ni assez forte ni assez reconnue; il importait de briser les fers du roi à quelque prix que ce fût, son retour pouvait seul arrêter le vaisseau de l'État au moment du naufrage. Louis de Clermont fut envoyé en Angleterre pour faire les premières ouvertures de paix, et traiter de la délivrance du roi Jean; il trouva ce prince abattu par le malheur; l'énergie qu'il avait d'abord montrée au milieu de ses infortunes n'existait plus; sa captivité lui était devenue insupportable, et pour recouvrer la liberté il aurait sacrifié le royaume tout entier; il exigea que le duc de Bourbon présentât à Édouard III un projet de traité de paix dont les conditions étaient désastreuses pour la France. Le duc obéit tout en se montrant contraire aux dispositions de cet acte. Édouard l'accueillit sans restriction; mais pour que ce traité fût valide, il fallait que les états-généraux le sanctionnassent; il fallait de plus le consentement du dauphin et de son conseil, et l'on sait avec quelle généreuse fermeté ces divers pouvoirs le repoussèrent. Le duc de Bourbon, opinant en qualité de prince du sang, adopta les conclusions du parlement. Édouard III, indigné d'un refus auquel tous les Français participaient, voulut obtenir par la force ce qu'il n'avait pu obtenir par les traités; il inonda une seconde fois la France de ses armées. Le duc de Bourbon fut chargé de défendre une partie de la Champagne; il harcela l'armée anglaise à la tête d'un camp volant, et voyant Reims menacé, il se jeta dans la ville, dont il électrisa la population; jamais on ne vit plus d'énergie; le duc partagea avec les habitans et l'archevêque la gloire de cette héroïque défense. Il quitta cette cité après la retraite de l'ennemi, et se rendit à Londres pour remplacer comme otage le roi Jean; outre sa personne, il donna 100,000 écus d'or, et se taxa lui-même à cette somme dans sa part de la rançon du monarque.

La cour d'Angleterre était alors la plus brillante et la plus heureuse de l'Europe ; tout y respirait la joie. On y accueillit Louis de Clermont avec la distinction la plus marquée, et on le combla de caresses : « et par la valeur et la belle gence que la reyne (Philippe de Hainault) trouva au duc de Bourbon, qui estoit moult bel gracieux chevalier, bien amoureux premièrement envers Dieu, après envers toutes les dames et damoiselles, plein de gracieuses paroles, et ne pouvoit être bien au lieu où il ouist dire du mal des dames : donc ses vertus furent si agréables à la reyne d'Angleterre et aux dames du pays, que le duc Loys alloit par tout le royaume à son plaisir, et venoit souventes fois devers la reyne, à la cour, où s'esbattoit aucunes fois au jeu de dez, où la reyne passoit son temps volontiers. » (Oronville, p. 3.)

De son côté Édouard III, toujours empressé à se faire des partisans parmi la noblesse française, comblait Louis de Clermont de prévenances; la conquête d'un prince du sang lui paraissait précieuse pour les projets qu'il nourrissait toujours sur la couronne de France; quel fruit n'avait-il pas tiré de son alliance avec Robert d'Artois et Charles-le-Mauvais! Mais dans cette circonstance ses efforts ne furent point couronnés de succès. Le jeune Bourbon repoussa les propositions qu'on lui fit, et mérita l'estime de celui qui voulait l'avilir; la perte de la liberté ne lui était sensible que parce qu'elle lui ôtait la possibilité de partager la gloire de Duguesclin et des autres vaillans défenseurs de Charles V.

Jean II mourut, mais Louis de Clermont ne put obtenir la permission de rentrer dans ses domaines; le roi de France était descendu au tombeau sans acquitter en entier sa rançon; Édouard III, en retenant les otages, espérait tirer d'eux les sommes qu'il réclamait; ce ne fut qu'après huit ans d'une injuste captivité que Louis de Clermont vit briser ses fers, il ne dut même cette faveur qu'à une circonstance particulière; nous la citerons ici.

Édouard affectionnait beaucoup Williams Wincam, son chapelain; il voulait le pourvoir de l'évêché de Wincester, alors vacant, et auquel les prélats de l'Angleterre prétendaient tous; connaissant la considération dont la maison de

Bourbon jouissait auprès d'Urbin V, le roi pria Louis de Clermont d'interposer ses bons offices en faveur de son chapelain, lui promettant la liberté pour prix de cette complaisance; le duc écrivit au pape en l'instruisant de la condition que l'on mettait à son élargissement; Urbin V, né dans les domaines de la maison de Bourbon, s'empressa de rendre à la France un prince dont elle pouvait attendre de si grands services; Wincam fut nommé évêque de Wincester, et Louis de Clermont vit arriver, dans le mois de mai 1368, le terme de son esclavage (1).

Tous les hommes supérieurs du moyen âge eurent à cœur de relever la chevalerie qui tombait en désuétude, ils instituèrent à cet effet des ordres divers dont les statuts commandaient des devoirs; Édouard III, après avoir travaillé pendant long-temps à détruire la chevalerie, parce qu'elle rendait de trop grands services au roi de France son rival, finit par en devenir le

(1) Thoyras dit à cette occasion, dans le livre x de l'Histoire d'Angleterre : « Le duc de Bourbon ayant eu occasion de rendre quelques services au roi auprès du pape, fut mis en pleine liberté en payant seulement 12,000 écus d'or que le prince de Galles avait donnés à celui qui l'avait fait prisonnier à la bataille de Poitiers. » C'est une erreur; le jeune Louis de Clermont n'assista point à la bataille de Poitiers.

plus zélé propagateur; il institua l'ordre de la Jarretière, Jean II fonda celui de l'Étoile, Amédée de Savoie celui de l'Annonciade. Louis de Clermont, possesseur de grands domaines, ayant de nombreux vassaux, voulut aussi en instituer un pour signaler sa rentrée dans le duché, et en même temps pour ranimer le zèle des bannerets et leur inspirer toutes les vertus que commandait la chevalerie, l'amour de la patrie, et le respect pour les lois. C'est dans ces nobles vues qu'il créa l'ordre de *l'Espérance;* il convoqua en conséquence la noblesse du Bourbonnais à Moulins pour le premier jour de l'an 1369; chacun se rendit avec empressement à cette invitation; les vassaux, les paysans même, accoururent pour contempler les traits de leur suzerain. Au jour convenu, le duc tint cour ouverte dans la grande salle du palais; après la présentation des dames et des damoiselles, il reçut l'hommage de ses vassaux qui n'avaient point encore prêté serment. Il distribua ensuite, à un certain nombre de seigneurs désignés d'avance, les insignes du nouvel ordre qu'il instituait : ils consistaient en une ceinture dorée et un écu d'or orné d'une bande de perles, sur laquelle on lisait le mot *Allen.* Après la distribution des insignes, Louis de Clermont se rendit aux offices précédé des nouveaux chevaliers, parmi lesquels on remarquait les sires de la Palice, de Latour, de Damas, de Montaigu, de Chastellux, de Guichard, de Blot, de Lespinasse, de Saligny, de Vichi, de Châteaumorand, de Lafayette, de Gifté, de Veaussé, de Lamothe, de Fontenai, de Busset, de Chasnente, de Champroux, de Serpeine, de Chantennellé. A son retour de l'église, le duc harangua la noblesse en ces termes :

« Messeigneurs, je vous remercie tous de mon ordre qu'avez pris; le dit ordre signifie que tous nobles qui l'ont et qui le portent doivent être comme frères, vivre et mourir l'un avec l'autre en tous besoins, c'est à sçavoir en toutes bonnes œuvres que chevaliers d'honneur, et nobles hommes doivent mener; et outre, qu'ils ne soient en lieu à ouïr blasphémer Dieu qui le puisse achever, et prie à tous ceux de l'ordre qu'ils veuillent honorer dames et damoiselles, et ne souffrir en ouïr mal dire; car ceux qui mal en dient font petit de leur honneur, et dient d'une femme qui ne peut revancher ce qu'ils n'oseraient dire d'un homme, dont plus accroist la honte, et des femmes après Dieu vient une partie de l'honneur de ce monde. Le second article de cet ordre, si est que ceux qui le portent, ne soient jongleurs et médisants l'un de l'autre, qui est une laide chose à tout gentilhomme; mais porter foi l'un à l'autre comme il appartient à tout honneur de chevalerie. Mes amis à travers de mon écu est une bande où il y a écrit *Allen, qui signifie allons tous ensemble au service de Dieu*, et soyons tout un pour le service de notre pays, et là où nous pourrons trouver où conquêter honneur parfait de chevalerie, et pour ce mes frères je vous ai dit ce que signifie l'ordre à l'écu d'or, laquelle un chacun à qui je l'ai baillé le doit jurer et promettre de retenir, et moi le premier. » (Oronville.)

Guillaume de Damas répondit à Louis de Clermont au nom des chevaliers : « Très-puissant prince, dit-il, voyez-ci votre chevalerie qui vous mercie très-humblement du bel ordre, et grands dons que leur avez donné; lesquels, ne vous savent que donner à ce jour, fors qu'ils vous offrent leurs corps et leurs biens, qu'il vous plaise de les recevoir en cettui premier jour de l'an, nonobstant qu'ils y sont obligés; mais le cœur est ferme et leur volonté est pareille. »

Des tournois, des danses succédèrent à la cérémonie; cette belle fête fut un moment troublée par un incident qui fournit à Louis de Clermont l'occasion de montrer la grandeur de son ame.

Dans le cours des huit années que le duc avait passées prisonnier à Londres, beaucoup de barons et de gentilshommes de ses états avaient profité de son absence pour faire des dégâts dans ses domaines, et se soustraire arbitrairement aux taxes qu'ils devaient à leur souverain; le procureur-général de Louis Clermont, nommé Huguenin Chauveau, homme intègre, mais d'une humeur chagrine, avait vainement cherché à défendre les droits de son maître; ses injonctions furent méprisées; on alla jusqu'à le maltraiter; il tint une note exacte des délits commis envers le duc, et en forma un gros livre. Les vassaux, les chevaliers convoqués à la fête, se livraient à la joie dans la même salle où le duc avait admis à sa table les principaux seigneurs; tout à coup Chauveau se présente marchant gravement précédé de deux clercs qui portaient le fatal registre : « Mon très-redouté seigneur, dit-il, les forfaits et les désobéissances des chevaliers, écuyers, et nobles d'arrière-fief sont si grands, que les uns ont encouru la peine de mort, et les autres la confiscation de leurs biens; et pour ce à ce jour de l'an, je vous en donne le registre, comme la plus belle offre qui fut jamais faite. » A ces terribles paroles les spectateurs restèrent glacés d'effroi; de quelque côté que le prince tournât ses regards, il ne voyait que des visages consternés; le duc se hâta de rassurer les coupables : « Chauveau, dit-il d'un ton sévère, avez-vous aussi tenu compte des services que mes vassaux m'ont rendus? » En disant ces mots il prit le registre et le jeta dans un vaste brasier, où le livre fut promptement dévoré par les flammes.

Cet acte de générosité remplit d'admiration les sujets de Louis de Clermont; dès ce moment chacun se montra disposé à lui sacrifier ses biens et sa vie; ce fut aussi avec un véritable enthousiasme que l'on vola sous sa bannière, lorsque deux mois après ce prince résolut de chasser les Anglais des places qu'ils tenaient sur les frontières de ses états, car au mépris du traité de Brétigni, les capitaines d'armes d'Édouard III avaient refusé de rendre les villes dont ils s'étaient emparés dans le cœur du royaume; ils avaient pénétré au milieu du Bourbonnais, s'y étaient établis, et y commettaient des excès de tout genre; maîtres de la Roche-sur-Allier, ils interceptaient la navigation de la rivière, arrêtaient les barques, et affamaient les villages riverains; postés à Beauvoir, leur principale place d'armes, ils occupaient la jonction de quatre routes qui aboutissaient à ce point; ils y rançonnaient les voyageurs, les habitans, et sur le refus de donner de l'argent, ou de contracter une promesse formelle avec caution, ils précipitaient les malheureux dans une grande fosse au milieu de laquelle ils entretenaient continuellement un feu de fagots allumés; ce lieu redoutable était l'effroi de tout le Bourbonnais, et tenait depuis huit ans les gens des campagnes dans une épouvante continuelle; quand même Louis de Bourbon n'eût pas été le souverain de ce pays, l'humanité seule lui faisait une loi de le purger de cette horde de brigands; il invoqua donc ses chevaliers à bannières, ses écuyers et arrière-vassaux, et leur donna quinze jours pour être prêts à entrer en campagne; aucun ne manqua; ils se trouvèrent tous réunis sous les murs de Moulins à l'époque indiquée. Le duc nomma les sires de Montagu, de Damas, de Châteaumorand, de Saligny, de Lespinasse, ses lieutenans dans cette expédition.

La Roche-sur-Allier fut attaquée le 15 janvier 1369; les Anglais soutinrent deux vigoureux assauts, mais au troisième la fortune se déclara entièrement contre eux; ils furent tous pris ou tués; pas un seul n'échappa; et de peur que cette ville ne servît une seconde fois de refuge à d'autres malfaiteurs, il en fit raser les murailles, et à l'aide des paysans accourus des différens points, cette opération fut faite dans l'espace de quatre jours; ce court délai leur suffit pour démanteler entièrement la place.

Les barons demandèrent à marcher sur-le-champ contre Beauvoir; les Anglais, bien persuadés qu'ils n'auraient point de quartier, se défendirent en désespérés; pendant deux semaines ils bravèrent les efforts des assiégeans, cinq fois plus nombreux; enfin la forteresse fut enlevée, et les assiégés périrent tous sur les remparts; quelques-uns tombèrent vivans entre les mains des vainqueurs; on les jeta dans la fosse *de l'enfer* pour leur faire subir le supplice dans lequel ils avaient fait périr des centaines de malheureux; le commandant, appelé Bourg-le-Camus, fut épargné; on le taxa à une très-forte rançon que Louis de Clermont employa à dédommager les habitans qui avaient le plus souffert des ravages de ces étrangers.

Le Bourbonnais célébra par des fêtes cette victoire qui le délivrait de ses plus cruels ennemis; Louis de Clermont, voyant ses états pacifiés et tranquilles, songea à se marier; il épousa, le 19 août 1370, Anne fille de Béraud, Dauphin d'Auvergne, un des seigneurs les plus magnifiques de son temps; il était resté longues années à Londres comme otage du roi Jean, et s'y était lié d'amitié avec Louis de Clermont; ces deux seigneurs formèrent en Angleterre le projet de cette alliance; quatre jours après ses noces le duc reçut un message de Charles V qui l'invitait à se rendre à Paris sans aucun retard.

Charles V était du nombre des princes qui savent dérober quelques momens aux grandeurs pour goûter les jouissances de l'ame; il avait trouvé dans Louis de Clermont son beau-frère l'ami le plus tendre, le confident de ses secrètes pensées; il l'avait désigné depuis long-temps pour diriger l'éducation de ses fils, pour leur inspirer les vertus nécessaires à leur état; Charles l'appelait à Paris dans ce moment avec l'espoir de trouver, dans la sagesse de ses conseils et dans la force de son bras, des secours pour conjurer le nouvel orage qui venait d'éclater sur la France.

Kenolles, débarqué à Calais avec 30,000 hommes, menaçait la capitale et les provinces du nord; Duguesclin était encore sur les frontières d'Espagne; le maréchal de Sancerre en Guienne; Couci persistait dans sa neutralité à l'égard d'Édouard III. Dans cet embarras le roi ne voyait que Louis de Clermont capable de le seconder;

ce prince accourut, et contribua puissamment à soutenir l'ardeur des Parisiens ; campé sous les murs de la capitale avec le peu de troupes disponibles que Charles V avait pu lui confier, il repoussa si bien les attaques tentées par Kenolles sur les faubourgs, que les Anglais, rebutés par ce mauvais succès, renoncèrent au projet de pénétrer dans la ville, et se dirigèrent vers la Loire; ce fut dans ce moment que Duguesclin arriva à Paris ; Louis de Clermont voyait en lui le vengeur de Blanche de Bourbon sa sœur, empoisonnée par don Pèdre son époux; il ne trouva pas d'expressions assez fortes pour lui exprimer sa reconnaissance; il le supplia d'accepter son amitié; la chaleur avec laquelle ce prince exprimait ses sentimens, sa noble franchise, charmèrent le héros breton ; l'intimité la plus franche unit dès ce moment ces deux hommes, les plus vertueux de cette époque; mais tandis que Louis de Clermont déplorait avec Bertrand les infortunes de sa sœur Blanche, il apprit que sa mère courait le plus grand danger dans la ville de Belle-Perche; il demanda aussitôt la permission de voler à son secours; Charles V la lui accorda; alors le duc partit aussitôt et avec une diligence telle, qu'il arriva en Bourbonnais au moment où l'ennemi le croyait occupé dans la Picardie ou dans la Champagne, contre Kenolles.

Trois compagnies anglaises, fortes ensemble de 1,500 hommes, avaient traversé l'Auvergne sous la conduite de Bernard de Wifle et de Renaud de La Salle; ces capitaines, profitant de la négligence du commandant de la ville de Belle-Perche qu'habitait Isabelle de Valois, mère de Louis de Clermont, escaladèrent les murs à la faveur de la nuit, et se rendirent maîtres de la place et de la princesse; ils espéraient tirer une forte rançon de cette riche capture, mais ils savaient aussi qu'elle leur serait vivement disputée; les habitans des campagnes, guidés par l'attachement qu'ils portaient à leur prince, accoururent de toute part pour essayer de reconquérir Belle-Perche et de délivrer Isabelle, mais leurs efforts furent inutiles; Renaud de La Salle les dispersa; il croyait rester paisible possesseur de sa conquête lorsqu'on lui annonça l'arrivée de Louis de Clermont; cette nouvelle se répandit dans le Bourbonnais avec la rapidité de l'éclair; les vassaux, les arrière-vassaux, la noblesse de l'Auvergne et du Forez vinrent se rallier à sa bannière, et le duc se trouvait sous les murs de Belle-Perche avec 2,500 combattans, que les Anglais savaient à peine son apparition dans le

Bourbonnais (1). C'était dans le fort de l'hiver, mais la rigueur de la saison ne fut point un obstacle pour Louis de Clermont; il investit la ville, et fit ses dispositions pour entreprendre un siège en règle. Les attaques commencèrent par six canons qui tiraient nuit et jour, et par deux machines énormes qui lançaient aussi des quartiers de pierre et des morceaux de fer; en peu de temps les maisons de Belle-Perche furent écrasées; le bruit nouveau de ces canons, et la vue des ravages qu'ils faisaient, épouvantèrent si fort Isabelle de Valois, qu'elle envoya supplier son fils de cesser le feu, craignant d'être enveloppée dans la ruine de ceux qui la tenaient captive. Froissard dit qu'elle n'agit que d'après l'injonction expresse des Anglais. Quoi qu'il en soit, Louis cessa de faire jouer les canons, mais il continua à resserrer la ville, espérant la prendre ou par famine ou par capitulation. Il jura de ne lever le siège que lorsqu'on lui aurait rendu sa mère; il entoura son camp d'un mur à hauteur d'homme, et fit bâtir au milieu de l'enceinte, des maisons en bois pour mettre ses

---

(1) Oronville met le siège de Belle-Perche en 1383, il eut lieu en 1370. On ne conçoit pas cette erreur de la part d'un écrivain contemporain attaché à la maison des ducs de Bourbon.

soldats à l'abri du froid. Il resta ainsi dans ses lignes deux mois entiers, tenant toujours les Anglais en haleine par des attaques partielles et subites. Renaud de La Salle, voyant qu'il serait impossible de lasser sa constance, dépêcha un messager secret à Pembrok et au comte de Cambridge, quatrième fils d'Édouard III, pour les informer de sa position; ces généraux ne balancèrent pas à venir au secours des assiégés; ils tirèrent des soldats des garnisons voisines, et se mirent en route à la tête de 8,000 hommes d'excellentes troupes; ils traversèrent le Limousin, l'Auvergne, et arrivèrent sur les frontières du Bourbonnais. Les habitans du pays avaient instruit le duc de l'approche de l'ennemi; mais l'arrivée de forces si supérieures aux siennes ne l'intimidèrent point. Il changea de position, assit son camp sur un plateau qui dominait la ville et d'où il pouvait encore la foudroyer lorsqu'il le jugerait convenable; adossé à un roc fort élevé, il ne pouvait être tourné, et le front, par lequel on serait obligé de l'attaquer, était d'un accès très-difficile; les paysans et les gens inutiles furent renvoyés; le duc ne garda que les hommes capables de le seconder; son sang-froid, sa confiance, remplirent d'ardeur ses barons et ses chevaliers; chacun brûlait de se montrer digne de servir sous un pareil chef. Au bout de deux jours d'attente, on aperçut dans la plaine les bannières anglaises; l'ordre qui régnait dans la marche de l'armée ennemie attestait qu'on allait avoir à se mesurer contre des troupes aguerries, et non contre des bandes désordonnées. Et en effet, Édouard III avait introduit parmi les Anglais une discipline dont la sévère observation leur assura long-temps une supériorité incontestable sur le reste de l'Europe.

Pembrok croyait voir le duc en pleine retraite, ou en rase campagne, prêt à livrer bataille; il fut étonné de le trouver renfermé dans un camp presque inexpugnable. Il rangea son armée sur deux lignes au pied d'un coteau, et dépêcha un héraut vers Louis de Clermont pour lui proposer le combat; mais l'envoyé n'obtint pas la permission d'entrer dans le camp; il fallut qu'il se servît d'un porte-voix pour instruire le duc de l'objet de son message.

Louis de Clermont fit connaître en ces termes ses intentions : « La prudence me fait une loi de ne pas engager une action générale avec une armée triple de la mienne. J'ai dû chercher à rendre ma position moins périlleuse en me retranchant de mon mieux; mais si Pembrok veut éprouver la valeur des Français, il pourra se satisfaire dans un combat de 5o contre 5o que je lui propose. » Ce cartel ne fut point accepté; on doit s'en étonner, car les Anglais se montraient ordinairement assez empressés de répondre à ces sortes de défis.

Après deux jours de repos, Pembrok et le comte de Cambrige, firent les démonstrations d'une attaque générale contre le camp des Français; Louis de Clermont s'y attendait, il s'y prépara en général expérimenté; il plaça au milieu du front de ses fortifications, ses canons, dont les effets étaient d'autant plus effrayans qu'ils étaient peu connus; il y plaça aussi deux grosses arbalètes à rouet; ces machines, fort anciennes dans l'art de la guerre, lançaient d'énormes javelots avec une force presque égale à celle de la poudre. Pendant la nuit qui précéda l'assaut, le duc fit jeter devant le camp, et dans un rayon assez étendu, une quantité prodigieuse de chausses-trappes afin d'embarrasser la marche de l'ennemi, et profiter de la désunion de ses rangs pour l'accabler par des décharges continuelles. Il disposa ensuite ses troupes en cordon sur toute la ligne des palissades, de sorte que chaque homme avait à garder un espace de trois pieds, il lui était défendu de quitter son poste, même pour aller au secours de son voisin. Cette disposition plaçait avec avantage 300 arbalétriers génois nouvellement arrivés; ces soldats étrangers, ordinairement timides en rase campagne, devenaient extrêmement redoutables lorsqu'ils se voyaient protégés par le moindre obstacle. La supériorité du nombre ne les étonnait plus; ils lançaient leurs traits avec une promptitude et une adresse surprenantes; chaque coup portait.

Pembrok quitta son camp vers midi; il s'avança fièrement, ne doutant pas d'enlever d'assaut la position de l'ennemi; il faisait précéder sa ligne de bataille par 800 soldats portant chacun une fascine qu'ils devaient jeter simultanément dans les fossés pour les combler. Le duc les laissa approcher à demi-portée de javelot, et ordonna tout à coup une décharge générale; les canons et les archers firent pleuvoir leurs projectiles, et dans quelques momens ces 800 hommes d'avant-garde furent frappés à la fois et mis hors de combat; plusieurs flèches lancées par les grosses arbalètes percèrent deux hommes ensemble, ce qui effraya singulièrement les Anglais. (Oronville, p. 25.)

Pembrok s'avança à la tête d'une seconde colonne; n'ayant pas de machines de guerre, il ne pouvait rien opposer à celles des Français; il ne lui restait qu'à enlever la position par escalade, et en sacrifiant beaucoup de monde avant même d'arriver aux retranchemens; mais l'ardeur de ces nouveaux assaillans se refroidit bientôt, ils n'arrivèrent seulement pas au bord des fossés, ils ne pouvaient se garantir des flèches des Génois, ils en étaient accablés. Le duc de Bourbon, voyant l'effet de ces terribles machines, sortit du camp à la tête de 300 chevaliers à pied, bannière déployée, et fondit sur la divison de Pembrok, encore étonnée de l'échec qu'elle venait d'éprouver; il la rompit et la contraignit de battre en retraite, laissant la place couverte de morts. Après ce succès il se retira en bon ordre, ne voulant pas engager une action générale avec le reste de l'armée anglaise conduite par Cambrige. Les officiers ennemis, aussi dégoûtés que leurs troupes, renoncèrent au projet d'enlever ces retranchemens qui vomissaient la mort. Pembrok envoya au duc un second message pour lui annoncer que, s'il ne levait pas le siège, s'il ne se retirait pas dans le fond du Bourbonnais, il aurait la douleur de voir conduire sa mère prisonnière ou en Guienne ou en Angleterre. « Ce sera pour des chevaliers chrétiens, répondit Louis de Clermont, un exploit bien triste; mais je ne changerai rien à ma résolution, et je défie les Anglais de m'empêcher de me rendre maître de Belle-Perche et d'y planter ma bannière. »

Pembrok et Cambrige mirent leur menace à exécution ; le matin du jour suivant ils arrachèrent la duchesse de ses appartemens, et, malgré ses cris et ses supplications, l'ayant placée sur un palefroi, ils l'emmenèrent avec eux; après avoir décampé sans bruit, ils laissèrent une extrême arrière-garde qui mit le feu à la ville. En voyant les flammes qui embrasaient l'horizon, Louis de Clermont fut saisi d'effroi; il tremblait pour sa mère; sortant à la hâte de son camp, il vola vers Belle-Perche, abattit les portes, et se précipita dans la place; les habitans désolés lui apprirent que les Anglais avaient enlevé Isabelle de Valois; partagé entre le soin d'éteindre l'incendie et le désir de délivrer celle à laquelle il devait le jour, le duc se hâta de faire ses efforts pour parvenir à l'un et à l'autre but; le malheur de toute une population fut l'objet de ses premiers soins; grace à l'ardeur inouïe de ses soldats, le feu fut éteint plus tôt qu'on n'avait osé l'espérer ; il courut alors à la poursuite des Anglais; ceux-ci ayant beaucoup d'avance sur lui, savaient qu'on ne pouvait les atteindre qu'avec de la cavalerie, et le prince français en avait très-peu; mais cette considération ne l'arrêta point; il partit avec 300 cavaliers, joignit l'arrière-garde ennemie et la tailla en pièces ; cependant la nature des lieux ne lui permettait pas de percer jusqu'à la tête de la colonne ; il eut la douleur de voir de loin sa mère suivre, sur le revers de la montagne, les contours de la route ; il s'élançait pour la joindre, lorsque les sires de Villars, de Damas, et d'autres bannerets, arrêtèrent son cheval et empêchèrent ainsi le duc de tomber entre les mains de Pembrok.

L'expédition de Belle-Perche coûta aux Anglais plus de 3,000 hommes ; elle les couvrit de honte, surtout par la conduite qu'ils avaient tenue envers Isabelle de Valois ; le prince Noir blâma son frère et les autres généraux d'avoir enlevé ainsi une femme sans défense. Quant au duc de Bourbon, cette affaire lui acquit une grande réputation d'habileté, et lui gagna l'estime des gens de guerre ; avec 2,500 hommes seulement il en avait battu 8,000, en avait tué ou mis hors de combat 3,000, et avait forcé l'ennemi à lui abandonner la campagne ; cet exploit fut pendant long-temps le sujet des chants des ménestrels, et la renommée le publia en France, en Angleterre et en Allemagne. Mais Louis de Clermont ne borna pas à ces hauts faits les travaux de cette année ; Duguesclin venait de commencer sa belle campagne du Poitou ; le duc courut le joindre, regardant comme une faveur de combattre sous les yeux du vainqueur de Montiel ; il se distingua dans toutes les actions qui rendirent cette guerre justement célèbre, et principalement au siège de Saint-Sever ; la garnison, commandée par Thomas de Percy, refusait de capituler, on résolut de l'attaquer sur trois points à la fois ; le maréchal de Sancerre eut le commandement de l'aile gauche, le connétable se réserva le centre et confia la droite à Louis de Clermont : ce prince, bravant les décharges continuelles des archers anglais, combla les fossés, arriva aux pieds des remparts, établit une mine, et pratiqua dans le mur une ouverture par laquelle trois hommes de front pouvaient passer ; il y entra le premier, précédé de sa bannière, que portait le jeune Chatellux, et livra aux Anglais un combat furieux qui dura près d'une heure ; enfin il les délogea des remparts, fit prisonnier de sa main le gouverneur, et arbora son étendard sur les crénaux, tandis que Duguesclin arborait le sien sur un autre point.

La conquête du Poitou était consommée ; le connétable passa en Bretagne pour contenir Jean de Montfort, toujours partisan de l'Angleterre ; beaucoup de seigneurs fatigués de la guerre, d'autres ne voulant pas combattre Montfort, allié des ducs de Bourgogne et de Berri, abandonnèrent l'armée, mais le duc de Bourbon, enflammé d'une ardeur belliqueuse, suivit Dugusclin en Bretagne ; ce général lui confia le commandement de son avant-garde, et lui ordonna de battre le pays jusqu'à Rennes ; à cinq lieues de cette ville le duc investit un château-fort, l'enleva, et y trouva la duchesse de Bretagne ; c'était Marie, fille d'Édouard III (1373) ; les soldats, charmés de cette capture, la conduisirent à leur chef ; la princesse éplorée s'écria, en apercevant le duc : « Eh ! beau cousin, suis-je prisonnière ? — Nenni, répondit Louis de Clermont, nous ne faisons pas la guerre aux dames. » Il la mit sur-le-champ en liberté, et la fit mener par 20 chevaliers à Saint-Mahé, où se trouvait le duc de Bretagne ; conduite bien différente de celle que Cambrige, frère de cette même duchesse, avait tenue à l'égard d'Isabelle de Valois.

Maître de Treguier et de tout le littoral de la baie de St.-Brieux, Duguesclin résolut de chasser les Anglais des îles de Guernesey ; il confia le soin de cette expédition à Louis de Clermont ; celui-ci rassembla des bâtimens de toute dimension dans la baie de St.-Brieux, y embarqua 4,000 hommes, sans chevaux ni bagages, et fit sa traversée à la faveur d'une brume très-épaisse; ayant pris terre à Jersey, il attaqua les Anglais accourus à sa rencontre, et les mit en déroute; s'enfonçant ensuite dans l'intérieur de l'île, il prit les deux châteaux qui la défendaient, emmena la garnison prisonnière de guerre, et fit prêter aux habitans serment de fidélité au roi de France; il laissa le sire de Hangest dans l'île, et revint en Bretagne. Montfort, effrayé des rapides succès de Duguesclin et de Louis de Clermont, quitta son duché et s'embarqua pour l'Angleterre; dès ce moment la Bretagne vécut tranquille sous la protection de la France. Mais Édouard III n'était pas homme à la laisser en paix; il venait de faire des efforts inouïs pour former une nouvelle armée, dans l'intention de la lancer contre la France; il en nomma chef principal le duc de Lancastre son fils, mais ce général ne fut pas plus heureux que Kenolles: nous avons dit dans la Vie de Bertrand comment ces 20,000 Anglais, débarqués à Calais le 27 février 1373, se fondirent sans avoir eu seulement la gloire de livrer une bataille. A leur apparition les partisans de la maison Plantagenet essayèrent de faire soulever la population du Poitou et du Limousin, afin de seconder les opérations du duc de Lancastre; Louis de Clermont fut chargé d'aller les contenir; à son arrivée tout rentra dans l'ordre, à l'exception de la ville de Brives, qui arbora l'étendard de la révolte; les habitans, aidés de quelques Anglais, se rendirent maîtres des fortifications, dispersèrent la faible garnison française, et jetèrent le commandant dans un souterrain; Louis de Clermont investit la place avec 1,500 hommes et l'enleva d'assaut; il ordonna à ses officiers d'empêcher le pillage et le meurtre; grace à ses sages précautions, aucun excès grave n'eut lieu, mais sa clémence n'alla pas jusqu'à laisser impunie la rébellion de cette ville; la population effrayée s'était retirée dans deux églises; on lui annonça qu'elle trouvait grace devant le vainqueur, mais qu'il fallait livrer les dix habitans reconnus pour chefs de complot; quatre de ces bourgeois eurent la tête tranchée à l'instant même; les autres furent chargés de chaînes et condamnés à une détention perpétuelle; la ville fut taxée à une forte imposition, chaque habitant put ensuite rentrer dans sa demeure; le lendemain des avis certains vinrent apprendre au duc de Bourbon qu'une division ennemie accourait pour lui enlever sa conquête; le duc ne voulut pas l'attendre, et sortit au-devant des Anglais; il se plaça de sa personne à l'extrême droite; après deux heures de marche il aperçut les troupes de Lancastre; celles-ci, voyant venir les Français qu'elles croyaient dans la ville, s'arrêtèrent sans savoir si elles avanceraient ou si elles battraient en retraite; dans ce moment d'hésitation, Louis de Clermont, qui se trouvait en tête de la colonne, lança son cheval et fondit seul sur les Anglais, en se mêlant avec leurs escadrons; il tua de sa main deux officiers; les chevaliers français, voyant le danger où le prince s'était jeté, se précipitèrent sur ses pas et entraînèrent le reste des soldats; le combat devint alors général; la victoire, vivement disputée, resta enfin aux Français; 500 prisonniers et le bagage tombèrent en leur pouvoir; l'action finie, les principaux chevaliers, entre autres Tresiguidi, les sires de Baveux, de Barrois, de Passac, Dubeuil, entourèrent Louis de Clermont et le blâmèrent fort de s'être exposé d'une manière aussi téméraire. « Le plus pauvre capitaine de France, lui dirent-ils, serait repris s'il prodiguait ainsi sa vie; à plus forte raison un prince du sang, qui ne doit hasarder ses jours que lorsqu'il s'agit du salut de l'État. » (Oronville.)

Après la soumission de Brives, le duc traversa l'Auvergne et vint faire sa jonction avec Duguesclin dans le Bourbonnais même, que Lancastre traversait alors avec 12,000 hommes; les généraux français, par une marche habile, lui coupèrent la route du Puy-de-Dôme, l'attaquèrent auprès de Besse, et lui firent essuyer une perte considérable. Ils le suivirent ensuite à travers les montagnes du Cantal et du Périgord, l'empêchèrent de pénétrer dans Périgueux, et rejetèrent jusque sous les murs de Bordeaux les débris de ses divisions. Dans cette mémorable campagne Duguesclin ne fit pas un exploit dont le duc de Bourbon n'eût le droit de revendiquer sa part; le héros breton fut rappelé à Paris vers le milieu de 1374; le duc resta en Guienne pour aider Charles d'Anjou, gouverneur de cette province, à chasser les bandes de quelques places qu'elles possédaient sur la ligne de la Dordogne; la plupart furent prises aussitôt qu'attaquées; mais la Réole, la plus importante, demanda un siège en règle. Le duc d'Anjou, quoique généralissime, en laissa la conduite à Louis de Clermont; le premier établit son quartier sur la grève, le second assit son camp au milieu d'un plateau couvert de vignes, et mit en batterie deux grandes bombardes qui écrasaient la ville. Les Anglais, extrêmement incommodés par ces canons, firent une sortie avant le lever du soleil; ils attaquèrent vigoureusement le quartier de Louis de Clermont, ne doutant pas qu'ils le surprendraient; mais le vigilant général français veillait sur leurs mouvemens; il les reçut sans reculer d'un seul pas, les repoussa, se précipita une hache à la main vers la porte, s'en rendit maître, et entra pêle-mêle dans la ville avec les Anglais suivi de quelques chevaliers aussi audacieux que lui; le reste de sa division arriva quelques instans après. La place était prise que le duc d'Anjou ignorait encore la sortie des Anglais. La conquête successive des postes occupés par l'ennemi dans le Condomois, le Bigorre et la Gascogne, assura la tranquillité du gouvernement de la Guienne française. Le duc d'Anjou, pour reconnaître les services que son parent venait de rendre à l'État, lui fit l'abandon de 30,000 livres dues antérieurement par Louis de Clermont, et hypothéquées sur ses possessions du Forez.

Le duc de Bourbon alla se reposer de ses fatigues à Chambéri, auprès de sa sœur, souveraine de la Savoie; le comte Vert, un des héros de ce siècle, venait d'y arriver; une estime mutuelle, plus que les liens de parenté, unissait depuis long-temps ces deux guerriers. Louis de Clermont n'était qu'au début de sa carrière,

Amédée avait atteint le dernier degré de la sienne; il raconta à son beau-frère ses guerres contre les Turcs, les combats qu'il leur avait livrés sous les murs de Bysance et de Trébisonde; ces récits enflammaient le cœur de Louis. On sait qu'à cette époque, le comble du bonheur pour un chevalier chrétien était d'essayer son courage contre les infidèles. Le duc de Bourbon, occupé dès sa jeunesse à défendre la France contre un ennemi dont les attaques se renouvelaient sans cesse, n'avait pu acquérir ce genre de gloire, et celle dont il s'était couvert dans le Poitou et dans la Bretagne ne modérait pas le désir qu'il avait de cueillir des lauriers en combattant les ennemis de la foi. Il témoignait au comte de Savoie ses vifs regrets de n'avoir pu aller partager ses travaux; il désespérait d'être jamais appelé à se mesurer contre les Mahométans, lorsque l'occasion qu'il désirait si ardemment vint le chercher jusqu'à la cour de Savoie.

Henri de Transtamare, élevé au trône de Castille par un concours de circonstances heureuses, se montrait digne de sa haute fortune; les peuples voyaient en lui un prince qui les avait délivrés de don Pèdre; l'attachement que ses sujets montraient pour sa famille le tranquillisait sur

les prétentions que les rois de Portugal et
d'Aragon, ainsi que le duc de Lancastre, élevaient
sur la couronne de Castille : sans inquiétude à
cet égard, il songea à illustrer son règne par
quelque brillante entreprise militaire ; il savait
que rien ne lie mieux un roi à ses sujets que la
gloire des armes, et comme les Maures occupaient encore Grenade, qu'ils avaient secouru
Pierre-le-Cruel, qu'à ce titre ils méritaient la
colère de Transtamare, ce prince résolut de les
expulser de la Péninsule, et de les rejeter au-delà
des colonnes d'Hercule; mais la noblesse espa-
gnole, pour qui le repos avait des charmes, était
difficile à émouvoir; elle savait dans l'occasion
répondre à un appel généreux, mais il fallait que
l'impulsion lui vînt du dehors. Henri pensa que
pour réussir dans ses projets, il devait faire publier une croisade en France, où le sentiment
de l'honneur s'unissait toujours au zèle religieux; le mot de gloire y faisait naître l'enthousiasme. C'était la valeur de Duguesclin et de ses
compagnons d'armes qui avait placé Henri sur
le trône des Alphonse; ce fut donc en France
que ce prince envoya en premier lieu des hérauts pour annoncer sa résolution de faire la
guerre aux ennemis du Christ, et pour exhorter
la chevalerie à venir le seconder dans cette sainte

entreprise. Il avait tout lieu de croire que Charles V favoriserait ses projets; la flotte castillanne, agissant de concert avec Duguesclin, venait de battre celle d'Édouard III, et avait contribué d'une manière manifeste à la prise de la Rochelle, à la conquête du Poitou et de la Saintonge; Henri envoya, dans chaque province de France, des écuyers porteurs d'*admonitions* par lesquelles il exhortait les preux à venir se rallier sous ses bannières pour combattre les Sarrasins; en même temps il dépêcha un officier de son palais vers Louis de Clermont pour le supplier de venir l'aider à expulser de l'Espagne les infidèles; il les lui dépeignait comme des hommes méritant sa haine, non-seulement à titre d'anti-chrétiens, mais encore comme les plus ardens partisans de ce Pierre-le-Cruel, assassin de Blanche de Bourbon; Louis de Clermont se préparait à quitter la Savoie, lorsqu'il reçut le message; il répondit au roi de Castille qu'il ne tromperait pas son attente, que dans peu on le verrait en Espagne à la tête de 300 chevaliers aussi impatiens que lui de se mesurer avec les Maures; Charles V, instruit de cette résolution, en parut effrayé; la guerre avait cessé, une trêve venait d'être signée avec l'Angleterre, mais Édouard III était homme à la rompre pour un caprice, et à recommencer les hostilités; il importait au roi que les guerriers dont le courage venait de rappeler la fortune sous les drapeaux de la France, ne quittassent point le royaume; il supplia donc son beau-frère de renoncer au projet d'aller en Espagne, en lui disant qu'au premier moment peut-être l'État réclamerait le secours de son bras. Le duc de Bourbon répondit que s'il avait pensé que sa détermination ne fût pas agréable au roi il n'aurait rien promis à Henri de Transtamare; mais sachant le royaume tranquille dans l'intérieur et en paix avec l'Angleterre, il n'avait point vu de difficulté à donner sa parole d'honneur : on sait que nulle considération au monde ne pouvait engager un chevalier à violer sa promesse.

Louis de Clermont forma un corps de 200 bannerets, l'élite de ses vassaux et de la noblesse de l'Auvergne et du Forez; les écuyers et les varlets, suite accoutumée de chaque chevalier, formaient à peu près 300 combattans qui prirent tous la croix rouge sur l'épaule, signe distinctif des croisés; le duc se mit en route vers le 1er juin 1374; il arriva à Avignon au moment où le pape Grégoire XI se préparait à passer en Italie pour s'opposer aux entreprises des Visconti; le prince alla présenter ses hommages au pontife, qui l'encouragea dans ses projets; il franchit ensuite les monts Pyrénées, et entra dans les états du roi d'Aragon; Pierre-le-*Cérémonieux*, souverain de ce pays, vint le recevoir à quelques lieues de Barcelonne, à la tête des plus grands seigneurs du royaume et d'une foule de ménestrels; il le supplia de s'arrêter quelques jours à sa cour pour assister aux noces de sa fille Jeanne, qu'il unissait au comte Dampurias, prince du sang royal : Louis de Clermont prit part aux fêtes données à cette occasion, visita le Mont-Serrat; prenant ensuite congé du roi d'Aragon, il entra en Castille; Henri envoya au-devant de lui, à quatre lieues de Burgos, 500 cavaliers commandés par le premier officier de la couronne; lui-même s'avança à une lieue sur la route, et combla de caresses le beau-frère de Charles V, ainsi que les banerets de sa suite; leur arrivée lui causait une grande joie; il ne doutait pas que la noblesse castillanne ne fût transportée d'ardeur en voyant ces chevaliers français que l'amour de la gloire arrachait à leur patrie, aux douceurs de la paix, pour venir affronter les dangers, dans le seul intérêt de la foi chrétienne; aussi voulut-il, avant d'entrer en campagne, parcourir quelques-unes de ses provinces accompagné des guerriers étrangers qui venaient d'arriver, afin d'exciter le zèle des grands vassaux, et faire naître dans leur ame une noble émulation; il conduisit Louis de Clermont à Ségovie avec l'intention de lui faire une offrande qu'il croyait propre à le charmer; il le mena dans tous les appartemens du château, et arriva enfin à celui où il tenait renfermés le fils et la fille de Pierre-le-Cruel (Alphonse et Béatrix, enfans naturels, âgés de douze à treize ans). Ces infortunés gémissaient dans les fers depuis six ans : « Voilà, dit Transtamare à Louis de Clermont, les enfans du meurtrier de Blanche votre sœur; je vous les livre pour qu'ils expient la cruelle offense dont votre famille entière gémit. — Dieu me garde, répondit le duc, de venger ainsi les injures de ma maison; ces enfans ne sont point responsables des fautes de leur père. » Grace à ses prières, le sort de ces deux enfans fut adouci; voulant signaler par des bienfaits son passage sur une terre étrangère, le duc demanda au roi de Castille la liberté, sans rançon, des chevaliers anglais Guichard d'Angle et Jacques Sedelier, pris à la bataille de Montiel, où ils combattaient pour la querelle de don Pèdre, et qui vivaient à Ségovie dans la plus dure captivité.

Cependant les préparatifs de la conquête de Grenade se poussaient avec activité; déjà la renommée avait publié dans toute l'Espagne l'arrivée des chevaliers français; déjà les Maures d'Afrique faisaient des armemens pour venir au secours des Mahométans de la Péninsule, lorsqu'un événement imprévu força Henri de Transtamare de tourner ses armes contre d'autres ennemis.

Ferdinand, roi de Portugal, avait violé les traités contractés avec la Castille; il déclara la guerre à Henri; celui-ci trouva tout naturel de demander, dans cette circonstance, à Louis de Clermont le secours de son bras : « Je ne puis me rendre à vos désirs, répondit le duc; j'ai quitté ma patrie avec la seule intention de combattre les ennemis de la foi, et je ne tirerai pas l'épée contre un prince chrétien qui n'est pas en guerre avec le roi de France. » Les prières de Transtamare ne purent vaincre sa résolution; il quitta aussitôt la Castille, ne voulant accepter, de tous les riches présens qu'on lui faisait, qu'une meute de chiens et deux chevaux andalous; il revint en France, qu'il trouva paisible et heureuse sous la sage administration de Charles V, et il s'établit à Moulins, capitale de ses états; d'après la coutume de l'ancienne chevalerie, il fit arborer un heaume sur le portail de son château pour annoncer que sa maison était toujours ouverte aux chevaliers, de quelque rang, de quelque nation qu'ils fussent; il tint une cour qui devint pour la noblesse une école de courtoisie, de vaillance et de galanterie; c'est là que se formèrent Saimpi, La Trémouille, Montaigu, Sévérac, Saintré, Chatellux, Montberon, qui devinrent les paladins les plus brillans de leur temps; les nobles dames, les châtelaines même, vinrent aussi apprendre à cette école comment une femme devait se conduire pour avoir des droits au respect des chevaliers, et mériter leurs hommages; là on leur disait:« Que gentils femmes et nobles damoiselles devaient être de douce manière, humbles, peu emparlées, et répondre courtoisement, n'être pas trop enrisées (folâtres), ne enrêvées, ne soursaillies (évaporées), ne regarder trop légèrement. »

La magnificence de Louis de Clermont ne se bornait pas à fêter grandement les étrangers de distinction qui venaient le visiter; les habitans du Bourbonnais de toutes les classes se ressentaient également de sa présence dans ses domaines; il fit revivre, le jour des Rois, une vieille coutume qui avait servi à populariser les anciens souverains de ce pays; voici comment Oronville s'explique à cet égard :

« Et fist son roi d'un enfant de huit ans, le plus pauvre que l'on trouva en toute la ville, et le faisoit vestir en habit royal en lui baillant tous ses officiers pour le gouverner en faisant bonne chère à celui roi pour révérence de Dieu, et le lendemain disnoit celui roi à la table d'honneur; après venoit son maistre d'hôtel qui faisoit la queste auquel le duc de Bourbon donnoit communément quarante livres, pour le tenir à l'escole, et tous les autres chevaliers un franc, et les escuyers un demi-franc, que l'on bailloit au père et à la mère pour les enfans qui estoient rois à leur tour, à enseigner à l'escole sans autre œuvre, dont maint d'iceux en vivoient en grand honneur, et cette belle coutume tint le vaillant duc Louys de Bourbon tant qu'il vesquit. »

Louis de Clermont passa une année dans ses domaines, au milieu de puissans barons de différens états de l'Europe, qui venaient s'instruire auprès de lui des devoirs de la chevalerie, et apprendre à pratiquer les vertus qu'il enseignait; vers la fin de l'année 1375, Louis de Clermont fut obligé de se rendre à Paris; un soin bien triste l'y rappelait; le roi et la reine, tous deux atteints d'une maladie mortelle, demandaient à le voir; Charles V voulait en référer à sa sagesse au moment de faire ses dispositions testamentaires, et Jeanne de Bourbon désirait recommander ses enfans à son frère bien-aimé; mais la mort, qui semblait prête à frapper deux têtes si chères, suspendit ses coups; le duc conserva encore sa sœur près de trois années; pendant qu'il était en Espagne, plusieurs mesures fort importantes avaient été prises; Charles V donna, en août 1374, cette ordonnance par laquelle les rois sont déclarés majeurs à quatorze ans; dans le mois d'octobre de la même année il en donna une autre par laquelle il déclarait que s'il mourait avant que son fils aîné eût atteint cet âge, le duc d'Anjou aurait la régence; en même temps il nommait la reine et le duc de Bourbon tuteurs de son fils, et chargeait spécialement ce dernier de l'éducation du jeune prince.

La mort d'Édouard III, arrivée presque au moment où la trêve expirait, mit la cour d'Angleterre dans une position délicate. La France avait pris une suprématie qu'il était impossible de lui ravir par la force ouverte. Le conseil de Richard II eut recours à l'intrigue pour soutenir la lutte nouvelle que l'on allait engager; depuis quinze ans, Montfort et Charles-le-Mauvais étaient les instrumens dociles de la politique anglaise; on les trouvait toujours prêts à la servir aveuglément; le dernier surtout s'irritait à la vue de la félicité dont jouissait le royaume; les tourmens les plus affreux ne l'auraient jamais aussi bien puni de ses forfaits que le spectacle de la France comblée de gloire et de bonheur; cette fureur jalouse du Navarrois peut être citée comme un exemple dans l'histoire du cœur humain; pour mettre un terme à cet état prospère qui l'importunait, Charles-le-Mauvais résolut d'anéantir celui au génie de qui l'on en était redevable; il choisit le poison comme le moyen le plus sûr d'arriver à son but; depuis longtemps il en avait fait son arme habituelle; il n'en connut jamais d'autres; l'on ne comptait pas, depuis Charlemagne, un seul roi, ni même un seul prince français, mort du poison; Charles-le-Mauvais, étranger à toute espèce de renommée, tirait une sorte de gloire d'avoir usé le premier de ce moyen; la voix publique l'accusait d'avoir fait périr de cette manière sa femme et un de ses fils; il eut à s'applaudir d'avoir ouvert la carrière, car on vit après lui une foule d'attentats de ce genre, à la fin du quatorzième siècle et au commencement du quinzième.

Charles-le-Mauvais fit préparer en sa présence les substances vénéneuses qu'il destinait à son beau-frère, au compagnon des jeux de son enfance, et que vingt ans auparavant il avait déjà essayé d'empoisonner; ce fut une juive qu'il employa pour cet objet; cette femme avait fait une étude approfondie de la connaissance des plantes, et dans cette circonstance elle mit en usage tous les secrets de son art; le plus difficile était de trouver une main sûre qui offrît au monarque français le fatal breuvage. Charles-le-Mauvais avait des intelligences partout; sa maligne influence s'étendait jusque dans les lieux les plus obscurs; il enlaça un médecin du roi nommé Angel, de l'île de Chypre, qui avait su gagner les bonnes graces du roi *parce qu'il parloit bel latin et qu'il étoit moult argumentatif;* il l'attira en Normandie, et lui fit la proposition d'empoisonner le roi à l'aide des médicamens qu'il avait l'habitude de donner chaque jour au monarque, toujours valétudinaire; Angel, indigné, repoussa ces propositions; ce refus irrita le Navarrois, qui le menaça de son courroux. « La connaissance de mes projets vous lie à moi, lui dit-il; il faut ou exécuter ce que j'ordonne, ou mourir. » Le médecin, effrayé, lui assura qu'il le servirait, mais au fond de l'ame il se promettait bien de tromper son espoir homicide; Charles-le-Mauvais sut lire dans sa pensée; il l'amena, sous un prétexte futile, dans un lieu voisin de la mer, et le fit noyer par quatre de ses affidés, accoutumés depuis long-temps à remplir de semblables missions. Le Navarrois n'en poursuivit pas moins ses projets criminels; des scélérats du plus bas étage s'introduisirent dans les offices du roi, et furent saisis au moment où ils jetaient du poison dans les mets; ils avouèrent tout; Charles-le-Mauvais, sommé de comparaître devant la cour des pairs, se retira en Angleterre, où les oncles du roi Richard le flattaient d'une alliance avec la famille royale.

On prononça en France la confiscation des villes et châteaux qu'il possédait dans le royaume, principalement en Normandie; Louis de Clermont, ainsi que Duguesclin et le sire de Couci, furent chargés de mettre à exécution cette sentence; Enguerand de Couci reçut l'ordre d'entrer dans le Cotentin et d'en soumettre toutes les places; le duc de Bourbon pénétra dans la province par Dreux avec le connétable, dont il était le premier lieutenant; Évreux, Mortagne, se rendirent après quelques jours de résistance; les garnisons de ces deux places se retirèrent dans le château de Gaurai, où Charles-le-Mauvais avait caché ses trésors. Ce château fut investi étroitement; le duc de Bourbon s'établit avec son ost en face d'une porte pratiquée dans l'épaisseur du mur; l'ardeur dont ses soldats paraissaient animés faisait présager que la conquête de la place serait prompte; un événement fortuit en accéléra la reddition : le gouverneur du château, visitant l'arsenal où l'on gardait les artifices et la poudre, laissa tomber une étincelle sur ces matières inflammables, et aussitôt il se fit une explosion dont la secousse fit écrouler la tour; le malheureux gouverneur périt dans l'embrasement avec ceux qui l'accompagnaient; cet accident, rapporté avec beaucoup de détails par les historiens contemporains, prouve que depuis quinze ans l'usage de la poudre était devenu très-fréquent, car il est certain qu'en 1360 on n'opposait encore aux attaques des assiégeans que des machines dont le moteur était le rouet et non le salpêtre.

Dès que l'explosion eut été faite, Louis de Clermont attaqua la poterne, qui avait déjà résisté à deux assauts, s'en rendit maître, et se logea avec 100 hommes dans la première enceinte, tandis que sur le point opposé le connétable enlevait pareillement les fortifications extérieures; les assiégés demandèrent alors à parlementer, ils offrirent de rendre Gauray à condition d'être libres d'enlever le trésor du roi de Navarre consistant en 600,000 écus d'or et beaucoup de joyaux et pierreries; le connétable rejeta ces conditions, et ordonna aussitôt au duc de Bourbon de presser les attaques; les assiégés, effrayés de la résolution que montraient les Français, craignant d'être pris d'assaut, se rendirent à discrétion; on se saisit du trésor, qui fut remis au sire de Larivière, commissaire du roi; le château fut rasé; Mortagne, Pont-Audemer, subirent le même sort que Gauray; Charles V ordonna au sire de Couci de terminer la conquête de la Normandie, et envoya le connétable et le duc de Bourbon en Bretagne; on sait que ce fut là que s'arrêtèrent les succès de ce monarque; il semblait que la fortune ne cessait de lui être favorable que parce qu'il s'écartait de la route de l'équité; les Bretons, qui depuis vingt ans se montraient ses plus chauds partisans, se revoltèrent à l'idée de se voir ravir leur indépendance par un prince dont ils avaient servi les intérêts avec le zèle le plus soutenu; on connaît le résultat de cette entreprise imprudente; Charles V, aigri par des revers auxquels il n'était pas accoutumé, devint injuste; il accusa Duguesclin d'avoir trahi sa confiance; Bertrand ne put supporter cette accusation, il renvoya sur-le-champ l'épée de connétable; la nation entière jeta un cri d'effroi; elle regarda comme un malheur public la retraite du héros breton; la cour se tut, personne n'osa parler en faveur du vainqueur de Cocherel; le duc de Bourbon arriva quelques jours après; il ne craignit pas d'élever la voix pour rappeler au monarque les services que Duguesclin avait rendus à l'Etat, et le défendit avec chaleur contre des inculpations calomnieuses; Charles V avait trop de grandeur d'ame pour ne pas reconnaître l'injustice de ses procédés, il mit encore plus de hâte à réparer ses torts qu'il n'avait mis de précipitation à s'en rendre coupable; il envoya en message auprès de Bertrand, retiré à Pontorson, le duc d'Anjou et le duc de Bourbon afin de l'engager à reprendre l'office de connétable; un roi ne pouvait pas faire davantage pour un sujet; Duguesclin répondit sèchement au duc d'Anjou qu'il était décidé à chercher un asile en Castille, dont le souverain n'avait pas encore oublié les services que son bras lui avait rendus; mais lorsqu'il eut à répondre aux pressantes sollicitations du duc de Bourbon, son élève, son compagnon d'armes, il le fit avec le ton de l'amitié la plus tendre : « J'ai été en votre compagnie, lui dit-il, en tous les grands faits du royaume, et vous et moi avons deschassé le duc de Bretagne de son pays; il est mal à croire que je me fusse rallié à lui; et quant à ce que vous me requérez de demeurer, vous êtes le seul du royaume qui plus m'avoit fait plaisir, et que je croirois plus volontiers; je vous supplie que l'amour que vous avez toujours eu pour moi vous ne l'oubliiez point, car où que je sois je vous servirai de corps et de chevance. » (Oronville.)

Les prières des deux princes ne purent vaincre la résolution de Duguesclin; il persista à ne pas vouloir reprendre l'épée de connétable; le duc d'Anjou et Louis de Clermont revinrent à Paris désespérés de leur peu de succès; le dernier en abordant Charles V lui dit : « Monseigneur, vous faites aujourd'hui une des grandes pertes que vous fissiez depuis long-temps, car vous perdez le plus vaillant chevalier et le plus prud'homme que je cuidasse oncques. »

Cependant l'échec que Charles V avait éprouvé en Bretagne et la retraite de Duguesclin, encouragèrent le conseil de Richard II à faire un nouvel effort pour regagner l'ascendant que l'Angleterre avait perdu depuis dix ans; une nouvelle armée se forma sur les côtes de Portsmouth, et passa à Calais; le conseil voulut favoriser le principal mouvement d'attaque au moyen d'une diversion opérée dans le midi et dans le centre du royaume; une division assez forte sortit de Bordeaux, perça par le Limousin, et pénétra jusque dans le cœur des domaines de Louis de Clermont; elle prit sur son passage quelques places fortes, et établit une ligne d'opération dans l'Auvergne et le Gévaudan, en rétablissant les fortifications des châteaux que le prince de Galles avait occupés long-temps, et que Charles V avait fait démanteler.

La nouvelle de l'apparition des Anglais dans le centre de la France inquiéta beaucoup le roi, surtout au moment où l'Angleterre annonçait l'intention d'envahir les provinces du nord et de pousser jusqu'à la capitale, comme Kenolles et Lancastre l'avaient déjà fait; Charles V envoya sur-le-champ Louis de Clermont pour contenir les Anglais et empêcher la jonction projetée par les deux corps d'armée ennemis; mais comme il importait de ne pas dégarnir la ligne de défense qui couvrait Paris, on ne put donner aucune troupe à ce prince; on abandonna à son habileté le soin de réunir les forces nécessaires pour résister à cette agression. Tout autre eût reculé devant un pareil projet, mais rien ne pouvait décourager Louis de Clermont; il quitta Paris accompagné seulement de 5o chevaliers; le bruit de son arrivée se répandit aussitôt dans le Bourbonnais et y releva le courage abattu des habitans; Beauvoir, Laroche-sur-Allier, étaient retombés au pouvoir des Anglais, qui poussaient de plus en plus leurs conquêtes; Louis de Clermont les arrêta; tous les hommes capables de porter les armes vinrent se rallier sous sa bannière; la noblesse, voulant témoigner son dévouement à un suzerain dont elle s'enorgueillissait, accourut auprès de lui; le duc compta bientôt sous ses ordres 3,000 combattans; il commença par balayer les deux rives de l'Allier, depuis Moulins jusqu'à l'entrée de l'Auvergne, afin de rendre libre la navigation de cette rivière; c'est ce qu'il pouvait faire de plus utile pour les habitans; les Anglais, trop peu nombreux pour tenir une ligne étendue, abandonnèrent le plat pays, et se renfermèrent dans des châteaux-forts dont ils s'étaient emparés; de son côté, Louis de Clermont n'avait pas assez de forces pour entreprendre des sièges; il se contenta d'observer les places occupées par les bandes afin de les forcer à s'y tenir renfermées; il mit par ce moyen les habitans des campagnes à couvert des ravages de l'ennemi; ensuite il laissa les sires de Châteaumorant et de Montagu dans ses domaines, et passa en Auvergne pour se concerter avec la noblesse de cette province, à l'effet d'expulser les Anglais de ces contrées; il établit sa cour à Clermont-Ferrant, y donna des tournois et des fêtes brillantes auxquelles on accourut en foule; en fournissant à la noblesse les occasions de montrer son adresse dans ces jeux, images de la guerre, le duc espérait enflammer son zèle et l'exciter à tourner son courage contre des ennemis bien plus redoutables; les femmes le secondèrent dans son projet; on sait qu'elles exerçaient sur l'ame des chevaliers un empire irrésistible; une châtelaine du pays de Clermont-Ferrant voulut prouver aux autres dames réunies dans cette ville qu'elle savait inspirer une véritable ardeur au chevalier qu'elle avait choisi; Froissard appelle ce chevalier *Bonne lance* (c'était vraisemblablement un surnom), vaillant homme d'armes, dit-il, gracieux et amoureux; sa dame lui dit qu'elle verrait volontiers un Anglais : « Si je puis être assez heureux pour en prendre un, s'écria ce guerrier, je vous l'amènerai. » Il sortit en effet pour faire une chevauchée vers les quartiers occupés par l'ennemi; il fit rencontre de quelques écuyers de Buckingham, les combattit, et en fit six prisonniers, qu'il ramena à Montferrant au grand contentement des dames et damoiselles qui vinrent le visiter : « Vous avez demandé à voir un Anglais, dit-il à celle qu'il avait en grace (qu'il aimait), en voici plusieurs, je vous les lerrai en cette ville tant qu'ils auront trouvé qui leur rançon paiera. »

Louis de Clermont, n'ayant que peu de troupes, se trouvait encore très-heureux de pouvoir rester sur la défensive et contenir les Anglais, dont le nombre augmentait prodigieusement; ses domaines étaient menacés de toute part, lorsqu'il apprit que Duguesclin marchait en personne à son secours; ce grand homme, cédant à la voix de l'intérêt public, avait oublié ses injures personnelles; le désir de défendre le duc de Bourbon, son ami, ne fut pas la moindre considération qui l'engagea à reprendre l'épée de connétable: il partit de Paris à la fin de 1379, et arriva en Guienne; il s'y trouva arrêté par l'inondation des rivières, qui l'empêcha de mettre à exécution le vaste plan qu'il avait conçu; il quitta le midi pour aller passer l'hiver dans le Bourbonnais, autant pour jouir de quelque repos auprès d'un prince qu'il chérissait, que pour arrêter les progrès des Anglais dans le centre du royaume; il traversa le Limousin, le Périgord, la Marche, et entra dans les domaines de Louis de Clermont; il trouva aux frontières les sires de Glarins, de Leborgne, de Damas, et de Vaulse, envoyés par leur suzerain, qui vint lui-même jusqu'à Montluçon recevoir le héros; il le conduisit à Moulins, où ses principaux vassaux avaient l'ordre de se trouver réunis; afin de donner à Duguesclin un témoignage manifeste de sa haute estime, il fit ôter sa bannière de la tour seigneuriale, et mit à sa place celle de Bertrand, distinction qu'on n'accordait qu'aux rois seuls; dans un des festins offerts par la noblesse pour célébrer l'arrivée du connétable, le duc fit présent à son hôte illustre, d'une coupe d'or appelée alors *hanap*, en le priant de s'en servir le reste de sa vie; il passa ensuite à son cou le collier de l'Espérance; Duguesclin jura de ne rien négliger pour contribuer à soutenir l'honneur de cet ordre de chevalerie. Après un mois passé chez son ami en fêtes et en tournois, Bertrand voulut aller visiter les provinces voisines, dans lesquelles les Anglais possédaient quelques places; il alla au Puy-en-Velay pour déposer une armure complète dans la célèbre église de Notre-Dame; ce fut là qu'il reçut une députation des habitans du Gévaudan, qui le supplièrent de venir les délivrer du voisinage des Anglais établis à Châteauneuf-Randon, d'où ils faisaient des excursions qui tenaient les habitans dans un effroi perpétuel; on sait comment

Duguesclin termina, devant les remparts de cette ville, sa glorieuse carrière (1). Louis de Clermont, resté en Auvergne pour presser la levée des troupes, apprit avec une douleur amère le trépas du connétable; rien ne pouvait adoucir ses regrets; Châteaumorand, La Fayette, le bâtard de Glarins, chevaliers de l'hôtel du duc, avaient accompagné Bertrand dans le Velay; ils s'acquittèrent du soin d'embaumer le corps du héros, et le transportèrent à Moulins, où le duc lui fit faire un service magnifique dans l'église de Notre-Dame; ces mêmes officiers accompagnèrent le convoi jusqu'à St.-Denis.

La mort de Bertrand ne fut pas le seul malheur que Louis de Clermont eut à déplorer; Charles V cessa de vivre quelques mois après son connétable, léguant à son beau-frère le soin de l'éducation de ses fils, et celui de les défendre contre l'ambition des trois princes que leur naissance appelait à la régence.

(1) Voyez la Vie de Duguesclin.

LIVRE II.

Après la mort de Charles V, Louis de Clermont est chargé de l'éducation des jeunes princes. — Il apaise les séditions élevées dans Paris. — Nouvelle expédition en Guienne.

Charles V avait prouvé ce que peut faire le génie joint à l'amour du bien public; faible, valétudinaire, mais doué d'une volonté forte, il répara de grands malheurs; et s'il eût vécu aussi long-temps que vivent ordinairement les hommes, il aurait élevé la France à un degré de prospérité inconnu jusqu'à cette époque; mais il mourut au milieu de sa carrière; son corps n'était pas encore recouvert de terre, que la division entrait dans sa famille; les excès, les désordres de tout genre succédèrent au calme parfait qui régnait de son vivant. Dès ce moment les orages se succédèrent sans interruption, on aurait cru que le ciel se plaisait à amasser sur notre patrie tous les genres de calamités; divisions dans la famille royale, rébellion populaire, guerre civile, guerre étrangère, occupation de la capitale, débordemens de grands fleuves, apparition de comètes dont le seul aspect troublait la raison des peuples; la famine, des hivers rigoureux, un roi insensé, une reine impudique et marâtre; dépravation des mœurs, schisme dans l'Église, querelles de religion. Au milieu de cette scène de désolation, l'histoire nous montre un personnage principal dont la vue repose un peu les esprits et les console; c'est Louis de Bourbon, dont la vertu sans tache et le courage héroïque ont excité l'enthousiasme des historiens du quatorzième siècle, qui le dépeignent comme le prince le plus accompli de son temps, comme le seul en état de gouverner après le grand roi que l'on venait de perdre; et certes les éloges prodigués par ces écrivains ne sont pas suspects et ne peuvent être taxés de flatterie; Froissard, Juvénal des Ursins, Monstrelet, le moine de St.-Denis, écrivant en 1380 et 1400, ne pouvaient deviner que les neveux de Louis de Clermont occuperaient un trône dont ils étaient à cette époque séparés par dix branches. Sa grandeur d'ame, sa sagesse, ne se démentirent pas un seul instant dans le cours de quarante années; on eut seulement à lui reprocher un peu de timidité dans le caractère; on disait de ce prince qu'il avait moins de vigueur dans la tête que dans le bras.

Le règne de Charles VI peut être divisé en trois périodes bien distinctes, savoir : l'avénement de Charles VI jusqu'à la démence, de la démence à l'assassinat du duc d'Orléans, de cet assassinat à la mort du roi. Louis de Clermont ne connut que la première et la seconde ; il descendit dans la tombe sans avoir eu la douleur de voir l'étranger assis sur le trône de nos rois.

Charles V, croyant sa fin plus prochaine qu'elle ne l'était réellement, avait fait, en 1375, des dispositions pour la régence ; il avait manifesté le désir de laisser la direction des affaires au duc de Bourbon à titre d'oncle maternel du dauphin ; mais il avait abandonné ce projet, ne doutant pas que de leur côté ses trois frères ne fissent valoir avec avantage la qualité d'oncle paternel. Il voulut éviter toute contestation dans sa famille ; mais puisque le droit de la naissance donnait la régence à trois princes qui n'étaient propres qu'à compromettre les destinées de l'État, Charles V voulut du moins, en avançant la majorité de son successeur, abréger le mal qu'il présageait ; et dans ces vues il avait donné l'édit par lequel les rois de France seraient majeurs à quatorze ans ; son fils en avait alors sept.

L'édit fut vérifié au parlement le 20 mai 1375, en présence des princes, des prélats, du prévôt des marchands et des échevins de Paris. Une autre ordonnance déclara le duc d'Anjou gouverneur du royaume, sans parler de la régence, et à son défaut, le duc de Bourgogne; on ne faisait pas mention du duc de Berri; Charles V le jugeait inhabile aux affaires; l'éducation et le gouvernement des deux jeunes fils du roi étaient laissés aux soins du duc de Bourbon et de la reine sa sœur; Charles V avait changé cette ordonnance quelques jours après pour y en substituer une nouvelle par laquelle, jusqu'à ce que son fils aîné eût atteint l'âge de quatorze ans, la reine-mère devait avoir la tutelle, l'éducation de ses enfans, ainsi que la garde et le gouvernement du royaume, avec l'assistance du duc de Bourgogne et du duc de Bourbon; il éloignait ainsi le duc d'Anjou, celui qu'il redoutait le plus. Enfin, pour empêcher que l'autorité ne restât tout entière dans les mains d'un trop petit nombre de personnes, il composa un conseil de régence de gens réputés les plus sages dans les trois ordres : nous croyons nécessaire de faire connaître le nom de ces personnages, les plus remarquables de cette époque; c'étaient Louis Thézard, archevêque de

Reims; Jean de Lagrange, devenu célèbre sous
le nom de cardinal d'Amiens; Guillaume, abbé
de Saint-Maixent; Bertrand Duguesclin, connétable; le comte de Tancarville, chambellan de
France; Jean, comte de Harcourt; Jean, comte
de Sarrebruch, Bouteiller de France; Simon,
comte de Braine; Enguerand de Couci; les maréchaux de Sancerre et de Blainville; l'amiral
Jean de Vienne; Hugues de Châtillon, grand-
maître des arbalétiers; Raoul de Renneval, grand
pannetier; Guillaume de Craon; Philippe de
Maizière, l'homme le plus savant de son temps;
Pierre Villiers, porte-oriflamme; Pierre d'Aumont, chambellan; Philippe de Savoisy, chambellan; Armand de Corbie, chancelier de
France; Étienne de Lagrange, président à mortier; Philippe de Lespinasse; Thomas de Voudenay; Jean de Rye; Richard, doyen de Besançon; Nicolas Dubosc; Errard de Trémigon;
Nicolas de Braque; Jean Bernier, maître des
comptes; Bertrand Duclos, également maître
des comptes; Philippe Ogier, visiteur général
des bâtimens de la couronne; Pierre Duchâtel,
maître des comptes; Jean Pastourel, président;
Jean d'Ay, avocat au parlement; Bureau de Larivière, premier chambellan et favori du roi,
grand homme d'état à qui l'on ne pût reprocher

que d'avoir eu la faiblesse d'être jaloux de Duguesclin. A ces trente-neuf personnes, les plus éclairées du royaume, devaient être adjoints six notables de la ville de Paris, au choix de la reine. Paris s'étant considérablement accru, donnait déjà le mouvement au reste de la nation, et méritait d'être représenté dans ce conseil. La réunion de tant de lumières pouvait empêcher beaucoup de mal; mais ce plan fut renversé par la mort de la reine et de plusieurs ministres futurs; il n'en subsista que l'ordonnance du roi, parce qu'elle avait été enregistrée au parlement; toutes les autres dispositions furent regardées comme de simples projets.

A la nouvelle de la mort du roi, les princes de la famille royale et les grands officiers s'étaient rendus au château de Beauté, dans le bois de Vincennes, que Charles V habitait; les ducs d'Anjou, de Berri, de Bourgogne, accoururent les premiers comme les plus intéressés. L'histoire a peint ces trois princes de manière à ne pas les confondre. Louis, duc d'Anjou, l'aîné, avait alors quarante-un ans; sa taille était au-dessus de la médiocre; il avait le visage agréable, les cheveux blonds, et même déjà mêlés de blancs. Il commença par être l'objet de la prédilection des Français; son esprit égalait son courage, on le savait apte aux affaires, intrépide dans les combats; la circonstance où il se trouvait lui présentait l'occasion de s'immortaliser; mais plein de son mérite, il croyait qu'un trône n'était pas au-dessus de ses prétentions; il n'avait qu'un désir, c'était de fonder une nouvelle dynastie comme l'avaient fait quelques princes de la première race des Capets en Hongrie, en Portugal et en Sicile. La fortune parut se plaire à combler ces désirs. Jeanne Ire, reine de Naples, l'adopta pour fils et le fit son héritier. Louis d'Anjou ne se dissimulait pas les difficultés qu'il aurait à surmonter pour s'asseoir sur le trône qu'on lui léguait; mais il ne doutait pas de les surmonter avec du courage, et surtout avec de l'argent, car l'humeur guerrière des preux avait dégénéré, elle était devenue spéculative: peu d'hommes entreprenaient les expéditions lointaines par enthousiasme; on faisait la guerre par métier; chaque prince trouvait facilement de nombreuses bandes en Gascogne, et surtout en Italie, mais il fallait s'engager à les payer exactement, et leur tenir parole. Ce fut afin de pouvoir prendre à sa solde beaucoup de gens de guerre que Louis d'Anjou fit tant d'efforts pour se procurer les fonds nécessaires à son entreprise; dès ce moment la propension qu'il avait à aimer l'argent se changea en une avidité insatiable; il tyrannisait ses vassaux pour augmenter le produit des taxes; devenu régent, il oublia qu'il était Français et ne songea qu'à pressurer la nation pour en tirer des sommes considérables; il devint même injuste et cruel; c'est ainsi qu'un changement de position fit disparaître ses éminentes qualités, objets naguère de l'admiration publique. Charles V, pressentant les conséquences que pouvait avoir pour le royaume l'adoption de son frère par la reine de Naples, s'y opposa autant qu'il fut en son pouvoir; mais on n'échappe pas à sa destinée; ce Louis d'Anjou, que l'on s'efforçait d'écarter d'une route périlleuse, s'y précipita avec une sorte de fureur; et après avoir ruiné son pays, il alla mourir de misère dans un petit village d'Italie.

A cela près de l'amour de l'argent, Jean, duc de Berri, différait en tout de son frère aîné; la nature ne l'avait point favorisé; sa taille était sans graces, sa figure sans noblesse, son nez était extrêmement court; le peuple l'appelait *le duc Camus*; ce prince apathique, amoureux du repos, s'arrachait avec peine de l'oisiveté pour courir aux combats : il s'y faisait distinguer par son intrépidité personnelle. La guerre finie, il s'empressait de revenir se plonger dans la mollesse et dans les jouissances de la vie, qui s'étendaient chaque jour par le progrès des arts, et du luxe qui les suit; mais elles n'étaient pas tellement communes qu'il n'en coûtât fort cher pour les goûter; et comme le prince les recherchait vivement, il lui fallait de l'argent pour se les procurer toutes; il employa les moyens les plus odieux pour augmenter ses ressources pécuniaires, et cette passion le rendit le fléau des provinces commises à sa garde. Il se montra le rival de son frère Charles V dans son amour pour les sciences et la littérature latine; Quinte-Curce, Virgile, Tite-Live, Valère-Maxime, Suétone, lui devinrent familiers; il laissa une bibliothèque fort précieuse pour l'époque (1). Il fut passionné pour l'architecture et pour l'orfévrerie; il fit élever des monumens somptueux à Bourges et à Poitiers; il avait pour principaux officiers de sa maison Jean de Rochechouart, Pierre de la Chatre, Jean de Grancey, qui partageaient son goût pour la littérature; mais l'étude des lettres et des arts, qui inspire ordinairement des sentimens géné-

(1) Voyez, à la fin du volume, le catalogue des livres composant la bibliothèque de ce prince.

reux, ne put ennoblir son ame, ni le préserver des plus funestes écarts; on le vit, trahissant les plus chers intérêts de la patrie, faire un trafic de ses devoirs pour en tirer un lucre honteux. Nous avons déjà dit dans la Vie de Clisson, comment, par ses retards calculés, il fit manquer la grande expédition navale dirigée contre l'Angleterre : au reste le prix qu'il put retirer d'une action aussi coupable ne l'enrichit pas, car dans ses dernières années il se déclara insolvable, et après son décès ses créanciers saisirent ses meubles et ses joyaux.

Philippe-le-Hardi, duc de Bourgogne, offrait l'image vivante du caractère français; il en avait les vertus et les défauts; il se montra brillant, valeureux, frivole, et galant sans être vicieux : jamais prince n'eut plus de goût pour le faste; il en mettait dans tout; il aimait l'argent, mais c'était pour le répandre avec profusion; la libéralité annonce de l'élévation dans l'ame, mais elle devient odieuse lorsqu'elle s'exerce aux dépens de la fortune publique : ce Philippe si prodigue épousa une femme bassement avare; ce fut la comtesse de Flandres, qui exploita la France par les mains de son mari, et lorsque cet époux mourut, elle laissa saisir ses meubles et ses vêtemens, quoiqu'elle fût de son côté la femme la plus riche de l'Europe; elle fit mettre son corps dans une bière de la valeur de 6 écus. Voilà quelles furent les funérailles d'un prince qui, au rapport des historiens de cet âge, dévora dans le cours de sa vie quatre fois les revenus entiers de la France. Ainsi, les trois fils de Jean II, qui, l'un après l'autre, ruinèrent le royaume, moururent pauvres. Tant que Charles V vécut, leur conduite ne porta aucun dommage à l'État, parce que leur frère les écartait toujours de l'administration du royaume; mais comme il employait leur courage, il sut en retirer de grands services dans les diverses guerres qu'il eut à soutenir contre l'Angleterre, et si le monarque eût vécu quinze ans de plus ils n'auraient point causé les maux qui ont fait détester leur mémoire : après eux venaient trente-deux princes du sang, tous chefs d'une branche différente, hommes médiocres, mais non moins ambitieux que les trois oncles de Charles VI, et plus ridicules dans leurs prétentions.

Malgré sa qualité de beau-frère de Charles V, Louis de Clermont voyait dix-huit princes du sang plus près du trône que lui; ainsi sa naissance ne l'appelait au gouvernement que dans un rang très-éloigné, et c'est ce qui l'empêcha souvent de faire tout le bien qu'il aurait voulu; néanmoins l'estime publique, dont il était environné, le plaça maintes fois sur la première ligne.

Plein de l'importance des devoirs que lui imposait sa qualité de tuteur des enfans de Charles V, le duc de Bourbon se hâta de quitter Vincennes pour aller à Melun s'assurer de leurs personnes, et les garantir ou des accidens ou des attentats qu'on avait à redouter dans les circonstances présentes; le duc d'Anjou ne chercha point à partager avec lui ce soin important; un autre objet l'appelait à Paris; il s'y rendit tout aussitôt, et, à l'aide des officiers de sa maison, il s'empara du trésor royal, fruit des économies de Charles V; il se saisit également de la vaisselle et des meubles de ce prince, et n'en rendit jamais compte.

Cette spoliation inouïe, restée impunie, prouve que malgré l'ardeur de Charles V à augmenter la force des lois, leur action se faisait peu sentir. Quelques jours après, les quatre oncles du jeune Charles VI se réunirent à l'hôtel St.-Paul; il s'y éleva une vive contestation entre le duc d'Anjou et le duc de Bourgogne au sujet de la régence; Louis de Clermont prit le parti du dernier; il agissait en cela dans les vues de

Charles V, alléguant que le duc d'Anjou, à la veille d'aller prendre possession du trône de Naples, ne pouvait commencer une régence pour l'abandonner ensuite et faire naître ainsi de nouveaux embarras; il fut appuyé dans son opinion par les membres les plus considérables du conseil; il fit décider, dans une assemblée des grands du royaume tenue le 2 octobre, c'est-à-dire quinze jours après la mort du roi, que le jeune Charles VI serait émancipé et déclaré majeur, quoiqu'il n'eût que douze ans, à condition qu'il gouvernerait le royaume par les avis de ses oncles, et que le duc d'Anjou garderait la régence seulement jusqu'au 1er octobre, époque désignée pour le sacre; le duc d'Anjou fut contraint de subir ces conditions, mais il avait eu le temps de piller le trésor royal; c'était bien quelque chose pour lui, cependant son avidité n'était pas encore satisfaite; de son côté le duc de Bourgogne, dont l'ambition ne connaissait pas de bornes, trouvait que le terme moyen pris par le duc de Bourbon accorderait trop de pouvoir à son frère aîné; il méprisait son autorité en se formant un puissant parti parmi les autres princes du sang.

Pendant ces divisions, les habitans de Paris se partageaient d'affection; depuis un siècle ils avaient acquis beaucoup de liberté et de grands privilèges; rien ne leur était indifférent; ils jugeaient le gouvernement, commentaient ses actes; les querelles élevées au sein de la famille royale occupèrent donc fortement les esprits; la fermentation s'accrut par la mutinerie des troupes; l'armée, réunie dans l'île de France par Charles VI pour couvrir Paris, campait sous les murs de la capitale; elle était sous les ordres directs du duc de Bourgogne. Le duc d'Anjou, craignant que celui-ci ne s'en servît pour s'emparer de la puissance, la licencia entièrement, à l'exception des compagnies du sire du Breuil, dévoué à ses intérêts, et de celle d'Olivier de Clisson, qu'il redoutait.

Non-seulement le licenciement de l'armée était intempestif, mais encore fut-il accompagné d'une injustice révoltante; on renvoya les soldats sans avoir acquitté leur solde courante ni leur arriéré. Charles V les avait accoutumés à être payés régulièrement, car le système militaire avait entièrement changé. Autrefois le plus pressant besoin des rois était de se défendre contre les grands feudataires; leurs vues ne s'étendaient pas plus loin, et les vassaux de leurs domaines leur suffisaient pour cet objet; ils ne faisaient un appel général à la nation qu'à l'occasion d'une guerre étrangère, ou à l'approche d'un danger commun, ce qui arrivait rarement; mais depuis les Valois la guerre avec l'Angleterre était perpétuelle, les rois furent dans la nécessité d'adopter et ensuite d'agrandir peu à peu le système des troupes soldées; Charles V, en donnant de l'activité à l'industrie, avait acquis la possibilité de lever plus d'impôts et de payer un plus grand nombre de soldats; en conséquence, après chaque expédition, il ne licenciait l'armée que par portion et progressivement, ayant soin de conserver sous les armes assez d'hommes pour contenir ceux qu'il renvoyait; c'est ainsi qu'il était parvenu à faire disparaître le fléau des grandes compagnies. Le trésor enlevé par le duc d'Anjou était spécialement consacré à payer les gens de guerre. Mais ce prince, plutôt que d'en restituer la plus petite partie, aurait laissé le royaume en proie aux plus grands malheurs. Il en résulta que ses soldats mécontens se livrèrent au pillage; les chefs, plus sensibles à la voix de l'honneur, eurent bien la bonne volonté d'arrêter leurs excès, mais on méconnut leur autorité; alors les habitans des campagnes, épouvantés, vinrent chercher un refuge dans la capitale; cet accroissement subit de population amena la gêne, ensuite la famine; les murmures universels annonçaient un violent orage, lorsque le duc d'Anjou, pressé de recueillir les fruits d'une régence limitée, ordonna aux fermiers-généraux de redoubler leurs poursuites pour faire rentrer les impôts; le moment était mal choisi; il y eut quelques mutineries. Le duc, effrayé de l'attitude menaçante que le peuple prenait, ordonna de cesser les poursuites; mais pour se dédommager, il dirigea les mesures coercitives contre les juifs; il les força d'acheter la permission de supprimer de leur habillement les signes qu'on les obligait de porter afin de les distingner (1); mais ce peuple asservi mettait peu d'importance à se voir affranchir d'une pareille obligation; ainsi, les juifs regardèrent à bon droit comme un impôt la permission qu'on leur vendait; mais telle était la disposition des esprits à leur égard, que les poursuites dirigées contre eux par le duc d'Anjou apaisèrent pour quelques instans l'effervescence générale.

Cependant le moment du sacre approchait; Louis de Clermont, gardien de la personne du

(1) En Languedoc, les juifs portaient des habits jaunes; cette couleur leur était spécialement affectée; le jour du vendredi-saint le peuple les battait dans les rues et les contraignait de rire en recevant les coups, ce qui donna lieu au proverbe, *il rit jaune.*

jeune roi, se rendit avec lui à Reims accompagné des troupes que Clisson conduisait. Il n'aimait pas ce guerrier, dont l'humeur acerbe différait si fort de la sienne, mais il l'estimait avec raison; il comptait sur sa fidélité, et cette confiance fut justifiée. Le duc de Bourbon réunit la cour à Reims, et présida aux apprêts du sacre en l'absence du duc d'Anjou, qui s'occupait alors d'un soin pour lui bien plus important que l'auguste cérémonie. Il fut informé que Charles V avait déposé un second trésor dans le château de Melun, dont la garde était confiée à Philippe de Savoisy, homme d'une probité austère; le monarque lui avait ordonné de ne livrer ce trésor à son successeur que lorsqu'il aurait atteint l'âge de seize à dix-huit ans. Le duc d'Anjou laissa partir pour Reims Louis de Clermont, le jeune Charles VI et toute la cour, et resta à Melun; il se transporta au château, et fit venir Savoisy, qu'il invita à lui découvrir le dépôt confié à sa garde; Savoisy se refusa à cette demande; le prince eut recours aux prières, et même aux promesses les plus brillantes, le gouverneur resta inflexible; alors le duc d'Anjou appela le bourreau caché derrière une porte, et lui ordonna de trancher sur-le-champ la tête de Savoisy. A la vue du fer levé sur lui, le chambellan sentit évanouir son courage, et indiqua en gémissant le lieu qui recelait le trésor. Le prince fit enlever par ses officiers une quantité considérable de lingots d'or et d'argent renfermés dans des caisses, et arriva à Reims sans que personne se doutât de son nouvel attentat.

Les régens n'avaient voulu offrir le jeune roi aux yeux du peuple de la capitale qu'après son sacre ; en conséquence, à l'issue de la cérémonie, la cour prit la route de Paris. Cette grande ville n'avait pas vu le monarque depuis la mort de son père. L'aspect de cet enfant, innocent du mal qui se faisait, transporta tous les cœurs et calma l'agitation; les Français, de tout temps disposés à aimer leurs souverains, l'accueillirent avec enthousiasme; les fêtes furent brillantes pendant deux semaines, les réjouissances publiques et l'ivresse du plaisir firent oublier la misère publique; mais à ces fêtes bruyantes succédèrent des jours mornes, et le mécontentement éclata bientôt après; les richesses que Paris avait acquises en devenant le centre du commerce et de l'industrie, appelaient dans son sein une foule d'étrangers sans état, sans existence, l'écume des provinces, qui venaient chercher sur ce grand théâtre les moyens de vivre aux dépens d'autrui; on avait depuis longtemps préparé par leur moyen une sédition qui fit son explosion un mois après l'arrivée du roi; un *cordouannier* en fut le chef (1). (Juvénal des Ursins, p. 7.) Il harangua la multitude devant le Châtelet, pleura sur sa misère, tonna contre le faste de la cour, et finit par demander le pillage des riches et des juifs; ces derniers étaient l'objet constant de l'inimitié du peuple; la harangue produisit son effet; on dévasta les boutiques de ces malheureux, et on enleva leurs enfans pour les faire baptiser.

Cette sédition apaisée, grace à la sagesse du prévôt des marchands, fut suivie d'un nouveau mouvement populaire qui mit le gouvernement dans un embarras encore plus grand. L'université exerçait dans Paris un pouvoir absolu; le nombre de ses étudians avait prodigieusement augmenté; elle ne pouvait pardonner à Eugues

(1) Cet mot là était nouveau du temps de Juvénal des Ursins; les Espagnols furent les premiers qui firent servir pour les chaussures le cuir tanné; la ville de Cordoue, en espagnol *Cordoua*, faisait un grand commerce de peau de chèvre, qu'elle prépara la première avec beaucoup de supériorité, et dans le commerce on appelait cette peau du cordouan, dont les Français firent *cordouanier*, et plus tard cordonnier.

Aubriot, prévôt des marchands, la sévérité dont il usait envers les écoliers. Il avait fait bâtir le petit Châtelet comme maison de correction; l'université fit cause commune avec le peuple, qui voyait dans le prévôt une des créatures du duc de Bourgogne, que l'on détestait alors. Aubriot, quoique d'une naissance obscure, s'était fait distinguer de Charles V par son rare talent et un zèle infatigable; élevé par le monarque à l'emploi de prévôt, il avait rendu des services signalés : c'est lui qui fit construire la Bastille, forteresse destinée à défendre Paris contre les Anglais, qui, plusieurs fois, avaient tenté de pénétrer dans la capitale par le faubourg St.-Antoine; on lui devait aussi la construction des quais, des chaussées pour arrêter le débordement de la Seine; il avait augmenté le nombre des ponts; et comme on ne pouvait attaquer ni sa loyauté, ni sa probité, et que cependant on voulait un prétexte pour le perdre, on l'accusa de tiédeur pour la foi catholique; on lui reprocha d'avoir laissé passer une année entière sans faire ses Pâques; on lui fit un crime d'avoir rendu aux juifs leurs enfans, qu'on avait enlevés pour les faire baptiser. De tous ces griefs accumulés contre lui, le plus grave était de s'être lié par un commerce de galanterie avec une fille juive. Le tribunal ecclésiastique se saisit de l'affaire; aucune puissance humaine ne pouvait soustraire personne à la juridiction religieuse; malgré les efforts de Louis de Clermont, qui estimait Aubriot comme un fidèle sujet, ce malheureux fut condamné à être brûlé vif, supplice ordinaire de cette époque. La cour et les princes obtinrent difficilement de faire commuer la peine capitale en une prison perpétuelle. Le peuple, qui s'attendait à le voir périr, se rassembla sur la place de Notre-Dame, lieu où les criminels condamnés par le tribunal ecclésiastique subissaient leur sentence; Aubriot, vieillard de soixante-quinze ans, parut tête nue, couvert d'un cilice, fit amende honorable au milieu des huées d'une populace insensée, qui demandait sa mort : on le jeta ensuite dans un cachot infect (1).

Malgré ces orages intérieurs, la France conservait la suprématie que Charles V avait su lui donner sur le reste de l'Europe; tandis que le duc d'Anjou ne songeait qu'à satisfaire son avi-

(1) Moreri et ceux qui l'ont copié sont tombés dans une erreur manifeste en disant qu'Aubriot devait sa disgrâce aux Orléanais, ennemis du duc de Bourgogne son protecteur; le prévôt des marchands fut condamné dix-huit ans avant que les deux maisons d'Orléans et de Bourgogne devinssent rivales; le duc d'Orléans avait alors dix ans.

dité, que le duc de Bourgogne, dévoré d'ambition, ne pensait qu'à s'emparer de la puissance, Louis de Clermont, étranger aux trames qui s'ourdissaient autour de lui, s'occupait de l'éducation des deux jeunes princes Charles VI et son frère, le comte de Touraine, depuis duc d'Orléans ; malheureusement, le duc de Bourgogne avait été désigné pour partager avec lui ce soin important ; le premier voulait apprendre à son royal élève comment on devenait un grand prince, comment on travaillait au bonheur des peuples ; le second, jaloux de gagner l'affection de son neveu, ne l'entretenait que de la chasse et des plaisirs bruyans dont on s'occupait alors ; dans un âge tendre, le langage de la folie est mieux compris que celui de la raison ; Louis de Clermont se vit obligé de réserver ses leçons pour le jeune duc de Touraine ; il le prit des mains de la dame Roussel, femme très-supérieure ; il lui inspira l'amour de la sagesse et le goût des lettres, goût que le duc d'Orléans conserva toute la vie ; enfin, il parvint à faire de ce prince un homme très-remarquable, mais les mauvais exemples de la cour détruisirent de bonne heure les sentimens d'honneur qu'il lui avait inspirés.

Louis de Clermont ne bornait pas sa sollicitude à l'éducation de son neveu, il veillait encore aux intérêts de l'État, dans le moment où les autres princes du sang ne s'occupaient que de leur rivalité; sachant que Montfort annonçait des intentions bienveillantes pour Charles VI, il envoya en Bretagne son confident intime, le sire de Châteaumorand, pour maintenir le duc dans ses dispositions favorables, et pour le déterminer à renvoyer les Anglais en rompant ouvertement avec Richard II. Châteaumorand partit avec 200 nobles et 300 arbalétriers; son arrivée fut d'autant plus agréable à Jean IV, que le comte de Buckingham, depuis peu entré dans le duché avec 8,000 Anglais, voyant Montfort prêt à se déclarer pour la France, voulait s'emparer des villes les plus importantes, et principalement de Nantes. Châteaumorand se jeta dans cette place avec ses compagnons d'armes; alors Buckingham ne garda plus de mesure, et assiégea Nantes dans toutes les règles; pour relever le courage des habitans, Châteaumorand fit une de ces prouesses communes à cette époque; il envoya proposer au comte de Buckingham un combat à outrance en champ-clos, de cinq Français contre cinq Anglais; on conçoit que son défi fut accepté avec beaucoup de joie. Le combat eut lieu en présence de Buckingham, de Devonshire, et du duc de Bretagne; Tristan de Lajaille, le Barrois, Aunay, Châteaumorand et Glarins, tous cinq de l'hôtel de Louis de Clermont, se présentèrent pour soutenir dans cette lutte la gloire du nom français; Guillaume de Cliton, Hennequin, Guillaume Frank, Édouard de Beauchamp et Jean d'Ambreticourt (1), furent choisis pour défendre l'honneur de la nation anglaise. Contre leur ordinaire, les Anglais se laissèrent vaincre assez facilement, et particulièrement Hennequin, opposé à Châteaumorand, ce qui parut faire beaucoup de peine aux généraux de Richard II. De son côté le banneret français, peu jaloux d'une victoire qui n'avait pas été disputée, s'offrit à recommencer le combat contre un nouvel adversaire; Guillaume de Firmacon, Irlandais, parent de Chandos, s'élança dans la lice pour soutenir le défi; il fit une plus belle résistance, mais ne fut pas plus heureux; sa lance se brisa dans ses mains sans avoir seulement touché son rival; on prit alors l'épée, et après plusieurs engagemens de fer, l'Irlandais

(1) Guillaume-le-Conquérant avait amené beaucoup de familles normandes en Angleterre, Édouard III y en attira une grande quantité de la Guienne, du Poitou et de la Gascogne; voilà pourquoi on rencontre si souvent dans l'histoire d'Angleterre des noms français.

perça la cuisse de Châteaumorand, c'était une violation des plus saintes lois de la chevalerie; Firmacon s'excusa en disant que son pied ayant glissé il avait atteint Châteaumorand plus bas qu'il ne voulait; il pouvait fort bien être de bonne foi, mais il n'en fut pas moins extrêmement blâmé par ses compatriotes; le comte de Buckingham le fit mettre en prison, et laissa le chevalier français libre d'exiger de Firmacon une forte rançon à titre de dédommagement; Châteaumorand répondit qu'il était venu en Bretagne pour acquérir de la gloire et non pour gagner de l'argent; il supplia le comte de mettre l'Anglais en liberté; il ne voulut accepter qu'une coupe de peu de valeur, et renvoya les nobles d'or dont on l'avait remplie.

L'hommage que Montfort venait de rendre à Charles VI fit renaître la bonne intelligence entre la France et la nation bretonne; Louis de Clermont retira le prix de ce nouveau service; malgré son jeune âge et son peu d'expérience, Charles VI comprit de quelle importance il était de rattacher le duc Jean IV aux intérêts de la France, il en témoigna vivement sa reconnaissance à son oncle, à qui depuis ce moment il accorda une entière confiance en dépit des efforts du duc de Bourgogne. Cependant l'Angleterre, étourdie de la mort d'Édouard III et de l'échec que Buckingham venait d'essuyer en traversant la France, ne pouvait former aucune entreprise sérieuse; on était donc en droit d'espérer un meilleur avenir, lorsque de nouveaux orages s'élevèrent au sein de la capitale.

Le duc de Berri, jusqu'alors tranquille spectateur des différends survenus parmi les princes de la famille royale, n'avait jamais élevé la voix pour réclamer sa part du pouvoir, mais enfin il s'indigna que Louis de Clermont, bien moins rapproché du trône que lui, jouît d'une influence telle que le jeune roi n'agissait plus que d'après ses conseils; en conséquence il sortit de son apathie et annonça hautement qu'il voulait, en qualité d'oncle paternel du roi, entrer dans la direction des affaires du royaume. Chaque prince du sang avait alors beaucoup de créatures attachées à sa fortune, ce qui le rendait redoutable et très-embarrassant pour ceux qui gouvernaient, surtout pendant une régence. Le duc se désista cependant de ses prétentions moyennant le gouvernement du Languedoc, le plus considérable de France; il n'aspirait à cet emploi que dans l'espérance de pouvoir pressurer les habitans de cette riche contrée; les gouverneurs de provinces exerçaient l'autorité militaire et civile, et quoique les états de chaque province réglassent la levée des impôts, les gouverneurs décrétaient fréquemment des taxes extraordinaires qui ruinaient les peuples, sans que l'État en retirât quelque chose; cette autorité était une des plaies du gouvernement de cette époque et l'un des vices administratifs qui contribua le plus à retarder la marche des améliorations; Charles V, dont le génie supérieur s'élevait aux plus hautes conceptions, avait résolu de remédier à cet abus en affectant aux grandes fonctions civiles des émolumens fixes, comme il en avait usé vis-à-vis les généraux de ses armées et les capitaines d'armes; l'établissement de cette solde militaire avait fait disparaître presque entièrement le fléau causé par la nécessité où se trouvaient le soldat et les chefs de prendre partout et sans mesure, sous prétexte de pourvoir à son entretien; mais pour arriver à ce double but, il fallait faire comprendre aux peuples que le prélèvement régulier d'une taxe annuelle, quoique plus forte peut-être, leur serait cependant moins onéreuse que la taille laissée à la discrétion des gouverneurs; cette innovation, préparée par Bureau de la Rivière, ne pouvait pas être de suite appréciée comme elle méritait; car il faut beaucoup de temps avant que les peuples comprennent bien leurs véritables intérêts; cependant Charles V serait parvenu à son but s'il avait vécu plus long-temps.

Le Languedoc fut la province dans laquelle on fit le premier essai du nouveau mode de prélèvement d'impôt. Gaston-Phœbus, nommé par Charles V gouverneur de ce pays, après le duc d'Anjou, répara les maux que l'avidité de son prédécesseur y avait causés. Il mit en vigueur avec le plus grand succès le décret de la taxe annuelle; les habitans vivaient heureux depuis quatre ans sous l'administration paternelle de Gaston, lorsqu'ils apprirent qu'il était remplacé par le duc de Berri; ils poussèrent un cri d'effroi en apprenant qu'on leur enlevait Gaston, et prirent les armes pour le conserver. De son côté le comte de Foix, plus indigné du procédé injurieux dont on usait à son égard, qu'il n'était touché de la perte de l'autorité, déclara qu'il faudrait user de la force pour lui faire abandonner son commandement. Le duc d'Anjou et le duc de Bourgogne prirent la défense de leur frère, et engagèrent le jeune roi dans cette querelle; en vain le sage Louis de Clermont voulut-il s'interposer pour faire entendre la voix de la raison; la guerre fut résolue malgré ses efforts et ses prières. Mais pour faire cette guerre, il fallait de l'argent, et on n'en avait point; le duc d'Anjou rétablit l'impôt des aides, aboli par Charles V, se promettant bien de détourner à son profit une partie de la taxe. A la nouvelle du rétablissement des aides, les Parisiens vomirent des imprécations contre les régens : les peuples sont plus sensibles à la perte des biens qu'à la perte de la liberté. Cet impôt devait se prélever sur les objets de première nécessité; les marchands, les détaillans, les boutiquiers jurèrent entre eux de ne pas la payer, et formèrent une ligue pour se défendre mutuellement contre les moyens coercitifs que l'autorité emploierait. L'attitude que prit le peuple de la capitale intimida la cour, qui résolut, avant d'exécuter l'édit à Paris, d'en faire l'essai dans quelque ville voisine; Rouen fut choisi pour cet effet, mais à la seule promulgation de la taxe, la capitale de la Normandie se mit en pleine révolte, et ses habitans formèrent le projet de marcher sur Paris. Les princes parurent fort irrités, et firent partager leur ressentiment au jeune roi. On résolut de se rendre sur-le-champ à Rouen pour réprimer la rébellion de cette ville. Louis de Clermont accompagna Charles VI et ses oncles, non pas de son gré, car il gémissait sur les fautes des régens, et blâmait cette excursion en Normandie; mais il ne pouvait s'en dispenser comme gouverneur du roi et du comte de Touraine. Ce voyage eut lieu, et Rouen fut châtié.

En partant pour cette ville, les princes ordonnèrent au commandant militaire de Paris, emploi nouvellement créé, de mettre en usage tous les moyens possibles pour commencer le prélèvement de l'impôt le jour même du départ de la cour. En effet, les receveurs se rendirent aux halles; un commis s'adressa d'abord à une pauvre femme, marchande de cresson, nommée Pérette Lamorelle, et voulut qu'elle payât la taxe; cette femme refusa, et se mit à crier; toute la halle se leva en masse, le commis fut tué sur place. Ce meurtre devint le signal de la révolte universelle; on n'entendait que les cris *aux armes! franchise!* Le pillage et le massacre commencèrent dans les rues; on força l'hôtel-de-ville, on y enleva les armes que Charles V y avait fait rassembler à l'approche des Anglais. Il y avait une grande quantité de maillets attachés au bout de longs bâtons; les rebelles prirent cette arme de préférence à toute autre, comme plus facile à manier; on les appela depuis les *Maillotins*.

Les séditieux voulaient un chef, car il en faut un partout, même dans le désordre; par une contradiction commune au peuple, ils allèrent arracher de son cachot Hugues Aubriot, ce vieillard dont naguère on demandait la mort sur la place de Notre-Dame, le même que les Parisiens voulaient brûler vif. Aubriot plus sage refusa les dangereux honneurs auxquels on l'élevait; mais que pouvait-il opposer à la violence? On le plaça par force sur une mule, et on le mena en triomphe à son ancienne demeure. Ce vrai citoyen n'était pas un rebelle, il détestait les séditieux, et lui-même les avait comprimés plus d'une fois. Lorsque la nuit fut venue (commencement de 1382), il sortit furtivement de Paris, passa la Seine, et alla chercher un réfuge en Bourgogne, où il mourut tranquille peu de temps après.

Dans l'effroi que lui causaient ces différens soulèvemens, le jeune Charles VI, dégoûté de son oncle le duc d'Anjou, ne voyait que Louis de Clermont capable de remédier à tant de maux; il ne voulut plus marcher que sous ses auspices. Le duc de Bourbon conduisit le jeune prince à Compiègne; il envoya ensuite à Paris plusieurs messages pour annoncer que l'on était décidé à déployer la plus grande rigueur contre les rebelles. En même temps il fit avancer jusqu'à Saint-Denis 3000 nobles sous les ordres du maréchal de Blainville; on savait que Rouen avait subi un châtiment sévère. L'approche de ces troupes intimida les factieux; la populace se montra ce qu'elle est toujours, pusillanime après avoir été insolente, reculant lorsqu'on avance sur elle. On n'opposa aucune résistance à l'entrée du roi. La ville fut condamnée à une amende de cent mille livres. L'impôt qui avait donné lieu à l'édit n'aurait pas produit la moitié de cette somme, et de plus la taxe fut maintenue. « Les habitans paisibles qui avaient à perdre, dit Juvénal des Ursins, furent obligés de payer, quoiqu'ils eussent blâmé la révolte. » Le clergé ne voulait pas contribuer à l'acquittement de l'impôt, il y fut contraint; la noblesse seule en fut exempte; cela était juste, car elle avait accompagné le roi à Rouen, et l'on avait pillé ses maisons. Quant à la guerre, pour laquelle les aides avaient été rétablis, elle ne fut pas glorieuse pour le duc de Berri, qui l'avait fait entreprendre dans le seul but de se mettre en possession du gouvernement du Languedoc. Gaston-Phœbus, un des généraux les plus consommés de cette époque, le battit complètement, le 15 juillet 1381, à la bataille de Revel, près Lavaur; dans le cours de l'action, Phœbus ne fut séparé du duc de Berri que par quelques pelotons; il aurait pu le joindre et le combattre corps à corps, mais il dédaigna un pareil triomphe; il dispersa les troupes de son rival, et après lui avoir ainsi prouvé sa supériorité, il eut la générosité d'abandonner le gouvernement qu'on lui enviait, et se retira dans ses états de Foix, satisfait d'emporter l'amour des peuples qu'il avait régis pendant dix ans. (Histoire du Languedoc, t. IV, p. 378.)

Le duc de Berri tira vengeance de son affront en accablant de tailles les malheureux Languedociens ; quant au duc d'Anjou, il s'empara de la moitié de l'impôt prélevé sur les Parisiens, et partit pour l'Italie, où il allait disputer le trône de Naples à Charles de Durazzo.

Quoique Paris fût rentré dans le devoir, que la sédition fût apaisée, il était cependant facile de remarquer un mécontentement sourd, qui n'attendait qu'une occasion favorable pour éclater de nouveau. Le peuple, la bourgeoisie surtout, se montrait extrêmement irrité contre la noblesse, qui, dans les derniers troubles, n'avait cessé de faire preuve d'un zèle très-ardent pour les intérêts de la couronne. Les idées avaient changé avec la position de la nation : deux siècles auparavant les rois, et principalement Louis-le-Gros, avaient cherché dans le peuple un appui contre la noblesse, maintenant la noblesse se montrait l'auxiliaire des rois contre le peuple ; mais dans ces deux cas, l'opposition des barons était la moins dangereuse; elle pouvait avoir pour résultat, il est vrai, le changement de la dynastie comme sous les derniers Carlovingiens, mais elle ne pouvait jamais renverser le trône, qui ne faisait qu'un avec elle; la rébellion populaire, au contraire, confondait dans sa haine, non-seulement le roi, mais le trône et la nation entière, elle pouvait couvrir le sol de la patrie de sang et de ruines; il importait donc de l'étouffer dans sa naissance. On apprit bientôt qu'il s'était formé contre les grands une ligue redoutable entre les diverses corporations de la bourgeoisie, et que cette ligue se liait à la confédération des artisans du Braban, depuis peu révoltés contre leur comte. Cette considération décida la cour de France à la guerre contre la Flandres. Les auteurs de l'Art de vérifier les dates disent : « Ce n'est pas le duc de Bourbon « qui vraisemblablement conseilla au roi de mar- « cher en personne, à l'âge de quatorze ans, contre « les rebelles de Flandres. » Nous croyons au contraire, d'après le caractère de Louis de Clermont, que ce prince employa tout son crédit pour l'y engager; il était digne de ce grand homme de faire commencer un règne par une belle entreprise, de vouloir entourer de gloire son jeune roi pour mieux le grandir aux yeux de ses sujets;

l'événement justifia bien sa prévision; l'expédition de 1382 ne fut pour rien dans les désastres qui dans la suite assaillirent Charles VI, et l'on ne peut disconvenir que le triomphe de Rosebec ne jeta un grand éclat sur le commencement de son règne; au reste, l'ardeur avec laquelle Louis de Clermont fit cette campagne prouvait l'intérêt qu'il y mettait. Il fut un des quatre héros de la journée de Rosebecq, avec Clisson, Sancerre, et Enguerand de Couci; il se plaça à l'aile droite, qui marchait sous les ordres du dernier, et exécuta avec la cavalerie ce mouvement précipité qui décida en partie du sort de la bataille. Emporté par sa valeur, il lança son cheval dans cette masse de Flamands, et la fit reculer devant lui. « D'une hache qu'il tenait (Oronville page 25) il frappait à *dextre* et à *senestre* sur les Flamands, et ce qu'il assommait ne sçut jà se relever, et tant se plongea le vaillant prince qu'il en fut rué par terre et blessé. » Il serait tombé au pouvoir de l'ennemi sans le dévouement des chevaliers de son hôtel, qui l'arrachèrent de la mêlée. Ces chevaliers furent Robert de Damas, qui portait sa bannière, Gui de Causans, Hugues Chastelin, Odry de la Forest, Regnault de Rossolles, de La Fayette, Changy, Robert de Challus, Saint-Priest, l'hermite de Faye, Robinet de Vendac, le bâtard de Glarins, Baudequin, Méchin, et le sire de Châteaumorand, avec ses deux jeunes fils; la blessure grave que ce dernier avait reçue devant Nantes ne le fit pas renoncer au métier des armes.

Cependant, les Flamands mis en déroute venaient de se jeter dans le chemin que le sire de Couci leur avait laissé libre. Enguerand et le duc de Bourbon les poursuivirent avec acharnement, et arrivèrent à un vaste taillis sur la route de Bruges. Piètre Dubois l'occupait depuis quatre jours avec 4000 hommes de troupes fraîches, et ralliait dans ce lieu une partie des fuyards; il fallut livrer un nouveau combat, qui fut long et opiniâtre; tandis que Couci tâchait de pénétrer dans le bois par les flancs, Louis de Clermont l'attaquait de front, et fit mettre pied à terre à ses chevaliers, et, le premier en tête, il entra dans la forêt, où l'ennemi s'était retranché : « Allons, disait-il à ses soldats, il serait honteux de nous laisser vaincre dans ce bois, tandis que dans la plaine Clisson pousse des cris de victoire. » Les Flamands et leurs chefs opposèrent une résistance obstinée; il fallait, pour les vaincre, des hommes aussi braves que des Français et qu'ils fussent enflammés par les paroles et l'exemple d'un prince du sang qui prodiguait sa vie comme un simple écuyer. A cette époque la valeur était constante chez les guerriers du rang le plus élevé; dans les siècles plus modernes, une nouvelle tactique demanda que les généraux renonçassent à se signaler par des actes d'intrépidité personnelle, leur coup d'œil devant embrasser l'ensemble des mouvemens.

Piètre Dubois fut tué en défendant vaillamment l'entrée de la forêt; on trouva à côté de lui, percée de coups, une sorcière que l'on appelait la grande Margot. (Oronville p. 216.) Elle portait la bannière des tisserands de Gand; la mort du chef rompit l'union qui régnait parmi les Flamands; ils cherchèrent à battre en retraite sur Courtrai. Louis de Clermont ne les poursuivit pas de sa personne, mais il donna la moitié de sa division au bâtard de Flandres pour leur couper la retraite; celui-ci entra avec eux dans la ville.

La victoire que Louis de Clermont venait de remporter sur Piètre Dubois eut des résultats très-importans; les Flamands, dont ce chef était le dernier espoir, ne pouvant plus se réunir, se débandèrent dans plusieurs directions; dès ce moment, la résistance organisée cessa, et il devint facile de les vaincre en détail; le duc de Bourbon rejoignit l'armée le lendemain; en l'apercevant, le jeune roi courut à lui et l'embrassa, en lui disant qu'il le regardait comme un des quatre généraux qui avaient contribué le plus au gain de la bataille.

Charles VI se porta ensuite sur Courtrai, dont les troupes françaises s'étaient déjà emparées. Cette ville conservait dans une église les éperons dorés des chevaliers français tués en 1302; la vue de ce trophée irrita extrêmement les nobles de Charles VI, on alla jusqu'à proposer au roi de faire main-basse sur les habitans, et de raser Courtrai. Cette odieuse proposition indigna Louis de Clermont; il fallut tout son ascendant sur l'esprit de son neveu pour la faire repousser; grace aux prières de ce prince, Courtrai et ses habitans furent préservés du sac.

Après la campagne, le roi reprit la route de ses états; la conduite coupable que les Parisiens avaient tenue pendant son absence lui donnait le droit de les traiter avec sévérité; le terrible Clisson, que la victoire de Rosebecq rendait alors tout-puissant, voulait les punir d'une manière exemplaire; l'armée entière marcha sur la capitale comme sur une place ennemie, et campa sous ses murs pendant plusieurs jours. Le duc de Bourbon fut chargé d'y entrer pour s'assurer des positions les plus importantes, il y arriva avec 800 chevaux, et traversa à leur tête une foule de peuple qui se mettait à genoux sur son passage. Les Parisiens connaissaient son extrême bonté, et le suppliaient d'intercéder pour eux auprès du roi. Il parvint ainsi à l'hôtel St.-Paul, y établit une garde, prit possession de la tour du Louvre, de la Bastille, de l'arsenal et des ponts. Ce ne fut qu'après ces dispositions préparatoires que le roi fit son entrée dans la capitale, comme dans une ville prise d'assaut, avec cette différence seulement que le pillage et le meurtre ne furent pas permis; on chargea Louis de Clermont de désarmer les Parisiens et de maintenir le bon ordre dans l'intérieur. Trois capitaines de son hôtel, Châteaumorand, Barrois, d'Aunay, parcoururent les rues avec 300 cavaliers, et se saisirent des malfaiteurs qui espéraient pouvoir piller à la faveur du tumulte. Châteaumorand prit deux vagabonds au moment qu'ils envahissaient la maison d'une marchande mercière, et les fit pendre à l'instant même à une croix de fer voisine; plusieurs autres voleurs, ayant été trouvés nantis d'effets dérobés, eurent les oreilles coupées. Cette sévérité envers les brigandages tranquillisa les habitans, et les disposa aux sacrifices qu'on allait leur imposer en expiation de leur rébellion. Louis de Clermont contribua beaucoup à adoucir la rigueur des mesures que prenait Olivier de Clisson pour les châtier.

La guerre, que l'on croyait terminée avec les Flamands, recommença : le duc de Bourbon quitta Paris avec le duc de Bourgogne et servit au siège de Bourbourg (1383); il fit les deux campagnes suivantes et fut rappelé à Paris pour aller prendre le commandement de la Guienne, où le maréchal de Sancerre venait d'être battu. Au moment où il arriva dans la capitale, il trouva la cour et la ville tout occupées d'un combat à outrance qui allait avoir lieu entre un chevalier anglais et un chevalier français.

L'histoire n'explique pas les motifs qui portèrent Henri de Courtenai, d'une des plus illustres maisons d'Angleterre, à défier à un combat singulier Gui de La Trémouille, favori du duc de Bourgogne. Les rois commençaient à ne plus approuver ces sortes de combats; ils voulaient que ces défis ne fussent acceptés qu'avec leur permission expresse. Ils ne cherchaient pas à étouffer le zèle chevaleresque, mais ils désiraient détruire un abus dont les conséquences étaient souvent très-fâcheuses; le peuple, naturellement superstitieux, s'intéressait vivement à ces sortes de querelles, et en interprétait la suite avec son inconséquence accoutumée. Gui de La Trémouille et Henri de Courtenay obtinrent fort difficilement la licence nécessaire pour combattre; le dernier, comme provocateur, fut obligé de se rendre à Paris; il y arriva muni d'un sauf-conduit; les deux champions se préparèrent par des jeûnes et par des prières; la ville de Paris n'était pas indifférente à ce combat; on consulta les devins sur cette entreprise d'armes. Les devins assurèrent que le jour désigné pour la joûte, le plus beau soleil éclairerait l'horizon (Moine de St.-Denis, t. Ier, pag. 3.), et que La Trémouille serait vainqueur; la pluie ne discontinua pas de tomber toute la journée, et le combat n'eut pas lieu; les deux champions, réunis dans l'enclos St.-Martin-aux-Champs (14 mai 1384), baissaient la pointe de leurs lances pour se porter les premiers coups, lorsqu'un héraut de la maison du roi, arrivant à bride abattue, leur intima l'ordre de se séparer. Le duc de Bourgogne craignait-il pour la vie de son favori? C'est ce que la chronique ne dit pas. Quoi qu'il en soit, Henri de Courtenai s'attribua l'honneur de ce défi. Le roi de France, selon l'usage, le combla de présens, et le fit reconduire en Angleterre par le sire de Clary, chevalier languedocien; pendant le trajet de Paris à Calais, le banneret anglais ne cessa de tenir les propos les plus injurieux sur le compte de la chevalerie française. Clary ne les releva pas, de peur de violer la sauvegarde qui lui était confiée, mais lorsqu'il eut remis Courtenay à Calais, sur les terres d'Angleterre, il le défia à son tour, en lui demandant réparation de l'offense faite à sa nation; il le combattit à fer émoulu; et quoiqu'il fût d'une petite taille, il vainquit son ennemi, et lui fit deux blessures graves; mais bien loin d'être approuvé d'avoir défendu l'honneur de son pays, il fut jugé coupable pour avoir joûté sans la permission du roi. Le duc de Bourgogne ne pouvait lui pardonner d'avoir empiété sur les droits de Gui de La Trémouille son favori. Clary fut obligé d'errer pour échapper à la peine prononcée contre lui; on saisit même ses biens. « Je l'ai vu, dit le Moine de St.-Denis, chercher sa sûreté tantôt de çà, tantôt de là, de crainte que ce qu'il n'avait entrepris que pour la gloire de l'État ne fût expié dans son sang, comme s'il eût trahi sa patrie. »

Au moment où Louis de Clermont quittait Paris pour aller faire la guerre en Guienne, il courut un danger d'autant plus grand, que dans cette circonstance son courage ne pouvait l'en garantir.

Charles-le-Mauvais, dépouillé des domaines qu'il possédait dans le royaume, vivait retiré dans la petite ville de Stella en Navarre. L'usage immodéré des liqueurs fortes avait anéanti ses facultés physiques, il s'éteignait peu à peu; le génie du mal semblait encore soutenir son existence. Sa haine pour la France n'avait rien perdu de sa force; il accueillait avec empressement tous les Anglais, ennemis nés des Français. C'est à ce titre qu'il reçut dans sa demeure un ménestrel, joueur de harpe, nommé Gauthier, et son valet, Robert Woudreton, nés l'un et l'autre à Carlisle, et qui avaient quitté Paris depuis peu; le dernier, après avoir long-temps servi dans les offices du palais de Charles VI, venait d'en être chassé. Charles-le-Mauvais, avide des nouvelles de Paris, ne rougit pas de se mettre en relation directe avec ce valet. Les détails que Robert lui donna sur les personnages de la cour prouvèrent au Navarrois qu'il connaissait fort bien les habitudes de la famille royale, et principalement la disposition des appartemens de leur palais; ce qui fit concevoir à Charles-le-Mauvais l'idée d'un attentat plus atroce que tous ceux dont il s'était rendu coupable. Il promit au valet anglais une riche récompense s'il voulait servir ses projets contre Charles VI et sa famille. Robert accepta ses propositions; le crime rapprocha deux hommes si éloignés l'un de l'autre par leur naissance et par leur rang. Rien ne peint mieux les personnages historiques que leurs propres paroles : voici les instructions verbales données à Woudreton par Charles-le-Mauvais, et consignées dans le procès du Navarrois, sur les dépositions du valet anglais : « Tu feras ainsi; il est une chose qui s'appelle *arsenic sublimat*, si un homme en mangeait gros comme un pois, jamais il ne revivrait, tu en trouveras à Pampelune, à Bayonne, à Bordeaux, et par toutes les villes où tu passeras, en hôtels des apothicaires; prends de cela et en fais de la poudre, et quand tu seras en la maison du roi, du comte de Touraine son frère, des ducs de Bourgogne, de Bourbon et des autres grands seigneurs où tu pourras avoir entrée, tiens-toi près de la cuisine, de la bouteillerie, et de quelques lieux où mieux tu verras ton point, et de cette poudre mets es potages, viandes ou vins desdits seigneurs. » Le valet partit, acheta du poison à Bayonne, et arriva à Paris, où il fut arrêté au moment où il s'introduisait dans l'hôtel de Forez, rue de la Harpe, habité par le duc de Bourbon. La cour fut prévenue de ce complot par le jeune prince de Navarre, aussi vertueux que son père était criminel. Le fils de Charles-le-Mauvais aimait et respectait Louis de Clermont, comme tous ceux qui connaissaient ce prince; il lui fit donner avis, aussitôt l'arrivée du valet anglais, de se tenir en garde contre tous les étrangers qui se présenteraient à son hôtel; c'est d'après cet avertissement que l'on se saisit du misérable stipendié au moment où il s'introduisait dans la première salle basse. Peu de jours après avoir échappé à ce danger imminent, Louis de Clermont partit pour l'Auvergne, où l'appelait le soin de délivrer ce pays de la présence des Anglais.

Le conseil de Richard II, pour cacher l'embarras dans lequel il se trouvait, prit une attitude hostile dans la Guienne; c'est ce qui détermina les régens de France à former un plan de triple attaque, plan dont l'exécution échoua, comme nous l'avons vu. Ils envoyèrent d'abord le maréchal de Sancerre pour contenir les Anglais dans le midi; mais ce général se laissa surprendre auprès de la Blaye, et fut battu complètement. Il fut obligé de se réfugier dans le Périgord avec les débris de son armée (fin de 1384). Les vainqueurs, commandés par le comte de Percy, profitant de leurs avantages, se répandirent dans toute la Guienne, où ils soulevèrent leurs anciens partisans, s'emparèrent des places fortes de l'Angoumois et de la Saintonge. Maîtres du littoral de l'Océan depuis la Rochelle jusqu'à Bordeaux, ils passèrent la Garonne et la Dordogne, rentrèrent en Poitou, dont le grand Duguesclin les avait chassés, et poussèrent leurs divisions jusqu'à la Loire, en commettant les plus affreux ravages. Arrivés en Auvergne, ils ranimèrent les restes de la Jacquerie, de cette faction de paysans dont les excès avaient ensanglanté les dernières années du règne du roi Jean. C'était violer les plus saintes lois de l'ordre social; la guerre n'autorise personne à faire révolter une classe contre une autre, à livrer les riches à la fureur des pauvres; c'est une barbarie dont les Anglais durent être satisfaits; il leur aurait été difficile de trouver de meilleurs auxiliaires. Les annales de l'Auvergne font un horrible tableau des cruautés auxquelles se livrèrent les paysans soulevés, qui avaient pris le nom de *Teuchins*; ils brûlaient les habitations, écorchaient vives toutes les personnes qu'ils rencontraient, lorsque leurs mains n'attestaient point par leur rudesse une profession laborieuse; ni femme, ni enfant, ni vieillard, ne trouvaient grace devant ces hommes féroces Les Anglais,

agissant en vrais barbares, leurs fournirent
des armes; et tandis que ces *Teuchins* se ré-
pandaient dans tout le plat pays, Percy, général des troupes de Richard II, attaquait les
châteaux, les villes fortes, et y plaçait des garnisons anglaises. La cour de France, éloignée du
théâtre de ces horreurs, ne croyait pas le mal
aussi grand qu'il l'était réellement, et ne s'occupait que du grand projet de porter la guerre au
milieu de l'Angleterre; enfin, les cris de la noblesse, de la population entière, attirèrent l'attention du duc de Bourgogne, maître des destinées de l'État depuis le départ du duc d'Anjou :
les Poitevins et les Auvergnats ne demandaient
que le secours de quelques troupes aguerries,
surtout un capitaine expérimenté, d'un grand
nom, qui deviendrait le centre commun de
toutes les opérations; ils désignèrent même le
duc de Bourbon, dont la présence seule, di-
saient-ils, produirait un effet merveilleux. Les
habitans de toutes les classes avaient pris les
armes, mais sans unité, parce que chacun agissait séparément, ne voulant recevoir des ordres
de personne; on sentait la nécessité d'avoir un
chef qui pût planer au-dessus des ambitions particulières, et réunir la noblesse sous une seule
bannière; le roi et son conseil se rendirent aux

vœux des Poitevins et des Auvergnats. Louis de Clermont fut chargé d'aller détruire la nouvelle Jacquerie, et chasser les Anglais des provinces de l'ouest et du centre. Il partit accompagné de 700 arbalétriers génois et 100 chevaliers; on ne voulait pas diminuer l'armée d'expédition réunie sur les côtes de l'Écluse. Les Génois devenaient tous les jours meilleurs soldats, mais ils exigeaient une grande régularité dans les paiemens de leur solde. Le duc arriva dans ses domaines, qu'il n'avait pas vus depuis long-temps; il fit prévenir de son arrivée les états du Poitou, de l'Auvergne, du Limousin et de la Saintonge : « Pour moi, leur dit-il, je suis prêt à sacrifier ma vie pour la défense du bien public sans prétendre à aucune récompense; mais les troupes que j'ai amenées et celles que je vais lever seront exigeantes, et si vous voulez que l'entreprise réussisse, et vous voir délivrer en peu de temps des brigands et des Anglais, il faut assurer d'avance la solde de l'armée par une taxe volontaire. » Les états reconnurent la justice de cette demande. Le Poitou leva une contribution de 60,000 livres; l'Auvergne et le Limousin, moins riches, en fournirent 30,000, et la Saintonge 10,000, ce qui compléta 100,000 livres, que l'on mit à la disposition de Louis de Clermont. Ce général fit un appel à la noblesse des quatre provinces, en assignant la ville de Moulins pour lieu de rendez-vous aux nobles de l'Auvergne et du Limousin ; Niort fut désigné à ceux de la Saintonge et du Poitou.

Louis de Clermont arriva à Moulins le 1ᵉʳ juin 1385. Le calme et le bonheur dont ses vassaux jouissaient pendant que le mécontentement et le trouble régnaient à Paris et dans beaucoup de provinces, attestaient sa bonne administration, sa haute sagesse, et son habileté ; durant son absence, les travaux qu'il avait ordonnés se poursuivaient également ; déjà les villes de Vichi, de Varennes, de Villefranche, avaient été pavées et revêtues de murailles ; les travaux avaient été exécutés aux dépens de ce prince ; Moulins, qui n'était avant lui qu'une bourgade, devenait une ville considérable. Après la campagne de 1385, il s'occupa de faire paver Feurs et Thiers ; il fonda le monastère des Célestins de Vichi, et l'hôpital de St.-Nicolas de Moulins. Sa présence dans ses domaines transporta tout le monde de joie jusqu'au dernier paysan. Il allait chercher les malheureux dans la retraite la plus cachée. Tous les vendredis il se plaçait à la porte de son palais, et distribuait lui-même aux pauvres d'abondantes aumônes.

A l'époque désignée, 6,000 hommes, chevaliers, écuyers et varlets, se trouvèrent réunis à Montluçon, sous la bannière du duc de Bourbon; cette levée se composait de la noblesse du Bourbonnais et de l'Auvergne. On distinguait, dans le nombre des bannerets, les sires de La Fayette, de Leborgne, de Chastellux, de La Forêt, Jean de Larochefoucault, Renaud de Challux, Jean de Tilly, l'hermite de La Faye, Robert de Damas, premier chambellan du duc; enfin Châteaumorand, déjà appesanti par l'âge, mais toujours enflammé d'une ardeur martiale. Louis de Clermont traversa l'Auvergne, y détruisit le reste des *Teuchins;* avant son arrivée, la noblesse avait fort affaibli ces bandes, et dans le Languedoc le duc de Berri les avait entièrement dispersées. Louis de Clermont franchit ensuite le Mont-d'Or, traversa le Limousin, et entra en Poitou en se dirigeant sur Niort, où il trouva 1,500 nobles poitevins, commandés par les sires de Rochechouard, de Parthenay, de Bonneval, de Bressolles, de Pons, de Fontenay, et Gauthier de Passac; il fit ensuite sa jonction auprès de Melle avec le vaillant Lignac, sénéchal de Saintonge, qui venait d'enlever par escalade la place d'Aigre, défendue par une nombreuse garnison anglaise. La ligne de l'ennemi s'étendait depuis la Rochelle jusque sous les murs de Périgueux ; au lieu de l'attaquer par le point le plus avancé dans la Saintonge, comme il paraissait naturel de le faire, Louis de Clermont commença au contraire ses opérations en fondant à l'improviste sur l'autre extrémité de la ligne, afin de couper la retraite de l'ennemi sur Bordeaux. Tout annonçait que l'expédition se passerait sans engagement en rase campagne; les Anglais s'étaient renfermés dans les places fortes, et persistaient à y demeurer; Montlieu près d'Aubeterre, à douze lieues de Périgueux, fut attaqué le premier; les assiégés se défendirent vigoureusement. Louis de Clermont tenait beaucoup à ne pas échouer dans son début; il employa toute son armée à monter à l'assaut de cette ville, qui comptait à peine 400 hommes de garnison, mais dont les fortifications étaient savamment disposées; Guillaume de Passac s'y distingua; Montlieu fut pris, les Anglais se firent hacher sur la brèche; l'incendie qu'ils avaient allumé dans l'intérieur de la ville fut si prompt, qu'il dévora toutes les maisons; les églises seules restèrent debout. Le général français pénétra dans Montlieu à travers les flammes; il rappela les habitans expulsés par les Anglais, et s'appliqua à diminuer leur misère; il y fonda, l'année suivante, un monastère et un hôpital, qu'il entretint par une rente perpétuelle; maître de Montlieu, il se porta sur Taillebourg, l'une des plus importantes places de la Guienne par sa position sur la Charente; les Anglais l'avaient surprise, et pour s'en assurer la possession, ils avaient déployé toutes les ressources de l'art de fortifier, qu'ils entendaient mieux alors que les autres peuples de l'Europe. Le pont surtout fût l'objet de tous leurs soins. Saint-Louis l'avait illustré par la victoire qu'il remporta sur Henri III, roi d'Angleterre, en 1242; l'audacieuse intrépidité de ce prince avait décidé du sort de la journée; ce souvenir était fait pour enflammer le duc de Bourbon, arrière-petit-fils du saint roi. On doit croire que l'espoir de se signaler à la même place que son aïeul lui fit entreprendre le siège de Taillebourg, malgré les difficultés qu'il présentait; l'excessive rapidité de la Charente, et l'encaissement de son lit, s'opposaient à ce que l'on pût franchir cette rivière pour aller tourner la ville; il fallait donc enlever d'abord le pont défendu par un double rang de fortifications, par un pont-levis, et par une tour carrée assise sur la crête de la montagne. Louis de Clermont conçut l'idée de faire venir de la Rochelle de grandes barques qui remontèrent la

Charente; il y plaça des archers génois, qui attaquèrent chaque flanc du pont, et occupèrent ainsi les Anglais, qui le défendaient; cette manœuvre favorisa admirablement les efforts que le duc faisait en dehors. Ce général dirigeait lui-même les engins; à force de coups on abattit les premières palissades; il restait à forcer encore deux barrières et une porte extrêmement forte, les premières furent enlevées après deux heures d'efforts, mais la porte demanda encore plus de travail; enfin, elle fut brisée en partie. Louis de Clermont s'élança le premier par l'ouverture nouvellement pratiquée, n'ayant avec lui que son neveu, Jean d'Harcourt, et Robert de Damas qui tenait la bannière du prince. Il courut quelques instans un péril imminent; les Anglais l'entourèrent de tous côtés, et avaient déjà faussé ses armes, lorsque la porte, cédant tout entière aux efforts des Français, tomba avec fracas; alors des flots de combattans vinrent l'arracher du milieu des assaillans. L'engagement le plus opiniâtre eut lieu au-delà de cette porte. Ces sortes de luttes ne cessaient qu'après un affreux carnage; chaque parti avait long-temps attendu le moment de se joindre corps à corps, et se précipitait alors l'un sur l'autre avec furie : il en résultait un choc terrible.

Enfin la victoire resta aux Français, les Anglais ne la cédèrent qu'avec la vie; leurs cadavres couvraient le pont; c'est sur des monceaux de morts que Robert de Damas planta la bannière de son maître; ce fut au milieu de ce pont, fumant encore du sang de l'ennemi, que Louis de Clermont arma chevalier son jeune neveu, Jean de Harcourt, dont les hauts faits avaient surpassé dans cette journée ceux des plus braves guerriers. Après ce triomphe, d'autant plus beau qu'il avait été vivement disputé, le vainqueur passa sur-le-champ la Charente, et investit la ville; la prise du pont étonnait les Anglais, mais ne diminuait pas leur résolution; ils firent quelque résistance dans la basse ville, qui ne pouvait être défendue, et se retirèrent dans le château, réputé imprenable. Malheureusement pour eux, ils étaient privés d'eau, et chaque jour ils se voyaient forcés, pour s'en procurer, de faire une sortie à des heures indéterminées. Le duc de Bourbon fit garder les bords de la rivière par les milices du Poitou, les troupes les moins aguerries de son armée; son but était de rendre l'ennemi plus confiant dans ses sorties; en effet, les premiers jours les Anglais culbutèrent les Poitevins, prirent l'eau nécessaire, et se retirèrent sans avoir éprouvé aucune perte. Le duc, les voyant bien accoutumés à venir à la Charente sans craindre aucune résistance, détacha de son ost, qui campait sur le point opposé, 4,000 chevaliers commandés par Châteaumorand; ces troupes se cachèrent derrière un pan de muraille d'un vieux monastère; 600 Anglais descendirent, selon leur coutume, dans un moment où ils ne se croyaient pas attendus; les Poitevins marchèrent fièrement à leur rencontre, mais ils furent repoussés avec vigueur, et forcés de laisser le passage libre. Châteaumorand sortit alors de son embuscade, s'élança sur l'ennemi, et rétablit le combat; Blain de Loup, chevalier auvergnat, abattit à ses pieds le commandant anglais, nommé Bertrannet de l'Hirisson. Les assiégés, privés de leur chef, voulurent regagner le château, mais la retraite fut coupée au plus grand nombre; cet échec détermina le gouverneur à capituler. Ainsi furent pris le pont et le château de Taillebourg, après six semaines de siège; la garde en fut confiée à Guillaume de Nellac, au nom du roi et du duc de Berri, gouverneur de la Guienne. Après cette conquête, Louis de Clermont se porta sur Tonnay-Charente, château extrêmement fort; les Anglais en avaient chassé le propriétaire, le sire de Larochefoucault, qui s'empressa d'aller joindre l'armée française avec 200 hommes de son lignage. Un assez grand nombre d'habitans du pays, anciens partisans de l'Angleterre, et qui avaient favorisé Thomas de Percy dans son exécution, s'étaient renfermés dans Tonnay - Charente à l'approche des Français; quatre d'entre eux se hasardèrent à venir visiter les Poitevins, pour les prier d'obtenir leur pardon; le duc de Bourbon se les fit amener, et leur déclara qu'ils n'obtiendraient l'oubli des fautes passées qu'en l'aidant de tous leurs moyens à chasser les Anglais du Poitou. Il promit 100 francs à chacun d'eux, et le pardon à tous les autres, s'ils parvenaient à combler le puits de Tonnay-Charente, le seul qu'il y eût dans l'intérieur de la place. Les quatre Poitevins rentrèrent dans le château, et firent part de ces propositions à leurs compatriotes, qui les acceptèrent avec joie, et le soir même ils tuèrent les chiens, les chats, les rats qu'ils purent trouver, les jetèrent dans le puits avec de grosses pierres, et allèrent ensuite se cacher dans un souterrain. Le lendemain matin les Anglais, qui avaient eu l'imprudence de ne pas faire garder les approches de la citerne par un détachement, comme cela se pratique, restèrent terrifiés en la voyant presque comblée de pierres; l'eau qui s'élevait au-dessus était corrompue : le désespoir s'empara d'eux, ils demandèrent à capituler. Grace à ce stratagème le château fut pris sans qu'il en coûtât une goutte de sang ; le duc de Bourbon en fut d'autant plus satisfait, qu'au siège de Taillebourg il avait essuyé une perte de 300 hommes. Le sire de Larochefoucault rentra sur-le-champ en possession de Tonnay-Charente.

D'après le plan qu'il avait adopté, Louis de Clermont remonta la ligne des Anglais vers la Rochelle; la perte successive de Taillebourg et de Tonnay-Charente leur avait fait abandonner le projet de livrer combat en plaine; ils ne songeaient plus qu'à soustraire aux Français les places qui leur restaient encore; ils renforcèrent les garnisons et jetèrent des soldats dans tous les lieux susceptibles de quelque défense, afin de lasser l'ennemi et d'user ses forces dans des sièges; c'était le genre de guerre le plus opposé au caractère bouillant des Français, qui se rebutent facilement; mais les Anglais ne considéraient point que cette impétuosité de leurs adversaires fait place à la constance et à la patience lorsqu'un chef habile sait modérer leur ardeur en donnant lui-même l'exemple du calme et du sang-froid : c'est à quoi Louis de Clermont s'attacha le plus dans le cours de cette expédition ;

plus les difficultés se multipliaient, plus il se montrait résolu de les surmonter; son principal désir était d'atteindre Verteuil, la place la plus considérable après Taillebourg, et le point majeur de l'extrême ligne anglaise; mais avant d'y parvenir il restait à soumettre plusieurs châteaux-forts, repaires des brigands que les officiers de Richard II avaient pris pour auxiliaires; les habitans accouraient de tout côté pour supplier le duc de Bourbon de ne pas quitter leurs contrées sans les délivrer de ces dévastateurs, cachés momentanément dans ces tours, et qui reparaîtraient plus furieux que jamais lorsqu'il aurait quitté le Poitou; Louis de Clermont forma plusieurs détachemens commandés par Jean de Beauvoir, Gauthier de Passac, Guichard le Blanc, et d'autres capitaines d'armes, et les chargea de balayer le pays dans toutes les directions, de visiter les châteaux-forts, de ne faire quartier à aucun des hommes pris les armes à la main qui ne justifierait pas appartenir à l'armée active des Anglais; quant à lui, il suivit toujours la direction de Verteuil; le premier château qu'il trouva fut le *Faon*, appartenant à la maison de Rochechouart; les Anglais s'en étaient emparés et y avaient donné asile à beaucoup de brigands. Le Faon formait une masse carrée flanquée de tourelles, et placée au milieu d'une enceinte de murs sans fossés; la tour n'avait qu'une seule entrée défendue par un pont-levis; Louis de Clermont somma le gouverneur de se rendre, espérant que cette seule injonction suffirait; car comment croire qu'une garnison, resserrée dans un si petit espace, se hasarderait à soutenir un siège en règle contre 4,000 hommes; cependant, malgré toute probabilité, la réponse fut négative; la première enceinte fut aussitôt attaquée, et forcée le jour même. Quelques Anglais furent pris, mais les autres eurent le temps de se renfermer dans la grosse tour; la nuit ne permit pas de monter à l'assaut une seconde fois; le lendemain matin on assaillit le château sur plusieurs points, mais les assiégeans furent repoussés; cette tentative coûta même beaucoup de monde, car les Français, restés sans abri au milieu d'une cour spacieuse, tombaient sous les coups des archers anglais sans pouvoir les éviter. Il y avait parmi les assiégés un ancien écuyer, réputé le meilleur arbalétrier de la Guienne; il s'était fait cordelier depuis quelques années, mais il avait repris son premier métier afin de seconder les Anglais, dont il se montrait le zélé partisan; placé tout seul sur le haut d'une tourelle, il décochait ses traits avec une rare vivacité; à chaque coup il blessait ou il tuait quelqu'un; il frappa à mort, dans l'espace de deux heures, entre autres, quatre chevaliers et le jeune écuyer du sire de Roye; le trépas du bachelier rendit ce seigneur inconsolable; le cordelier, habillé en archer, se montrait à découvert au milieu des créneaux; les Poitevins, qui connaissaient son habileté à lancer la flèche, le signalèrent à tous les chevaliers. La résistance continuait toujours, mais elle ne servait qu'à irriter les assiégeans, en retardant de quelques momens la reddition de la tour; les Génois et les arbalétriers reçurent l'ordre de Louis de Clermont de ne plus tirer; les nobles, par un mouvement spontané, se précipitèrent vers le château; une des portes basses céda à leurs efforts, mais cette entrée était trop étroite pour donner passage à tout le monde; on escalada les murs, on atteignit les créneaux, et l'on fondit de toute part sur les Anglais, qui n'eurent de refuge que dans la générosité des Français. Le sire de Roye monta un des premiers; brûlant de venger la mort de son écuyer, il cherchait le cordelier; il le demandait à tous les assiégés en leur promettant la vie sauve; on le lui montra dans la chapelle : l'archer avait repris à la hâte l'habit monastique; il était prosterné aux pieds de l'autel, ne doutant pas que ce lieu saint ne le défendît contre la fureur des vainqueurs; mais son espoir fut trompé; le sire de Roye s'élança dans l'église, l'en arracha, le traîna sur le rempart, naguère témoin de sa vaillance, lui passa de ses mains une corde au cou, et le pendit aux créneaux. (Oronville, p. 40.)

A dix lieues du Faon, en tirant vers la rivière du Clain, se trouvait la ville de Montbron, alors assez considérable; les Anglais en avaient chassé les habitans et la regardaient comme un de leurs boulevards, 1,500 hommes de garnison la défendaient; le duc de Bourbon l'investit, et à la première inspection il jugea que la conquête de cette place nécessiterait un siège en règle; il envoya donc chercher à Poitiers beaucoup d'engins et de machines de guerre pour battre les murs; la ville fut enlevée après quatre jours d'attaque consécutifs, mais les Anglais eurent le temps de se retirer dans le château bâti sur un roc: les assiégeans ne se laissèrent pas arrêter par les difficultés de cette position redoutable, et s'apprêtèrent à forcer l'ennemi dans sa dernière retraite; le cinquième jour un ouragan épouvantable s'éleva dans la ville; le vent fut si violent qu'il fit écrouler un grand nombre de maisons, et en jeta les débris sur l'armée française; cent chevaux furent écrasés, et l'on perdit plus d'hommes par cet accident que dans tout le siège; mais les assiégés n'eurent pas à se réjouir de ce malheur, car ils supportèrent leur part de ce désastre; un large pan de leurs murailles tomba, et offrit une vaste brèche aux assiégeans. Avant d'ordonner l'assaut, Louis de Clermont fit de nouveau sommer le commandant anglais; celui-ci répondit fièrement que la chute de toutes les murailles ne l'engagerait pas à capituler; sur cette réponse, le duc envoya un second message pour annoncer que l'on allait monter à la brèche, et que s'il périssait un seul de ses soldats sous les murs, aucun Anglais n'aurait à espérer de quartier, et qu'il les ferait tous pendre aux créneaux et aux portes; les termes de cette sommation étonnèrent les assiégés; le gouverneur rassembla ses officiers en conseil; tous furent d'avis de capituler si on leur garantissait la permission d'emmener les bagages. Le duc y consentit avec peine, mais il voulut que l'immense quantité de vivres que les Anglais avaient réunis dans ce lieu ne sortît pas des magasins; il laissa dans Montbron une forte garnison, et se dirigea directement sur Verteuil, place réputée imprenable, bâtie sur un rocher qui dominait la plaine, et qui était hérissée de fortifications; la possession de cette ville rendait les Anglais maîtres de la route de Poitiers; ils poussaient souvent leurs excursions jusque dans les faubourgs de cette capitale; la garnison, forte de 400 hommes des meilleures troupes, avait pour chef Renaud de Montprimat, capitaine gascon aussi habile que brave.

Le prince sentait bien que si les Anglais restaient maîtres de Verteuil le but de la campagne était manqué. Louis de Clermont alla reconnaître la position de la place; l'escalade étant jugée impossible, on résolut d'employer la mine. Les sires de Torsy, de Leborgne, furent désignés les premiers pour ouvrir la sape; ils commencèrent par élever des fortifications de gazon afin de se mettre à couvert des traits de l'ennemi, et poussèrent vigoureusement les travaux, tandis que le duc de Bourbon, placé en face de la principale porte, empêchait les sorties que les Anglais cherchaient à faire pour combler la mine. Les premiers essais prouvèrent au général français que l'entreprise serait longue; en effet, au bout de six semaines à peine avait-on percé le roc; sur ces entrefaites arriva un message de la cour; le roi invitait son oncle à laisser le siège de Verteuil, et à se rendre auprès de lui dans le plus court délai, avec les troupes qui lui restaient, pour l'aider de ses conseils et de son bras; les Anglais venaient de faire une tentative sur l'Écluse, au moment où l'on préparait la grande expédition de débarquement.

Un général se décidait difficilement à lever un siège commencé depuis long-temps; la gloire du duc de Bourbon était intéressée à terminer celui de Verteuil; les Poitevins l'en suppliaient, la campagne allait être sans résultat; il était certain qu'après son départ les Anglais accourraient de Bordeaux une seconde fois, et rétabliraient les anciennes lignes; le duc envoya sur-le-champ les sires de Châteaumorand et de Roye à Paris pour exposer ses motifs au roi, et pour l'assurer qu'il allait redoubler d'efforts pour accélérer la reddition de Verteuil; en effet, il augmenta le nombre des ouvriers, et pour mieux les exciter dans leurs travaux, il descendait souvent dans la mine. De leur côté les Anglais contreminaient; c'était le seul moyen de défense qui leur restât, car si les Français parvenaient à s'ouvrir le plus petit passage, la hauteur de leurs murailles ne leur servirait de rien, et ils seraient forcés de se rendre; ils essayèrent une sortie; on les repoussa en leur tuant beaucoup de monde; le sire de Mareuil, qui les commandait, fut blessé à mort; cette tentative désespérée attestait la position critique où se trouvaient les assiégés; en effet, les ouvriers de la sape, excités par la présence fréquente du général, redoublèrent d'ardeur; plus on avançait moins le fonds offrait de résistance; enfin, un éboulement de terre eut lieu, ce qui laissa apercevoir une ouverture, mais très-étroite; Leborgne sortit aussitôt, et vint annoncer à Louis de Clermont que le passage était pratiqué. Le prince s'y rendit avec 12 chevaliers portant des flambeaux; il visita les travaux; personne ne défendait la sortie de la mine du côté de la ville : « Pénétrez dans la place, dit-il à Leborgne, et allez dire aux Anglais qu'avant de soutenir une attaque générale il leur sera libre de préluder par un combat à outrance; s'il y a parmi eux un chevalier à bannière qui veuille répondre à ce défi, qu'il descende dans la mine, il y trouvera un banneret disposé à soutenir l'appertise à toute arme. »

Leborgne se glissa seul dans la place; il trouva les Anglais se rangeant en bataille devant l'ouverture de la mine, afin de s'opposer à l'entrée des Français; il fit part aux officiers du défi du sire de Clermont, mais en taisant le nom du prince : « Nous n'avons pas de chevaliers à bannière, répondirent les Anglais, assez experts dans les armes pour soutenir le pas contre un banneret tel que vous annoncez, mais nous avons parmi nous un brave guerrier, simple écuyer qui n'a point encore reçu l'ordre; il se nomme Renaud de Montferrand. »

D'après les règles de la chevalerie, religieusement observées dans ces sortes de combats, un écuyer ne pouvait jouter contre un chevalier sans la permission expresse de celui-ci. Leborgne transmit cette réponse à son maître, qui accorda sans difficulté la licence nécessaire; Renaud de Montferrand descendit dans la mine accompagné des deux autres écuyers; le duc le reçut visière baissée, de sorte que Renaud ignora le nom et le rang de son adversaire; le combat commença aussitôt à la lueur des flambeaux. Louis de Clermont porta de si rudes coups à son ennemi, et d'une manière si brillante, que celui-ci fut obligé de reculer le long du mur; les chevaliers français présens, ne pouvant contenir leur enthousiasme, crièrent involontairement : *Bourbon! Bourbon! notre dame!* A cette exclamation l'écuyer anglais, tout étonné, fit un pas en arrière et dit : « Comment, messeigneurs, c'est ici monsieur le duc de Bourbon?—Oui certes, répondit Leborgne, c'est lui en personne.—Lors, reprit Renaud en baissant la pointe de son épée, je dois bien louer Dieu, quand aujourd'hui il m'a fait tant de grace et d'honneur d'avoir fait armes avec un si vaillant prince; et vous, sire Leborgne, dites-lui que lui requiers qu'il me fasse chevalier de sa main, car je ne puis jamais l'être plus honorablement. » (Oronville, p. 185.) Louis de Clermont arma chevalier Renaud de Montferrand, et lui donna en présent une riche épée. Les assiégés, désespérant de défendre la place plus long-temps puisque la mine avait percé au milieu de la ville, capitulèrent, et rendirent les clefs, en stipulant de sortir avec armes et bagages, ce qui leur fut accordé.

La reddition de Verteuil termina la campagne. Les Anglais sortis de Bordeaux étaient ou morts ou prisonniers; le peu qui échappa fuyait en désordre vers la capitale de la Guienne; le Poitou, le Limousin et la Saintonge se trouvaient délivrés d'ennemis cruels; les peuples de ces contrées célébraient les louanges du duc de Bourbon : ce prince acquit dans cette expédition la réputation d'un des plus habiles capitaines de son temps. Après la prise de Verteuil, il se hâta de congédier les Poitevins, et partit pour la Flandres; il y arriva à la tête de 1,500 nobles : l'ordre sévère qui régnait dans cette troupe contrastait avec l'insubordination de la noblesse, et surtout des bandes rassemblées à l'Écluse. Charles VI, effrayé de ces désordres, et surtout de la mésintelligence qui régnait entre le connétable et le duc de Bourgogne, s'était empressé d'appeler auprès de lui Louis de Clermont, sur qui il fondait toutes ses espérances; le duc se concerta avec Olivier de Clisson pour arrêter les ravages commis par l'armée réunie en Flandres : la concentration de beaucoup d'hommes armés sur un même point amenait toujours le même résultat. L'on essayait dans ce moment de rétablir le bon ordre qui régnait dans les armées sous le règne de Philippe-Auguste; c'était une crise; l'esprit d'indépendance que l'on remarquait depuis deux siècles chez les hommes d'armes ne pouvait être vaincu dans un seul jour; plus ils se voyaient prêts à subir le joug, plus ils faisaient d'efforts pour s'y soustraire. Charles V, Duguesclin, Couci, Sancerre, avaient travaillé avec ardeur à faire régner la discipline, sans laquelle les armées ne peuvent se maintenir; la félonie du duc de Berri rendit superflus tous les préparatifs de la campagne. Nous avons dit comment les retards concertés de ce prince, qui amenait du midi les matelots destinés à manœuvrer la flotte, firent manquer l'entreprise; malgré cette trahison, à laquelle peut-être le duc de Bourgogne ne fut pas étranger, les deux oncles de Charles VI parvinrent à reprendre leur ascendant sur l'esprit du jeune roi, qui s'était d'abord montré très-irrité; l'arrestation du connétable en Bretagne dans le château de l'Hermine, en les délivrant d'un rival redoutable, raffermit encore plus leur autorité; ils devinrent les seuls arbitres des destinées de l'État; tout pliait devant leur volonté. Cependant le duc de Bourbon leur portait ombrage; son mérite personnel, la réputation qu'il s'était acquise dans les dernières guerres, et récemment dans celle de la Saintonge, les effrayait; non-seulement ils ne voulaient pas l'admettre au gouvernement, mais ils cherchaient encore à l'éloigner : le moyen le plus certain était d'offrir un aliment à son ardeur guerrière; l'Espagne leur en fournit l'occasion.

Henri de Transtamare n'avait pas cessé un instant de se montrer reconnaissant envers la France, dont la généreuse assistance l'avait placé sur le trône de Castille; il légua en mourant à son fils Jean Ier les mêmes sentimens; celui-ci prétendait à la couronne de Portugal, comme gendre de Ferdinand; le grand-maître d'Avis, ayant un très-grand parti dans la nation, se déclara son compétiteur; le roi de Castille, se voyant repoussé par le vœu général, voulait se désister de ses prétentions, mais il en fut détourné par Éléonore de Tellez, sa mère, qui lui persuada qu'à l'aide de son influence elle parviendrait à dissiper la ligue; Jean Ier se décida donc à pousser l'entreprise jusqu'au bout; il leva une armée considérable, et vint mettre le siège devant Lisbonne : mais une intrigue le brouilla avec Éléonore de Tellez; dès lors, les revers succédèrent aux succès; ses partisans l'abandonnèrent; il ne se rebuta point; la cour de France, dont il avait imploré l'assistance, lui envoya 800 chevaliers sous la bannière de Jean de Rye, vieux guerrier, et capitaine très-expérimenté; la cour d'Angleterre, en revanche, envoya au grand-maître d'Avis un secours plus considérable; le roi de Castille entra une seconde fois en Portugal, le traversa sans obstacle, et arriva dans le voisinage de la capitale. Ce fut alors que l'armée portugaise, qui n'avait pas encore paru, vint à sa rencontre; les deux partis se trouvèrent en présence à Aljurabotta; les Portugais avaient pris une position très-avantageuse; ils étaient beaucoup plus nombreux que les Castillans; ceux-ci, harassés de fatigue, voulurent néanmoins livrer bataille en attaquant l'ennemi dans ses retranchemens; les chefs les plus prudens demandèrent qu'on assemblât le conseil de guerre pour décider la question; les avis furent presque tous pour l'affirmative: « Jean de Rye parla dans cette circonstance, dit Marianna, avec une sagesse qui a rendu son nom immortel dans l'histoire de la Castille : Je suis étranger, dit le paladin français; en cette qualité je ne puis me permettre de donner des conseils; mais puisque vous demandez mon opinion, je l'exposerai franchement. » En effet, il la motiva, mais dans un sens contraire à celui de la majorité; on passa outre; ainsi Duguesclin avait fait entendre inutilement la voix de la sagesse avant la bataille de Navarette; les Castillans furent vaincus; les Français se firent tous tuer, ainsi que Jean de Rye, « qui méritait, continue Marianna, un sort moins funeste et dont l'avis, s'il eût été suivi, aurait épargné à la Castille bien du sang et bien des larmes. » (Marianna, t. III, liv. XVIII, p. 809.) (1).

(1). Les Portugais instituèrent une fête nationale en mémoire de la victoire d'Aljurabotta; un prédicateur montait en chaire et faisait, en termes ignobles et burlesques, le récit de la bataille; des rires immodérés couvraient sa voix; à l'issue du sermon il se faisait une quête au profit de l'orateur; elle produisait une forte somme. C'est de cette époque que date l'antipathie qui règne entre ces deux peuples.

Après la victoire d'Aljurabotta, les Portugais ne se contentèrent pas de chasser l'ennemi de leur pays; ils portèrent la guerre dans les états de Jean de Transtamare; naguère ce prince traitait d'intrus le grand-maître d'Avis, bientôt ce fut le grand-maître qui traita Jean Ier d'usurpateur du trône de Castille; il alla même jusqu'à reconnaître pour légitime souverain de ce pays le duc de Lancastre, époux de la fille naturelle de Pierre-le-Cruel.

L'Angleterre, quoique fort épuisée, fit un nouvel effort pour donner au duc de Lancastre une armée, dans l'espoir de détruire l'influence de la France dans la Péninsule; le roi de Castille se voyait dans un péril manifeste; ses sujets se décourageaient; il tourna ses regards vers la France, son unique espoir; son ambassadeur arriva à Paris au milieu de l'année 1387; il demanda, au nom de son maître, des troupes, dont le roi de Castille s'engageait à payer la solde; mais il insista pour que l'on mît un prince du sang à leur tête. Le choix ne fut pas douteux; Louis de Clermont était le seul qui eût une grande réputation militaire; d'ailleurs, les ducs de Berri, de Bourgogne, se hâtèrent de le désigner afin de se débarrasser d'un rival dangereux; l'ambassadeur portugais dit, en remerciant le roi, que le choix d'un pareil chef garantissait d'avance le succès de l'entreprise ; l'armée destinée à la descente de l'Angleterre, qu'on venait de manquer, était encore en grande partie sous les armes ; les bandes des capitaines gênaient beaucoup le gouvernement. Le duc de Bourbon prit 6,000 hommes de troupes ; beaucoup de nobles se rangèrent sous ses bannières comme volontaires, dans le seul but d'acquérir de la gloire. Ces forces réunies ne s'élevaient pas au-delà de 10,000 combattans ; il en fallait davantage pour balancer la fortune des Portugais, déjà vainqueurs, et soutenus par 8,000 Anglais ; mais le peuple castillan, brave quoique apathique, n'avait besoin que d'être excité pour voler aux armes, et l'on pensait bien que la présence de ce renfort devait suffire pour lui donner l'énergie nécessaire. Le duc partit sous les plus heureux auspices ; les historiens de cet âge citent comme une chose extraordinaire le bon ordre qui régnait dans l'armée de ce prince : à son approche, disent-ils, les habitans des campagnes ne s'enfuyaient point, ceux des villes n'abandonnaient pas leurs maisons ; la volonté forte d'un seul homme suffisait pour opérer cette métamorphose.

Louis de Clermont arriva dans le midi; il voulut aller visiter le pape à sa résidence d'Avignon, et s'acquitter de quelques devoirs pieux. Clément VII le retint long-temps auprès de lui; il voulait même l'engager à porter la guerre en Italie pour expulser de la chaire de saint Pierre son rival Urbain VI. Le duc s'y refusa; mais il perdit dans le comtat Venaissin un temps précieux, et pour y arriver il s'était écarté de sa route directe; il parvint enfin aux Pyrénées, franchit ces montagnes, désirant entrer dans la Péninsule par la Catalogne, ce qui n'était pas le chemin de la Castille; le prince Noir et Duguesclin y avaient pénétré par Bayonne et Saint-Jean de Luz. Le duc arriva trop tard, ce qui le priva de la gloire de combattre, et peut-être de vaincre les Anglais sur le sol de l'Espagne, comme il venait de les vaincre en Guienne.

Le duc de Lancastre avait fait un arrangement définitif avec Jean de Transtamare, mais Louis de Clermont eut encore indirectement une grande part à cet accommodement; car le bruit de son arrivée intimida le duc de Lancastre, le prince le plus inconséquent de cette époque; le fils d'Édouard III, au moment où tout semblait lui sourire, où les Portugais ses alliés remportaient chaque jour de nouveaux avantages, renonça tout à coup à ses prétentions sur la Castille moyennant une pension.

Jean de Transtamare courut au devant de Louis de Bourbon, qui précédait l'armée de quelques jours avec une division; il le combla de caresses, se confondit en remerciemens, le conduisit à Burgos avec ses principaux officiers, lui fit rendre les plus grands honneurs, mais en même temps il fit entendre que le plus grand service qu'il espérait de lui c'était de faire rentrer son armée en France : « Votre présence ici avec des forces militaires, dit le prince castillan, porterait ombrage à l'Angleterre, qui refuserait peut-être de ratifier le traité que je viens de conclure avec elle; j'acquitterai en entier la solde des troupes françaises depuis leur départ de Paris jusqu'à leur retour dans les états du roi très-chrétien. » En effet, Jean de Transtamare convoqua les principaux personnages des trois ordres, et leur demanda les fonds nécessaires pour payer et renvoyer les 10,000 soldats qui venaient de traverser la France pour voler à son secours. La nation castillane, quoique déjà épuisée, se gêna encore davantage pour faire ce nouveau sacrifice, jugeant que la présence d'une armée étrangère est une calamité, quelle que soit la pureté de ses intentions (1).

Sur ces entrefaites, le roi de France partit pour le pays de Gueldres. Louis de Clermont, instruit de son départ, se rendit sur-le-champ à Paris sans visiter ses domaines; il accompagna Charles VI dans cette guerre entreprise sur les instances des ducs de Bourgogne et de Berri, et qui causa momentanément la ruine du parti de ces princes. Olivier de Clisson se plaça à la tête de celui des hommes sages qui gémissaient sur l'imprudent administration des oncles du roi; on profita du mécontentement général pour perdre les régens dans l'esprit de leur neveu. La conduite tenue par le duc de Bourgogne dans le cours de l'expédition faisait jeter les hauts cris, et avec raison; car, afin de ménager les états de la duchesse de Brabant, dont il devait hériter un jour, Philippe-le-Hardi avait fait prendre à l'armée, en allant et en revenant, un chemin plus long, impraticable, et dans lequel on perdit une partie des bagages, ainsi que beaucoup d'hommes, noyés dans le débordement des rivières ou enterrés dans les boues. Charles VI,

(1) Oronville, historien de Louis de Clermont, dit que ce prince combattit en Espagne le duc de Lancastre, et qu'il le força à lever le siège de Burgos; ce qui est contraire au sentiment des écrivains français et espagnols.

indigné, embrassa avidement le projet de priver ses oncles de la direction des affaires publiques. Nous avons déjà dit comment ce grand coup d'état fut frappé à Reims en 1388. Le roi déclara qu'il voulait régir le royaume lui-même; le duc de Berri reçut l'ordre de se retirer dans son gouvernement du Languedoc, et l'on invita le duc de Bourgogne à rentrer dans ses états; les autres princes du sang partagèrent leur disgrace. Le duc de Bourbon, toujours étranger aux intrigues, ignorait absolument celle que Clisson avait ourdie contre les deux oncles de Charles VI; il voulut s'éloigner de la cour lorsqu'il vit partir les autres princes du sang, mais on le supplia de rester et de prendre part au gouvernement; sa probité sévère contrastait avec l'avidité du duc de Bourgogne, et plus Charles VI acquérait de l'expérience, plus il concevait de l'estime et de l'attachement pour lui; le connétable agit habilement en faisant donner la haute direction des affaires à un prince entouré de l'estime publique; le duc de Bourbon l'aida de tous ses moyens à conduire le vaisseau de l'État, sans cependant se mêler aux menées que Clisson et ses amis employaient pour conserver le pouvoir.

Dès ce moment la scène changea, le public

espéra voir renaître le temps de Charles V ; le roi admettait dans ses conseils des hommes choisis par son père : le duc de Bourbon, à qui le dernier roi avait confié l'éducation de ses fils ; Clisson, qu'il avait désigné pour connétable ; Bureau de Larivière, ami particulier de Charles V ; Jean de Mercier, seigneur de Noviant, négociateur habile ; Jean de Montagu, depuis long-temps versé dans les finances ; Lebègue de Villaines, qui avait bien servi Charles V à la guerre ; Enguerand de Couci, dont le monarque avait su apprécier le rare mérite : tels étaient les hommes dont Charles VI s'entoura. Les nouveaux ministres travaillèrent avec ardeur à réparer les maux causés pendant huit ans par leurs prédécesseurs ; on commença par des réformes depuis long-temps désirées, elles furent toutes frappées au coin de la sagesse, et attestaient la haute prudence de celui que le jeune roi avait investi de sa confiance.

La charge de prévôt des marchands fut séparée de celle du prévôt de Paris ; ce magistrat cessa d'être l'homme du peuple pour n'être que l'homme du prince. Juvénal des Ursins, père de l'historien, fut nommé à cet emploi ; il alla se loger à l'hôtel-de-ville. Le parlement de Paris fut renouvelé en entier, la grand' chambre fut recomposée, et compta soixante-seize conseillers, quarante-un clercs et trente-cinq laïcs. Ces clercs n'étaient point des ecclésiastiques, mais des hommes qui avaient fréquenté les écoles; on les appelait clercs ou *savans*, car la science se nommait alors *clergie :* l'on écarta les ecclésiastiques, sous prétexte que les devoirs de juge les détourneraient du soin que leurs troupeaux réclamaient. Les conseillers-clercs recevaient des appointemens, portaient une robe noire et serrée, ils préparaient les affaires et en faisaient les rapports; car la plupart des seigneurs qui étaient juges ne savaient pas lire. Outre ce parlement, le roi composa son grand et son petit conseil; le premier était formé de pairs et de grands officiers, Louis de Clermont en fut nommé président; le second ne se composait que des ministres et s'assemblait fréquemment; les historiens du temps, peu instruits dans ces matières, n'ont presque rien dit de la forme et des fonctions de ces assemblées. Le roi chef de l'État, les grands si redoutés dans leurs domaines, les évêques qui lançaient des anathèmes, étaient des puissances opposées dont l'autorité se contre-balançait par la force, mais qui ne discutaient point leurs pouvoirs par écrit; ainsi les droits ne se fixaient point, et tandis que la constitution germanique se formait, que les pairs d'Angleterre ajoutaient à leur parlement une chambre des communes, que les nobles de l'Italie formaient de grandes républiques aristocratiques, la noblesse de France laissait perdre insensiblement ses droits, et ne songeait qu'à la guerre et à la chasse.

D'après les conseils de Louis de Clermont, on abolit quelques impôts, ceux qui restèrent furent payés plus exactement; on supprima beaucoup de dépenses; le trésor public cessa d'être vide, ce que l'on n'avait pas vu depuis Charles V; en se retirant, les oncles du roi avaient cherché à enlever le peu qu'il y avait; ils demandèrent qu'on les indemnisât des dépenses faites par eux pour administrer l'État, quoiqu'il fût de notoriété publique que cette administration leur avait valu des sommes considérables : leurs demandes furent rejetées par le conseil que Louis de Clermont présidait; ils s'en dédommagèrent en pillant la vaisselle et les bijoux de la couronne confiés à leur garde.

Chaque jour voyait naître quelque amélioration : la mendicité fut réprimée, on nettoya les rues de Paris; on arrêta les vagabonds, les lépreux, les aventuriers, et on les plaça dans de vastes maisons de dépôt; les Français poussaient des cris de joie, et se flattaient que ce roi serait digne de son père et qu'il leur ramènerait des jours heureux.

La tranquillité publique pensa être troublée par les disputes élevées entre les dominicains et l'université, sur un sujet de pure mysticité; nous n'en parlons ici que parce que cette guerre de chicane dura plus de cent ans et qu'elle ne fut pas étrangère aux malheurs de ce règne. Tout prenait un aspect prospère, il ne restait aucune trace de ce mécontentement que les Parisiens avaient fait paraître huit ans auparavant; le roi était idolâtré, on lui avait décerné spontanément le surnom de *Bien-Aimé;* son extrême bonté, son affabilité, le désir de rendre les Français heureux, désir qu'il exprimait avec une vive effusion de sentimens, lui avaient valu ce titre; la jeune Isabeau de Bavière, éclatante de beauté, digne alors de l'amour des peuples, promettait à son époux une nombreuse famille; le duc d'Orléans, frère de Charles VI, venait de s'unir à Valentine de Milan, dont les graces et la candeur faisaient l'objet de l'admiration générale; autour de ces deux princesses se pressait une cour plus brillante que celle des prédécesseurs de Charles VI: on y distinguait la duchesse de Bourgogne et sa bru, Marguerite de Hainaut, comtesse de Nevers; Blanche de France, douairière d'Orléans, fille posthume de Charles-le-Bel; Blanche de Navarre, veuve de Philippe de Valois; Marie de France, duchesse du Bar, fille du roi Jean; et une foule de princes du sang ou alliés à la famille royale; ces filles, ces veuves, ces fils, ces neveux de monarques qui s'etaient succédé en peu de temps, imprimaient au peuple un grand respect et faisaient sentir combien les règnes des rois s'écoulent rapidement.

A l'extérieur le royaume ne voyait pas d'ennemis; l'Angleterre, déchirée par les discordes civiles, demandait à prolonger la trève, et pour comble de bonheur, Charles-le-Mauvais avait cessé de vivre (1). Les provinces réclamaient encore plus que la capitale l'attention du monarque, le Languedoc surtout : cette province,

---

(1) La mort de Charles-le-Mauvais fut aussi horrible que sa vie : se sentant extrêmement affaibli par les débauches, il s'imagina lui-même de rappeler sa chaleur naturelle presque éteinte, en s'enveloppant dans des draps imbibés d'eau-de-vie ; un soir qu'on venait de le coudre ainsi dans ses draps, un valet laissa tomber une étincelle de son flambeau, ce qui causa à l'instant un incendie total; Charles éprouva des douleurs inexprimables; il ne mourut qu'au bout de trois jours ; la Navarre célébra par des réjouissances le trépas de son tyran.

l'une des plus riches et des plus importantes du royaume, avait eu le malheur d'être gouvernée successivement par le duc d'Anjou et le duc de Berri; ces deux princes portèrent le désespoir dans l'ame des habitans par leurs exactions et par la dureté qu'ils mettaient dans le prélèvement des impôts; plus de dix mille familles abandonnèrent leurs terres et se retirèrent en Espagne. Le pouvoir illimité dont les gouverneurs jouissaient dans leurs commandemens était un des abus les plus désastreux de l'administration de cette époque; le roi cessait d'être le père commun de ses sujets; les peuples ne connaissaient que le gouverneur, dont la juridiction s'étendait sur le civil, le militaire, et principalement sur les finances : il répartissait les impôts suivant son caprice, les prélevait avec cruauté, et envoyait au trésor royal une faible partie de ce qu'il recevait. Plus une province se trouvait éloignée, plus elle devenait victime de l'arbitraire; le défaut de communications, le peu de relation qui existait entre la capitale et les autres pays, empêchaient le roi de connaître la vérité; la crainte de s'attirer la haine du gouverneur arrêtait toutes les plaintes; mais la chaîne qui pesait sur les Languedociens était si lourde qu'à la fin ils se décidèrent à porter leurs doléances aux pieds du trône. Un prêtre se chargea de cette périlleuse mission; il se nommait Granselve; le tableau qu'il fit des misères de ses compatriotes émut extrêmement le jeune monarque, qui promit de mettre un terme au mal et de le réparer; il fallut qu'il prît le religieux sous sa protection spéciale, afin de le mettre à couvert de la vengeance du duc de Berri et de ses partisans.

Le roi résolut d'aller visiter les provinces méridionales; les peuples apprirent avec des transports de joie cette détermination; mais, avant de quitter sa capitale, il voulut présider à l'entrée publique de la reine, ce qui n'avait pas eu lieu quoique Charles VI fût marié depuis quatre ans. Les fêtes furent superbes; on y remarqua beaucoup de luxe, de magnificence, et peu de goût: Froissart en fait une description détaillée. Les tournois, genre d'amusement tout-à-fait analogue aux mœurs de ce siècle, furent brillans, et répondirent à l'idée qu'on avait pu s'en faire; le roi et les plus puissans seigneurs du royaume y joutèrent, l'affluence fut extrême; le duc de Bourbon y tint le premier rang, et, quoiqu'il eût déjà cinquante-deux ans, il combattit avec une ardeur, une vivacité, qui le firent remarquer. Les juges du camp déclarèrent que le roi avait mieux jouté que tous les autres poursuivans : Charles VI, dans la fleur de son âge, était robuste et se plaisait aux exercices violens; la flatterie n'y était peut-être pour rien, le prince pouvait avoir mérité le prix. Les chevaliers ne furent pas satisfaits de cette première épreuve, et, sous prétexte que la poussière, très-épaisse ce jour-là, avait empêché les dames de voir leurs prouesses, ils demandèrent que l'on continuât les joutes le lendemain; en effet les joutes recommencèrent le jour suivant à la porte Saint-Antoine, et, par un raffinement de précaution inconnu jusqu'alors, deux cents porteurs d'eau réunis sur ce point arrosèrent la lice. (Froissart.)

A l'issue de ces fêtes, le roi partit pour le Languedoc, le 2 septembre 1389, et se dirigea vers Avignon, où il voulait voir le pape Clément VII. Les ducs de Bourgogne et de Berri l'accompagnèrent. Louis de Clermont n'avait pas quitté son neveu depuis le changement du ministère; sa prudence, son zèle pour le bien public, justifiaient la confiance que le roi mettait en lui. Les Languedociens, connaissant ses vertus, avaient imploré sa protection; il les engagea à mettre leurs réclamations aux pieds du roi. Arrivé dans le comtat Venaissin, limitrophe du Languedoc, Charles VI fut en position de prendre des informations qui lui prouvèrent que Granselve n'avait point chargé le tableau ; le voile qui couvrait ses yeux se déchira, il frémit à l'idée de se voir forcé de sonder tant d'iniquités ; il congédia brusquement les ducs de Bourgogne et de Berri : le dernier insista pour accompagner le roi, il reçut la défense expresse d'entrer dans le Languedoc ; le roi était pénétré de douleur en voyant son oncle si coupable, il supplia le duc de Bourbon de ne point l'abandonner dans cette circonstance et de l'aider de ses conseils.

Il est difficile de peindre l'enthousiasme que les Languedociens firent éclater à la vue de leur roi, venant de sa capitale pour s'informer de leurs malhuers et les alléger ; comme la misère était générale dans cette province, jadis si opulente, la magnificence n'accompagna point les fêtes que l'on offrit à Charles VI ; mais le génie inventif des habitans y suppléa par des danses gracieuses, par des chants nationaux, et par des courses à pied qui rappelaient celles des anciens. Le jeune prince paraissait ravi ; les femmes de Montpellier, de tout temps célèbres par leur vivacité et leur fraîcheur, le charmèrent ; mais, au milieu de l'ivresse universelle, le sévère Louis de Clermont lui rappela l'objet principal du voyage : réformer les abus sous lesquels gémissait depuis six ans ce peuple si expansif, et qui semblait avoir perdu le souvenir de ses infortunes en revoyant son roi.

Les sires d'Estouteville et de Chevreuse furent chargés d'examiner les affaires du Languedoc; les premières investigations eurent lieu à Béziers; elles prouvèrent que les délégués du duc de Berri renouvelaient les impositions cinq ou six fois dans la même année. On les arrêta tous comme prévaricateurs, on s'attacha surtout à Betizac, l'homme de confiance du duc de Berri; ce prince l'avait tiré de la condition la plus vile pour l'élever jusqu'à lui : Betizac, reconnu coupable, fut supplicié sur la place de la Fontaine, à Béziers, suivant Froissart, et à Toulouse, suivant le moine de Saint-Denis; mais l'autorité de Froissart est plus respectable, car cet historien accompagna le roi dans ce voyage, et fut par conséquent témoin oculaire.

Le roi ôta le gouvernement du Languedoc à son oncle et le confia au seigneur de Chevreuse.

Après avoir exercé dans les provinces méridionales le plus beau droit de la puissance souveraine, celui de consoler ses peuples, de leur rendre la justice, la légèreté de son âge et de son caractère reprit le dessus; l'ardeur de son sang était extrême, il avait des mouvemens impétueux;

mais au milieu de cette fougue on remarquait une débilité d'organes qui inquiétait sa famille. Son frère, le duc d'Orléans, pressé du désir de revoir sa femme, la belle Valentine, lui proposa de se dérober à leur suite et de revenir à Paris en toute diligence, par les moyens les plus prompts qu'ils pourraient se procurer; il fit le pari de 5,000 livres qu'il arriverait le premier, le pari fut tenu; on convint de n'emmener qu'un seul chevalier : le roi choisit le sire de Garencière, et le duc d'Orléans le sire de La Vieuville. Les deux princes partirent le lendemain à cheval, à la même heure, et marchèrent nuit et jour, en prenant des chevaux frais partout où ils en trouvaient; quand ils voulaient se reposer, ils se faisaient charrier. Le duc d'Orléans arriva à Paris le cinquième jour de bonne heure : il est inconcevable qu'il ait fait un pareil trajet en si peu de temps, la poste n'existant pas encore. Le roi arriva le jour même, mais tard : trop fatigué à quarante lieues de Paris, il s'était couché dans une hôtellerie, y avait dormi huit heures, et en était reparti sans être reconnu. Quand son frère le vit entrer à l'hôtel Saint-Paul, il s'écria : «Monseigneur, j'ai gagné la gageure, faites-moi payer! —C'est raison, répondit le roi, et le serez; et le fut. Les dames tournèrent tout ceci en ris, en esbattement; mais bien jugèrent qu'ils avaient eu grand'peine, fort tant que jeunesse de corps et de cœur leur avait ce fait faire. » (Froissart.)

Cependant l'ardeur que Louis de Clermont avait mise à réprimer les abus de l'administration du duc de Berri effraya les autres ministres : cette austérité ne leur convenait point. Louis de Clermont voyait toutes les fautes qui se commettaient; mais aussi timide à la cour que courageux à la guerre, il n'osait ni faire des représentations au roi, ni l'instruire de la conduite coupable des dépositaires du pouvoir; il se borna à ne plus se mêler des affaires publiques : sa probité tranquille s'accommodait peu de la fierté de Clisson et des manœuvres que Noviant, Larivière et Montagu employaient pour se maintenir dans leurs emplois; il résolut de saisir la première occasion favorable pour se retirer honorablement d'une cour où tant de choses le choquaient; cette occasion se présenta bientôt.

LIVRE III.

Expédition du duc de Bourbon en Afrique.

Le commerce du Levant se faisait exclusivement, dans le quatorzième siècle, par les Vénitiens et les Génois; les derniers avaient des relations encore plus étendues que les premiers. Mais tout à coup ils virent leur prospérité arrêtée par les Barbaresques de la côte d'Afrique, qui couvraient la Méditerranée de leurs corsaires, et enlevaient et pillaient les vaisseaux marchands; les succès augmentaient l'audace de ces forbans; ils se réunissaient à la pointe de l'Afrique, et envoyaient de là des expéditions en Europe. Ils s'étaient emparés de la partie orientale de l'île de Sardaigne, dont ils avaient fait un point d'appui intermédiaire; de là ils se jetaient sur la Sicile, désolaient les côtes de l'Italie, descendaient souvent sur la grève de Gênes, et portaient l'effroi jusque dans cette riche cité; en même temps ils poussèrent leurs entreprises jusque dans le golfe de Lyon; on les vit entrer dans le port de Marseille, et enlever sur la jetée des habitans qu'ils emmenèrent en esclavage. Comme le fanatisme liait étroitement tous les croyans en Mahomet, les Africains voulaient par leurs ravages, non-seulement s'enrichir, mais encore faire une diversion qui pût favoriser les entreprises des Turcs, dont les conquêtes resserraient chaque jour l'empire de Constantinople; Adorne était alors doge de Gênes, son ambition égalait son habileté. Il luttait depuis long-temps contre une faction puissante à la tête de laquelle on distinguait les Justiniani et les Fregose; il résolut d'augmenter sa popularité afin d'accabler ses rivaux; le moyen qu'il choisit fut de former un vaste plan d'attaque contre les Barbaresques : s'il réussissait, la gloire devait en rejaillir tout entière sur lui. La république de Gênes ne pouvait à elle seule mettre sur pied des forces assez considérables pour porter la guerre chez les Africains, mais comme il savait que le zèle religieux n'était pas encore éteint, il eut l'idée de former une croisade contre les infidèles de Tunis, d'Alger et de Fez. Dans une circonstance semblable, on s'adressait toujours en premier à la France, peuplée d'une noblesse avide de gloire et d'aventures: quatre nobles Génois, membres du sénat, arrivèrent à Paris en 1389, peu de jours après la rentrée de la cour; le roi les reçut à son conseil; ils s'acquittèrent de leur mission, implorèrent l'assistance de la France contre les Barbaresques, en faisant observer que ces infidèles ne respectaient aucun pays, et que la Provence, dépendante du royaume, voyait chaque jour ses côtes insultées; ils finirent par demander qu'on leur envoyât 4 ou 5000 chevaliers, écuyers ou varlets commandés par un prince du sang, et autant de troupes soldées; qu'ils se chargeaient de tous les frais de la guerre : ils promettaient des vivres en abondance, et tout ce que l'on jugerait nécessaire à la réussite de l'expédition.

Les ambassadeurs se retirèrent; le conseil mit sur-le-champ en délibération les demandes des Génois; il fut décidé, séance tenante, qu'on y aurait égard; le duc d'Orléans et Louis de Clermont s'offrirent les premiers pour être les chefs de cette croisade; le conseil jugea le premier trop jeune (1); le roi s'effrayait à l'idée de voir s'éloigner de lui le duc de Bourbon. « Bel oncle,

---

(1) « Et il fratello del re Ludovico, giovenetto, richiedeva essere fatto capitano di questa impresa; ma parve ai barbi del re di commettere la cosa a capitano vecchio e

dit-il à Louis de Clermont, vous savez les grandes affaires que nous savons, et aussi à grand' peine les gens qui voulsissent aller si loin ; et lors répondit le duc de Bourbon, J'ai chevaliers et escuyers de mon pays, qui ne me faillirent onques; et tant pressa le roi de France son seigneur, qui fut forcé de lui octroyer la licence, et le lendemain vindrent les Gènerois devant le roi pour avoir la réponse, et leur dit le roi, Je vous baille bel oncle de Bourbon pour votre chef qui est tel chevalier comme vous le savez, et ne vous pourrois bailler un plus grand de mon sang ; à l'heure s'agenouillèrent les ambassadeurs de Gènes devant le roi, le remerciant très-humblement de ce qu'il leur baillait le prince que plus ils désiroient. » (Oronville, p. 276.)

La nouvelle se répandit bientôt dans Paris et dans les provinces voisines qu'une croisade allait être publiée ; la noblesse ne pouvait modérer son impatience, elle accourut de tous les points, et demanda à être aussitôt enrôlée sous les bannières de Louis de Clermont. Les temps avaient changé depuis la première croisade; ce

esercitato, e fu data l'impresa al duca di Borbon, e la nobiltà di Francia fu molto pronta. (Historia di Genova. Giustiniano, libro IV, p. 154.)

n'était pas tumultueusement que l'on formait les armées destinées à des expéditions lointaines : le roi publia une ordonnance pour régler le mode de l'enrôlement; nul ne pouvait partir sans la permission du roi, disait l'édit, *et qu'il ne passeroit nuls varlets, fors gentilhomme et gens de fait et de défense.* Chacun devait prouver qu'il était à même de faire une campagne à ses frais ; par ce moyen on écartait une foule d'aventuriers sans existence positive, qui ne suivaient les armées que pour piller; le roi limita le nombre de ces permissions, car tous les nobles voulaient partir : on vit l'amiral Jean de Vienne, déjà vieux, se jeter aux genoux de Charles VI, pour obtenir *la licence d'aller en guerre.*

Le schisme qui existait dans l'Église n'empêcha pas de prêcher la croisade dans l'Europe entière; chacun des deux papes, Clément VII, Urbain VI, fit annoncer dans les États qui les avaient reconnus, qu'ils accordaient les indulgences et remettaient les péchés à ceux dont le courage se signalerait dans la guerre d'Afrique ; c'était déjà une restriction, car dans les premières croisades les papes accordaient les indulgences indiscrètement à tous ceux qui faisaient seulement le voyage.

Louis de Clermont, chef de cette bouillante

noblesse, fit ses préparatifs. D'après la coutume et la règle qu'il s'était imposée en entrant dans la carrière des armes, loin de profiter de son influence dans le ministère pour tirer des graces de la cour, il ne voulut même pas que l'État payât aucune de ses dépenses personnelles; il aliéna pour la somme de 12,000 francs son hôtel de Forez, rue de la Harpe, et avec cet argent il monta ses équipages de guerre; au bout d'un mois il réunit 1000 chevaliers à bannière ou à pennon, 500 écuyers et 3000 gens de trait; la trève avec l'Angleterre subsistait toujours; le comte de Derby, bâtard du duc de Lancastre, vint le joindre à Fontainebleau, accompagné de 600 chevaliers anglais : et comme il ne se réunissait pas 100 hommes d'armes sur un point de la chrétienté sans qu'on y vît quelques Bretons, les sires de Rieux et de Rohan de Tintiniac accoururent avec 200 de leurs compatriotes; on vit arriver pareillement 400 nobles de Flandres et du Hainaut guidés seulement par le zéle religieux, car les habitans de ces pays avaient conservé la foi dans toute sa pureté.

Louis de Clermont se mit en route dans le mois de février 1389 (le dernier de l'année d'alors) avec 8000 hommes; il devait trouver d'autres troupes dans la Bourgogne et le Dauphiné. Il traversa la France dans toute sa longueur en se dirigeant sur Marseille. Il s'étudiait à faire régner dans ses troupes la plus sévère discipline : Juvénal des Ursins fait observer qu'ils payaient comptant ce qu'ils prenaient, chose qui n'était pas ordinaire. Il ne faut pas oublier de dire que dans le moment où Louis de Clermont se dirigeait vers Gènes, trois autres expéditions étaient entreprises également par des Français, toujours dans l'espoir d'acquérir de la renommée; beaucoup de gentishommes venaient de se réunir à Aix pour suivre Louis d'Anjou à la conquête de Naples; un nombre plus considérable encore, commandé par le comte d'Armagnac, soutenait en Italie la querelle d'Urbain VI contre les Visconti. Il était de l'intérêt des rois de France d'encourager ces entreprises lointaines : pendant l'absence de cette noblesse, inquiète, jalouse de ses droits, les lois acquéraient plus de force, l'autorité royale se raffermissait, enfin la monarchie se faisait.

Louis de Clermont arriva à Marseille après deux mois de marche; les habitans le saluèrent de mille acclamations, ils espéraient que grace au courage de ces guerriers réunis sous les enseignes du prince français, ils seraient délivrés pour toujours de la fureur des Africains, qui portaient le fer et le feu jusque dans leur cité. Oronville, assez exact dans les détails, cite un fait qui atteste les progrès de l'administration militaire : pendant leur séjour à Marseille, les chevaliers furent logés par billets de logement; on les plaça dans les meilleures maisons, suivant le nombre d'hommes qu'ils avaient conduit à leur suite, c'est ce qui faisait alors les distinctions; car les grades n'existaient point : on ne comptait que trois dignités militaires, le connétable, le maréchal, et le grand maître des arbalétiers. Louis de Clermont fit *la montre* des troupes réunies sous ses ordres; il trouva 2,000 chevaliers à bannière ou à pennon, 7,000 écuyers, 5,000 gros varlets, arrière-vassaux des nobles, armés à la légère, et 3,000 gens de trait, soldats salariés, la plupart Gascons; en tout 17,000 hommes.

Parmi les seigneurs, on distinguait Charles, fils du duc de Lorraine; l'amiral Jean de Vienne, le comte Derbi, Guillaume de La Tremouille, Guillaume de Hainaut; les sires de Lignac, de Hangest, Hélion d'Hainuyers, de Ligni; le comte d'Eu; les sires de Matefalon, de Culan, de Linières, de Thiret Dameral; Gauthier de Champeron, Jean de Châteaumorand, le sire de Lucassière (c'est Foulques de Courtarvel, mort en 1402)

Jean d'Acy, Philippe de Sancerre, Pierre de Boucy, Jean le Barrois, Guillaume de Morles, Longueval, Jean de Roye, le sire de Bours, d'Aunay, d'Ausemont, Jean de Beaufort, Jean Leboutillier, Jean de Crama, le Souldich de Lestrade, Jean de Harcourt, le dauphin d'Auvergne, Bethancourt, Chatellux, Tintiniac, Lebègue de Beaussé, de St.-Germain, Philippe de Bar, Robert de Calabre, vicomte de Seez, le sire de Montagu, le sire de Villeneuve, Raoul de Couci (qui n'était pas Enguerand de Couci comme beaucoup d'historiens l'ont cru).

Le quinzième jour après son arrivée à Marseille, le duc de Bourbon alla en grande pompe à l'église de Saint-Joseph, et y consacra une armure complète, en faisant vœu de ne mettre pied à terre qu'à Marseille lors de son retour de la guerre d'Afrique. D'après ses ordres les vingt-deux galères génoises destinées à transporter ses soldats furent disposées de manière à loger commodément tout le monde; l'embarquement se fit sans confusion, chacun se trouva placé sur les navires comme par enchantement; le duc n'emmena que 1000 chevaux; il acheta à Marseille, au compte de la république de Gènes, deux mille tonneaux de vin, cent tonneaux de viande fumée, quatre mille charges de froment pour faire du biscuit, et deux mille volailles pour les malades : vingt navires légers portaient ces provisions. Avant de lever l'ancre, le prince français envoya son chambellan à Avignon supplier le pape de vouloir bien donner sa bénédiction à lui et à ses soldats partant pour aller combattre les infidèles. Le pontife remit au chambellan le bref par lequel il donnait la bénédiction demandée.

Enfin, au commencement de juillet 1390, on cingla vers Gènes; le duc ordonna que pendant la traversée les vieux guerriers instruiraient les jeunes bacheliers des devoirs que leur imposait le métier des armes, et lui-même tint à son bord une école de guerre, où il se faisait admirer par son éloquence et son rare savoir. La flotte arriva en peu de jours dans le golfe de Gènes; la descente eut lieu près de Rappalo; le prince ne voulait pas que ses soldats entrassent dans Gènes, alors une des villes les plus opulentes de l'Europe et par conséquent une des plus corrompues; il descendit avec 4 chevaliers seulement, le comte de Derbi, les sires de Lestrade, de Couci et de Rieux; il ne resta à terre que le temps indispensable pour s'aboucher avec le doge et le sénat à l'effet de prendre les dernières dispositions nécessaires à la réussite de l'expédition; on lui remit de nouvelles provisions et des liqueurs fortes dont l'usage était recommandé dans un pays brûlant pour réparer les pertes occasionées par d'abondantes sueurs; ces précautions annonçaient un esprit d'ordre et de prévision inconnu avant ce siècle, et prouvaient que le chef de l'entreprise ne voulait rien négliger pour s'assurer des chances favorables.

Louis de Clermont passa une nouvelle revue; son armée, accrue d'Espagnols désireux de partager l'honneur et les dangers de l'expédition, et de 9,000 arbalétriers fournis par la république, se trouva forte de 30,000 hommes dont un tiers était français, un tiers de Génois, et l'autre tiers se composait d'Espagnols, d'Allemands, d'Anglais et de Flamands; il fut de nouveau reconnu sollennellement chef de cette croisade. La flotte, composée de quatre-vingts vaisseaux ou galères et de trente bâtimens légers qui portaient les bagages et les provisions, avait pour amiral Juan Centurione, noble génois, surnommé *Ultramarino* à cause de ses exploits d'outre-mer. Au moment du départ, il s'éleva une vive contestation parmi les croisés au sujet d'une cérémonie religieuse : d'après un usage suivi dans toute la chrétienté, on bénissait les vaisseaux lorsqu'ils levaient l'ancre pour aller dans un pays lointain. Louis de Clermont ordonna à ses chapelains de donner la bénédiction, mais les Génois se récrièrent, en disant qu'ils ne voulaient pas la recevoir des prêtres français, partisans de l'anti-pape Clément VII; ils furent soutenus par les Allemands et les Espagnols, et demandèrent que des prêtres de leur nation fussent chargés de cette cérémonie; les Français se récrièrent à leur tour, en repoussant comme schismatiques les prêtres italiens, vivant sous l'obéissance de l'anti-pape Urbain VI; la querelle s'échauffait, et l'on fut au moment de voir des chrétiens armés pour la défense de la foi se battre entre eux, au sujet de deux papes illégitimement élus. Le duc de Bourbon, avec sa sagesse accoutumée, fit cesser ces débats en ordonnant que chaque nation recevrait la bénédiction de ses prêtres respectifs, ce qui était d'autant plus praticable, que les soldats de chaque pays montaient les mêmes vaisseaux; il défendit sous des peines très-sévères, d'engager aucune discussion sur des matières religieuses.

La flotte prit le large à la fin d'août, et passa devant Gênes; jamais le peuple de cette ville n'avait été témoin d'un spectacle aussi imposant: l'éclat des armes éblouissait la vue; les bannières placées sur le pont, voltigeant au gré des vents, étaient d'un effet merveilleux; les chants d'allégresse des gens couvrant le rivage se mêlaient aux sons des instrumens de guerre; le zéphir enflait les voiles et poussait les vaisseaux sur une mer légèrement agitée. Mais le temps changea bientôt; des tempêtes épouvantables accueillirent les chrétiens à l'entrée du golfe de Lyon; la flotte, au lieu de prendre la route de l'île d'Elbe, doubla le cap de Calvi: enfin, long-temps dispersés par les vents, les vaisseaux parvinrent à se rallier devant Alghieri sur les côtes de la Sardaigne, ils y relâchèrent; le péril que l'on venait de courir, la vue des vagues courroucées contre lesquelles l'intrépidité des hommes ne peut rien, avait déjà refroidi le zèle des croisés; un grand nombre descendit à terre en déclarant qu'ils renonçaient à l'entreprise. Louis de Clermont les réunit sur le rivage, et employa pour les émouvoir tout ce que l'honneur lui inspirait; ce ne fut qu'avec beaucoup de peine qu'il parvint à leur faire abandonner une si funeste résolution : « mais le vaillant duc de Bourbon si doucement les confortoit et donnoit courage, que tous délibérèrent de le suivre, rentrèrent dans leurs vaisseaux et voguèrent en mer. » (Juvénal des Ursins, p. 81.)

Enfin les vents s'apaisèrent, la flotte reprit la pleine mer entre Cagliari et l'île de Minorque, arriva à la hauteur de Boujeiah, et longea ensuite la partie orientale de l'Afrique. A la vue de ce nouveau continent, de ces côtes couvertes des ruines d'anciennes cités, les croisés rebutés passèrent d'une extrémité à l'autre, et dans leur enthousiasme ils voulaient descendre à terre sur-le-champ pour prendre les villes qu'ils apercevaient; il fallut que Louis de Clermont employât, pour contenir leur ardeur, les mêmes efforts qu'il avait faits pour relever leur courage abattu; mais le plan de la campagne fait et arrêté dans le sénat de Gènes prescrivait de ne débarquer que près du golfe Hamamest, devant une ville désignée par Froissart sous le nom d'Africa (1); sa position maritime la rendait très-

(1) Villaret, Daniel, et les historiens plus modernes, prennent le nom d'Africa pour une erreur, et disent que la ville dont Froissart veut parler était l'ancienne Carthage; mais il est de toute notoriété que la rivale de Rome n'existait plus, et que l'on ne bâtit jamais d'autre ville sur ses ruines. Ne vaudrait-il pas mieux s'en tenir au texte de Froissart, et adopter l'idée que ce ne pouvait être qu'Aphrodisium, située à vingt lieues d'Adrumetum, avec laquelle on la confond souvent? Au reste, cette ville d'Africa refuge des Barbaresques était devenue fort peu de chose lorsque Charles-Quint la détruisit entièrement.

propre aux expéditions des Barbaresques; ils l'avaient très-bien fortifiée; ils en faisaient le boulevard de leurs forces militaires et l'entrepôt de leurs marchandises; c'est de ce lieu que partaient tous les armemens; c'est là que tout le butin venait se réunir en commun, et qu'on le partageait; c'est aussi là qu'on voulait avec raison porter les grands coups. Comme les Arabes se doutaient qu'Africa serait le premier point attaqué, ils y avaient mis une garnison de 10,000 hommes; les habitans, la plupart pirates, se regardaient comme les meilleurs défenseurs de leurs remparts; les beys de Maroc, de Fez, de Boujeiah et de Boune, avaient envoyé des contingens pour former une armée capable de couvrir la place et empêcher le débarquement; ces forces réunies s'élevaient à 40,000 combattans; le bey de Tunis avait pris le commandement général.

En apercevant la flotte des chrétiens, ceux d'Africa frappèrent sur des *tamtam*, instrument de métal dont le bruit retentissant s'entendait fort au loin; c'était le signal convenu pour avertir l'armée de l'approche de l'ennemi. De leur côté, les croisés poussèrent des cris de joie à la vue d'une ville qui paraissait florissante, et dont ils regardaient la conquête comme assurée;

enfin, les pilotes génois conduisirent la flotte vers le lieu qu'ils connaissaient pour le plus favorable au débarquement : mais ce lieu était couvert d'Africains en armes, dont l'attitude menaçante annonçait qu'ils ne laisseraient pas aborder impunément. Le duc de Bourbon voulut que l'on approchât à portée de trait pour mieux observer la position des infidèles ; il s'aboucha avec l'amiral génois afin d'obtenir de lui des renseignemens positifs sur les mœurs et la manière de combattre de ces peuples. Centurione faisait depuis vingt ans la guerre contre eux ; on l'avait vu souvent porter la terreur jusque sous les murs d'Africa ; plusieurs fois il avait battu les Maures en rase campagne : « Sire de Bourbon, dit-il au général, vos soldats ne doivent pas se laisser étonner par les cris confus de cette multitude rassemblée sur la plage ; ce ne sont pas des hommes aussi redoutables que les Turcs de l'Orient ; ils n'attendent pas leur ennemi de pied ferme ; ils fuient d'abord, mais ils reviennent ensuite plus prompts que la foudre ; ils assaillent leur ennemi au moment où celui-ci les croit bien éloignés ; ils ne connaissent point les pesantes armures, ils couvrent leurs corps d'une tunique de cuir bouilli difficile à percer, ils portent un bouclier de tôle long, et pointu d'un bout ; ils sont si agiles, qu'ils évitent les traits de nos arbalétriers; lorsqu'ils les voient partir, ils se jettent à terre, ils se relèvent successivement, arrivent sur l'homme par bonds, et le frappent de leur javelot. »

Louis de Clermont prit les précautions les plus sages pour effectuer la descente; il fit embosser la flotte, mettant en première ligne les vaisseaux portant des machines de guerre et les canons en bois cerclés. Toutes ces machines commencèrent à jouer, en lançant sur la ville des quartiers de pierre et des morceaux de fer; les Africains, dit Froissart, répondaient également par des canons, mais moins bien servis que ceux des chrétiens; pendant cet engagement général, des brigantins chargés de troupes longeaient le rivage, et le débarquement se fit sous une nuée de traits qui obscurcissaient l'air, et au son des instrumens de guerre. Les Anglais eurent l'honneur d'aborder les premiers, le jour de la Madeleine 1390; les Français prirent terre après eux, Louis de Clermont descendit avec les dernières divisions; il marcha aussitôt à la tête de la moitié de l'armée contre les Maures, qui, à la vue de tant de forces, avaient reculé vers la ville: il leur livra sur toute la ligne un combat court et meurtrier. Les Africains ne purent résister à la tactique européenne, qui avait fait de grands progrès, mais ils se battaient individuellement avec un acharnement inconnu aux chrétiens : on en vit qui, percés de flèches, combattaient jusqu'à ce que la perte de leur sang eût épuisé entièrement leurs forces; d'autres, traversés par l'épée des chevaliers, au lieu de reculer s'enferraient davantage pour atteindre leur ennemi et le frapper avant de mourir. Le duc de Bourbon rompit les rangs des Maures, et les força d'abandonner le champ de bataille : cent vingt ans auparavant, Louis IX expira sur ce même sol après avoir également vaincu les ennemis du Christ.

Les Africains, repoussés et battus, allèrent se renfermer dans Africa. Le premier soin du général français, après ce succès, fut de faire beaucoup de chevaliers, selon la coutume du temps; les jeunes nobles demandaient l'ordre à grands cris; plusieurs, atteints du coup mortel, voulaient recevoir l'accolade avant d'expirer : plus de 1,500 chevaliers furent institués dans cette circonstance.

Louis de Clermont s'occupa ensuite d'asseoir son camp, ce qui n'était pas l'objet le moins important; il s'était muni à Gênes d'une grande quantité de tentes de toile très-forte, propre à garantir les soldats des ardeurs du soleil; il en établit un triple rang à six cents pas de la mer, de manière à conserver libres ses communications avec la flotte; il se plaça au centre, mit le comte de Derbi à l'aile droite, et le sire de Lestrade à l'aile gauche; chaque tente contenait un nombre égal de soldats; elle était sous le commandement des deux chevaliers dont les bannières flottaient à l'entrée, ce qui servait à désigner les quartiers, les Génois formaient en avant une ligne courbe, qui, dans son étendue, enfermait le camp par un cordon dont les extrémités venaient toucher le rivage dans la forme d'un arc dont la mer était la corde; des navires de Candie, de Malte, de Sicile, n'étaient occupés qu'à porter des vivres frais, de sorte que l'abondance régnait dans le camp. Mais le climat dévora bientôt les hommes; l'eau manquait; on avait à combattre les mêmes difficultés dont Louis IX avait été la victime; il importait de pousser l'entreprise avec le plus de promptitude possible; le point principal était d'amener les Africains à faire des réparations à la république et à toute la chrétienté, à les forcer de contracter l'engagement de cesser leurs ravages sur les côtes de l'Europe, et de ne plus insulter les navires chrétiens. Louis de Clermont espérait que la vue des forces qu'il venait de déployer aux yeux des infidèles les déterminerait à conclure la paix sans en venir à des hostilités ouvertes; il voulut donc essayer les négociations avant d'assiéger Africa, dont la prise était l'unique but de l'expédition; il envoya un chevalier pour sommer le gouverneur de rendre la place et d'embrasser la foi chrétienne. Louis IX avait voulu pareillement convertir le roi de Tunis: « J'ai depuis cinquante ans la garde de cette ville, répondit le Turc; je ne déshonorerai pas ma longue carrière par une lâcheté; quant à l'abandon de ma croyance, c'est encore plus inadmissible, je ne me trouve pas disposé à embrasser une religion que depuis mon enfance on m'a appris à mépriser. » (Froissart, liv. IV.) Le ton de cette réponse ne laissait aucun espoir de conciliation; on se disposa à faire le siège dans les règles. La ville avait la forme triangulaire, elle était adossée à une chaîne de montagnes; ses murailles, excessivement épaisses et assez élevées, avaient des tours de distance en distance qui se défendaient mutuellement; chaque saillant se terminait par un fortin; les maisons, très-basses, pratiquées dans le roc, ne s'élevaient point au-dessus des murailles, de sorte qu'au premier aspect on aurait pris la ville pour une large plate-forme; les portes, à l'exception d'une seule, étaient murées; il n'y avait pas de fossé.

On débuta par un assaut général, ou plutôt par une escalade, car les coups des machines de guerre ne produisaient aucun effet sur cette masse de muraille; les Génois, portant d'énormes échelles, s'avancèrent les premiers; Louis de Clermont les soutenait à la tête de divisions d'Anglais et de Français; les Génois appliquèrent les échelles, mais la plupart de ces machines se trouvaient trop courtes; peu de monde pouvait atteindre les remparts à la fois; les Africains couvraient les murailles, ils repoussaient vaillamment ceux qui parvenaient aux créneaux; quatre assauts consécutifs furent livrés sans succès; le duc de Bourbon renonça à faire usage des échelles, et assembla le conseil de guerre pour aviser aux moyens de tenir l'ennemi éloigné des remparts, pendant que les chrétiens monteraient à l'assaut; on résolut de construire, avec les grosses poutres dont l'amiral génois s'était muni, une maison à triple étage, sur le modèle des tours des anciens, et de la placer sur des roulettes; les ouvriers génois déployèrent une grande habileté dans la construction de cette machine, à l'aide de laquelle on espérait balayer les murs et favoriser l'assaut par escalade; mais on approcha cette tour trop près des murailles; les Africains, à l'aide de crocs de fer, la renversèrent, et la dépecèrent en quelque sorte dans l'espace d'une nuit; ce malheur ne rebuta pas les assiégeans; les ingénieurs italiens construisirent un pont volant, lequel en s'appuyant d'un bout sur une plate-forme mouvante, devait porter de l'autre sur un des angles de la muraille, et offrir aux assaillans un passage assuré; cette tentative ne réussit point; le pont n'avait pas un débouché assez large; ce n'était qu'un défilé très-étroit dont les assiégés pouvaient facilement défendre la sortie; deux écuyers normands, ayant voulu essayer de passer, furent victimes de leur intrépidité; l'un fut précipité dans la mer du haut d'une tour, l'autre fut pris et massacré sur-le-champ; les Sarrasins envoyèrent, par des pierriers, sa tête et ses bras dans les lignes des assiégeans.

Le gouverneur d'Africa déployait d'autant plus de vigueur dans sa défense, que des messagers lui annonçaient chaque jour l'approche du bey de Tunis, qui arrivait avec 40,000 hommes, dont 10,000 de cavalerie, qui accouraient pour faire lever le siège; les chefs maures de Fez, de Maroc, de Boujeiah, avaient envoyé des troupes de différens points de l'Afrique pour défendre la cause commune, car l'islamisme menacé trouvait toujours de nombreux défenseurs ; l'approche de cette formidable armée, en relevant le courage des assiégés, abattit celui des chrétiens ; ces chevaliers, pleins d'ardeur au moment du combat, se rebutaient facilement lorsqu'ils calculaient les difficultés ; cette entreprise leur en montrait d'insurmontables ; ils s'écrièrent hautement que, vu l'impossibilité d'enlever la place, il fallait retourner en Europe ; les Génois, dont on défendait principalement la querelle, furent également de cet avis ; Louis de Clermont s'en indigna : « Je ne veux pas, dit-il dans le conseil, devenir la fable de la chrétienté en quittant l'Afrique si brusquement, lorsqu'à peine nous y avons pris terre ; si les difficultés sont réellement de nature à ne pouvoir être surmontées, l'honneur nous fait une loi de pousser un peu plus loin l'entreprise, et de préparer notre retraite par quelque exploit dont le souvenir puisse se perpétuer.» Ce discours calma les esprits ; le duc de Bourbon fit rentrer les chrétiens dans le camp, abandonna momentanément le siège pour tourner ses efforts contre l'armée du bey de Tunis, qui se tenait en observation à une lieue et demie d'Africa ; ne voulant pas s'enfoncer dans les sables, le prince français se contenta d'envoyer deux divisions sous les ordres

des sires de Chatellux et de l'Anglais Cliffort,
pour engager une escarmouche avec l'ennemi,
afin de l'attirer vers la grève; l'engagement fut
vif; les Sarrasins vinrent assaillir les chrétiens
par nuées, mais on les battit complètement;
Chatellux et Cliffort rentrèrent sans avoir essuyé aucune perte; les Maures, irrités de cet
échec, ne laissèrent passer aucun jour sans venir
attaquer le camp; dans l'intervalle d'une de ces
escarmouches, Louis de Clermont reçut une ambassade des chefs maures; un truchement arriva
de la part du bey de Tunis pour faire une communication au général des chrétiens; le duc de
Bourbon le fit introduire dans sa tente, et y appela ses principaux officiers : « Je viens au nom
de mon maître, dit le truchement, savoir pourquoi les chrétiens sont arrivés dans ce pays
pour attaquer les Africains, qui n'ont jamais eu
rien à démêler avec eux. » On aurait dû lui répondre : « Nous sommes venus porter la guerre
en Afrique pour venger les ravages que vous ne
cessez de commettre sur les côtes de l'Italie, de
l'Espagne, de la Provence; pour rendre la liberté à notre commerce, pour arracher de vos
mains des milliers de nos frères qui gémissent
dans l'esclavage. » Ces motifs existaient alors; on
en aurait difficilement allégué de plus légitimes;

mais il n'était pas dans les mœurs de ce siècle de traiter les affaires de cette manière; si on en croit Froissart, Juvénal des Ursins, et le moine de St.-Denis, on se rejeta sur des motifs de dogme, et l'on se sépara sans s'accorder.

Louis de Clermont avait fait élever des palissades à hauteur d'homme seulement, pour arrêter les charges de cavalerie; les Génois, à couvert derrière ces remparts de bois, abattaient les Africains, et leur faisaient éprouver des pertes continuelles; mais ces pertes étaient facilement réparées par l'arrivée successive des Maures, qui accouraient de l'intérieur des terres, et les chrétiens ne pouvaient réparer les leurs; ce genre de guerre durait depuis quarante jours; les Africains refusaient d'engager une action générale avec des ennemis dont ils redoutaient l'habileté dans l'art militaire; ils voulaient seulement les tenir en haleine, et les vaincre par la fatigue; déjà les maladies se faisaient sentir dans le camp des croisés; la chaleur accablante les énervait; les hommes dépérissaient à vue d'œil; de nouvelles tentatives avaient échoué; tout faisait présumer que l'on serait obligé de reprendre la mer sans avoir planté l'étendard de la croix sur les remparts d'Africa; Louis de Clermont, désespéré, avait à cœur de soustraire à une mort certaine le reste de son armée; il tenait également beaucoup à faire excuser la non réussite de cette expédition à la faveur d'un succès éclatant, par quelque fait d'armes que la renommée s'empresserait de publier; il prit une de ces résolutions hardies dont la seule conception décelait un vaste génie.

Les Africains savaient que les chrétiens redoutaient la chaleur beaucoup plus que les javelots ennemis, et, dans cette persuasion, les Maures se livraient avec sécurité aux douceurs du sommeil pendant les heures où le soleil est le plus brûlant; ils ne doutaient pas que l'ardeur de cet astre ne les gardât mieux que tous les postes avancés; contre leur cacul, Louis de Clermont résolut de les attaquer à midi, précisément à l'heure où l'air est enflammé; il fit part de ses projets aux principaux croisés; il leur montra la fin de leurs travaux, et la gloire qu'ils allaient retirer du succès; sa voix pénétra dans tous les cœurs; elle releva les courages abattus; l'idée d'affronter de nouveaux dangers, de voler à des triomphes, ranima des hommes affaissés. Le duc de Bourbon confia la garde du camp au sire Raoul de Couci avec 2,000 hommes, il laissa le comte d'Eu devant la ville avec 4,000 hommes pour contenir les assiégés; il sortit de ses lignes avec 15,000 combattans, tous à pied, c'était l'élite de ses troupes; il les divisa en quatre corps, à la tête desquels il mit l'amiral de Vienne, le comte de Derbi, les sires de l'Estrade et de l'Espinasse; il garda autour de lui les officiers de son hôtel, Châteaumorand, St.-Priest, le Barrois, Lavieuville, Leborgne, Chastellux et Robert de Damas, portant sa bannière; il partit sans se faire précéder d'une avant-garde; le terrain lui permettait de se déployer en avançant; sa marche fut rapide, mais ferme, uniforme; il franchit l'espace qui le séparait de l'armée africaine; il écrasa les postes avancés sans leur laisser le loisir de jeter l'alarme; il entra dans le camp, où tout était plongé dans la sécurité la plus parfaite; jamais surprise de nuit ne réussit mieux, ces 15,000 chrétiens tombèrent tous ensemble au milieu des tentes; le massacre commença; les Sarrasins poussèrent des cris affreux; comme ils sont très-agiles, ils se trouvèrent en peu d'instans, et comme par enchantement, hors du camp; mais on les serra de trop près pour qu'ils eussent le temps de faire usage de leurs flèches; on en tua des milliers avant qu'ils eussent pu tirer un seul trait. Louis de Clermont, conservant son sang-froid au milieu de cette scène tumultueuse, rallia son armée au centre du camp, forma de nouveau ses rangs, et, pour donner quelque repos à ses soldats harassés de fatigue, il n'employa alternativement qu'une seule division pour combattre les Turcs, qui ralliés dans la plaine faisaient les démonstrations d'attaque pour rentrer dans le camp. Après quelques instants de lutte, la division relevée par une nouvelle rentrait; cette manœuvre, exécutée avec précision, dirigée par Louis de Clermont en personne, procura une heure de repos aux croisés, et sauva l'armée, qui eut le temps de reprendre haleine sous les tentes des Maures, et d'étancher la soif, avec des fruits qu'on trouva dans le camp; enfin, le combat cessa sur tous les points; les Maures prirent la fuite, et s'enfoncèrent dans le désert; mais deux heures après, on aperçut un épais tourbillon de sable qui s'avançait rapidement; c'était la cavalerie maure conduite par le bey de Tunis en personne; cette troupe avait été obligée de s'établir à une lieue en arrière, au pied des montagnes qui couvrent Africa, et le seul endroit où elle pouvait trouver de l'eau pour ses chevaux.

Les succès que l'on venait de remporter mettaient les chrétiens en position de pouvoir, sans désavantage, recommencer un nouveau combat; ils s'y préparèrent avec joie; le duc de Bourbon plaça à l'entrée du camp les archers génois; c'était la meilleure arme pour arrêter la cavalerie maure; il mit ensuite le reste de son armée sur les quatre faces du camp afin que les infidèles ne trouvassent accès d'aucun côté; cette précaution était sage, car ces 10,000 hommes de cavalerie se partagèrent, en arrivant impétueusement, pour forcer l'enceinte sur quatre points; mais ils furent repoussés partout; les chevaliers les laissaient approcher, et plongeaient leur longue épée dans le poitrail des chevaux, ou leur brisaient la tête à coup de masses d'armes; les charges se répétaient sans interruption; le courage calme des chrétiens, l'ordre qu'ils observaient dans cette position difficile, vainquit les assaillans; au bout de deux heures cette nuée de cavaliers, diminuée de la moitié au moins, s'aggloméra une seconde fois sur un des flancs des croisés, et détermina son mouvement de retraite; Louis de Clermont s'élança vers eux avec 1,500 des siens, au moment où les Africains passaient assez près d'un des angles du camp; il porta la terreur dans leurs rangs, et les força à précipiter leur fuite.

La victoire avait été complète; les infidèles l'avaient vaillamment disputée; un grand nombre se fit tuer dans les tentes sans vouloir les abandonner; ils y laissèrent, ainsi que dans la plaine, 14,000 des leurs; les Génois leur avaient causé une perte considérable, principalement dans la cavalerie. Avec 15,000 combattans, Louis de Clermont en avait battu 40,000 (1), s'était emparé de leurs bagages et de leur camp; c'était un beau triomphe; on le devait à sa vaillance, à son habileté; mais on ne pouvait acquérir une pareille victoire que par de grands sacrifices; en formant ses divisions le prince vit la perte cruelle qu'il avait faite; les Français surtout, qui, plus nombreux, avaient contribué puissamment au gain de la journée, avaient le plus perdu; il se trouva 2,000 morts, parmi lesquels on comptait les sires de Voilly, de Garet, de Blot, de Bellefaye, Guichard de Mallet, Geofroi de la Selle, Yon de Chollet, Guy de Chollet, Jean Périer, Robert de Hangest, Geofroi de Dinan, Guille d'Andoureau, Jean Desilles, Jean de Trye, Machecol, Eustache de Mailly, Bertrand de Chevreuse, Guy de Vareze, Étienne Duport et Alain de Champigné; le sire de Rieux fut grièvement blessé; beaucoup de chevaliers

---

(1) Oronville dit 60,000, Froissart 50,000, mais il faut toujours rabattre de ces sortes de calculs.

moururent de chaud, accablés sous le poids de leurs armes; ils expiraient en jetant du sang par la bouche et par les oreilles; au nombre de ceux qui périrent ainsi on comptait le sire de Clairveaux, Robert de Maillardet, Amauri de Craon, Charles d'Uxelles, Robert d'Harcourt, Jean de Creuilly, le vicomte d'Uzes, Robert Dumont, Perducat de Sévastre, Mignotel, Leborgne de Cluis, Philippe de Hodenc, Robert Renneval, Robert de Preuilli, Denis Duval, Jean Auger et Philippe de Chauvigni. (Le moine de St.-Denis, liv. II, pag. 191.)

Le duc de Bourbon, voyant la nuit s'approcher, songea à regagner son camp; il fit mettre le feu aux tentes des Maures, ce qui causa un embrasement considérable; ceux d'Africa le considéraient du haut de leurs remparts: le prince français se replia en bon ordre sur ses lignes, emmenant ses blessés et quelques prisonniers. Deux jours après cette victoire, il reçut un nouveau message des chefs de l'armée mahométane; l'envoyé demandait à parler au généralissime en particulier, mais Louis de Clermont ne voulut l'admettre qu'en présence des officiers de son hôtel; les beys offraient de traiter séparément avec le duc, en lui promettant les réparations qu'il désirerait: l'Africain faisait observer que la

France n'avait pas à se plaindre personnellement des Tunisiens, qui n'avaient en leur pouvoir aucun sujet du roi Charles VI.

Il était facile de voir que ce message n'avait pour but que de détacher le général français des Génois et des autres confédérés ; le duc répondit qu'il ne se séparerait pas de ses alliés, et qu'il pousserait l'entreprise jusqu'au bout, afin de forcer le roi de Tunis et les autres chefs africains à faire à la chrétienté des réparations manifestes. Mais pendant qu'il montrait tant de générosité et de délicatesse, la république de Gènes acceptait de son côté les propositions des Maures, et traitait secrètement avec les Barbaresques. (Lacroix, Hist. de Gènes, tome 1, in-12, page 400.)

Les succès remportés par Louis de Clermont, ses nouveaux préparatifs contre Africa, et sa réponse énergique, effrayèrent les chefs musulmans, qui résolurent d'éloigner à tout prix des ennemis aussi redoutables ; ils considéraient que si les chrétiens parvenaient à passer l'hiver sur les côtes d'Afrique, indubitablement d'autres croisés viendraient les joindre au printemps suivant ; ce qui les mettrait à même de prendre des places fortes, et de pousser leurs excursions jusque dans l'intérieur des terres : c'est ce que les infidèles redoutaient le plus. De son côté, le prince français voyait dépérir son armée, il savait que l'automne, qui allait arriver, serait aussi fatal à ses troupes que les grandes chaleurs; car les pluies continuelles, succédant à la sécheresse, engendraient des maladies mortelles; les tempêtes, qui désolaient ces parages vers l'équinoxe, avaient déjà forcé les navires génois, vénitiens et siciliens, à se réfugier dans les ports; déjà les vivres devenaient plus rares, ils pouvaient manquer totalement. Ces divers motifs lui firent accueillir les nouvelles propositions du bey de Tunis; il dicta lui-même les conditions du traité de paix; il consentait à quitter l'Afrique, pourvu que les Barbaresques prissent l'engagement de ne plus exercer leurs ravages sur les côtes de la Provence, de Naples, et de toute l'Italie; qu'ils mettraient en liberté les esclaves chrétiens, et qu'ils paieraient sur-le-champ 10,000 besans d'or pour les frais de la guerre (Froissart, liv. IV), et pendant quinze ans un tribut annuel à la république de Gènes, en réparation des dommages qu'ils avaient causés au commerce ligurien. Le duc soumit le projet de ce traité à la sanction des principaux officiers de l'armée, aux sires de Couci, de Rieux, d'Eu, de Saint-Priest, de Graville, de Châtillon, de l'Estrade, de Chastellux, de Cliffort, au comte de Derbi; tous ces seigneurs l'approuvèrent, et déclarèrent qu'ils regardaient cette expédition comme très-honorable, et qu'ils n'auraient jamais cru qu'elle eût eu une issue aussi glorieuse. Le duc de Bourbon avait exigé que les 10,000 besans d'or fussent livrés avant son départ; le bey de Tunis s'adressa, pour avoir cette somme en numéraire, à des négocians catalans, napolitains et sardes, établis dans la ville d'Africa, et qui profitaient des prises des Barbaresques; ces marchands résistèrent plusieurs jours aux sommations des beys; il fallut en venir aux menaces pour les engager à donner cet argent: les 10,000 besans furent apportés dans la tente de Louis de Bourbon, qui les employa sur-le-champ à payer la solde du peu de troupes salariées qu'il avait avec lui, et distribua le reste aux chevaliers et écuyers les moins riches.

Trois jours après, la flotte se remit en ligne devant le rivage; on disposa les navires pour recevoir les troupes; pendant ces préparatifs, on vit approcher une division assez nombreuse de cavalerie africaine qui s'avançait lentement, à mesure que les chrétiens montaient sur les vaisseaux. Le duc de Bourbon connaissait le caractère perfide de ces peuples, et voulant se mettre en garde contre les surprises qu'il redoutait, il fit cacher 600 hommes derrière une vieille muraille, reste d'une ancienne jetée qui s'étendait jusqu'à la mer; il se mit à la tête de cette troupe pour attendre l'ennemi. En vain le sire de Couci lui représenta que ses fonctions de général en chef imposaient d'autres obligations, et qu'il devait laisser à un de ses officiers le soin de repousser cette cavalerie; mais le duc persista à rester le dernier sur le rivage; il eut bientôt à s'applaudir d'avoir fait des dispositions aussi sages, car les Africains, ne voyant bientôt plus que peu de troupes sur la plage, fondirent dessus bride abattue, en poussant des cris horribles, voulant, au mépris de tous les traités, venger par une perfidie la honte de leur dernière défaite; mais au moment où ils se précipitaient sur les chrétiens rangés sur le bord de la mer, Louis de Bourbon, jusqu'alors caché à tous les yeux, sortit de son embuscade, et s'élança au milieu de ces cavaliers, beaucoup plus nombreux qu'on ne l'avait cru. Le courage et la discipline des Français l'emportèrent sur cette multitude de barbares; les chevaliers coupaient les jarrets des chevaux à coups de hache d'armes; l'épouvante s'empara de ces Africains, ils regagnèrent le désert en laissant sur le rivage un millier de morts : on leur prit quelques chevaux magnifiques de pure race arabe, que les Français amenèrent avec eux comme trophée de ce dernier triomphe.

La flotte leva l'ancre le 15 octobre; les vents avaient commencé à gronder, mais par intervalle; on fut assez favorisé les premiers jours, le temps devint ensuite très-mauvais; il fallut relâcher à l'île de Sardaigne; les Maures y avaient conservé des établissemens comme ils en avaient conservé en Espagne. L'amiral génois en instruisit Louis de Bourbon, en lui proposant de les en chasser entièrement; car, établis sur ce point, les Africains inquiétaient toute l'Italie, et principalement le commerce de la république. « Les chevaliers chrétiens se sont réunis sous ma bannière, dit le prince français, pour combattre les ennemis de la foi partout où ils les trouveront, ils se regarderont très-heureux de pouvoir soustraire la Sardaigne au joug des infidèles. » Il était, dans cette circonstance, l'interprète fidèle des croisés; les succès que l'on venait de remporter sur les côtes d'Afrique les avaient enflammés d'une ardeur nouvelle; ils voulaient faire oublier, par de nobles travaux, les momens d'hésitation qu'ils avaient montrés au milieu des vagues courroucées et sous un ciel brûlant.

Centurione partagea sa flotte en trois escadres; le débarquement s'effectua dans le golfe de Cagliari, à Saroch et à Sarrabus; on dirigea tous les efforts contre la capitale de l'île, dont le havre servait de retraite aux corsaires. Les trois corps d'armée arrivèrent à la fois sous les murs de la ville; Louis de Clermont marcha aussitôt à l'assaut, mais il ne fut pas nécessaire de monter à l'escalade; cette armée, tombée comme par miracle en Sardaigne, épouvanta si fort les assiégés, qu'ils ne songèrent pas à défendre leurs remparts. On chassa de la ville les Maures qui s'y trouvaient, et on y mit garnison génoise. La Guillastre, et quelques autres petites places fortes, furent enlevées avec autant de promptitude que Cagliari; on détruisit les divers établissemens des Barbaresques, et le duc de Bourbon remit l'île entière sous l'obéissance de la république, qui n'y possédait plus que Sasseri et le cap Boniface.

Les raisons qui avaient engagé Louis de Clermont à quitter la France subsistaient toujours; les mêmes divisions agitaient la cour; il crut ne pouvoir mieux occuper le temps de son exil volontaire qu'à des exploits; il résolut de combattre les infidèles partout où il pourrait les atteindre, et d'acquérir des droits à la reconnaissance de l'Italie entière, en balayant les côtes de la Sicile, de la Romagne, de la Calabre, sur lesquelles les

Barbaresques avaient formé des établissemens. Il descendit à Terracine, un de leurs principaux refuges; s'en rendit maître, et y planta l'étendard de la croix, qui n'y flottait plus depuis près d'un siècle. L'escadre remit ensuite à la mer, mais les vents contraires la jetèrent sur la Sicile; plusieurs vaisseaux se brisèrent dans la baie de Palerme; le vice-roi Mainfroi, de la maison de Clermont-Tonnère, offrit aux croisés tous les secours dont il pouvait disposer. Le duc de Bourbon resta huit jours à Messine; au moment de prendre congé de son hôte, il arma chevalier Mainfroi, qui l'avait instamment supplié de lui conférer l'ordre, ne pouvant, disait-il, le tenir d'un guerrier plus illustre. Suivant son désir, il fut armé chevalier dans l'église de Saint-Jean, où il s'était fait transporter, car la goutte l'empêchait de marcher.

En quittant la rade de Messine, la flotte se dirigea vers Gênes, avec la résolution de ne plus s'arrêter; mais à la hauteur de la Toscane, Centurione voulut engager le duc de Bourbon à aborder à Piombino, dont le souverain, depuis quinze ans en guerre avec la république, n'avait jamais pu être dompté; son énergie, ses talens militaires, suppléaient au peu de troupes qu'il pouvait mettre sur pied. Maintenant, il se présentait une occasion favorable pour lui imposer des lois, et l'amiral ne doutait pas qu'avec le secours des croisés la querelle ne fût bientôt décidée; mais Louis de Bourbon lui refusa, dans cette circonstance, l'appui de son bras. « Je me suis armé, dit-il, pour faire la guerre aux Musulmans, et non aux princes chrétiens. » Centurione n'insista pas, et reprit la direction de Gênes. On arriva en vue de cette ville au commencement de novembre; le rivage était couvert d'habitans qui poussaient des cris de joie en apercevant les croisés. Le sénat envoya supplier le généralissime de venir recevoir, dans le palais du gouvernement, les remerciemens et les récompenses que la république lui destinait; mais le prince français s'excusa en disant qu'il avait fait vœu de ne descendre qu'à Marseille, où il avait consacré une armure; c'est là qu'il voulait remercier le ciel d'avoir favorisé son entreprise. Il demanda que les vaisseaux de la république le ramenassent en Provence, ce que l'on fit aussitôt au grand regret du peuple de Gênes.

Beaucoup de chevaliers français, revenant avec lui d'Afrique, dominés par cette humeur inquiète qui tenait les hommes d'alors dans une agitation perpétuelle, le quittèrent pour aller affronter dans d'autres lieux les hasards de la guerre. Le duc de Bourbon revint à Marseille, prit terre, et alla rendre grace à Dieu dans l'église de Saint-Joseph. Il fit reposer dans la capitale de la Provence son armée, qui ne se composait plus que de 3,000 Français; les Anglais, les Flamands et les Espagnols l'avaient quitté à Gênes.

Telle fut l'expédition d'Afrique; ce grand nombre d'entreprises en si peu d'années, ces troupes françaises, qu'on voyait presque en même temps en Flandre, en Angleterre, en Lombardie, en Syrie, dans le royaume de Naples, en Portugal, en Prusse et en Afrique, donnaient à la France un grand éclat; et si tant d'exploits ne contribuaient point à l'utilité publique, ils servaient beaucoup à la gloire du royaume (1).

(1) Voyez, pour l'expédition d'Afrique de 1390, Oronville, liv. IV; — Justiniano, Historia di Genova, liv. IV, p. 154, 155 et 156; — Foglietta, liv. IX, p. 349, 350 et 351.

Foglietta est regardé comme un des meilleurs historiens de l'Italie; en 1574 il écrivit son Histoire de Gênes en latin, et fut traduit en italien-ligurien par Sardonati en 1596. Froissart consacre cinq chapitres à l'expédition d'Afrique; et ne prenant pour guide que son imagination ardente, il orne sa relation de détails merveilleux, et dénigre la conduite du duc de Bourbon.

LIVRE IV.

A son retour d'Afrique Louis de Clermont vient prendre place au conseil. — Catastrophe arrivée à Charles VI dans un bal; Louis de Clermont refuse la régence.— Il atténue les maux causés par la rivalité des ducs de Bourgogne et d'Orléans.— Mort de Philippe-le-Hardi.

Louis de Clermont se rendit directement à Paris; le bruit de ses exploits l'y avait précédé; la ville d'Africa, boulevard des Barbaresques, dont la conquête était le but principal, n'avait pas été prise, il est vrai, mais on avait battu les musulmans dans trois actions; on les avait forcés à demander la paix, en leur dictant des conditions. La Sardaigne et les côtes de l'Italie s'étaient vues délivrées du joug des barbares; aucune expédition contre les infidèles n'avait eu depuis long-temps de pareils résultats; Charles VI reçut son oncle avec des transports de joie, et pour lui témoigner son admiration, il lui fit présent d'une des quatre lances que le duc de Berri avait rapportées de la manufacture d'armes de

Toulouse; le travail en était extrêmement précieux; les récits que le duc de Bourbon faisait de son voyage d'outre-mer enflammèrent tellement l'imagination ardente du roi, qu'il promit d'aller à son tour combattre les infidèles, et de dégager ainsi la parole donnée par ses ancêtres les rois Jean et Philippe de Valois; mais, hélas! d'autres soins réclamaient pour le moment sa présence dans le royaume; pendant l'absence du duc de Bourbon, la France avait joui d'une tranquillité qui n'était qu'apparente, car une inquiétude générale agitait les esprits; il régnait partout un malaise indéfinissable dont on cachait l'existence au jeune monarque. Clisson n'avait plus de rival; il présidait toujours aux destinées de l'État; s'il ne montrait pas de grands talens pour gouverner, on ne pouvait au moins soupçonner sa droiture; ses collègues, ou plutôt ses subordonnés, Lebègue de Villaines, Noviant, Bureau de Larivière, Montagu, se montraient extrêmement avides d'argent. La soif des richesses dévorait tout le monde; on voyait avec étonnement Lebègue de Villaines, guerrier célèbre, compagnon d'armes de Duguesclin, devenir le fermier du fisc; les brigues, les cabales, partageaient la cour; les ducs de Bourgogne et de Berri faisaient agir les ressorts les plus secrets, pour renverser Clisson et ses créatures; le roi, sans expérience, continuait à montrer un grand amour pour le bien public, mais on le trompait sur le véritable état des choses; Louis de Clermont arriva dans ce moment-là. Les vrais amis de leur pays (il s'en trouve dans les temps les plus corrompus) mirent tout leur espoir en lui, le regardant comme le seul homme capable d'empêcher la ruine du royaume, et le seul assez courageux pour éclairer le roi sur les fautes de l'administration; ils désiraient qu'il se plaçât lui-même à la tête des affaires publiques, mais le duc de Bourbon se condamna, par sa réserve, à un rôle passif : son caractère était aussi timide au milieu des cours que son courage était éclatant dans les combats. Bientôt un attentat effroyable vint changer la face des affaires, et commença cette longue suite de calamités qui pesèrent sur la France pendant un demi-siècle : nous voulons parler de l'assassinat du connétable de Clisson. Pierre de Craon fut-il poussé par le duc de Bourgogne (1)? La question est délicate; la mort précipitée de l'évêque de Laon laissait peser de graves soupçons sur le compte

(1) Voyez, dans la Vie de Clisson, la relation de cet événement.

de ce prince. Quoi qu'il en soit, l'attentat commis sur la personne d'Olivier frappa vivement l'esprit de Charles VI; la raison de ce prince en parut troublée; ce fut avec un empressement extrême qu'il résolut de porter la guerre en Bretagne, où l'assassin avait trouvé un asile; sa résolution était si bien prise, que les observations les plus sages furent superflues; par une inconséquence bizarre, le roi prit pour auxiliaires, dans cette circonstance, les ducs de Bourgogne et de Berri, ennemis implacables de ce Clisson qu'il voulait venger; il leur rendit ses bonnes graces pour les engager à se montrer favorables à la guerre qu'il allait entreprendre; il réintégra le dernier dans le gouvernement du Languedoc, au grand regret des habitans de cette province; mais cette faveur insigne ne changea pas les dispositions du duc de Berri.

Depuis dix ans Montfort ne cessait de diriger des attaques contre Olivier, dont il se montrait le cruel ennemi; à ce titre seul il devait trouver protection chez les deux oncles du roi. Le duc de Bourbon, étranger aux querelles qui partageaient la cour, ne voyant dans cette guerre qu'une entreprise intempestive, s'y montra opposé; il chercha à faire valoir, auprès de son neveu, des motifs d'économie, et à lui inspirer des craintes sur l'attitude hostile que prenait l'Angleterre; on n'écouta rien, le voyage eut lieu : on en connaît les suites. Le duc de Bourbon marchait à quelques pas du roi, lorsque l'écuyer laissa tomber sa lance, et causa ainsi l'épouvante de Charles VI (1). Louis de Clermont fut tellement frappé de ce malheur, qu'il alla se renfermer pendant deux jours dans le monastère où l'on conservait la châsse et les reliques de saint Julien, premier évêque du Mans; il y implora le ciel pour la guérison de son neveu, et afin de se rendre favorable saint Julien, il se déclara son homme-lige et vassal, et lui consentit une redevance de cinq florins. En faisant expédier cet acte public, il déclara que c'était uniquement du saint et non du chapitre qu'il entendait relever.

Cependant, grace aux soins du médecin Harsely, Charles VI avait recouvré à peu près sa raison, et les peuples n'avaient pas eu le temps de s'apercevoir de ce malheur, lorsque, quelques mois après, un nouvel accident vint causer une rechute qui rendit la maladie incurable.

Le 29 janvier 1392 (l'année commençant à

---

(1) Voyez, dans la Vie de Clisson, les détails de cette catastrophe.

pâques), un seigneur du Vermandois épousa une des femmes attachées à Isabeau de Bavière, et veuve déjà d'un seigneur allemand; ce fut l'occasion de fêtes données à l'hôtel de la reine Blanche de Navarre, dans le faubourg Saint-Marceau, auprès de la rivière des Gobelins; un chambellan du roi, Heugues de Guisay, homme de mœurs fort déréglées, mais très-recherché comme l'ame des plaisirs de la cour, proposa à Charles VI d'être le chef d'un quadrille de satyres qui entreraient dans le bal sans être connus; selon lui, à l'aide de ce déguisement, *il deviendrait plus facile de dire des vilenies à la veuve remariée;* l'usage autorisait ces sortes de plaisanteries vis-à-vis une femme qui contractait un second hymen. Charles VI accepta l'offre avec joie; le comte de Joigni, Aimard de Poitiers, Yvain, bâtard du comte de Foix, et le jeune Nantouillet, furent choisis avec Guisay pour composer le quadrille. Ils se firent faire des habits de toile très-justes; on enduisit cette toile de poix, et l'on y appliqua des touffes de chanvre et de lin pour figurer du poil. Les cinq seigneurs s'attachèrent les uns aux autres par un cordon de soie très-fort; le roi les conduisait comme des captifs, il était masqué et habillé comme eux. L'art de bien éclairer était fort peu connu; il paraît que l'on conservait encore l'usage des premiers temps de la monarchie, de faire tenir des flambeaux par des domestiques et des pages dans les salles où l'on voulait jouir d'une grande clarté; Yvain de Foix fit observer au roi que leurs habits étant très-combustibles, il devenait nécessaire d'écarter les flambeaux; on donna l'ordre de les tenir éloignés. Le roi entra en conduisant ces masques, qui se mirent à exécuter *la morisque*, danse extrêmement lascive et fort à la mode; on les entoura : chacun s'efforçait de savoir quels étaient ces hommes déguisés. La duchesse de Berri, la plus belle personne de la cour, reconnut le roi à l'élégance de sa taille et à sa grace naturelle; elle s'attacha à lui, et le força de s'écarter de la troupe des sauvages. Dans ce moment le duc d'Orléans arriva précédé de flambeaux portés par ses pages (1), il chercha en vain à savoir le nom de ces masques, et prenant brusquement une torche avec son étourderie accoutumée, il l'abaissa sous le visage d'un des satyres; une étincelle tomba sur les flocons d'étoupes, le feu y prit, et se com-

(1) Prérogative réservée aux princes du sang, et qu'ils ont conservée encore aujourd'hui; des piqueurs précèdent dans la nuit les voitures des princes avec des flambeaux de résine semblables à ceux du moyen âge.

muniqua aux cinq autres, s'attacha à la poix, et les brûla. La flamme gagna les décors de la salle; la fumée s'élevait de toute part; les cris de la multitude, qui cherchait une issue; les hurlemens de ces cinq malheureux; la certitude que le roi était parmi eux, firent évanouir la reine. La jeune duchesse de Berri eut la présence d'esprit d'envelopper dans la queue de sa robe le roi, qui était toujours resté auprès d'elle; elle l'entraîna ainsi hors de la salle. Au milieu de ce tumulte effroyable, on entendit une voix qui criait *sauvez le roi;* c'était celle d'Yvain de Foix; le malheureux brûlait comme une chandelle, dit la Chronique de St.-Denis : il expira sur place au milieu des flammes en poussant ce cri de dévouement (1). On n'osait approcher de ceux qui brûlaient : Yvain de Foix, le comte de Joigni, Aimard de Poitiers, périrent dans la salle même, entièrement consumés. Le jeune Nantouillet s'échappa tout embrasé, gagna la bouteillerie de la

(1) Gaston Phœbus, son père, un des hommes les plus célèbres de cette époque, mourut de chagrin en apprenant la triste fin d'Yvain son bâtard, qu'il avait désigné pour son successeur à ses états de Foix; il n'avait jamais eu qu'un fils légitime; ayant appris que ce jeune prince conspirait contre ses jours, à l'instigation de Charles-le-Mauvais, il le poignarda de sa main.

reine, et se plongea dans une cuve pleine d'eau; cette présence d'esprit le fit échapper à la mort. Guisay, inventeur de ce quadrille, vécut encore deux jours au milieu de tourmens affreux; on l'enterra le troisième jour. Il était fort dur envers ses domestiques, il les traitait de *chiens*, et par un raffinement de cruauté, il les forçait, en les frappant, à imiter les aboiemens de cet animal : *Aboie, chien*, disait-il à chacun d'eux. Le peuple s'ameuta, lorsque le convoi passa, en témoignant sa satisfaction de ne plus voir Guisay au nombre des vivans. *Aboie, chien*, disait-on, en jetant de la boue sur la bière.

Cependant les cris que l'on poussait dans l'hôtel de la reine Blanche, pendant l'horrible scène de l'incendie des cinq satyres, firent ramasser les habitans de ce quartier; une voix dit que le roi était mort : ce fut le signal d'une explosion d'indignation; on vomissait les imprécations les plus terribles contre les oncles de Charles VI, qui, dit-on, cherchaient à rendre leur neveu victime de quelque catastrophe afin de régner à sa place. L'affluence augmentait à chaque instant, toutes les issues étaient assiégées, l'air retentissait de cris menaçans, on demandait à voir le roi; on ouvrit les portes pour apaiser le peuple; la foule s'y précipita, pénétra dans tous les appartemens, et défila devant Charles VI, que l'on avait placé sur une espèce de trône dans une salle basse; le jeune prince, encore tout ému de la scène qui venait de se passer, parut épouvanté à la vue de cette multitude qui lui témoignait son attachement d'une manière bruyante: la joie et la fureur populaire sont aussi effrayantes l'une que l'autre (1).

Le lendemain, Charles VI traversa tout Paris à cheval pour se montrer aux habitans, et se rendit à l'église Notre-Dame; il y remercia le ciel de l'avoir préservé du malheur dont Guisay, Yvain de Foix, Aymard de Poitou et le comte de Joigny avaient été les victimes. Le duc d'Orléans, cause involontaire de cette catastrophe, fonda en expiation une chapelle aux Célestins; chaque mardi on y disait une messe pour le re-

(1) Le mariage des veuves était funeste à Charles VI: deux ans auparavant une autre femme de la reine, nommée la belle Catherine, se remaria en quatrièmes noces, et selon l'usage on fit le soir, devant sa porte, un *charivari;* le roi se mêla à ceux qui faisaient le bruit; mais les officiers du palais de la reine, invités à la noce, sortirent de la maison, et chargèrent à coups de bâton le charivari et le dispersèrent; le roi, que l'on ne reconnaissait pas au milieu de la nuit, et qui ne voulait pas être connu, fut le plus maltraité; il reçut sur la tête des coups si violens, qu'il en fut étourdi pendant plusieurs jours.

pos des ames des quatre seigneurs morts dans cette circonstance : on l'appelait la *messe des Ardens.*

On crut d'abord que cet événement ne produirait aucune sensation sur l'esprit du roi, mais après quelques jours de stupeur il eut un nouvel accès de frénésie, dont le caractère violent annonçait une aliénation complète; son état empira; on ne put le cacher aux habitans de Paris; cette nouvelle porta la désolation dans les provinces: l'on sentait d'autant plus ce malheur, que tout annonçait qu'il aurait sur les destinées de la nation l'influence la plus funeste.

Chacun sentit ce coup terrible, dont on prévoyait les conséquences; les hommes voués aux professions laborieuses et commerciales craignirent de voir rétrograder l'industrie, à laquelle Charles V avait imprimé un essor si rapide; ceux qui sortaient de la servitude s'épouvantèrent à l'idée qu'ils pouvaient revenir sous le joug, puisque les grands, à la puissance desquels les rois les avaient soustraits, allaient commander aux destinées de la France; les communes tremblaient pour leurs privilèges. Pendant la captivité de Louis IX, le royaume n'avait pas cessé d'être heureux; les désastres du règne du roi Jean venaient autant de la défaite de ce prince, que de son séjour en Angleterre; on savait donc à quoi s'en tenir sur l'absence d'un roi: mais on n'en avait pas encore vu un privé de la raison, et l'on ne pouvait en prévoir le résultat. La déposition du monarque régnant et l'élection d'un nouveau étaient des choses impraticables; car Charles VI, retrouvant la santé, rentrait par le fait en exercice du pouvoir souverain, et dans ce cas il pouvait s'ensuivre une guerre civile; il fallait donc tomber dans une régence provisoire, ce qui épouvantait d'autant plus qu'elle revenait de droit aux oncles du roi, dont on avait éprouvé l'impéritie. Au milieu de la désolation générale, Paris, qui exerçait toujours sur le royaume une influence immense, se servit de l'organe de l'université pour exprimer le vœu de voir confier la direction des affaires publiques au duc de Bourbon, le seul de la famille royale qui eût une grande illustration et dont le caractère commandât l'estime; le connétable de Clisson se joignit à l'université: mais, autant par timidité que par loyauté, Louis de Clermont refusa de se prêter aux vues des Parisiens. Il voyait dix-huit princes du sang plus près du trône que lui, il aurait cru blesser l'équité en se plaçant avant eux; mais il fit servir son influence à faire porter à la régence son neveu le duc d'Orléans, frère du roi, dont les droits étaient encore plus légitimes que ceux des ducs de Bourgogne et de Berri. Malheureusement ce prince comptait à peine vingt-deux ans; le plaisir avait pour lui plus de charmes que le pouvoir; le duc de Bourgogne, dont l'ambition semblait être accrue par l'éloignement dans lequel Charles VI l'avait tenu pendant près de quatre ans, se montra moins délicat que le duc de Bourbon; il s'empara de la régence sans décliner ses droits; le duc de Berri voulut un moment la lui disputer, comme étant son aîné; mais, cédant bientôt à l'ascendant que son frère exerçait sur son esprit, il lui abandonna le champ libre, avec l'assurance toutefois d'avoir une part aux tailles et aux impôts : il se retira dans sa belle maison de Wincester (1), au milieu de savans, de livres, et de devins.

Le duc de Bourgogne, soutenu par les quinze ou vingt princes du sang que l'on comptait à la cour, commença son nouveau règne par satisfaire le ressentiment qu'il nourrissait depuis long-temps contre le parti du connétable. Tout

(1) Cette maison avait été bâtie à grands frais par l'évêque de Wincester, retiré en France sous Philippe de Valois; elle porta le nom de son fondateur; on l'appela ensuite, par corruption, *Wicester*, *Kicester*, *Bicestre*, *Bicêtre*.

ce qui avait pris part aux opérations de l'ancien ministère se vit en butte à sa colère; l'épouvante s'empara d'une foule de malheureux. Le caractère bienveillant de Louis de Clermont le portait à prendre les opprimés sous sa protection; Noviant et Bureau de Larivière durent la vie à l'énergie qu'il mit à les défendre; il n'avait pas applaudi à leur conduite tant qu'ils furent ministres, mais il n'oubliait pas non plus leurs anciens services; il voyait de l'injustice à perdre tout à coup le souvenir de bonnes actions passées, pour ne songer qu'aux fautes présentes.

Le temps avait un peu changé le caractère du duc de Bourgogne; sa bouillante ardeur avait fait place au flegme, sa franchise à la réserve; mais il n'avait acquis ni plus de sagesse ni plus d'habileté; il commettait faute sur faute, et réparait une imprudence par une inconséquence encore plus grande : ce qui le rendait surtout odieux, c'était l'espèce de joie qu'il semblait ressentir de la position de son neveu, dont il exerçait l'autorité. La maladie de Charles VI empirait à chaque instant, il éprouvait des mouvemens convulsifs de rage; dans ses accès il niait qu'il fût roi; il effaçait avec fureur ses armoiries et son chiffre partout où il les apercevait; ses affections changeaient avec ses idées, il ne pouvait souffrir la présence de la reine, qu'il aimait lorsqu'il jouissait de la raison; on essayait de lui faire présider le conseil; on lui faisait recevoir les ambassadeurs; d'abord, il paraissait tranquille, il raisonnait même avec assez de justesse, mais tout à coup ses nerfs se crispaient, on le voyait changer de visage, une douleur affreuse le dévorait intérieurement; on l'entendait se plaindre comme s'il eût été piqué par mille pointes de fer : « Ah! s'écriait-il, que vous ai-je fait pour me percer ainsi? Ah! qu'on s'éloigne de moi; j'aime mieux mourir que de faire du mal à quelqu'un. » Ces scènes déchirantes arrachaient des larmes aux spectateurs; sa belle-sœur, Valentine de Milan, était la seule personne de son sexe pour laquelle il témoignât quelque amitié; sa vue semblait le calmer un peu; elle était Italienne; plus instruite que les autres femmes de la cour, elle aimait la lecture, les savans; elle montrait beaucoup d'égards pour son malheureux parent; elle lui prodigua même des soins pendant que tout le monde l'abandonnait; il se montrait reconnaissant : on accusa Valentine de l'avoir ensorcelé (1).

---

(1) Si l'on en croyait les historiens de cette époque, qui sont tous, il est vrai, du parti Bourguignon (à l'exception

A la suite de ses accès de fureur, le roi tombait dans l'affaissement, puis dans la stupidité, de laquelle il sortait pour retrouver sa raison tout entière : cette dernière circonstance fut un malheur de plus. En effet, toute mauvaise que fût l'administration du duc de Bourgogne, elle aurait pu être supportable si elle eût été invariable, car la fixité répare à elle seule bien des maux : le roi, n'étant pas interdit, reprenait de droit la puissance avec la raison ; et comme il haïssait son oncle, il désapprouvait sans ménagement tout ce qu'il avait fait ; il appelait alors

de Juvénal des Ursins), Valentine de Milan ne serait pas une femme aussi intéressante que nous nous la représentons. Tous disent que, voulant se défaire du dauphin Louis, âgé de trois ans, elle lui jeta une pomme empoisonnée au moment où il jouait avec d'autres enfans, au nombre desquels était le fils de Valentine. Ce dernier, plus leste que le dauphin, saisit la pomme, y mordit, et mourut quelques jours après des suites du poison. Froissart rapporte le fait comme une certitude, en l'appuyant sur l'ordre que la duchesse reçut de ne plus paraître à la cour ; cet ordre fut bientôt suivi d'un arrêt du roi qui l'exilait à Neufchâtel-sur-Loire. En admettant que Valentine fût innocente de ce crime, on peut croire cependant que cette princesse, d'un esprit remuant, ne fut point exempte de blâme, et qu'elle ne resta pas étrangère aux fautes de son époux, à qui du reste elle conserva une fidélité à toute épreuve.

auprès de sa personne les gens qu'on en avait éloignés; il implorait surtout l'appui du duc de Bourbon; il travaillait avec lui en se montrant toujours animé de l'amour du bien public; mais au moment des plus importantes opérations arrivait une rechute encore plus grave que les précédentes; le duc de Bourgogne, redevenu régent, supprimait à son tour ce que Charles VI venait d'ordonner, et éloignait les hommes que le roi avait rappelés. Ce flux et reflux, ces tiraillemens perpétuels aigrissaient les esprits; il en résultait des chocs épouvantables; le duc de Bourbon tâchait d'en affaiblir la violence; au milieu de ce désordre, lui seul songeait à la patrie : c'est dans ces vues généreuses qu'il passa à Londres pour jeter les premiers fondemens d'une paix durable; il voulait empêcher qu'une guerre étrangère ne vînt augmenter l'embarras dans lequel la maladie de son neveu mettait le royaume; il s'aboucha à cet effet avec les oncles de Richard II. L'Angleterre avait autant besoin de repos que la France; on décida de marier Richard II avec Isabelle, fille de Charles VI, âgée alors de sept ans; Richard en avait vingt-neuf; on signait en même temps une trêve de vingt-huit ans; la cour de Londres consentait au rachat de Brest et de Cherbourg; la possession de ces deux places et de Calais avait rendu l'Angleterre maîtresse des clefs du royaume : les Anglais ne pardonnèrent jamais à Richard de les avoir abandonnées. De leur côté les Français se montrèrent très-reconnaissans envers Louis de Clermont, qui avait si bien servi les intérêts de l'État; mais il semblait qu'une force invincible poussât la France dans l'abîme, et se plût à tromper les efforts du duc de Bourbon; à peine ce traité, si avantageux pour l'État, venait-il de recevoir son entière exécution, que la bataille de Nicopolis (1) mit la noblesse en deuil; à ce malheur public vinrent se joindre les querelles religieuses; le schisme entretenait les divisions, échauffait les passions et les disposait aux excès; les orages s'amoncelaient autour du duc de Bourgogne, ce qui ne l'empêchait pas de savourer les jouissances du pouvoir au milieu d'un faste excessif; il avait plusieurs souverains de l'Allemagne à ses gages; ses états étaient beaucoup plus étendus que le Portugal, la Castille, l'Écosse, la Hongrie, et d'autres royaumes, mais l'inquiétude empoisonnait son bonheur; il voyait s'élever en silence un rival bien dangereux dans

---

(1) Voyez, dans la Vie d'Enguerand de Couci, la relation très-détaillée de cette bataille.

Louis d'Orléans, frère du roi et son propre neveu, dont la naissance l'appelait plutôt que lui à la régence. Cinq ans auparavant, ce prince l'avait dédaignée, mais à vingt-huit ans il pensait plus sérieusement; il voulait connaître le plaisir de commander, plaisir dont tout ce qui l'entourait paraissait si avide. Jamais prince ne fut plus séduisant; il avait ces dehors que l'on avait admirés jadis dans ce même duc de Bourgogne dont il était maintenant le rival; il ne le cédait en beauté qu'au roi son frère, qui était plus grand que lui; il avait le nez un peu court, comme son oncle le duc de Berri; sa mise était extrêmement recherchée (1); il avait reçu des leçons de goût de sa femme Valentine, née en Italie, la patrie des arts; ses manières charmaient par la grace et la noblesse; affable, libéral, il était encore à peu près ce que le duc de Bourbon l'avait fait; on ne pouvait lui reprocher jusqu'alors que de la dissipation et de la prodigalité. Le duc de Bourbon avait placé auprès de lui, pour l'in-

(1) Un portrait que l'on voyait dans les vitraux des Célestins représentait ce prince le cou entouré d'une collerette très-élevée; cette mode, que Louis d'Orléans mit en honneur en France, fut abandonnée après sa mort, et fut reprise un siècle après par François Ier, son arrière-petit-fils.

struire dans les belles-lettres, Philippe de Maizières, le sage de ce siècle, l'ami, le confident
de Charles V, et l'homme le plus savant de l'Europe; sous un tel maître, Louis d'Orléans fit des
progrès rapides, et parvint à un point de savoir
et de science qui aurait rendu son nom célèbre
s'il n'avait pas été prince; il parlait latin avec
une facilité merveilleuse; son éloquence était
entraînante; on le vit souvent soutenir des thèses
contre les docteurs les plus renommés de l'université, et sortir vainqueur de cette lutte au milieu des applaudissemens unanimes.

Voici le portrait que Christine de Pisan fait
de ce prince :

« Il a sens naturel tel que nul de son âge ne le
passe, maintieng haut, bénigne parole rassise et
agmodérée; n'a en lui félonie ne cruaulté; doulce
réponse et amiable rend à toute personne qui
à lui a à besoigner, et entre les autres graces qu'il
a, certes de belle parleure ornée naturellement
de rhétorique, nul ne le passe : merveilles est
de sa mémoire et belle loquelle; avec les autres
bonnes condicions n'est mie moult vindicatif de
déplaisirs récens; tout le peut-il bien faire, et certes c'est moult noble condicion à prince, pitié a
de ceux qu'il voit confus: si comme une fois entre
autres démontrances de sa benignité avint comme

il regardat luictier (lutter) ses gens en mysa court, un jeune homme eschauffé d'ire, trop follement donna une buffe (un soufflet) à un autre. Celluy fut moult felonnessement pris et menaciez pour l'injure faicte devant le prince, que le poing arait coppé; le bon duc comme il veist le cas d'homme moult confus, dist à ses gens tout bas : Dictes, dictes, qu'on luy face paour et qu'on le laisse aller. »

Le peuple, qui se prévient facilement pour les hommes favorisés de la nature, aimait le duc d'Orléans avec passion; il prit hautement son parti contre le duc de Bourgogne, généralement détesté; les courtisans, dans l'espoir d'en obtenir des faveurs plus grandes encore, encensèrent cette nouvelle idole; la reine, ne doutant pas qu'elle jouirait d'un crédit plus étendu si son beau-frère devenait régent, se ligua avec eux et avec l'université pour forcer le duc de Bourgogne à laisser entrer son neveu dans la direction des affaires. On conçoit que ces deux régens devaient différer de vues : le duc de Bourgogne, décrié dans l'opinion par ses fautes, luttait avec peine contre son collègue, que les suffrages de la nation élevaient au-dessus de lui.

Charles VI eut, dans ces entrefaites, une lueur de raison; il se montra très-satisfait de voir son frère partager l'autorité avec son oncle; celui-ci, orgueilleux à l'excès, jaloux du pouvoir, conçut pour le duc d'Orléans une aversion que les liens du sang ne purent affaiblir; à l'animosité des deux princes venait se joindre la jalousie des deux femmes, qui cherchaient l'une et l'autre à exercer dans la cour un empire exclusif. La duchesse de Bourgogne, fière, riche, issue d'une branche royale, alliée à tous les souverains de l'Europe, traitait avec dédain Valentine, fille d'un aventurier heureux; mais celle-ci, dans l'éclat de la jeunesse et de la beauté, était pour le public au-dessus de sa rivale, vieille, contrefaite et avare. Telle fut l'origine de la rivalité des deux maisons, rivalité si fatale au royaume. Les signes les plus funestes accompagnèrent la naissance de ces désordres (1396); des vents impétueux régnèrent pendant plusieurs mois de l'année, renversèrent des villages, des forêts entières, et furent suivis de pluies continuelles, d'inondations qui ne laissèrent pas vestige de moissons, ce qui amena une famine et une mortalité si considérables, que, pour ne point effrayer les esprits, il fut ordonné d'enterrer les cadavres pendant la nuit, sans aucune pompe; le nouveau système d'administration générale qui avait remplacé le régime féodal était encore trop neuf, et ceux qui le dirigeaient n'avaient ni assez d'expérience ni l'habileté nécessaire pour atténuer la gravité du mal; on ne savait que décréter de nouvelles taxes; la cour oubliait les misères du peuple au milieu des brigues, des cabales et des jeux ruineux que la chevalerie proscrivait; mais les statuts de cette belle institution étaient aussi méconnus que la voix de la raison.

La longue habitude du gouvernement, son âge même, donnait au duc de Bourgogne de grands avantages sur son neveu, impétueux, inconsidéré, et qui n'usait du pouvoir que pour commettre des inconséquences : le Bourguignon, voulant perdre son rival dans l'opinion publique, agit avec un raffinement de politique difficile à concevoir pour cette époque; comme il partageait avec le duc d'Orléans les soins de l'administration, il lui proposa d'abandonner à sa surveillance particulière la direction des finances; le jeune prince se jeta dessus, comme sur une proie depuis long-temps convoitée, et n'usa de sa nouvelle autorité que pour dissiper en prodigalités coupables le peu d'argent que l'on faisait rentrer au trésor.

Les officiers du fisc, pour plaire à ce nouveau maître, redoublèrent de dureté dans la levée des impôts; le mécontentement suivit de près les murmures, et, comme le Français passe rapidement de l'amour à la haine, il s'irrita si fort contre le duc d'Orléans, qu'au bout de quelques mois ce prince se trouva l'objet de l'animadversion générale. Il comprit bientôt la faute qu'il avait commise; et, honteux de sa position, il se retira à moitié des affaires, laissant le duc de Bourgogne reprendre l'autorité tout entière. Ce dernier jouit de son triomphe avec un faux air de modération: voyant son neveu en butte à la haine publique, il parut le plaindre et cesser d'être son ennemi; cette conduite augmenta son crédit, mais ne le rendit pas plus habile pour arrêter le torrent des malheurs qui fondaient sur l'État. L'intempérie des saisons continuait; le peuple s'indignait que, loin de diminuer ses dépenses, la cour affichât un faste inconnu sous Charles V; la misère se montrait dans la capitale et même dans la maison particulière de Charles VI: les régens fournissaient à peine au strict nécessaire de ce prince. Depuis plusieurs siècles la munificence des monarques français avait ouvert dans les maisons royales un asile aux vieux guerriers dont le patrimoine s'était dissipé pour le service de l'État; le nombre de ces officiers s'accrut prodigieusement lorsque les grands feudataires perdirent leur autorité sur les petits nobles;

les guerres du règne de Jean II et de son fils avaient appauvri beaucoup de ces chevaliers; Charles V, généreux, attentif, avait multiplié ces sortes de secours; d'après ses ordres, plusieurs centaines de vieux militaires étaient admis chaque jour à des tables servies à ses frais. Charles VI avait renchéri sur son père; mais dès qu'il fut tombé en démence, le duc de Bourgogne, ou plutôt les directeurs des dépenses du roi eurent la cruauté, sous prétexte d'économie, de supprimer ces tables. Ces malheureux écuyers furent réduits au désespoir; ils vécurent quelque temps des bienfaits de plusieurs seigneurs; enfin, on les vit errer dans les rues de Paris, privés de pain. Le duc de Bourbon n'attendit pas que la pitié publique vînt à leur secours; il les réunit à son hôtel de Forez (1397), et leur rendit ce qu'on leur avait enlevé; ce n'était pas en roi, en prince qu'il les traitait, mais bien en compagnons d'armes: il s'en trouvait beaucoup parmi eux qui avaient vaincu avec lui en Flandre, en Poitou et en Afrique; il présidait à ces banquets, placé, au milieu de la salle, à une table particulière avec ses enfans; pendant le repas, un clerc de sa maison lisait à haute voix les préceptes de la vraie chevalerie: le prince cherchait ainsi à conserver parmi ces guerriers le feu sacré de l'honneur. Ces pauvres écuyers accouraient en foule chez le duc de Bourbon; le nombre en augmentait tous les jours; le prince dépensa, dans l'espace de deux années, la moitié de sa fortune, il contracta pour un million de dettes; « car les marchands lui délivroient ce qu'il demandoit, pour qu'ils le savoient prudhomme et payoit volontiers. » Le duc de Bourbon se vit obligé de quitter Paris pour aller dans ses domaines réparer par des économies les pertes qu'il avait faites. « Tout le monde vient manger à votre hôtel, lui disaient les intendans; vous en êtes content, mais les fournisseurs qui baillent devront être payés. »

Charles VI, apprenant que son oncle allait partir, fondit en larmes et voulut le voir : « Ah ! bel oncle, il n'est pas temps de vous en aller; je vous prie de demeurer encore, car il y a moult à faire en notre royaume où vous pouvez beaucoup. — Mon seigneur, répondit le duc, il est temps que je me retrahie avec mes chevaliers, et mon pauvre peuple, et mes vassaux, qui m'ont aidé à vivre, et pour moi acquitter ce que je dois et satisfaire ceux aux qu'eux je pouvois avoir fait tort dans mon temps; quand je serai en mes terres, je puis toujours venir à vous, afin que me voudrez commander et employer en toutes vos affaires de mon pouvoir. »

Le duc prit congé du roi, et arriva dans le Bourbonnais au commencement de 1398. En entrant à Moulins il appela le seigneur de Nouris, administrateur de ses biens, et ses intendans, et leur demanda l'état des revenus de ses domaines, le Bourbonnais, le Forez, le Beaujolais, le Combrailles, et Clermont en Beauvoisis; on lui montra qu'il avait à peu près 1,200,000 francs de notre monnaie de revenu; il consacra la moitié à payer les dettes qu'il avait contractées soit pour le service de l'État, soit pour venir au secours des chevaliers. L'ordre admirable qui régnait dans la maison de ce prince le peint mieux que les plus beaux discours; sa présence comblait de joie ses vassaux; ils espéraient le conserver long-temps parmi eux, lorsqu'il se vit forcé de les quitter encore.

Dans ce siècle les événemens se pressaient avec rapidité; Richard II, gendre de Charles VI, venait d'être précipité du trône: les attentats de ce genre impriment à la société une secousse tellement violente, qu'elle se fait sentir même au dehors du pays qui a le malheur d'en être le théâtre; c'est une contagion qui s'étend dans un vaste rayon. Tel fut l'effet que produisit en France la chute de Richard; ce royaume recelait dans son sein de si grands élémens de désorganisation, qu'on parla de déposer Charles VI. Hélas! qui aurait-on mis à sa place? Ses enfans étaient en bas âge; dans l'état de fermentation où se trouvaient les esprits, il eût été dangereux de commencer une autre dynastie; le nouveau maître se serait vu obligé d'asseoir son trône sur des monceaux de cadavres : dans cette circonstance critique, le duc de Bourgogne, tout en agissant dans des vues d'intérêt personnel, servit cependant admirablement la chose publique; il repoussa avec indignation le projet de déposition présenté par des hommes avides de troubles. Suivant lui, la maladie du roi devait avoir un terme, et Charles VI devait être bientôt en état de reprendre l'exercice du pouvoir : ce n'était pas son dévouement pour le roi qui dictait ce langage à Philippe-le-Hardi, ce prince n'avait en vue que de perpétuer la régence, qu'il redoutait de perdre.

Louis de Clermont résolut de faire diversion à cette question de déposition, qui occupait les esprits, en proposant une entreprise de la plus haute importance; il émit le vœu dans ce conseil de profiter des troubles qui agitaient l'Angleterre pour faire rentrer sous l'obéissance de la France, Bordeaux, Bayonne, et la partie de la Guienne restée au pouvoir des Anglais. Le roi applaudit à cette heureuse idée; il jouissait alors d'un peu de lucidité, il supplia le duc de Bourbon de se charger de l'exécution de ce projet. Le moyen le plus efficace eût été de faire appuyer d'habiles négociations par un corps d'armée; mais il était impossible de lever des troupes dans les circonstances présentes; le trésor était vide, on ne pouvait payer des bandes. La réunion du ban et de l'arrière-ban offrait beaucoup de difficultés, et même de danger; on ne pouvait la proposer dans un moment où les destinées de l'État se trouvaient menacées par une invasion étrangère. Louis de Clermont n'avait à ses ordres que sa compagnie de 100 hommes d'armes, qu'il maintenait sur un pied respectable; ce fut avec elle seule qu'il se rendit à Agen, où il voulut s'établir pour suivre les négociations qu'il allait entamer avec les villes de Bordeaux, de Bayonne; il y arriva vers le milieu de 1400; ses premières démarches eurent un plein succès; il crut un moment pouvoir déterminer les habitans de la Guienne à secouer le joug de Henri de Lancastre, assassin de son roi. Mais Lancastre, habile comme tous les usurpateurs, ne parut pas alarmé des démarches du duc de Bourbon : « Jamais, disait-il, les Bordelais et les Bayonnais ne se tourneront contre nous; ils sont avec nous francs et quittes, et si les Français les dominaient ils seraient taillés et retaillés deux ou trois fois l'an. » Lancastre envoya en Guienne des émissaires adroits, qui firent aux peuples de l'Aquitaine la peinture la plus effrayante de l'état où se trouvait le royaume de France, « lequel étoit vexé, molesté de fouages et d'exactions, villainies pour extorquer de l'argent. » Ils leur montrèrent leur commerce anéanti s'ils se séparaient de l'Angleterre; ces raisons parurent d'autant plus puissantes qu'elles s'appuyaient sur des faits. Les députés de Louis de Clermont parlaient au nom de l'honneur, ceux de Lancastre au nom de l'intérêt; les Bordelais ne balancèrent pas, ils aimèrent mieux vivre dans l'abondance sous la domination d'un usurpateur, que d'être réduits à la misère sous un roi privé de la raison. Le duc de Bourbon échoua complètement dans ses négociations; il ne faut en accuser que ceux dont l'impéritie avait réduit le royaume de France dans une position si triste.

Le duc allait rentrer dans ses domaines, lorsqu'il fut appelé à Paris au commencement de 1401. Charles VI venait d'avoir une crise heureuse, mais en reprenant la plénitude de ses facultés intellectuelles, il se trouva le plus malheureux des hommes, à la vue des maux qu'il avait à réparer. Il appela aussitôt auprès de lui les sages de son royaume; il somma Louis de Clermont de tenir la parole qu'en partant de Paris il lui avait donnée, de venir aussitôt que sa présence serait jugée nécessaire. Charles VI le nomma chef de son conseil. Le monarque et son oncle mirent une ardeur admirable à arrêter l'affreux désordre qui régnait dans toutes les branches de l'administration; le duc de Bourgogne fut tellement persuadé que Charles VI était pour toujours en état de gouverner par lui-même, qu'il abandonna totalement la régence, et alla visiter la Flandres, où quelques troubles rendaient sa présence nécessaire; à peine fut-il parti que le duc d'Orléans, poussé par l'astucieuse Isabeau de Bavière, demanda à son frère qu'il le nommât régent de préférence à tout autre, dans le cas où le malheur voudrait qu'il tombât dans un nouvel accès. Charles VI, aimant tendrement son frère, se rendit à ses désirs; en même temps, comme les bruits de déposition l'avaient fortement alarmé, il rendit une ordonnance, le 26 avril 1403, qui obligeait la reine, les princes, les prélats, les grands officiers de la couronne, la noblesse, et les notables de la ville de Paris, à lui prêter serment de fidélité, et à jurer de reconnaître, après sa mort, le dauphin Louis pour leur roi et leur souverain seigneur. Le chancelier et le connétable portèrent cette ordonnance au parlement de Paris, qui en jura l'exécution sur l'Évangile; la cour des comptes en agit de même. Cette précaution, loin de raffermir le gouvernement, en montrait la faiblesse. Rien ne nuit davantage à l'obéissance des peuples que de leur faire jurer qu'ils obéiront.

La précaution que le duc d'Orléans avait prise de se faire nommer régent fut bientôt après justifiée par l'événement; car Charles VI ne jouit pas long-temps de la santé, et ce fut encore un nouvel accident qui le fit retomber dans la frénésie. On célébrait par des fêtes le bonheur que ses sujets ressentaient de le voir rendu à leurs vœux; aucune réjouissance n'avait lieu sans tournois; Charles VI voulut jouter; il resta à cheval pendant six heures consécutives dans la lice, la lance au poing, sous un soleil brûlant; il s'échauffa tellement à combattre, que le sang lui sortit abondamment par le nez; l'hémorragie dura très-long-temps, et fut suivie d'une longue léthargie, dont il ne sortit que pour passer à un état de stupidité complète, mêlée de convulsions. Dès ce moment on perdit pour toujours l'espoir de le guérir, il n'eut plus que des momens de lucidité très-courts. D'après sa volonté expresse, le duc d'Orléans prit aussitôt la direction des affaires; les fautes que ce dernier avait commises cinq ans auparavant ne l'empêchèrent pas d'en commettre de nouvelles; en vain Louis de Clermont, justement alarmé, lui offrit-il de l'aider de ses conseils : la voix de cet homme généreux fut méconnue, on repoussa ses offres. Louis d'Orléans débuta par se déclarer pour Benoît XIII, et par remettre la France sous l'obédience de ce pontife : l'église gallicane s'y était soustraite en attendant la fin du schisme, sans vouloir reconnaître aucun des deux prétendans à la tiare. La demande du régent réveilla les disputes que la sage déclaration du clergé français avait momentanément apaisées; l'université, les savans, les prélats et les familles en furent encore plus divisés. Le duc d'Orléans, guidé par un sentiment d'ambition que l'on n'a jamais pu bien définir, voulait gagner les bonnes graces du pontife (1). Mais pour être

(1) Coltigné, dans ses Mémoires (restés jusqu'à présent manuscrits), cherche à rendre le duc d'Orléans odieux, et veut prouver que ce prince ne tendait à rien moins qu'à détrôner son frère; selon lui, il machinait cet horrible projet avec Galéas Visconti, son beau-père, qui désirait ardemment voir sa fille reine de France, et, dans ce but, il

valide, il fallait que cet acte solennel fût ratifié par le roi; le duc eut recours aux subterfuges les plus misérables pour obtenir la sanction du monarque. Il fit dresser en secret une supplication du clergé de France, qui demandait à rentrer sous l'obédience de Benoît XIII, et fit revêtir cette pièce de beaucoup de signatures vraies ou fausses; saisissant ensuite le moment où le roi priait dans son oratoire, il lui présenta ces signatures, et persuada facilement à cet esprit faible que la plus grande partie du clergé ayant signé, tous les gens sages seraient au comble de leurs vœux de revenir sous l'obédience de Benoît. Ses discours remplis de charmes déterminèrent Charles VI; sans perdre un seul instant, le duc d'Orléans rédigea l'acte d'obédience, le fit expédier avant que son frère ne fût sorti de la chapelle; enfin il termina cette scène par chanter avec le chapelain le *Te Deum*, pendant qu'au dehors le parlement et les conseils ignoraient absolument ce qui se passait.

s'attacha Benoît XIII, qui devait interdire Charles VI comme incapable de régner, ce qui aurait facilité à Louis d'Orléans de monter sur le trône de son frère. Nous répétons ce que nous avons dit : Cottigné, attaché à la maison de Croy, une des plus puissantes de la Flandres, était un violent partisan du duc de Bourgogne.

Après avoir rallumé les querelles religieuses par une déclaration intempestive, le duc d'Orléans ordonna une taxe générale, qui s'étendit même sur les gens d'église. Cet édit fit pousser des cris de désespoir; les provinces étaient pour la plupart ruinées; depuis deux ans les saisons étaient renversées, l'ordre de la nature semblait être interverti : il y avait de la barbarie à exiger des impôts d'une population qui avait à peine de quoi subsister. Les gens d'église refusèrent sans explication de payer la taxe; l'université les soutint; les Parisiens s'ameutèrent; il fallut tout le zèle de Louis de Clermont et de quelques autres amis de leur pays pour apaiser ces nouveaux troubles, et obtenir un peu de calme.

Depuis la mort de Charles V, l'autorité avait passé pas bien des mains; pendant cette succession rapide de gouvernans, les Français, toujours malheureux, aspiraient sans cesse à un changement d'hommes et de système; mais à peine leurs vœux étaient-ils exaucés, qu'ils se voyaient réduits à regretter ceux qu'ils venaient de quitter; pendant quarante ans leur malaise empira ; ils connurent toutes les gradations du malheur, et acquirent à chaque instant la cruelle certitude que la mesure de leur infortune n'était pas encore comblée. Charles V ayant eu des guerres continuelles à soutenir, s'était vu forcé à regret d'imposer des tailles extraordinaires; les peuples, qui ne rendent justice aux rois que lorsqu'ils ne sont plus, se réjouirent en quelque façon de sa mort dans l'espérance que son successeur s'empresserait de diminuer les charges publiques; mais le duc d'Anjou fit cruellement regretter Charles V ; ce fut alors que l'on apprécia celui que l'on venait de perdre : on appela Charles V *le bon père, le sage prince.*

Les ducs de Bourgogne et de Berri se montrèrent pour le moins aussi avides que leur frère, auquel ils succédèrent; ceux-ci cédèrent la place à Clisson, dont on salua la venue comme l'aurore d'un beau jour; mais le ministère du connétable trompa ces espérances; le duc de Bourgogne paraissait changé, on croyait que l'âge, l'expérience avait fait naître en lui des idées plus saines; chacun faisait des vœux pour qu'il écartât Olivier et Larivière; ces vœux furent exaucés; mais Philippe-le-Hardi, loin de justifier la bonne opinion que l'on avait de lui, suivit la même route, et augmenta les embarras du gouvernement en se mettant en hostilité ouverte avec son neveu le duc d'Orléans; ce dernier, par sa jeunesse, sa grace, son affabilité, gagna tous les cœurs; les Français demandèrent hautement que le prince, objet de leur prédilection, fût placé à la tête de la régence; Louis d'Orléans arriva au pouvoir, et ses premiers actes le firent exécrer; jamais changement ne fut plus prompt. Le duc de Bourgogne, instruit de ces dispositions, accourut de la Flandres, et ressaisit le pouvoir, à la grande satisfaction du public; son neveu chercha vainement à le lui disputer; la cour se partagea d'affection; ce ne fut plus aux cabales, aux menées sourdes que les partis allaient avoir recours, c'était la force des armes qui allait décider de la querelle; le duc d'Orléans fit alliance avec le duc de Gueldres, le même qui treize ans auparavant avait défié le roi de France; il prit à sa solde ce prince allemand et ses bandes; les troupes étrangères franchirent les frontières, traversèrent la Picardie, et arrivèrent dans le voisinage de Paris. A leur approche le duc de Bourgogne réunit ses nombreux vassaux; il trouva un appui dans les Parisiens; la rupture allait éclater; deux princes français, de la même famille, allaient se déchirer : Louis de Clermont, par la seule puissance de sa haute sagesse, arrêta leur furie, et leur arracha les armes des mains; il se fit sous ses auspices une espèce de réconciliation; il obtint d'eux qu'ils ne rentreraient au conseil que lorsque le roi et le parlement auraient réglé définitivement le mode de gouvernement que l'on adopterait en cas de décès de Charles VI; il fit donner par le roi un édit, du 26 avril 1403, par lequel il ordonnait que s'il venait à mourir il n'y aurait pas de régence, où que le royaume serait gouverné au nom de son fils, son légitime successeur; le monarque forma un conseil présidé par la reine, et composé des princes ses oncles, de son frère, du connétable Charles d'Albret, du chancelier; il ordonna que les affaires fussent réglées dans ce conseil à la pluralité des voix : ces dispositions étaient dues aux vues élevées de Louis de Clermont. Après avoir fait prendre ces mesures, ce prince sentit que le besoin de repos lui commandait de se retirer dans ses domaines, loin des scènes tumultueuses de la cour; mais au moment d'exécuter ce projet, il l'abandonna, sacrifiant ses goûts particuliers à l'intérêt de son pays; il ne crut pas devoir se retirer lorsque le danger lui paraissait si pressant; il resta donc, et parvint à conjurer pour un instant les orages : le respect qu'on lui portait, la considération due à ses vertus, son âge même, l'élevaient au-dessus de toutes les passions; il conduisait le conseil, dans lequel il siégeait de droit comme oncle du roi; pour éprouver moins d'opposition au bien qu'il voulait faire, il demanda que les deux princes rivaux s'éloignassent momentanément de Paris; le duc de Bourgogne fit les préparatifs du siège de Calais, malgré la trève qui existait; le duc d'Orléans se porta sur la Loire pour réunir des troupes et marcher sur Bordeaux. Plus ces préparatifs étaient ostensibles, moins il avaient de réalité; il fut bientôt facile de voir que les deux princes s'observaient, et ne voulaient s'occuper d'aucune entreprise qui les tînt éloignés du roi; le frère de Charles VI n'alla que jusqu'à Orléans; comme apanagiste, il y fit son entrée solennelle; on tapissa les rues, on laissa couler des fontaines de vin; l'université le harangua en latin, il répondit dans la même langue, on sait qu'elle lui était familière; il prit l'habit de chanoine, et alla s'assoir, en cette qualité, dans les stalles de l'église Saint-Aignan.

Les deux princes revinrent bientôt à Paris sans avoir rien fait; le duc de Bourgogne, toujours occupé de la grandeur de sa maison, fit conclure le mariage du dauphin Louis, âgé de sept ans, et de son frère Jean, encore plus jeune, avec les deux filles aînées de son fils, le comte de Nevers; il arrêta aussi le mariage de madame Michelle de France, seconde fille du roi, avec son petit-fils, le comte de Charollois; il célébra les fiançailles de ces six enfans avec un faste royal : c'était un triomphe pour lui ; il se flattait qu'une de ses petites-filles porterait un jour la couronne de reine. Ce faste rendait l'argent plus nécessaire ; le duc d'Orléans, toujours plus imprudent, proposa au conseil de décréter une taille générale, à laquelle le duc de Bourgogne s'opposa en alléguant la misère publique ; mais le conseil décréta cet impôt malgré l'opposition franche et désintéressée de Louis de Clermont : on la leva avec une extrême rigueur. La disette et la contagion qui se faisaient encore sentir rendaient ces impositions plus odieuses ; l'on déposa dans la tour du Louvre les sommes qu'on retira de la taille ; le duc de Bourbon fit décréter qu'on ne toucherait pas à cet argent sans le consentement de tous les princes et du conseil. A peine cette décision était-elle rendue, que le duc d'Orléans accourut avec des gens armés au pied de la tour ; il brisa les portes à coups de hache, enleva le dépôt, et le partagea, dit-on, avec sa belle-sœur. Ce vol du trésor public accrut la haine qu'on portait au duc d'Orléans, et livra la reine à tous les traits de la calomnie ; on disait qu'Isabeau, persuadée de la fin prochaine de son époux, et n'ayant que des dégoûts à attendre dans une cour où le duc de Bourgogne serait le maître, faisait passer dans la Bavière tout l'or du royaume, afin de s'y retirer lorsqu'elle serait veuve.

Louis de Clermont n'avait cessé de gémir sur les écarts du duc d'Orléans, son ancien élève; un reste d'affection le lui montrait moins répréhensible qu'il ne l'était réellement; mais l'opprobre dont il venait de se couvrir par l'enlèvement du trésor du Louvre ne lui permit plus de se faire illusion sur le compte de son neveu. Son indignation fut extrême; il adressa au duc de vives remontrances, et rompit avec lui toute relation d'amitié; Louis d'Orléans se consola de cette juste rigueur avec les faveurs que lui prodiguait la reine. Le départ du duc de Bourgogne, que de nouvelles révoltes appelaient en Flandres, lui laissa le champ libre; tout plia devant sa volonté, il devint le fléau de sa patrie; ce n'était pas un tyran farouche, altéré de sang, mais un imprudent qui se jouait avec une légèreté coupable des destinées de la France entière: il tremblait cependant de se voir enlever une seconde fois le pouvoir, quand la mort le délivra de son redoutable rival. Le duc de Bourgogne fut surpris à Bruxelles d'une indisposition grave, et se fit transporter à Liège; mais en passant à Hall il se vit obligé de s'arrêter; sa maladie augmenta, et devint bientôt mortelle : il expira le 27 avril 1404, dans l'hôtellerie du Grand-Cerf, à l'âge de soixante-trois ans. Au moment de mourir il se rappela qu'il était Français, chose qu'il avait oubliée toute sa vie ; il exhorta ses enfans à conserver une fidélité inviolable au roi, à ne perdre jamais de vue l'honneur du sang dont ils étaient sortis.

Des écrivains, et principalement dom Plancher, ont dit que Philippe-le-Hardi était prudent, libéral, capable de tout entreprendre ; nous avons vu en effet qu'il entreprit beaucoup, mais qu'il échoua dans presque tous ses projets, hors ceux qui regardaient l'agrandissement de sa famille ; sa libéralité ne fut qu'une prodigalité excessive ; son ambition lui faisait répandre l'or de la France pour acheter des partisans, dans le seul désir d'accroître la splendeur de sa maison et l'étendue de ses domaines ; ses actions se rapportèrent toujours à lui seul, et jamais au bien du royaume : enfin il laissa dans une situation déplorable l'État qu'il avait gouverné.

LIVRE V.

Portrait d'Isabeau de Bavière.— Détails sur cette reine.— Louis de Clermont, retenu à Paris par les soins du gouvernement, envoie dans le Périgord son fils aîné, qui chasse les Anglais de cette province. — Nouveaux démêlés entre le duc d'Orléans et Jean-sans-Peur.— Louis de Clermont réconcilie les deux princes.

La mort de Philippe-le-Hardi équivalait, pour la France, à la mort d'un roi; elle y changeait la face des affaires; son administration avait été vicieuse, mais celle qui lui succéda prouva qu'on pouvait en trouver de pire que la sienne. Les douze années qui venaient de s'écouler depuis le premier accident de Charles VI avaient été malheureuses, il est vrai, mais elles étaient tolérables en comparaison de celles qui les suivirent; la nation était dans un état de langueur, comme le malade qui attend un accès violent; Paris et son voisinage avaient bien souffert, mais les provinces situées au-delà de la Loire avaient eu moins à se plaindre. L'admirable système communal de ces pays, fondé sur des coutumes antiques, était le ciment qui retenait les pierres de l'édifice social, et les empêchait de se détacher. Pendant ces douze années, l'histoire générale nous montre le duc de Bourbon faisant des efforts héroïques pour éloigner la discorde, pour entretenir la bonne intelligence entre les princes de la maison de Valois; la mort du duc de Bourgogne lui commandait de redoubler de zèle; la scène prenait un aspect nouveau : des personnages que la présence de Philippe-le-Hardi avait réduits jusqu'alors à un rôle à peu près secondaire s'avancèrent sur le premier plan. On distinguait d'abord cette Isabeau si fatale à la France ; elle était fille d'Étienne II, duc de Bavière - Ingolstadt, et de Thadée Visconti, nièce de Galéas ; elle se trouvait par conséquent cousine germaine de Valentine, dont elle se fit la rivale : ses contemporains la représentent très-grande, extrêmement blonde, ayant les sourcils et les cils des paupières de la même couleur que les cheveux. Le conseil la choisit pour être la femme de Charles VI, parce que la maison de Bavière occupait le premier rang en Allemagne, et que l'on tenait à se ménager des alliances dans ce pays. Depuis Louis IX jusqu'à Charles V, sur douze reines on en comptait dix françaises; elles avaient fait la gloire du trône et le bonheur de leurs époux : cet exemple ne fut malheureusement pas imité.

Isabeau arrivant en France à l'âge de dix-huit ans, resplendissante de beauté, fut saluée comme un astre radieux; elle se montra d'abord fort éprise de Charles VI, le plus bel homme de son royaume. Dès son apparition la cour perdit cette physionomie sérieuse qu'elle avait eue du vivant de Charles V; les plaisirs et les fêtes se succédèrent sans interruption: la jeune reine en paraissait insatiable, c'était bien naturel à son âge; elle communiqua bientôt à tout le monde sa légèreté. Il se fit dans les mœurs une révolution complète : « On donne le las à la reine Isabelle, femme de Charles VI (dit Brantôme), d'avoir apporté en France les pompes et les gorgiaspetez pour se bien habiller superbement et gorgiasement. » (Dames illustres, p. 211.)

Avant Isabeau les femmes vivaient très-retirées, elles ne paraissaient à la cour que sur des invitations expresses du roi, ce qui arrivait rarement; elles avaient manqué à la décence en s'y montrant le cou nu, la nouvelle reine décida qu'elles n'y seraient admises que très-découvertes. Bientôt Isabeau établit dans ses propres appartemens un parlement d'amour, composé d'hommes et de femmes : on y voyait, dit Juvénal des Ursins, des présidens et des présidentes, des conseillers et des conseillères, des avocats et des greffiers ; on discutait, dans ce tribunal ridicule, tous les points concernant l'amour.

L'âge développa progressivement dans l'ame d'Isabeau tous les vices que le cœur d'une femme peut recéler. Au goût des plaisirs succéda le goût de la galanterie, puis la dégradation, puis l'oubli des devoirs les plus sacrés, et enfin une ambition effrénée; personne ne se montra plus habile à caresser les partis, à les mettre en présence pour se déchirer ; elle tenait dans ses mains les nœuds de toutes les intrigues, et pour le malheur de notre pays, il fallut qu'elle se rencontrât avec Valentine de Milan et Marguerite de Flandres, dont le caractère remuant rivalisait avec le sien : aussi les passions désordonnées de ces trois étrangères portèrent-elles le trouble dans la cour de France, si paisible avant leur arrivée.

Lors de l'accident du bal masqué de 1392, la reine, croyant son mari mort, se livra au plus affreux désespoir; mais lorsque bientôt elle vit Charles VI tout-à-fait privé de la raison, le dégoût le plus prononcé fit place à cet amour si violent; au lieu d'entourer son mari de soins, d'adoucir sa situation par des attentions délicates, comme l'aurait sans doute fait une Française, elle l'abandonna à des valets, fut la première à affaiblir le respect qu'on lui devait; elle quitta même le toit conjugal, et, sous le prétexte frivole d'éviter d'être blessée par le roi dans ses accès de frénésie, elle se déroba à ses empressemens, et trompa sa tendresse en faisant introduire furtivement auprès de lui une jeune personne qui lui ressemblait, nommée Odette de Champdivers, fille d'un marchand de chevaux. Le peuple l'appela *la petite reine*; Charles en eut une fille. Les historiens contemporains ont consigné ce fait dans leurs écrits avec des détails dont la précision atteste que rien de ce qui se passe dans les maisons des rois ne reste ignoré. Mais comme le malheureux Valois était un instrument dont toutes les ambitions se servaient tour à tour, son triste état devenait encore utile à la reine; car, lorsqu'elle le savait dans des momens de lucidité, elle venait sans répugnance partager sa couche, non qu'elle fût guidée par un retour de tendresse, mais pour en arracher des graces. C'est ainsi qu'elle fut mère de sept enfans, parmi lesquels on compta Charles VII; elle en avait eu précédemment cinq autres. Philippe, duc de Bourgogne, qui la détestait, lui laissa le moins de pouvoir possible; d'ailleurs, on était accoutumé en France à voir les reines rester étrangères aux affaires publiques; mais comme elle avait épuisé tous les genres de plaisirs, elle n'aspirait qu'à goûter les jouissances de la domination. Pour parvenir à son but, elle se servit habilement du duc d'Orléans, l'enleva à Valentine, en fit son esclave, lui inspira le désir de commander, que peut-être il n'aurait jamais conçu, et l'opposa au duc de Bourgogne. Telle fut l'origine de cette fatale division qui arma Français contre Français.

Lorsque le duc de Bourgogne mourut, Isabeau avait trente-six ans; ses traits avaient grossi, sa figure avait pris une expression de dureté extrême; sérieuse, impassible au milieu des orages qu'elle soulevait, elle en suivait froidement les phases; les Parisiens, qui la voyaient insensible à leurs misères, l'exécraient; un pareil caractère leur était inconnu; ils s'attroupaient sur son passage, la huaient en lui prodiguant les épithètes les plus outrageantes, et l'appelant *la grande gore* (la grande truie); elle, du haut de son char découvert, riait de leurs clameurs, et traversait sans crainte les flots d'un peuple qui la couvrait de malédictions. Mais cette femme, qui affrontait avec audace les fureurs de la multitude, tremblait au moindre bruit du tonnerre; aux premiers éclairs précurseurs de l'orage elle se réfugiait dans un des caveaux de la conciergerie (1) attenant au palais de la Cité, qu'elle habitait de préférence; elle avait fait natter et lambrisser ce caveau; elle y restait cachée jusqu'à ce que le ciel fût devenu serein. (Manuscrit de M. Rousseau, président de la cour des comptes; cité par l'abbé Choisi, page 216.)

Personne ne se réjouit davantage de la mort de Philippe-le-Hardi que la reine Isabeau de Bavière; elle avait la certitude de jouir sans contradiction d'un pouvoir illimité sous la régence du duc d'Orléans, à qui elle tenait par les liens les plus criminels : de son côté, l'époux de Valentine fit un rêve brillant; il se crut maître de l'État; lieutenant-général du royaume, frère de Charles VI, il se voyait soutenu à la cour par de nombreux partisans. La reine et lui se livrèrent avec une sorte de délire au plaisir de dominer; tout ce qui avait tenu au dernier régent fut abaissé; les sages remontrances de Louis de Clermont ne produisirent rien, l'un

(1) D'après les investigations que nous avons faites sur les lieux, et les anciennes descriptions de la conciergerie, nous ne serions pas éloigné de croire que ce caveau où allait se cacher la coupable Isabeau, fût celui-là même où l'infortunée reine Marie-Antoinette a été renfermée.

et l'autre croyaient que personne au monde ne pouvait leur disputer l'autorité, et dans cette idée ils se livraient aux excès les plus révoltans; les maisons de la reine et du duc d'Orléans nageaient dans l'abondance; on n'y parlait que de festins et de réjouissances, pendant que le roi, renfermé avec de vieux valets qui le traitaient fort durement, manquait du strict nécessaire; la chambre habitée par Charles VI était ouverte à tous les vents; on mit aux fenêtres du fil d'archal, pour empêcher les oiseaux de nuit et les pigeons d'y venir faire leurs ordures. Les enfans n'étaient pas mieux traités que le père; un jour la femme à qui on les avait confiés vint trouver le malheureux Charles VI, et lui représenta qu'elle n'avait pas de quoi suffire aux premières dépenses: « Voyez, suis-je mieux, moi! » lui répondit le prince en montrant ses habits décousus et déchirés. Le public paraissait indigné; mais comme le duc d'Orléans et la reine sortaient si peu, que, selon l'usage, on leur cachait ce qui se passait, ils ne savaient rien des dispositions alarmantes que le peuple montrait à leur égard; un moine augustin, nommé Jacques-le-Grand, eut le courage de les en instruire: il prêchait dans la Sainte-Chapelle le jour de l'Ascension (mai 1404); il tonna contre les vices de la cour, apostropha la reine et le duc d'Orléans, leur prédit que Dieu enverrait un vengeur qui les punirait du mal qu'ils faisaient à la France. Ce vengeur fut le duc de Bourgogne, ce Jean de Nevers dont l'imprudence avait fait perdre, huit ans auparavant, la bataille de Nicopolis; et qui après cette malheureuse expédition fut surnommé, l'on en ignore le vrai motif, *Jean-sans-Peur* : il était du même âge que le duc d'Orléans. Celui-ci, parlant avec élégance, se piquait d'être le prince le plus savant et l'homme le plus aimé des femmes; ses indiscrétions, ses inconséquences, son mépris pour tout ce qui lui paraissait inférieur, soit en dignité, soit en mérite, lui faisaient de nombreux ennemis; il ne ménageait pas le peuple, et le peuple ne le ménageait pas dans ses discours. Quant au duc de Bourgogne, il n'avait ni les graces, ni l'amabilité, ni l'éloquence de son cousin germain : sa taille médiocre n'avait aucune noblesse; il s'énonçait mal, mais il agissait avec activité; son tempérament était encore plus emporté que celui de son père, toutefois il cachait cette fougue sous un flegme imperturbable; il était cruel, implacable dans sa haine, dissimulé jusqu'à la perfidie, mais il se montrait austère dans ses mœurs, économe, fils respectueux et père tendre. Louis d'Orléans, avec un fonds de vertu admirable, parut criminel; il fut idolâtré de ceux qui l'entouraient, et exécré de ceux qui vivaient loin de lui; Jean de Nevers, au contraire, avec des vices affreux, obtint l'estime publique; le vulgaire, qui le voyait à une grande distance, l'aimait; les gens qui l'approchaient le détestaient, parce qu'il ne pouvait leur cacher la noirceur de son ame. L'un, prodigue, donnait à pleines mains et ne payait pas ses dettes; l'autre, avare comme sa mère, remplissait avec exactitude ses engagemens : le premier, animé d'une véritable piété, fondait des chapelles, comblait de largesses les gens d'église, qui ne lui en savaient aucun gré; le second, professant dans son intérieur le plus grand mépris pour la religion, fut proclamé le défenseur de la foi. Quoique Jean de Nevers eût pour le public encore moins d'estime que le duc d'Orléans, cependant il le regardait comme un instrument qu'il lui importait de ménager; il n'en eût point été aimé si son parent n'avait pas inspiré à tout le monde le désir de lui opposer un prince qui pût reprimer ses excès. Son voyage en Hongrie, sa captivité chez les Turcs, ses courses sur la Méditerranée, l'avaient formé aux dangers, aux travaux militaires; possesseur de domaines qui le rendaient l'égal des rois, il aurait pu jouir de ses richesses sans chercher à se jeter dans les tourmens politiques, mais l'ambition rongeait son cœur; il n'aspirait qu'à gouverner la France comme son père l'avait fait. Sa naissance l'éloignait du timon des affaires plus que Philippe-le-Hardi, il voulut y arriver par la force, en brisant tous les obstacles, en écrasant tout ce qui s'opposerait à son élévation : en juin 1404 il vint à Paris, dès qu'il fut libre des premiers devoirs que lui imposait la mort de son père; son prétexte était de rendre hommage au roi, et son but était d'observer ce qui pourrait nuire ou servir son ambition; il demanda entrée au conseil comme prince du sang; on ne put le lui refuser; dès lors chacun put prévoir que les mêmes vents régneraient, et que de plus grandes tempêtes agiteraient la cour.

Sur ces entrefaites, le duc d'Orléans acheva de perdre l'estime publique en se faisant le protecteur d'une cause odieuse. Charles de Savoisy, fils de celui à qui Charles V avait confié le trésor de Melun, et successeur de son père dans la charge de premier chambellan du roi, eut une querelle avec l'université : ce corps allait en procession à l'église Sainte-Catherine du Val-des-Écoliers, rue Culture, prier Dieu pour la guérison du roi (14 juillet 1404); des pages de Savoisy, menant boire leurs chevaux, traversèrent cette procession; il s'ensuivit une rixe violente ; Savoisy envoya les gens de sa maison au secours de ses pages, et mit tout le monde en fuite. L'université porta plainte contre lui au parlement; Louis de Clermont blâma hautement Savoisy, et sa médiation aurait arrêté cette fâcheuse affaire si le duc d'Orléans et la reine n'eussent pas eu l'imprudence de prendre le parti du chambellan; leur protection accrut la rumeur publique, et obligea le parlement à être plus sévère : on condamna Savoisy à payer 1000 livres aux blessés, autant à l'université, et à faire démolir lui-même sa maison.

La faute que le duc d'Orléans venait de commettre en prenant la défense de Savoisy réjouit beaucoup le duc de Bourgogne; ce prince, peu communicatif, ne faisait part de ses projets à personne; il ne se déclarait pas ouvertement contre son cousin, lieutenant-général du royaume; mais il se créait des partisans, se formait une cour nombreuse, et cherchait à gagner par ses manières les hommes les plus importans. Deux mois à peine s'étaient écoulés depuis qu'il avait pris place au conseil, lorsqu'il fit célébrer le mariage du dauphin Louis avec sa fille Marguerite, du même âge que son mari; et celui de madame

Michelle, quatrième fille du roi, âgée de onze ans, avec son fils, comte de Charolais, qui n'en avait que neuf. La célébration de ce double mariage instruisit les Français de l'ascendant que le duc de Bourgogne prenait déjà sur le parti de la reine et du duc d'Orléans, à qui cette célébration ne pouvait plaire.

Louis de Clermont, vivant au milieu d'une cour dont le spectacle répugnait à sa délicatesse, mais à laquelle le devoir, le désir du bien l'attachaient, fut un peu dédommagé des dégoûts qu'il éprouvait par la gloire que son fils acquérait; il se voyait renaître dans un si digne héritier. Les Anglais, profitant de l'impéritie des gouvernans de France, firent des progrès effrayans dans la Guienne; Louis de Clermont offrit, pour les arrêter, son fils avec 3,000 hommes levés dans ses domaines; le jeune prince partit avec ce peu de troupes, en réunit d'autres sur la Dordogne, et enleva aux Anglais, dans une seule campagne, trente-quatre châteaux-forts. Le conseil, au lieu de se contenter de ce succès, au lieu de se borner à contenir les Anglais, à les tenir éloignés des possessions françaises, décida d'aller porter la guerre en Angleterre même; on vit renaître la manie des descentes : ces sortes d'expéditions coûtaient beaucoup et ne produisaient rien. Le duc d'Orléans proposa une troisième fois de lever une nouvelle taille ; Jean de Nevers, suivant la politique de son père, s'y opposa vivement, plaida la cause des peuples, et protesta contre cet acte, en déclarant qu'il empêcherait bien les habitans de ses domaines de payer l'impôt. Il s'éleva à ce sujet entre les deux princes un violent démêlé ; on se traita avec aigreur ; le duc d'Orléans, à qui l'âge de son oncle avait toujours inspiré du respect, ne se croyait pas retenu par cette considération à l'égard du fils ; les autres membres du conseil eurent beaucoup de peine à les calmer ; malgré l'opposition du duc de Bourgogne, soutenu par le duc de Bretagne, l'impôt n'en fut pas moins adopté : mais le peuple regarda Jean de Nevers comme son protecteur, se déclara ouvertement pour lui, et en détesta encore plus le duc d'Orléans. Celui-ci, fier de la victoire qu'il venait de remporter, poussé par la reine, qui brûlait de le voir revêtu de la plus grande autorité, se donna le gouvernement de la Normandie ; Louis de Clermont, voyant tous les inconvéniens de ce mouvement d'ambition, chercha inutilement à arrêter son neveu dans cette démarche, en lui prédisant que cette nouvelle dignité, qu'il se donnait par sa seule volonté, ne servirait qu'à aigrir les esprits contre lui, qu'à faire mépriser son autorité. Les sages prévisions du duc de Bourbon ne tardèrent pas à être justifiées ; les Normands déclarèrent qu'ils ne reconnaissaient que le roi pour gouverneur ; le conseil prit leur parti, et Charles VI, jouissant dans ce moment d'un peu de raison, sanctionna cet avis. Le duc d'Orléans n'obtenant pas ce gouvernement en fut encore plus discrédité, et en conçut une plus grande haine contre le duc de Bourgogne, dont les partisans avaient fortement appuyé la réclamation des Normands.

A peu près dans ce temps, Jean-sans-Peur fut obligé de quitter Paris pour aller dans ses états de Flandres, où des affaires de la plus haute importance l'appelaient. A peine fut-il dans ses domaines, que le duc d'Orléans lui fit expédier un ordre revêtu de la signature du roi, par lequel il lui était défendu de revenir à Paris avant qu'il en reçût l'invitation expresse. Loin de déférer à cet ordre, dont il devinait la source, Jean-sans-Peur prit aussitôt la route de la capitale, accompagné de 10,000 hommes; c'était déclarer ouvertement la guerre. La reine et le duc d'Orléans, mal servis, ne prévoyant rien et n'étant préparés à aucun événement, n'apprirent sa marche que lorsqu'il n'était plus qu'à deux journées de Paris : le peuple les haïssait, les princes du sang ne les aimaient point; ils n'avaient ni troupes ni argent, ils ne surent que fuir. Le duc de Bourbon fut désespéré de cette disparition; quant à lui, voyant l'abîme où la discorde des deux princes allait entraîner l'État, il resta à Paris auprès du roi pour faire respecter son autorité et tenir les Parisiens dans le devoir; les bons citoyens se rallièrent à lui. Sa fermeté en imposa à ces hommes toujours prêts à profiter des calamités publiques pour se gorger de pillage; il empêcha les partisans du duc de Bourgogne d'ouvrir les prisons, comme Charles-le-Mauvais l'avait déjà fait vingt ans auparavant; il détermina la bourgeoisie à rester tranquille : grace à ses sages dispositions, aucun désordre ne fut commis; la capitale garda l'attitude qui lui convenait dans ce moment critique. Telle était la conduite de Louis de Clermont pendant que le duc d'Orléans, lieutenant-général du royaume, abandonnait son poste. L'époux de Valentine, parti le premier, courut s'enfermer dans Melun; la reine le suivit : leur précipitation fut telle, qu'ils laissèrent derrière eux le dauphin et les autres fils de France; la reine chargea son frère Louis de Bavière de conduire ces princes à Corbeil; dès le lendemain (23 août 1405), ces jeunes enfans remontèrent la Seine dans un bateau couvert, jusqu'à deux lieues de Paris; une litière les attendait sur le bord de la route. Le duc de Bourgogne, en arrivant au village de Louvre, apprit la fuite de la reine et l'ordre du départ du dauphin; il ne perdit pas un moment, et partant à toute bride, il traversa Paris en courant, arriva à l'hôtel Saint-Paul; apprenant que le dauphin (son gendre) était parti, il poursuivit sa course sans s'arrêter, le joignit à Juvisi au moment où il montait en litière, et l'arrêta en lui demandant s'il n'aimait pas mieux retourner à Paris; le jeune homme, étonné de voir son beau-père, lui répondit comme il le voulait, et le duc, malgré le frère de la reine et l'escorte, saisit le frein des chevaux, les fit retourner, ramenant son gendre, les autres jeunes princes, et leur suite composée de 100 écuyers. Louis de Bavière courut à Corbeil apprendre à sa sœur et au duc d'Orléans, qui était venu la joindre, ce que le duc de Bourgogne avait osé faire; il les trouva à table; l'effroi les saisit, ils quittèrent leur repas et s'enfuirent à Melun.

Jean de Nevers rentra à Paris en triomphe, au milieu d'un peuple transporté de joie; mais parmi ces applaudissemens on entendit la voix de Louis de Clermont, qui reprochait au Bourguignon l'action criminelle qu'il avait commise en venant avec une armée dans Paris pour s'emparer de la régence, à laquelle il n'avait aucun droit, et porter ainsi la guerre civile au sein d'un pays où il avait reçu le jour; Jean-sans-Peur écouta froidement les paroles du duc de Bourbon, mais ne s'en prépara pas moins à suivre ses desseins; il agit en maître; sûr de Paris, il se prépara à la guerre, il fit rendre les armes aux habitans de la capitale, replaça au coin des rues les chaînes qu'on en avait ôtées; il nomma le sire de Montagu commandant de la Bastille, et confia la personne du dauphin et le gouvernement de Paris au duc de Berri, son oncle; il se fortifia dans son hôtel d'Artois, rue Mauconseil; le duc de Berri en fit autant à l'hôtel de Neesle; il plaça le dauphin au Louvre en l'entourant d'une garde formidable, de peur, disait-on, qu'on ne l'enlevât une seconde fois.

Le duc de Bourgogne réunit autour de lui jusqu'à 25,000 hommes de troupes, et en assembla d'autres dans la Champagne et dans la Brie; l'évêque de Liège, Jean-sans-Pitié, son allié, fit son entrée dans Paris en habit militaire à la tête de 6,000 combattans; les villages de la banlieue furent livrés à la licence de la soldatesque; les ducs de Clèves, de Savoie, d'Autriche, le comte de Wirtemberg, tous étrangers à la France, amenèrent des troupes au duc de Bourgogne; des milices venues de la Hollande, de la Zélande, du Hainaut, du Brabant, se logèrent à Pont-Saint-Maxence.

Le duc de Bourgogne, qui savait comment on mène les hommes, assembla un grand conseil, qu'il composa de princes du sang, de prélats, du recteur de l'université, de docteurs en théologie, et de professeurs de droit; il invita le duc de Bourbon à s'y rendre, mais celui-ci refusa, ne voulant point par sa présence paraître approuver l'illégalité de cette réunion.

Jean-sans-Peur parlait mal; il fit haranguer l'assemblée par Jean de Niélle, homme éloquent, qui déclama contre les abus, protesta que le duc de Bourgogne voulait les réformer, qu'il offrait sa personne, ses biens, ses amis pour y remédier, et qu'il se proposait d'assembler les états généraux du royaume.

L'orateur fut couvert d'applaudissemens; le duc se leva ensuite, et annonça que si quelqu'un doutait de ses bonnes intentions, il était prêt de se battre avec lui : cette proposition imposa silence, et fit approuver tout ce qu'il avait fait.

Cependant la reine et son beau-frère se fortifiaient à Melun; ils appelèrent des troupes de toutes les provinces, et parvinrent à rassembler près de 20,000 hommes : il y avait donc sous les armes, dans un rayon de quinze lieues autour de la capitale, 60,000 soldats, dont la moitié d'étrangers, qui dévoraient le pays. Tout prenait l'aspect de la guerre civile; le sang français allait arroser le sol de la France; cette idée seule fit reculer d'effroi Louis de Clermont. Ce prince prit la résolution de sacrifier sa vie s'il le fallait pour empêcher ce désastre; il alla trouver le duc de Berri, qu'il n'estimait pas; il le voyait seulement au conseil; il lui fit une vive peinture des maux près à fondre sur le royaume; il parvint à l'émouvoir, et sut le tirer de son apathie en réchauffant son ame; il le détermina enfin à unir ses efforts aux siens pour arracher les armes des mains des deux princes leurs neveux, et les forcer à faire la paix. Ils se rendirent ensemble auprès du duc d'Orléans, qui se montrait le plus difficile à calmer; il prétendait, avec raison, que son cousin avait agi en rebelle en méconnaissant son autorité de lieutenant-général du royaume, en entrant subitement dans Paris à la tête d'un corps d'armée : mais comme il n'était pas vindicatif, il écouta favorablement le duc de Bourbon, son oncle, qui lui inspirait le plus grand respect. Des conférences eurent lieu à Vincennes, la reine et les deux rivaux s'y rendirent ; là, sous les auspices de Louis de Clermont, la réconciliation eut lieu ; on convint que l'un et l'autre licencieraient leurs troupes ; que le duc de Bourgogne partagerait l'autorité avec le duc d'Orléans ; mais ce dernier devait garder l'administration des finances, administration qui ne pouvait manquer de lui faire imputer les malheurs publics et d'augmenter la haine qu'on lui portait.

Les troupes se retirèrent, on publia la paix dans Paris ; la reine fit son entrée dans la capitale avec beaucoup de pompe, comme dans un jour de fête ; un long cortège de femmes la suivait, les ducs d'Orléans et de Bourgogne marchaient aux deux côtés de la litière ; tous les princes, tous les seigneurs les accompagnaient ; on ne voyait qu'or et pierreries : les chevaux étaient ferrés d'argent, et les coffres étaient vides. Le peuple dans sa misère les contemplait d'un œil courroucé ; il ne pouvait manquer d'observer que les doubles tailles nouvellement imposées étaient employées par les princes à se donner le plaisir ridicule de ferrer leurs chevaux avec un métal qu'on lui enlevait violemment.

Le duc de Berri, pour cimenter la réconciliation de ses deux neuveux, les fit souper avec lui dans son hôtel de Neêle : ils s'embrassèrent, se jurèrent une éternelle amitié, et, selon l'usage des amis de ce temps-là, ils couchèrent dans le même lit. (Fin de 1405.)

LIVRE VI.

Malgré les efforts de Louis de Clermont, le duc d'Orléans commet de nouvelles fautes. — Portrait de ce prince. — Il est assassiné auprès de l'hôtel Barbette. — Nouveaux éclaircissemens sur cet événement. — Louis de Clermont propose de déclarer Jean-sans-Peur ennemi de l'État. — Il quitte Paris à l'approche de ce meurtrier arrivant à la tête d'une armée formidable, et se retire dans ses domaines.

Le duc de Bourbon avait lieu de se féliciter des soins qu'il avait pris pour réconcilier les partis; enfin la France était en paix avec ses voisins, et rarement elle avait joui dans l'intérieur de plus de tranquillité. L'année 1406 se passa dans un calme parfait : les deux princes se traitaient en amis; le duc d'Orléans, inconséquent il est vrai, mais sans fiel, témoignait à son parent des sentimens de bienveillance avec une grande franchise; cependant il s'appliquait un peu trop à faire sentir la supériorité que son éloquence et ses avantages physiques lui donnaient sur Jean de Nevers : c'était l'offense la plus cruelle qu'on pût faire au duc de Bourgogne, extrêmement irascible et orgueilleux; ainsi à la rivalité du pouvoir venaient se joindre des injures d'amour-propre : ces motifs suffisaient bien pour allumer la colère de Jean-sans-Peur. Nous n'adoptons pas l'opinion du président Hénault et des continuateurs de Vély, qui accusent le duc d'Orléans d'avoir séduit la femme de son cousin, et d'avoir eu la cruauté de montrer à celui-ci les preuves incontestables de sa victoire : les historiens modernes ont bâti là-dessus un roman ridicule. Juvénal des Ursins et le moine de Saint-Denis, qui s'expliquent très-librement sur les divisions de ces deux princes, ne disent pas un mot de cette prétendue séduction; nous croyons que le désir de régner sans concurrent fut l'unique motif qui engagea le duc de Bourgogne à jurer la perte du duc d'Orléans. Quoiqu'il partageât l'autorité, il ne pouvait se dissimuler la supprématie que son parent, soutenu par la reine, exerçait à son égard : dans un intervalle de santé, Charles VI, qui aimait tendrement son frère, le nomma gouverneur de la Guienne, quoique le dauphin fût apanagiste de cette province; ce fut pour le duc de Bourgogne, beau-père du dauphin, un nouveau sujet de plainte. On recule d'horreur en songeant au temps et à la réflexion que Jean de

Nevers mit à former son horrible projet; il alla jusqu'à concevoir l'audacieuse idée de faire approuver par le public l'exécution de l'attentat qu'il méditait; et, pour y préparer les esprits, rendre son rival plus odieux, il fit courir le bruit, par ses partisans, que le duc d'Orléans voulait détrôner Charles VI et le faire mourir par le poison.

Louis d'Orléans était incapable d'un pareil forfait, ceux qui l'approchaient en étaient bien persuadés; mais le peuple, qui ne voyait que ses défauts, saisit avec avidité cette accusation : plusieurs historiens contemporains, partisans du duc de Bourgogne, adoptèrent cette opinion et la propagèrent par leurs écrits (1).

(1) Cottigné, écuyer de la maison de Croy, a laissé un poëme écrit en 1440, et qui est resté manuscrit (Bibliothèque Mazarine, coté 338). L'auteur, qui parle moitié picard et moitié français, se montre violent bourguignon; il dit que Philippe de Maizières instruisit le duc d'Orléans son élève dans l'art des empoisonnemens et des assassinats; il dit aussi que l'accident arrivé au bal fut un effet du mauvais conseil de ce précepteur; et dans l'intention de multiplier les soupçons contre le prince, il raconte une aventure qui, selon lui, arriva pendant un voyage que la cour fit en 1396 à *Gaufle, castiel de haut prix* : c'est Naufle, près de Versailles, que la reine Blanche d'Évreux, veuve de Philippe de Valois, habitait. Cette princesse fit une très-

Cependant la dissimulation du duc de Bourgogne se trahissait souvent; les paroles de ce

belle réception à Charles VI et au duc d'Orléans, arrière-petits-fils de son mari, elle leur fit faire un magnifique festin ; mais le duc d'Orléans prétexta une partie de chasse pour ne pas se mettre à table ; il passa dans les offices, salua les cuisiniers parce qu'il était très-poli, et leur demanda où était le plat du roi; on le lui montra (on nommait plat du roi un mets très-recherché dont le roi faisait les honneurs), le duc mania les mets; le poëte dit qu'on ne sait pas ce qu'il y fit, mais il ajoute qu'aussitôt que les plats furent sur la table un cuisinier vint trouver la reine :

> Et li a dit, Madame, par Dieu de Paradis
> Louis duc d'Orelient a une pourre mis
> Dedant le plat du roi, ne sais pour quel avis,
> Ore le mange, mais bien sai que je vis
> Blanque pourre (blanche poudre) gieter dont il était saisis;
> Quant la Royne l'ot, ses cuers fut ébahie
> Elle dit au varlet : Sur les yeux de ton vis (visage)
> N'en parolle jamais, si ce n'est mes otris (avec ma permission).
> Dame, dit le varlet, n'en il par Jhesus Cris.

Le roi fit signe à son écuyer de lui trancher un morceau du mets qui était dans ce plat ; mais la reine lui dit : *Biaux fieux, de ces mes chi ne gouttez nullement*, et lui conseilla de le faire porter à l'aumônerie, ce qui fut exécuté; en même temps la reine *huqua* un valet (fit venir auprès d'elle un valet) et lui ordonna d'aller prévenir l'aumônier de ne point manger du mets qu'on venait de lui apporter, mais l'avis vint trop tard; l'aumônier, qui était fort gour-

prince respiraient le dépit et l'aigreur; les flatteurs qui l'entouraient l'échauffaient par leurs discours. Le duc de Bourbon, redoutant une nouvelle rupture, redoubla de soins pour qu'elle n'eût point lieu; le duc de Berri le seconda : ces orages parurent se dissiper. Le 13 novembre 1407 le duc de Berri engagea le duc d'Orléans à venir avec lui faire une visite au duc de Bourgogne, qui se disait incommodé, et leur proposa ensuite de communier ensemble; il vint les prendre tous les deux, le 20 novembre, et les mena entendre la messe à l'église des Augustins; ils y reçurent la sainte hostie à la même table, à côté l'un de l'autre, en présence du duc de Bourbon, du duc de Berri, des seigneurs de la cour, et vinrent ensuite dîner à l'hôtel de Neêle, chez leur oncle; ils se jurèrent une amitié éternelle en se donnant la main; Louis d'Orléans était de bonne foi; ils se

mand, avait déjà fait le maniement du plat; et quoiqu'il n'y eût touché que des doigts, une croûte de pain qu'il porta à la bouche suffit pour lui donner la mort; tout aussitôt il se sentit empoisonné; il expira après avoir langui quelques jours.

Cottigné raconte ensuite que le roi alla passer une semaine à Beauvais, et qu'il y fut attaqué d'un tel mal, qu'il criait : *Hélas! je suis occis, ôtez-moi cette épée que mon frère m'a mis trettout parmi le corps.*

séparèrent en s'embrassant; deux jours après ils se virent au conseil, se prodiguèrent les mêmes témoignages d'affection, et prirent ensemble le clairet et les épices; le duc de Bourgogne promit au duc d'Orléans d'aller dîner chez lui le dimanche suivant.

Le lendemain de cette entrevue, 23 novembre 1407, Louis d'Orléans alla souper chez la reine, depuis peu accouchée d'un garçon qu'on appela Philippe : ce fut son dernier enfant, qui mourut peu de jours après sa naissance. D'après sa coutume, l'époux de Valentine avait une escorte de 600 chevaliers, autant par faste que pour sa propre sûreté; il les renvoyait tous les soirs avec ordre de venir le reprendre à onze heures. La reine logeait alors à l'hôtel Barbette (1), attenant à une des portes de la ville, qui n'était pas fort étendue de ce côté. Des torts réciproques avaient rompu depuis long-temps la liaison d'Isabeau et de Louis d'Orléans, mais celui-ci n'avait pu briser entièrement ses chaînes; Isabeau exerçait encore sur lui un

(1) Cet hôtel avait été bâti par Étienne Barbette, en 1298; le sire de Montagu, qui l'avait acquis, le vendit à la reine Isabeau. La rue Barbette d'aujourd'hui fut percée et bâtie au milieu de l'emplacement de l'hôtel, qui fut démoli sous le règne d'Henri IV : il en reste encore une tour.

empire irrésistible : la reine, n'aspirant plus qu'à régner sur la cour et sur la nation, redoublait de soins pour retenir dans sa dépendance celui qui pouvait si bien servir ses désirs ; le duc d'Orléans lui faisait de fréquentes visites. Le souper de ce jour (mercredi) venait de finir; il était huit heures du soir, lorsque Scas de Courteuse, premier valet de chambre du roi, se fit ouvrir les portes, parvint jusqu'au duc d'Orléans, et lui dit que le roi le demandait sur-le-champ pour lui communiquer une affaire très-pressée ; le duc était accoutumé à ces sortes de messages; son escorte n'étant pas arrivée, puisqu'elle ne devait se rendre à l'hôtel Barbette qu'à onze heures, il fit seller une mule, la monta, et sortit accompagné de deux écuyers montés sur un même cheval, et précédés de quatre laquais portant des flambeaux, tous sans armes; le duc n'avait point de chaperon, mais seulement une calotte de drap; il portait par-dessus ses habits de ville une robe noire doublée de martre; il suivait la vieille rue du Temple pour arriver à l'hôtel St.-Paul, chantait en marchant et en jouant avec ses gants; après avoir fait cinquante pas il se trouva vis-à-vis l'hôtel du maréchal de Rieux, et devant l'auberge dite *l'image de Notre-Dame;* là il aperçut, rangés le long du mur de chaque côté de la rue, 16 à 18 hommes armés de toutes pièces; cette vue effaroucha le cheval qui portait les deux écuyers, il s'enfuit jusque dans la rue St.-Antoine; le duc pressa sa marche pour passer outre, mais ces inconnus s'élancèrent vers lui, arrêtèrent sa mule, et l'entourèrent de toute part en criant, *à mort, à mort.* « Je suis le duc d'Orléans, leur dit le prince en cherchant à se dégager. — *Tant mieux, c'est lui que nous cherchons,* » répondit le chef de ces assassins, et en même temps il lui lança un coup de hache qui abattit la main gauche, dont le duc tenait le pommeau de la selle; ce coup de hache fut pour les autres scélérats le signal du carnage; ils firent main-basse sur les écuyers; ceux-ci, épouvantés prirent la fuite; un seul, Jacob de Merre, âgé de dix-huit ans, resta auprès de son maître et le défendit autant qu'il fut en son pouvoir; le duc reçut plusieurs coups de massue et d'épée; il tomba, mais il se releva sur les genoux et para avec le bras droit les coups dirigés contre sa tête, et ne cessait de crier, *qu'est-ce donc? qu'est-ce ci?* Dans cette situation, un nouveau coup de masse lui brisa le crâne; la cervelle s'épancha sur le pavé; au même instant un coup d'épée lui fracassa le bras droit; le jeune Jacob cherchait toujours à faire à son maître un rempart de son corps, et le voyant à terre, il l'embrassa, se tenant collé à lui; les assassins, qui voulaient achever le duc, cherchèrent vainement à l'en détacher; irrités de cette résistance, ils le hachèrent sur le cadavre; un nommé Rolland, officier de la fruiterie du prince, qui portait un flambeau et que la peur avait d'abord éloigné, revint sur ses pas et voulut seconder Jacob dans ses efforts héroïques, mais il reçut à la tête deux larges blessures d'une arme tranchante; il se retira en chancelant, et n'eut que le temps de se jeter dans la boutique d'une chapelière nommée Amelotte Lavelle, qui, entendant du bruit, avait ouvert sa porte; pendant que ces deux généreux serviteurs cherchaient à défendre les jours de leur maître, une femme, logée dans une chambre des dépendances de la maison de Rieux, se mit à la fenêtre et cria à plusieurs reprises : *Au meurtre! au meurtre!* Un des assassins lui dit : Taisez-vous mauvaise femme, taisez-vous (1). »

(1) Voici le procès-verbal de la déposition de ce témoin, femme de Jean Griffart, cordonnier :

« Entre sept et huit heures du soir, étant à sa fenêtre haute sur la rue, regardant si son mari ne venoit point et aussi en prenant à une perche un drapeau pour son enfant,

Les assassins, se souvenant que Clisson attaqué, dix ans auparavant, dans le même quartier

lequel drapeau elle y avoit mis sécher; veid et aperçut un grand seigneur qui étoit à cheval accompagné de cinq ou six hommes à cheval et de trois ou quatre à pied, et de deux ou trois torches qu'on portoit devant, lesquels venoient de devers l'hôtel de la reine, c'est à savoir de devers la porte Barbette, et estoit le dit grand seigneur sans chaperon, et s'ébattoit d'un gand ou d'une moufle, et chantoit comme il lui semble, et dist quant elle l'eut un peu regardé, elle s'en alla de sa dite fenestre pour coucher son enfant, et incontinent après ouit crier tels mots : *à mort ! à mort !* et sur l'heure, elle tenant son dit enfant, retourna à la fenêtre et veid lors, et aperçut ledit grand seigneur qui étoit à genouils, emmi la rue, devant l'huis de l'hôtel du maréchal de Rieux, et n'avoit point de chaperon sur la tête, et si veid que autour de lui estoient sept ou huit compagnons embrunchés par les visages, garnis *d'épées* et de haches, sans ce qu'elle y veid, ne aperçut aulcuns chevaux, lesquels compagnons frappoient sur le dit seigneur et en ce faisant elle lui veid mettre une ou deux fois son bras au devant des coups, en disant par lui tels mots : *Qu'est ceci? d'où vient ceci?* à quoi aucun ne répondit rien, et veid que sur l'heure il cheut tout étendu emmi la dite rue, et frappoient sur lui les dits compagnons d'estoc et de taille qu'ils pouvoient, et dist qu'en ce faisant elle cria tant qu'elle put *au meurtre !* à quoi un homme qui estoit emmi la rue, lui dist ces mots : « Taisez-vous, mauvaise femme, taisez-vous, » et si dist qu'il y avoit deux ou trois torches qu'on tenoit et allumoient à ceux qui battoient ledit seigneur, et dist quand

par Pierre de Craon, avait survécu à une pareille tentative, traînèrent le duc près de la muraille dans un tas de boue, et là, à la lueur d'un flambeau de paille, regardèrent avidement s'il respirait encore; à l'instant même un homme fort grand, le visage enseveli dans un large chaperon rouge, sortit de l'hôtellerie de Notre-Dame, tenant une massue hérissée de pointes de fer; il en déchargea un rude coup au cadavre : *Il est bien mort*, dit-il, *éteignez tout et allons-nous-en.* Était-ce le duc de Bourgogne lui-même? la désignation de sa haute taille ferait croire le contraire, car Jean de Nevers était plutôt petit que grand; ce personnage ne pouvait être que le chef supérieur de ces stipendiés, chargé de veiller à l'entière exécution de l'entreprise.

Pendant cette scène d'horreur, qui dura plus

---

ils l'eurent ainsi battu, elle aperçut un grand homme qui avoit un grand chaperon vermeil embrunché de sa cornette par le visage, lequel s'approcha des compagnons batteurs et leur dit tels mots : « Éteignez tout, allons-nous-en, il est mort, » et incontinent laissèrent ledit seigneur qui ne remuoit plus, et dist que quand les dits malfaiteurs s'en furent allés, elle aperçut qu'auprès du dit seigneur étoit par terre un compagnon, qui après le partement des malfaiteurs leva la tête en criant : « Haro, monseigneur mon maître, » et assez tôt après le dit seigneur et son varlet furent portés au dit hôtel de M. le maréchal de Rieux.

d'un quart d'heure, plusieurs de ces scélérats n'étaient occupés qu'à lancer des flèches aux portes et aux fenêtres que l'on voulait ouvrir. Au moment où ils abandonnaient le corps du duc d'Orléans, les deux écuyers emportés par le cheval revinrent en ramenant la mule du prince qu'ils croyaient être seulement tombé ; mais ces hommes leur crièrent de se retirer s'ils ne voulaient pas éprouver le sort de leur seigneur; les laquais s'enfuirent en criant au *meurtre!* Quelques-uns de ces assassins rentrèrent dans la maison de *l'Image de Notre-Dame*, mirent le feu dans des chambres avec des matières très-combustibles ; les flammes sortirent aussitôt par toutes les issues ; ils se sauvèrent alors, les uns à cheval, les autres à pied, en criant tous ensemble *au feu! au feu!* et en jetant derrière eux des chausse-trapes pour retarder la marche de ceux qui les poursuivraient : ainsi, tout avait été prévu et préparé avec la plus lâche dissimulation. Les meurtriers suivirent les rues des Blancs-Manteaux, Simon-le-Franc, Maubuée, Saint-Martin, aux Ours, Saint-Denis et Mauconseil, et se réfugièrent dans l'hôtel d'Artois, habité par le duc de Bourgogne (1).

---

(1) La rue Française occupe aujourd'hui l'emplacement

Ils eurent la précaution d'éteindre, avec de longs bâtons, toutes les lumières des boutiques qu'ils trouvaient encore ouvertes.

Cependant les cris *au meurtre! à l'incendie!* avaient attiré beaucoup de monde; les gens de l'hôtel Barbette accoururent; ils trouvèrent le prince dans la boue, et à quelques pas plus loin Jacob, qui respirait encore et disait *haro, monseigneur mon maître;* il expira en prononçant ces mots.

On releva le duc d'Orléans, on recueillit sa cervelle éparse; on ne retrouva que le lendemain sa main gauche, qu'un coup de hache avait tranchée (1). Le prince fut porté d'abord chez le maréchal de Rieux, et puis déposé à l'église des Blancs-Manteaux. Ainsi mourut, à l'âge de trente-six ans, Louis d'Orléans. Il expia par une

---

de l'hôtel d'Artois, dont la halle aux cuirs était une des cours.

(1) Le duc d'Orléans fut relevé par le sire de Garencière, Jean du Châtelier et Drouet, écuyer; tous les trois avaient vu la scène entière par une des fenêtres de l'hôtel de Rieux; les deux premiers refusèrent de faire leur déposition; ils firent déposer Drouet; peut-être reconnurent-ils les gens du duc de Bourgogne, et ils ne voulurent point paraître comme témoins, dans la crainte d'encourir le ressentiment de ce prince.

fin cruelle des fautes qu'on doit imputer à la légèreté de son caractère plutôt qu'aux vices de son cœur; déjà même il mettait plus de mesure dans sa conduite, on avait lieu d'espérer un heureux changement. Ce prince, dominé depuis quelque temps par des idées sinistres, avait fait son testament, dans lequel il demandait pardon à Dieu et aux hommes du mal dont il s'était rendu coupable, en termes extrêmement touchans.

La nouvelle de cet assassinat se répandit bientôt dans Paris, le peuple ne se montra qu'étonné. Louis de Clermont fut au désespoir, et la cour d'autant plus effrayée, que l'auteur de ce crime était entièrement inconnu. Guillaume de Tignonville, prévôt de Paris, fit sur-le-champ fermer les portes de la capitale (elles avaient été rétablies), et fit retenir prisonnier chez lui Aubert de Cany, de la femme de qui le duc d'Orléans avait eu un fils huit ans auparavant; ce fils était avoué publiquement et connu déjà sous le nom de bâtard d'Orléans; ce fut le fameux Dunois. L'outrage du mari était public, il pouvait s'être vengé; ainsi les premiers soupçons tombèrent sur lui. Dès le lendemain matin, tous les princes s'assemblèrent à l'hôtel d'Anjou, chez le roi titulaire de Sicile, et allèrent ensemble visiter le corps du défunt. Après le duc de Bourbon, le duc de Bourgogne se montrait le plus affligé de tous : « Jamais meurtre ne fut commis, disait-il, avec une aussi lâche trahison. »

Le prévôt de Paris apporta aux princes réunis le procès-verbal de l'assassinat, écrit quelques heures après l'attentat; cette pièce fixa toutes les incertitudes sur le lieu où le crime fut commis; elle se trouve dans le tome II de l'Histoire de Paris par Félibien, p. 549 : les termes de la rédaction de ce procès-verbal prouvent que l'on ignorait le nom de l'auteur du meurtre au moment où il fut dressé. On ensevelit le duc aux Célestins, le soir, à la lueur des flambeaux; les quatre coins du drap mortuaire furent portés par les ducs d'Anjou, de Berri, de Bourbon, et Jean de Nevers. Pendant la cérémonie, le corps ayant été transporté d'une place à l'autre, il en coula beaucoup de sang, ce qui fit dire dans le public que le sang avait jailli lorsque le duc de Bourgogne s'approcha; Monstrelet accrédita cette fable en la répétant. Fenin, dans ses mémoires, dit simplement ce que nous avons rapporté.

Louis de Clermont était dans un désespoir difficile à dépeindre; depuis quelque temps le duc d'Orléans paraissait sensible à ses sages remontrances; sa conduite devenait plus régulière; on pouvait espérer qu'à l'âge de trente-six ans ce prince aurait assez de temps pour faire oublier ses travers par de belles actions; c'est au moment où le duc de Bourbon concevait de si flatteuses espérances, qu'il se voyait enlever son neveu de la manière la plus affreuse; il redoublait ses soins pour découvrir les auteurs de ce forfait; il excitait le zèle du prévôt de Paris. Pendant deux jours les recherches de Tignonville furent infructueuses; enfin, le troisième jour, il se présenta, de grand matin, au conseil assemblé; tous les princes et le duc de Bourgogne s'y trouvaient réunis; il venait faire son rapport et demander un ordre du roi pour qu'il lui fût permis de fouiller dans les hôtels des princes : « J'ai appris, dit-il, qu'un des meurtriers s'est réfugié dans l'hôtel du duc de Bourgogne. » Le conseil lui donna l'ordre qu'il demandait : le duc de Bourgogne pâlit; le duc d'Anjou le remarqua; alors l'ame perverse de Jean de Nevers ne put soutenir l'aspect du prévôt, et l'idée des recherches le fit frémir; il tira à part les ducs de Berri et d'Anjou, et leur dit que *le diable l'avait surpris et lui avait fait commettre ce meurtre.* Au moment de cet aveu le conseil se séparait; le duc de Berri se contenta de dire : *Je perds aujourd'hui mes deux neveux;* mais le lendemain, Jean de Nevers ayant osé se présenter au conseil, le duc de Berri lui en interdit l'entrée; le criminel confus se retira, et en descendant les escaliers de l'hôtel il rencontra le duc de Bourbon qui montait péniblement et venait prendre part à la délibération; Louis de Clermont lui demanda où il allait : « Je vais en bas un moment, » répondit le Bourguignon (Alain Chartier).

En entrant dans la salle, Louis de Clermont fut abordé vivement par le duc de Berri, qui l'instruisit de l'aveu que le duc de Bourgogne lui avait fait la veille : « Il vient de venir, dit-il, mais je lui ai défendu l'entrée du conseil, et lui ai ordonné de se retirer sur-le-champ. » — « Ah! s'écria en fureur le duc de Bourbon, vous auriez dû le faire arrêter. » Il n'en était plus temps; le duc de Bourgogne, craignant qu'on s'emparât de sa personne, partit sur-le-champ, suivi seulement de six cavaliers; des relais l'attendaient sur la route; arrivé à Sainte-Maxence, il fit rompre le pont afin de retarder la marche de ceux qui le poursuivaient, et ne s'arrêta qu'à Bapaume, à trente-sept lieues de Paris; c'était la première ville de ses états de Flandres; il n'était qu'une heure après midi; on dit qu'il fit cette course en sept heures, ce qui suppose qu'il serait parti de Paris à six heures, et qu'il se serait présenté au conseil assemblé à cinq heures. Ce prince, jusqu'alors irréligieux, se fit dire l'*Angelus* en arrivant, et depuis lors on continua dans cette ville à sonner l'angélus à cette heure. Pendant que Jean de Nevers fuyait, le duc de Bourbon proposait avec énergie de le déclarer l'ennemi de la patrie, et de le livrer à la rigueur des lois : le conseil n'ignorait pas que les rois d'Angleterre Jean-sans-Terre et Édouard III avaient été cités devant les pairs ; que le roi de Navarre, Charles-le-Mauvais, l'avait été de même ; malgré ces précédens, la proposition de Louis de Clermont fut écartée ; le caractère des hommes avait fléchi, la droiture avait fait place au calcul ; cinquante ans auparavant deux potentats avaient trouvé des juges qui n'avaient pas été effrayés de les condamner ; maintenant le conseil de France n'osait citer un vassal de la couronne, dans la crainte d'encourir son ressentiment.

Clignet de Brébant, devenu amiral de France par la protection de Louis d'Orléans, assembla 120 hommes d'armes et poursuivit le duc de Bourgogne, tandis que le conseil délibérait et ne s'arrêtait à rien ; le duc d'Anjou lui envoya l'ordre exprès de revenir ; le pont de Sainte-

Maxence, qu'il trouva rompu, le détermina seul à obéir.

Aucun des assassins n'étant connus, tous trouvèrent les moyens de sortir de Paris, et rejoignirent le duc dans ses états; un seul, d'une condition fort obscure, fut arrêté : ses aveux et les informations recueillies par le prévôt instruisirent le conseil des détails suivans.

Depuis long-temps, Jean de Nevers avait résolu la mort de son cousin germain, le seul concurrent qu'il croyait avoir à la régence; mais l'exécution de son projet offrait beaucoup de difficultés; le duc d'Orléans ne sortait qu'accompagné de 600 chevaliers; il fallait trouver des gens assez hardis pour ne pas être arrêtés par le rang et le pouvoir du frère unique du roi, et assez obscurs pour qu'on ne les soupçonnât point d'intelligence avec le duc de Bourgogne; car en perdant son ennemi, il importait à ce prince de conserver sa réputation; c'était entreprendre un crime avec le sang-froid du scélérat le plus déterminé; après de mûres réflexions, il jeta les yeux sur Raoul d'Ocquetonville, pour en faire le chef de l'entreprise : ce Raoul, gentilhomme normand, créature de Philippe-le-Hardi, père de Jean de Nevers, avait été pourvu, sur la recommandation de celui-ci, de la charge d'é-

18.

cuyer de l'écurie du roi; mais ayant été convaincu de prévarication, il fut destitué sur-le-champ par le duc d'Orléans; on confisca même ses meubles, composant toute sa fortune; depuis lors d'Ocquetonville nourrissait contre le duc un ressentiment que le temps ne rendait que plus vif; il reçut avec empressement les premières ouvertures du duc de Bourgogne, et alla même au-delà de ses désirs, en se chargeant de trouver des hommes capables d'exécuter ce coup de main; il s'adjoignit sur-le-champ Guillaume de Courteuse et son frère Scas; l'un et l'autre se portaient pour héritiers du comté de Guines, confisqué depuis long-temps sur un de leurs parens; ils en demandèrent la restitution au conseil du roi; le duc d'Orléans; comme chef des finances, fit écarter leur réclamation qu'il ne croyait pas bien fondée; les deux frères ne pardonnèrent jamais au prince cette décision; d'Ocquetonville, qui connaissait la haine dont ils étaient animés, leur proposa de se venger en servant les intérêts du duc de Bourgogne, au nom de qui il leur promit de brillantes récompenses; le dernier, Scas, était valet de chambre de Charles VI.

D'Ocquetonville choisit treize autres personnes, la plupart attachées à la maison de

Jean de Nevers, gens obscurs et prêts à se sacrifier dans l'espoir de quelque gain; on prit même un porteur d'eau de l'hôtel.

D'Ocquetonville instruisit les deux Courteuse de ce dont il s'agissait, mais il garda le secret envers les autres, en leur disant qu'il leur indiquerait au moment même ce qu'ils auraient à faire. Il agissait en cela comme Pierre de Craon en avait agi dans l'assassinat du connétable de Clisson.

Ainsi, le complot était formé huit ou dix mois avant son exécution. Après avoir trouvé le nombre d'hommes nécessaire à ce coup de main, on s'occupa de se procurer un lieu propice à son exécution. Dès le mois de juin 1407 un nommé François d'Assignac, courtier public pour la location des maisons, demeurant rue Saint-Martin, fut chargé par un jeune homme en habit d'écolier de chercher un logement dans la rue Saint-Antoine ou dans les environs de l'hôtel Saint-Paul; mais comme il n'en trouva pas de vide, il reçut du même jeune homme la commission de voir s'il y en aurait à louer dans la vieille rue du Temple, autour de l'hôtel de la reine; il trouva en effet la maison de *l'Image de Notre-Dame*, qui était à louer depuis la Saint-Jean; elle appartenait à Robert Fouchier, sergent d'armes et maître des œuvres de la charpenterie du roi; le jeune homme, après l'avoir visitée, alla avec le courtier à l'hôtel de Fouchier, demeurant au chantier du roi, près les Béguines; il fit marché avec la femme, à 16 livres parisis, pour le loyer de la maison, dont il lui paya la moitié en écus et le surplus en petite monnaie; il prit quittance sous le nom de Jean Cordelant, clerc de l'université (1). Ce marché fut conclu le 17 novembre 1407 : le clerc dit qu'il louait la maison « pour y loger avec un sien compagnon, qu'il ne nomma point, et pour

---

(1) On cessera d'être étonné de voir un membre de l'université tremper dans cet infame complot, lorsque l'on saura que cette compagnie nourrissait contre le duc d'Orléans une haine implacable; toutes les fois que ce prince recevait une députation de ce corps, comme lieutenant-général du royaume, il se faisait un malin plaisir d'embarrasser les docteurs qui en faisaient partie, soit en leur proposant à résoudre sur-le-champ une question difficile, soit en relevant à l'instant même les fautes de langage ou de grammaire qu'ils faisaient en parlant latin; l'université connaissant la supériorité de ce prince choisissait pour ces messages les plus habiles professeurs; mais cette précaution devenait inutile; l'érudition de Louis d'Orléans était si vaste, qu'elle les embarrassait tous; le frère du roi discréditait ainsi auprès de la cour le savoir de l'université, et désespérait tout ce qui appartenait à cette compagnie.

y mettre vins, blés, et autres garnisons. »

Ocquetonville et sa bande vinrent se cacher dans cette hôtellerie (1), et pendant les six jours qu'ils y demeurèrent personne du voisinage ne sut qu'elle avait été louée; ils y firent entrer cependant des ustensiles de ménage et des provisions pour eux et pour leurs chevaux, mais ils n'y entraient et n'en sortaient que le soir, ou de très-grand matin avant le jour : la porte restait toujours fermée. Le duc de Bourgogne vint les y visiter plusieurs fois pendant la nuit, et resta long-temps avec eux le 21 novembre, le jour même qu'il avait communié avec son cousin. On avait épié depuis long-temps les démarches, les habitudes du duc d'Orléans; on savait qu'il allait chaque soir à six heures chez la reine, et qu'il en sortait vers les onze heures, suivi d'une nom-

(1) Cette maison fut rebâtie plusieurs fois, et les propriétaires eurent toujours soin de conserver *l'image de la Vierge*, faite en plomb, qui servait d'enseigne à cette hôtellerie, et la replacèrent au-dessus de la porte; il en arriva ainsi dans l'année 1780, où cette maison fut réédifiée pour la troisième fois. Maintenant le marché des Blancs-Manteaux occupe cet emplacement; ainsi, l'on peut affirmer que le duc d'Orléans fut assassiné entre le marché des Blancs-Manteaux et l'hôtel de Soubise, aujourd'hui l'imprimerie royale. L'hôtel de Rieux fut détruit sous le règne de Louis XIII, la rue des Singes fut construite à sa place.

breuse escorte. Toute la difficulté consistait donc à écarter cette escorte, ou à faire sortir le duc plus tôt que de coutume : nous avons vu comment Scas de Courteuse y parvint.

LIVRE VII.

Louis de Clermont, retiré dans ses domaines, est attaqué par le comte de Savoie, l'allié de Jean-sans-Peur. — Il marche contre lui, bat ses troupes, et fait la conquête d'une partie de ses états. — Le comte vient lui demander pardon. — Louis de Clermont accède à la ligue de Gien formée par les princes du sang contre Jean-sans-Peur. — Il meurt en allant joindre l'armée.

Louis de Clermont se rendit auprès de Valentine pour lui offrir des consolations, et la garantir des embûches que pouvaient lui tendre les ennemis secrets de la maison d'Orléans; cette princesse vivait fort retirée à Château-Thierry, ville apanagère de son époux. A la nouvelle de l'assassinat, elle envoya 20 chevaliers de son hôtel conduire ses trois jeunes fils dans une des tours du château de Blois; ces fidèles serviteurs pouvaient se défendre facilement dans ce lieu contre une surprise. Le duc de Bourbon détermina la veuve de son neveu à venir à Paris avec lui se jeter aux pieds du roi pour demander vengeance contre le duc de Bourgogne; il lui conseilla d'amener l'aîné de ses fils, Charles, âgé de seize ans, avec la femme de ce jeune prince, Isabelle de France, fille de Charles VI, veuve de Richard II, et reine douairière d'Angleterre à l'âge de dix-huit ans; princesse malheureuse, à qui la mort funeste de son premier mari, l'assassinat de son beau-père, et la démence de son père, faisaient trop sentir que les grandeurs humaines ne mettent pas à l'abri des coups du sort.

Charles VI recouvra sa raison deux jours après la mort de son frère; il chérissait Valentine, il pleura avec elle sur le sort infortuné de Louis, et promit à sa veuve de le venger; mais le duc de Bourbon, qui guidait Valentine dans ses démarches, exigea que le roi prît à cet égard un engagement plus solennel. Charles VI se rendit à ses vœux, et quelques jours après il donna à la duchesse d'Orléans une audience publique, à laquelle tous les princes et les grands de la cour assistèrent : le monarque promit de nouveau à cette princesse de lui rendre justice.

Le jour même, le duc de Bourbon fit commencer le procès du meurtrier; ce sage prince ne voyait pas seulement l'offense faite à sa famille, il servait encore le bien de l'État; l'attentat que le duc de Bourgogne venait de commettre devait amener la guerre civile, en formant à la cour deux partis bien marqués : mais en livrant le coupable à la rigueur des lois, on sortait de ce pas difficile ; la nation applaudissait à un acte de justice, et tout reprenait son cours accoutumé. Cependant Jean de Nevers avait un puissant parti dans Paris, ses nombreux amis effrayèrent le conseil ; la faiblesse et l'indécision de la reine et des princes paralysèrent les efforts du duc de Bourbon, et augmentèrent l'audace du parti Bourguignon. Dans ces entrefaites le froid devint excessivement vif, quoiqu'on fût à peine à l'entrée de l'hiver ; le greffier du parlement consigna sur ses registres que l'encre gelait dans sa plume de trois mots en trois mots, quoique l'appartement fût chauffé ; les arbres fruitiers et les vignes périrent, la disette fut horrible à Paris ; on obligea les habitans des campagnes d'y apporter par charrois un peu de farine et de bois de chauffage, que la rivière glacée n'amenait plus à la capitale ; la débâcle qui s'ensuivit causa d'affreux ravages, un morceau de glace de trois cents pieds alla frapper contre le pont Saint-Michel et le fit écrouler ; les communications d'un côté à l'autre de la Seine furent interrompues : les magistrats, ne pouvant se rendre au palais où ils siégeaient, tinrent leurs vacations dans l'église Sainte-Geneviève.

Ces calamités physiques qui se joignaient aux malheurs politiques rendaient le peuple plus mécontent, et augmentaient l'indécision de la reine et des princes, qui n'osaient point continuer le procès du duc de Bourgogne. La conduite de Jean-sans-Peur n'était pas incertaine comme celle des princes; d'abord il assembla à Gand les états de Flandres; il prit connaissance des forces qu'il pouvait mettre sur pied, et publia un manifeste dans lequel il se vantait d'avoir tué le duc d'Orléans, comme il se fût applaudi d'une bonne action : l'audace éblouit toujours; les députés des États, n'osant rien refuser à un prince capable d'un si horrible attentat, lui promirent tous les secours qu'il désirerait. L'argent et les troupes ne lui manquèrent pas.

Le conseil de France, épouvanté, chargea le duc de Berri et le roi de Sicile de négocier avec le duc de Bourgogne; en vain Louis de Clermont, indigné d'une pareille faiblesse, chercha-t-il à montrer aux princes la honte dont ils allaient se couvrir par cette démarche; en vain déclara-t-il hautement qu'il ne voulait participer en rien à cet acte de lâcheté. Le parti Bourguignon l'emporta; Jean de Nevers fut supplié de se rendre à Amiens; il y vint avec 3,000 hommes d'armes, et se voyant sollicité par le duc de Berri de demander pardon au roi, il s'enhardit au point d'exiger des remerciemens de Charles VI, et de l'État qu'il avait délivré d'un oppresseur : « D'ailleurs, dit-il, que l'on fasse la paix ou la guerre, je suis préparé à tout. » Charles-le-Mauvais demandait pardon de ses crimes; Jean de Bourgogne se glorifiait des siens, et pour combler la mesure, il fit publiquement des pensions à Raoul d'Ocquetonville, aux deux Courteuse et à leurs complices.

Cette conférence d'Amiens avilit ses ennemis, qui n'étaient prêts à rien et que sa fermeté rendait encore plus indécis; il marcha vers Arras, il y assembla des troupes; les ducs de Berri et d'Anjou, toujours désireux de négocier, le vinrent trouver, et augmentèrent par là sa confiance; enfin, ne pouvant le vaincre, ils lui défendirent, au nom du roi, de venir à Paris. « J'irai, dit-il, non pour m'excuser, mais pour accuser celui que j'ai tué. » Et il se rendit à Saint-Denis, où il affecta de faire ses dévotions. Valentine s'enfuit à l'approche de l'assassin de son époux. Jean de Nevers distribua ses troupes autour de Paris; il entra dans la capitale en vainqueur, à la tête de 1,000 hommes d'armes. Le peuple, toujours stupide dans ses témoignages, applaudit le prince, qu'il n'estimait point, et le reçut en criant, *Noël, Noël.* Cependant la terreur qui suit toujours le crime se cachait sous la cuirasse de ce prince; il cantonna ses soldats autour de son hôtel d'Artois, et s'y fortifia; il fit même creuser un retranchement devant le corps-de-logis où il devait passer la nuit; il y fit construire une chambre tout en pierre de taille, n'y laissant qu'une seule ouverture pour y entrer (Monstrelet). Ainsi ce prince qui faisait tout trembler quand il se montrait se retirait solitaire dans un cachot, où il habitait entre le crime et la peur.

Enfin, cette terreur même le détermina à tout braver; il vit le roi, et fut accueilli par les princes et par la reine même, qui sembla vouloir le capter pour partager le pouvoir dont il s'emparait; le seul vertueux duc de Bourbon s'indigna à l'idée de se trouver avec un assassin, au milieu d'une cour avilie; il sortit de Paris à la tête de 100 gentilshommes de son hôtel, et s'ouvrit un passage à travers les troupes bourguignonnes qui voulaient l'arrêter; il prit la route de ses domaines, et y arriva à la fin de juillet 1408, bien décidé à consacrer le reste de ses jours au bonheur de sa famille et de ses vassaux. Mais on ne lui en laissa pas le loisir. L'opposition énergique qu'il venait de montrer contre le duc de Bourgogne irrita ce prince au dernier point; craignant de s'attirer l'animadversion publique en attaquant un homme si généralement estimé, Jean de Nevers lui suscita des ennemis jusque dans sa famille. Amédée VIII, comte de Savoie, petit-neveu du duc de Bourbon, prétendait à la souveraineté de quelques villes du Beaujolais en qualité de comte de Bresse; depuis long-temps Louis de Bourbon, souverain du Beaujolais, repoussait ses prétentions; tout à coup Amédée les reproduisit à l'instigation du prince bourguignon, qui lui envoya une division de ses troupes; à l'aide de ce secours, Amédée s'empara de vive force des villes qu'il voulait avoir; non content de cela, il détermina le sire de Viri, le seigneur le plus considérable de la Savoie, dont les domaines touchaient la principauté de Dombes, à provoquer le duc de Bourbon; Viri, jeune, brave, audacieux, envoya à ce prince un défi de combat à outrance : le cartel fut renvoyé sans réponse; Viri, qui s'y attendait, fondit aussitôt avec 3,000 hommes de troupes savoyardes et bourguignonnes sur le Beaujolais, prit Amberieux et quelques autres villes, et porta le fer et le feu dans la principauté de Dombes. Le duc de Bourbon avait méprisé les bravades de Viri, mais il ne lui pardonna point d'avoir ravagé ses domaines, d'avoir causé de grands dommages à ses sujets; il fit donc un appel à ses vassaux et à ses amis; le comte d'Alençon, le connétable d'Albret, le dauphin d'Auvergne, les comtes de Vendôme, de la Marche, tous éloignés de Paris depuis que le duc de Bourgogne s'était rendu maître du royaume, se trouvèrent réunis à Moulins et dans les environs; le duc de Bourbon, quoique âgé de soixante-onze ans, se mit à leur tête, commença aussitôt les opérations avec 4,000 combattans, et les poussa avec une activité qui rappelait le héros de Rosebec et d'Africa. Dans moins de quinze jours il eut repris l'offensive sur tous les points; il passa la Saône, culbuta 1,500 hommes qui voulaient en défendre le passage, attaqua Viri en personne avec impétuosité, le battit auprès de Louhans, et reprit Amberieux : on trouva dans la place douze officiers de l'hôtel du comte de Savoie, ce qui ne permit plus de douter qu'Amédée VIII ne fût agresseur et ne soutînt de tous ses moyens le sire de Viri : au bout d'un mois la Bresse fut reconquise; le vainqueur porta à son tour la guerre dans les états de son ennemi, et, pénétrant en Savoie, il enleva Annecy. Les difficultés locales n'arrêtèrent point le duc de Bourbon;

toujours le casque en tête, toujours avec l'avant-garde, il poussait devant lui les troupes savoyardes, forçait les défilés et s'emparait des forts; Amédée VIII, effrayé de succès aussi rapides, lui envoya des ambassadeurs pour implorer sa grace et lui demander la paix; les officiers de Louis de Clermont voulaient qu'il fît la conquête entière de la Savoie, et qu'il dépouillât son neveu pour le punir d'avoir pris les armes contre son oncle; tout autre aurait suivi ce conseil, mais le duc n'écouta que la bonté de son cœur; il accorda le pardon au coupable; Amédée VIII vint se soumettre à Amberieux; le duc adressa à son neveu de sévères remontrances, et lui fit jurer sur l'Évangile d'abandonner pour toujours les intérêts de Jean-sans-Peur; il exigea de plus qu'il lui livrât l'audacieux Viri. Ce seigneur lui fut amené chargé de chaînes. On le laissa plusieurs jours sans l'instruire du sort qu'on lui destinait; enfin Louis de Clermont le fit comparaître en sa présence : « L'offense que vous m'avez faite en prenant les armes contre moi, lui dit-il, en défiant votre suzerain, mérite la mort; cette injure m'est personnelle, je puis vous la pardonner et je vous donne la vie; mais vous avez ravagé mes domaines, vous avez dévasté tout le pays, vous avez réduit à la misère des milliers d'habitans; cette offense est celle de tous, elle demande une véritable réparation; vous resterez dans les fers jusqu'à ce que vous ayez indemnisé les malheureux que vous avez faits. » Viri était fort riche, il préféra la liberté à la fortune; il l'employa tout entière pour se racheter, sans que l'avare duc de Bourgogne, dont il s'était fait l'aveugle instrument, voulût le dédommager.

Les avantages remportés les armes à la main par Louis de Clermont sur un seigneur dévoué au duc de Bourgogne et soutenu par lui enhardirent les princes rivaux de Jean-sans-Peur, et leur firent concevoir le projet de le renverser par la force, puisque toutes les voies de conciliation avaient été employées infructueusement; le duc de Berri, les enfans du duc d'Orléans, les comtes d'Alençon, d'Armagnac, d'Albret, formèrent une ligue en s'engageant à fournir un contingent de troupes; ils dépêchèrent vers Louis de Clermont pour l'inviter à faire cause commune avec eux; le duc de Bourbon y souscrivit après quelque difficulté, et la ligue fut signée à Gien, le 15 avril 1410. Les continuateurs de Vély disent à cette occasion : « C'est à regret que l'on voit paraître dans cette association le duc de Bourbon; ce prince si respectable par ses vertus oublia dans cette circonstance la modération impartiale qui l'avait jusqu'alors tenu constamment attaché à la personne du roi, sans épouser les querelles particulières des princes ; il ne pouvait ignorer que toute guerre entreprise dans l'intérieur du royaume sans l'aveu du roi est un crime. »

En écrivant la Vie des grands capitaines français, nous nous sommes proposé de peindre les hommes, autant que nous le pourrions, sans chercher à les juger; mais ici nous nous trouvons entraîné, par la force de la conviction, à défendre Louis de Clermont d'une inculpation aussi grave.

Quoi! un homme farouche se baigne dans le sang de son parent, lieutenant-général du royaume, envahit la capitale à l'aide de 30,000 soldats étrangers, érige l'assassinat en principe, fait publier devant tout un peuple cette détestable doctrine, s'empare de la direction des affaires publiques, à laquelle sa naissance ne l'appelait point, enfin, au mépris des droits du dauphin, régent de droit, tient le monarque captif, et au nom de ce prince malheureux se livre aux actes les plus tyranniques, les plus monstrueux; et il ne sera pas permis de s'armer contre un pareil homme, on sera fauteur de guerre civile parce qu'on voudra venger la morale publique, parce que l'on voudra faire rendre la puissance à son véritable maître! et pour ce il faudra attendre l'aveu d'un roi depuis douze ans privé de la raison! Certes, autant vaudrait dire qu'avec de l'audace et des armes on légitime tous les crimes, tous les envahissemens.

Loin de blâmer le duc de Bourbon d'avoir adhéré à la ligue de Gien, nous devons l'en applaudir; nous ne devons blâmer que ces autres princes, dont l'indécision fut la source de tous les maux, qui ne rougirent pas de négocier avec l'assassin du duc d'Orléans, qui lui firent de lâches concessions, au lieu de soulever contre lui toutes les vengeances, comme Louis de Clermont les y exhortait; si la ligue de Gien eût été formée plus tôt, qu'elle eût marché vigoureusement vers son but, les résultats eussent été bien différens; l'usurpateur aurait été chassé, le dauphin aurait pris possession de la régence, qui eût suivi une marche légale, et la guerre civile n'aurait pas eu lieu; mais la mort arrêta le seul homme capable d'indiquer aux confédérés la vraie direction qu'il fallait tenir.

Tous les habitans des provinces outre Loire se déclarèrent hautement contre le duc de Bourgogne; ce prince n'avait pour lui que la populace de Paris, les Flamans et les Picards. Une armée de 40,000 hommes, formée des divers contingens des princes, allait marcher contre lui. Le duc de Bourbon partit de Moulins avec 2,000 nobles et 500 hommes de trait; arrivé à Montluçon, une fièvre ardente le saisit, les symptômes les plus effrayans se déclarèrent, et annoncèrent au prince que sa dernière heure approchait. Une paralysie tomba sur ses pieds et montait progressivement vers le cœur, en lui laissant l'usage de la raison, de sorte qu'il put calculer les instans qui lui restaient à vivre : d'un œil tranquille il vit s'avancer la mort, et se prépara à la recevoir avec le courage d'un héros chrétien; tous ses officiers, ses vieux compagnons d'armes, prosternés autour de lui, ne pouvaient retenir leurs sanglots; Louis de Clermont les consolait, et s'entretenait avec eux des projets qu'il avait conçus pour le bonheur de la France :

« Mes amis, je regracie Dieu de tout mon cœur qui m'a pretté vie telle que j'ai vaincu jusqu'ici par son commandement. Certes la mort ne me deplaist mie; mais si au Créateur eust plu, j'eusse volontiers veu la santé de monseigneur le roi, l'union des princes des fleurs de lys, et la paix de celui très-désolé royaume de France; je y ai besogné de tout mon pouvoir à le pacifier, et estoit mon vouloir en ce voyage. »

Il fit ensuite avec calme ses dernières dispositions; il ordonna qu'on l'enterrât sans aucune espèce de pompe, et que l'on donnât aux pauvres l'argent ordinairement consacré à cet effet.

Ainsi que son neveu le duc d'Orléans, Louis de Clermont fut favorisé de la nature, et, dans ses belles années, fit grand cas de ses avantages physiques et fut très-recherché dans sa personne. Ce prince avait une belle chevelure blonde dont il prit toujours un soin extrême; les années en avaient changé la couleur sans en diminuer le volume, et jusqu'à ses derniers momens il en fit un objet d'orgueil (1) : à son lit de mort il se la fit couper, et la jeta à terre en disant : « Beau sire Dieu, Jésus-Christ, mon père, mon créateur, suis délié de cette vie mortelle, où je me suis

(1) Il avait coutume d'aller nu-tête à la cour ou dans les cérémonies, comme on pouvait le remarquer dans les peintures qui ornaient les vitraux de l'église des Carmes à Toulouse: Charles VI y était représenté allant faire son vœu à la chapelle de Notre-Dame avec le comte de Tourraine, le comte d'Évreux, Enguerand de Couci, le comte d'Eu, Olivier de Clisson et le duc de Bourbon; ce dernier est le seul dont la tête ne soit pas couverte. Ces vitraux n'existent plus, mais on en voit les dessins dans l'Histoire du Languedoc de dom Calmet.

plus esbattus en mes cheveux, sy je ne veux mie que c'este me suive, veez-la en dépit de l'orgueil. » (Oronville.) Il reçut ensuite les dernières consolations de la religion, et expira le lendemain dimanche 17 août 1410, à l'âge de soixante-treize ans.

La dépouille mortelle de cet homme vertueux fut portée au prieuré de Sauvigni qu'il avait fondé; on ne prononça point d'oraison funèbre, pour obéir à ses ordres, mais les larmes de ses vassaux célébrèrent mieux ses vertus que le plus éloquent panégyrique : « Ah! ah! mort, s'écriaient-ils, tu nous as osté en ce jour notre soubtien, celui qui nous gardoit et défendoit de toute oppression; c'estoit notre confort, notre duc le plus prudhomme, de la meilleure conscience, de la meilleure vie qu'on sçût trouver.»

Louis de Clermont ne laissa qu'un fils légitime, Jean Ier, qui lui succéda dans ses domaines, et trois fils naturels, Hector, Jean, Perceval : il avait donné au premier le nom du fils de Priam parce qu'ayant beaucoup aimé la lecture de l'Énéide, le héros troyen l'avait emporté dans son estime sur tous les autres personnages de ce poëme. Cet Hector de Bourbon fut tué à l'âge de vingt-quatre ans au siège de Soissons (1414), comme nous le verrons dans la suite : ses éminentes qualités et sa vaillance le faisaient déjà regarder comme un des chevaliers les plus accomplis de son siècle.

FIN

DE LA PREMIÈRE PARTIE DU CINQUIÈME VOLUME.

TABLE

DU CINQUIEME VOLUME.

Ire PARTIE.

LOUIS DE CLERMONT,

Commandant-général de la Guienne.

LIVRE PREMIER.

Pag.

Après la mort de son père Pierre Ier, tué à la bataille de Poitiers, Louis de Clermont devient, à l'âge de dix-huit ans, un des plus puissans vassaux de la couronne. — Il disperse les bandes de la jacquerie. — A la paix de Bretigni il devient un des otages du roi. — Il ne rentre dans ses domaines qu'après huit ans de captivité. — Il devient le lieutenant de Duguesclin dans ses campagnes de Normandie, de Guienne et d'Auvergne. 3

LIVRE II.

Après la mort de Charles V, Louis de Clermont est chargé de l'éducation des jeunes princes. — Il apaise les séditions élevées dans Paris. — Nouvelle expédition en Guienne. 64

LIVRE III.

Expédition du duc de Bourbon en Afrique. 153

LIVRE IV.

A son retour d'Afrique Louis de Clermont vient prendre place au conseil. — Catastrophe arrivée à Charles VI dans un bal. — Louis de Clermont refuse la régence. — Il atténue les maux causés par la rivalité des ducs de Bourgogne et d'Orléans. — Mort de Philippe-le-Hardi. 193

LIVRE V.

Portrait d'Isabeau de Bavière. — Détails sur cette reine. — Louis de Clermont, retenu à Paris par les soins du gouvernement, envoie dans le Périgord son fils aîné, qui chasse les Anglais de cette province. — Nouveaux démêlés entre le duc d'Orléans et Jean-sans-Peur. — Louis de Clermont réconcilie les deux princes. 235

LIVRE VI.

Malgré les efforts de Louis de Clermont, le duc d'Orléans commet de nouvelles fautes. — Portrait de ce prince.— Il est assassiné auprès de l'hôtel Barbette. — Nouveaux éclaircissemens sur cet événement. — Louis de Clermont propose de déclarer Jean-sans-Peur ennemi de l'État.—Il quitte Paris à l'approche de ce meurtrier arrivant à la tête d'une armée formidable, et se retire dans ses domaines. 257

LIVRE VII.

Louis de Clermont, retiré dans ses domaines, est attaqué par le comte de Savoie, l'allié de Jean-sans-Peur.—Il marche contre lui, bat ses troupes, et fait la conquête d'une partie de ses états. — Le comte vient lui demander pardon. — Louis de Clermont accède à la ligue de Gien, formée par les princes du sang contre Jean-sans-Peur. — Il meurt en allant joindre l'armée. 281

FIN DE LA TABLE.

JEAN LE MEINGRE
DE BOUCICAUT,
MARÉCHAL DE FRANCE.

AVERTISSEMENT.

Jean Pilham publia, en 1697, une Histoire du maréchal Boucicaut, 1 vol. in-12. Ce n'est qu'un abrégé des mémoires publiés par un anonyme peu de temps après la mort du maréchal, sous le titre de *Livre des faits du bon messire Jean Lemaingre, dit Boucicaut, maréchal de France.* Ces mémoires, qui finissent avant l'époque de la mort du maréchal, sont bien faits et portent le cachet de la vérité. Ils furent mis au jour, en 1620, par Théodore Godefroi. Nous les citerons souvent, mais ils donnent peu de détails sur le gouvernement de Gênes par Boucicaut; nous avons eu recours à cet égard aux historiens italiens.

JEAN LE MEINGRE
DE BOUCICAUT,
MARÉCHAL DE FRANCE.

LIVRE PREMIER.

Son enfance. — Il accompagne, à l'âge de douze ans, Louis de Clermont dans la campagne de la Normandie en 1377. — Il assiste cinq ans après à la bataille de Rosebec, et tue un Flamand d'une taille gigantesque. — Il va en Prusse prêter l'appui de son bras aux chevaliers Teutoniques. — A son retour Louis de Clermont le choisit pour son lieutenant dans la campagne du Poitou de 1385. — Boucicaut se distingue et termine seul l'expédition. — Il forme une confraternité d'armes avec Renaud de Roye. — Il parcourt avec lui toute l'Europe et une partie de l'Asie. — A son retour en France, il soutient, avec Renaud de Roye et Saimpy, le fameux pas d'armes de Juquelvert.

Il serait difficile de citer un guerrier dont la vie ait été plus occupée que celle du maréchal dont nous écrivons l'histoire. A l'âge de douze ans Boucicaut parut dans les combats, et dès lors il ne les quitta plus; cependant, malgré tous ses travaux et la gloire dont il se couvrit, il n'eut pas encore, sur les destinées de l'État, la même influence que Mathieu de Montmorenci, Duguesclin, Clisson et Louis de Clermont, avaient exercée avant lui.

La famille de Boucicaut, originaire de la Tourraine, n'était pas fort ancienne; c'est l'opinion la plus adoptée. Charles V se plut à élever des hommes d'une origine médiocre, mais dans lesquels il voyait développer des talens. C'est ainsi que Bureau de Larivière devint premier ministre. Jean Le Meingre, dit *Boucicaut*, père de notre héros, également né dans une classe inférieure, fut porté, en 1366, aux premières dignités de l'État; son nom ne commença à paraître dans nos annales qu'à cette époque. Il fut négociateur habile, général expérimenté, et fut même surnommé le Brave; cependant, il paraît qu'il le cédait en courage à son frère d'armes Jean de Saintré, comme l'attestent ces vers :

> Quant vient à un assaut,
> Mieux vaut Saintré que Boucicaut;
> Mais quand vient à un traité,
> Mieux vaut Boucicaut que Saintré.

Charles V le prit en affection parce qu'il le

vit animé de l'amour du bien public ; il le nomma maréchal de France, dignité qui commençait à devenir une des plus considérables de la couronne, et lui fit épouser Florine de Linières, dame d'Escoubleau, issue d'une des meilleures familles du royaume. Jean Le Meingre se montra toujours digne de sa haute fortune par ses vertus et surtout par son austère probité. Un jour on l'exhortait à profiter de son crédit auprès du roi pour augmenter ses domaines : « Je n'ai rien vendu, répondit-il, ni pensé à vendre de l'héritage que mon père m'a laissé ; je n'ai ni veux rien acquérir. Si mes enfans sont prud'hommes et vaillans, ils auront assez ; s'ils ne le sont pas, dommage sera de tout ce qui leur demeurera. »

Ce Jean Le Meingre, premier du nom, mourut le 15 mars 1370 (1), laissant deux fils en bas âge. L'aîné, Jean, dont nous écrivons la vie, naquit en 1365, dans la ville de Tours, dont son père était gouverneur (2); Florine de Linières, restée veuve de bonne heure, se consacra à l'éducation de ses enfans ; pour se conformer aux intentions de son époux elle envoya chercher un

(1) On voit encore son armure au Musée d'artillerie sous le n° 72.

(2) La maison où il naquit est aujourd'hui une auberge, l'hôtel de France. Voyez à ce sujet la note xxx.

précepteur en Lombardie; les lettres étaient alors plus cultivées en Italie que partout ailleurs; elle le plaça auprès de son fils aîné, en lui recommandant de hâter ses progrès; mais le jeune Boucicaut avait plus de goût pour les jeux de son âge que pour l'étude; il se cachait, s'esquivait, allait réunir les enfans du voisinage, les conduisait dans le parc, et montait avec eux à l'assaut des palissades, défendues par d'autres enfans; il prit sur eux une supériorité qu'il ne pouvait se cacher à lui-même; il dédaigna bientôt d'être acteur dans ces jeux; il se contenta de les diriger et d'en être le juge : on le voyait, la main appuyée sur le côté, et avec une contenance grave, distribuer d'un ton de maître le blâme et la louange; il fallait sans cesse l'arracher à ces occupations guerrières pour le ramener à l'étude. Un jour, son précepteur alla le saisir au milieu de ses compagnons, le reconduisit à la maison paternelle, et se permit de punir sa résistance par un soufflet; l'enfant ne pleura point comme tout autre aurait vraisemblablement fait; dévorant son affront, il regardait fixement son précepteur en tenant sa main sur sa joue. « Voyez ce beau seigneur, lui dit celui-ci; il est si fier qu'il ne daigne pas pleurer.—Quand je serai seigneur, répondit Boucicaut, vous ne m'oserez battre; et je ne plore point parce que si je plouraye on sauroit bien que vous m'auriez battu. » Il faut convenir que dans cette circonstance, l'élève se montrait supérieur au maître.

Pour reconnaître les services du père, Charles V voulut que le fils, âgé de neuf ans, fût admis au nombre des jeunes nobles choisis pour être les compagnons d'enfance du dauphin. La coutume d'élever les fils des rois avec d'autres enfans se perpétuait depuis Hugues Capet, et grace à cet usage, les princes d'alors connaissaient l'amitié.

Le bon naturel de Boucicaut lui gagna l'affection du dauphin, qui la lui conserva toute sa vie; il s'attira également celle de Louis de Clermont, chargé de surveiller l'éducation des enfans de France. Ce prince, qui le voyait tous les jours, fut charmé de l'ardeur martiale que montrait ce damoisel âgé de douze ans; il ne put résister aux prières qu'il lui faisait de l'amener à la guerre. Louis de Clermont demanda à Charles V la permission de le prendre au nombre de ses pages, lorsqu'il partit pour aller chasser le Navarrois des places qu'il possédait. Le roi y consentit en riant. « Et comme par esbattement joyeux »; on fit ajuster à la petite taille de Boucicaut, une armure complète, et lorsqu'il fut ainsi *adoubé*, on le présenta à la cour », et tant se contenoit bel, que ceux qui le voyoient y prenoient grand plaisir. »

Boucicaut assista aux sièges de Beaumont, de Gauray, de Breteuil et de Cherbourg. Si on ne l'eût constamment retenu, il serait allé se jeter au milieu des ennemis; il supporta les fatigues de la campagne avec un courage admirable, sans jamais se plaindre, quoique sa constitution fût alors assez faible.

La campagne terminée, Boucicaut revint à Paris avec le duc de Bourbon. « Or ça, maistre bel homme d'armes, lui dirent les précepteurs, revenez à l'escole. » Ce fut pour le jeune paladin un chagrin mortel que de quitter casque, cuirasse et cuissart; il annonça fièrement qu'il s'échapperait, et qu'il irait trouver un chevalier qui lui donnerait armes, chevaux et harnais; c'était un vrai désespoir que rien ne pouvait calmer. Touché de ses lamentations, dont on lui faisait chaque jour le récit, le roi se le fit amener; il lui dit de patienter encore quelque temps, et qu'à la première guerre, il lui permettrait d'aller apprendre son métier. L'occasion se présenta l'année suivante. Bukingham avait pénétré en France, et ravageait les provinces du centre; les ducs de Bourbon et de Bourgogne furent chargés d'aller le repousser. Boucicaut fit partie de l'ost de Louis de Bourbon; il voulait être de toutes les reconnaissances, et s'élancer dans les escadrons anglais : la vue de cet enfant affrontant le danger avec le plus grand sang-froid électrisait tout le monde. Buckingham ayant été rejeté en Bretagne, le jeune guerrier supplia le maréchal de Sancerre de l'emmener avec lui en Guienne. Ce général y consentit, mais bientôt il cesssa de traiter Le Meingre en enfant : le maréchal le voyait déployer un courage, une prudence qu'on n'aurait pu attendre que d'un guerrier consommé : « Sire, dit-il au roi à son retour de Guienne en lui présentant son élève, si cet enfant vit, ce sera un homme de grand fait.»

Le jeune Boucicaut sentait bien que sa constitution était trop délicate pour soutenir longtemps les fatigues de la guerre, il résolut de la rendre plus forte par des exercices violens, comme faisaient les Romains sous les consuls. « Les Romains, dit Montesquieu, se rendirent plus qu'hommes par un travail continuel qui augmentait leurs forces, et par des exercices qui leur donnaient de l'adresse, laquelle n'est autre chose qu'une juste répartition des forces que l'on a. »

Boucicaut s'endurcissant à la fatigue, franchissait de larges fossés, le casque en tête et la cuirasse sur le dos ; il faisait des lieues entières avec l'armure d'un homme très-fort; il courait pendant plusieurs heures sans s'arrêter, afin d'accoutumer ses poumons à un grand travail; il sautait, tout armé, à cheval sans étriers, et devint tellement adroit à ces sortes de jeux, qu'en s'appuyant sur la croupe du cheval il allait tomber devant la tête sans toucher les oreilles; d'un bond il sautait également sur les épaules d'un cavalier; il portait des fardeaux très-lourds, dont il augmentait progressivement le poids jusqu'à tomber sous le faix; il acquit dans quelques années une force prodigieuse. Sa taille était très-élevée (1); sa figure quoique brune, était fortement colorée; il parlait et riait peu; il contracta de bonne heure des habitudes sérieuses qui s'allièrent très-bien à son goût pour la poésie; il fit des ballades, des virelais et des couplets que malheureusement on n'a point conservés.

Nourri dans une cour où il voyait à chaque

(1) Quelques historiens français disent qu'il était petit, mais les historiens d'Angleterre, d'Allemagne, de Flandres, et surtout ceux d'Italie, le représentent d'une taille colossale; tout nous porte à croire que l'opinion de ces derniers est mieux fondée.

instant Clisson, Duguesclin, Couci, La Trémouille, Sancerre et Louis de Clermont, le jeune homme respirait l'air de l'héroïsme; il ne voyait à ses côtés que de grandes renommées; quel est le jeune cœur qui ne se serait enflammé près d'aussi beaux modèles ! Ce fut de tous ces illustres personnages qu'il reçut le goût de la chevalerie; il voulait marcher sur leurs traces en observateur zélé des règles de l'ordre.

Enfin, il apprit avec des transports de joie que l'on allait porter la guerre en Flandres; il comptait à peine seize ans; mais le roi en avait quatorze tout au plus et marchait à la tête de 100,000 hommes. Boucicaut pouvait prétendre à l'honneur de l'accompagner; aussi fit-il partie de l'ost particulier de Charles VI; il obtint cependant de suivre l'avant-garde commandée par Clisson. Arrivé au pont de Commines, il fut du nombre des chevaliers qui franchirent la Lys, à l'aide de barques, avec Rohan, Saimpy, Rieux, Laval et Rochefort; il combattit sur la rive opposée, contre Jean du Bois. On ne peut louer ici Boucicaut plus que les autres, car dans cette rencontre mémorable chaque chevalier acquit en particulier une gloire impérissable (1). Cependant, de l'aveu même de tous

(1) Voyez la Vie de Clisson.

ses compagnons d'armes, Le Meingre y mérita l'honneur de la chevalerie. Le duc de Bourbon la lui conféra avec toute la joie qu'il aurait pu ressentir en donnant l'ordre à son propre fils. Il était rare de voir un jeune homme de seize ans armé chevalier; les princes du sang tout au plus l'étaient à cet âge. Quelques jours après on livra la bataille de Rosebec. L'armée française étant concentrée sur un seul point, chaque ost reprit sa place, et les chevaliers leurs postes respectifs. Boucicaut se plaça dans les rangs des nobles qui formaient masse autour du jeune roi. On sait que le choc des Flamands fut si terrible qu'il força le corps de bataille à reculer, et qu'il rompit les six premiers rangs français. Pendant quelques instans le désordre régna du côté du roi; mais les chevaliers arrêtèrent l'impétuosité de l'ennemi par leur sang-froid et leur rare valeur. Un Flamand, du pays de Courtray, haut de sept pieds, portait le ravage dans tous les rangs à coups de bâton ferré, vomissant contre la noblesse, et en langue française, mille injures grossières; il s'était formé un large cercle autour de lui, et défiait les plus braves. Le jeune Boucicaut s'élance vers ce redoutable ennemi, et se grandit pour lui porter un coup de hache; le Flamand le regarde en pitié, et d'un revers de son bâton, fait voler sa hache : « Va téter, enfant, lui dit-il. » Boucicaut furieux tire sa dague, se jette dans les jambes du géant, et lui enfonce le fer jusqu'à la garde dans le côté au-dessus de la hanche; le Flamand chancelle, tombe, et couvre l'espace laissé libre autour de lui. Le Meingre, tenant sa dague fumante de sang, le regarde se débattre contre la mort : « Les enfans de ton pays, lui dit-il, jouent-ils à de tels jeux ? » Cette scène, rapide comme un éclair, glaça d'épouvante les Flamands, et électrisa les Français, qui, faisant un nouvel effort, repoussèrent l'ennemi et regagnèrent le terrain perdu : en peu d'instans la ligne fut redressée.

Au retour de la campagne de Flandres, Boucicaut revint à Paris. Il avait déjà la réputation d'un guerrier valeureux; il se prit alors d'amour pour une jeune demoiselle, Antoinette de Turenne, fille aînée de Raymond, vicomte de Turenne, et d'Éléonore de Comminges. « Ja voit choisi dame belle et gracieuse et digne d'être aimée; j'y la voyoit quand il pouvoit sans blâme d'elle, et quand à danse ou à feste s'esbattoit ou elle fust, là nul ne le passoit de gracieuseté et de courtoisie en chanter; là chantoit chansons, rondeaux dont lui-même avoit fait le dict et les disoit gracieusement, pour donner couvertement et secrètement à entendre à sa dame comment l'amour d'elle destreignoit; ainsi devant elle et entre toutes dames étoit plus doux et bening qu'une pucelle. »

Ce fut dans des fêtes données à l'occasion du mariage de Charles VI, que Boucicaut se fit le plus remarquer au milieu des tournois, par sa force et son adresse. « Là étoit le jouvencel Boucicaut, joli, richement habillé, bien monté, lequel en recevant le doux regard de sa dame, lance baissée, vous poignoit son dextrier de telle vertu que plusieurs en abattoit en son encontre. »

A cette époque, un chevalier, pour rehausser sa réputation, devait aller faire la guerre dans les pays lointains, et surtout il fallait se mesurer contre les ennemis de la croix. Quoique les communications fussent très-difficiles; que les routes fussent peu praticables, cependant, il était rare de voir un chevalier qui n'eût pas visité une partie de l'Europe. La Flandres venait de rentrer sous l'obéissance de ses souverains, la Bretagne se soumettait, l'Angleterre demandait une prolongation de trève, l'Espagne se reposait de ses longues guerres; ainsi Boucicaut ne voyait nulle part la possibilité d'occuper son bras; il songea à partir pour le nord

(1385); dans l'intention d'aider les chevaliers Teutoniques à conquérir la Prusse et la Lithuanie.

L'ordre Teutonique avait été institué en 1191 par Frédéric duc de Souabe, à l'instar de celui de St.-Jean de Jérusalem. Cette fondation avait pour but de créer un ordre militaire et religieux, dont les frères devaient défendre et soigner tout à la fois, en Palestine, les pèlerins de la nation allemande ou teutonique. Cet ordre rivalisa bientôt de bravoure et de puissance avec celui des Templiers. Herman de Salza, quatrième grand-maître, mourut en 1239, avec la réputation d'un des hommes les plus remarquables de son temps; il donna à l'ordre un nouveau relief, laissa à son successeur d'immenses richesses et le titre de *prince de l'Empire*, que l'empereur Frédéric II lui conféra. Peu de temps avant de mourir, il envoya en Prusse la moitié de ses chevaliers, sous les ordres de Hermann de Balk; ce pays lui avait été concédé par le pape Grégoire IX, à la seule condition de convertir à la foi chrétienne les habitans, qui adoraient encore les divinités des anciens Sarmates. Les chevaliers Teutoniques devinrent les législateurs des peuples qu'ils soumirent par la force des armes; ils fondèrent les villes de Torn, d'Elbing, de Culm; mais ils eurent à se maintenir contre les efforts de tous les peuples du nord; les Russes, les Lithuaniens, les Prussiens et les Polonais, et même les Danois et les Suédois, depuis long-temps convertis à la religion catholique, se déclarèrent contre eux par jalousie. La modération dont les Teutoniques usaient au milieu de leurs succès, le zèle qu'ils montraient pour la foi, le but qu'ils se proposaient rendaient leur cause respectable; depuis deux siècles leur armée était un école de vaillance, où l'on apprenait l'art de la guerre et les pratiques de toutes les vertus chrétiennes. Du temps de Boucicaut, Wenrick de Kniprode, vingtième grand-maître, jetait beaucoup d'éclat; en 1370, il battit dans les plaines de Rudaw 75,000 confédérés russes, prussiens, polonais et lithuaniens, leur tua 12,000 hommes et en prit un égal nombre, auxquels il rendit la liberté, en leur imposant la seule obligation d'embrasser le christianisme. Ces succès non interrompus relevèrent l'ordre, qui tombait en décadence; la réputation de Kniprode s'étendit dans toute l'Europe; les chevaliers les plus célèbres allèrent le visiter, et prendre de lui des leçons de valeur. Gaston de Phébus, comte de Foix, le Captal du Buch, Amédée de Savoie, Boniface de Castellane avaient servi sous ses ordres pendant plusieurs années, et acquirent de la gloire dans les rangs des Teutoniques. Boucicaut voulut suivre l'exemple de ces preux; il partit pour se rendre à Torn; mais Kniprode n'existait déjà plus; son successeur, Conrard de Rolluer, accueillit avec distinction le chevalier français; il avait besoin de pareils auxiliaires, car Jagellon, grand-duc de Lithuanie, profitant de la mort de Kniprode, avait fait une ligue avec la Pologne pour écraser l'ordre teutonique. La guerre fut sanglante, Boucicaut y rendit de grands services, et fit des exploits dont on n'a point conservé les détails. L'hiver étant arrivé les opérations furent suspendues; alors le grand-maître supplia Boucicaut d'aller en France exciter le zèle d'autres chevaliers; mais en arrivant en France, le paladin ne put remplir les intentions des Teutoniques : le royaume, attaqué de nouveau par l'Angleterre, réclamait ses services et ceux des autres bannerets. Le duc de Bourbon le choisit pour son lieutenant dans la campagne qu'il allait ouvrir en Poitou. Nous avons déjà dit que les résultats de cette expédition furent la prise de Taillebourg, de Verteuil, et la destruction de la ligue anglaise. Boucicaut s'y fit remarquer, non-seulement par son intrépidité, mais encore par l'habileté avec laquelle il seconda le général en chef, soit en remplissant des missions fort délicates auprès des villes soumises à l'Angleterre, soit en balayant le plat pays.

Au siège de Mauléon, Boucicaut monta le premier à l'assaut en portant lui-même une échelle énorme, pliant par le milieu comme les échelles de cette époque : le modèle de ces sortes de machines changeait souvent. Le chevalier français parvint tout seul jusqu'aux remparts, car les autres échelles étaient renversées par les poutres que les assiégés lançaient; il s'attacha aux créneaux, s'y adossa, et affronta ainsi les javelots et les pierres; les efforts réunis des Anglais, ne purent l'obliger à abandonner le poste. Le spectacle d'un courage si éclatant pénétra d'admiration l'ame des autres chevaliers ; un élan subit les poussa vers les murailles, ils s'y logèrent, et la ville fut prise à la suite d'une résistance qui rendit la victoire plus belle.

Après la prise de Verteuil, qui suivit celle de Mauléon, Charles VI rappela à Paris son oncle le duc de Bourbon. Ce prince quitta à regret le Poitou; il avait poussé les Anglais depuis Larochelle jusqu'à Périgueux; mais il aurait voulu les chasser jusque sous les murs de Bordeaux, et reprendre quelques places importantes. Les ordres du roi étaient pressans, il fallut partir. Le duc de Bourbon, forcé de se démettre de son commandement, jugea Boucicaut capable de le remplacer; cet hommage dut flatter le jeune guerrier, car il venait d'un homme qui n'accordait son estime que très-difficilement.

Le caractère entreprenant de Le Meingre devait faire présumer qu'il profiterait de ce commandement pour augmenter une renommée acquise en si peu de temps. Le nouveau général s'unit plus étroitement avec Emery de Rochechouart, le plus puissant seigneur du Poitou, dont la coopération lui fut utile autant qu'elle l'avait déjà été à Louis de Clermont. Boucicaut avait peu de troupes à sa disposition, aussi s'appliqua-t-il à ne pas les compromettre dans des entreprises hasardées; il commença par profiter de la sécurité que le départ du duc de Bourbon inspirait aux Anglais. Ceux-ci persuadés que les Français ne pouvaient garder l'offensive, sortirent de leurs châteaux et se répandirent dans le pays; Le Meingre réunit les deux divisions formant à peine 1,500 hommes, arriva après une longue marche de nuit devant le fort Lagrange, dont la moitié de la garnison venai de sortir; il brusqua l'attaque et enleva la place Son intention n'étant pas de s'affaiblir en gardant de telles conquêtes, il réunit les paysans des environs, et les fit travailler à la démolition de ce château, refuge des partisans anglais; l'ardeur des travailleurs fut telle que, dans vingt-quatre heures, Lagrange fut rasé. Boucicaut alla reprendre ensuite ses chevaux qu'il avait laissés dans la forêt voisine sous une forte garde. Depuis un siècle, les chevaux ne servaient aux gens de guerre qu'à les transporter d'un lieu à l'autre; on ne combattait à cheval que dans les rencontres fortuites ou dans les tournois. A Rosebec 6,000 hommes sur 60,000 restèrent à cheval; leur charge précipitée sur les deux ailes décida du sort de la journée, exemple fort rare pour cette époque.

Le Meingre, en quittant Lagrange, se dirigea d'abord sur Corbie, place très-forte qu'on ne devait espérer de prendre que par surprise. Ce fut aussi à ce moyen que le général français eut recours; il franchit à travers champs l'espace qui le séparait de cette ville, de sorte qu'il déroba son mouvement à l'ennemi. Il prit position dans un bois qui fermait la plaine au milieu de laquelle les hautes tours de Corbie s'élevaient; il envoya la moitié de ses gens, commandé par son frère, sur la route directe qui aboutissait au pied des remparts, avec ordre d'aller insulter la place ; à l'approche de cette faible colonne, qui arriva jusqu'à portée de trait, le gouverneur sortit à sa rencontre avec les deux tiers de ses forces; le frère de Boucicaut battit en retraite du côté opposé au bois qui cachait le reste des Français, afin d'éloigner le plus possible le reste des Anglais de ce point. Dans le même instant le général sortit de son embuscade, et arriva bride abattue sur le pont-levis de Corbie, s'en rendit maître ainsi que de la porte, dont il extermina la garde; mais il ne put aller plus avant dans la place parce qu'on leva un second pont-levis intérieur. En conséquence, il prit position devant les fossés, en faisant mettre pied à terre à la moitié de ses gens. A son apparition, la vedette anglaise placée sur les remparts avait donné du cor pour sonner l'alarme et rappeler le gouverneur. En effet, celui-ci abandonna sur-le-champ la poursuite de Boucicaut le jeune, et accourut en toute hâte vers Corbie; il trouva l'ennemi rangé en bataille devant l'entrée de la principale porte ; les Anglais du dehors poussaient les Français vigoureusement, tandis que ceux du dedans les attaquaient également en queue : c'était une position fort critique. L'audace, le sang-froid, la valeur individuelle pouvaient seuls tirer les Français de ce mauvais pas ; jamais ils n'en firent paraître davantage que dans cette circonstance. Boucicaut fut atteint de plusieurs blessures graves; la trace de son sang montrait à ses soldats le lieu où il combattait; deux fois il fut terrassé, deux fois il se releva plus terrible, et porta de plus rudes coups; enfin les Anglais, dont le nombre diminuait à vue d'œil, perdirent totalement courage en voyant tomber leur gouverneur : le sire de La Vieuville le frappa d'un coup de lance au cœur; ils battirent en retraite, en laissant toute la ligne couverte de morts; ceux de l'intérieur se virent obligés de mettre bas les armes.

C'est ainsi que Boucicaut se rendit maître de Corbie, devant laquelle, six ans auparavant, le duc d'Anjou et le maréchal de Sancerre avaient complètement échoué. Les vainqueurs trouvèrent dans la ville tout ce qui était utile dans leur position. Le sire de Rochechouart et les quatre cinquièmes des Français étaient blessés : ils restèrent un mois entier à se guérir.

La saison était fort avancée, les Anglais crurent que la campagne était terminée, et prirent leurs quartiers d'hiver. Le général français envoya dans leurs divers cantonnemens des hérauts pour leur annoncer que, ne voulant pas profiter de leur sécurité et de leur confiance, il les faisait prévenir qu'il ne regardait pas la campagne comme finie, et qu'il allait faire poursuivre les hostilités. Les Anglais répondirent fort mal à un procédé si généreux. Boucicaut les harcela pendant une partie de l'hiver; mais il fut obligé de rentrer dans Corbie, car ses blessures s'étaient rouvertes, et il se trouva dans l'impossibilité de continuer la guerre. Il était encore en convalescence, lorsque les habitans du pays lui apprirent qu'un capitaine gascon nommé Labarde, gouverneur du château de Choisi, *ne cessait de mal parler de lui, et de dire que le hasard seul l'avait jusqu'alors favorisé; mais qu'il ne le croyait pas taillé pour être aussi brave qu'on le disait.* Boucicaut, piqué, lui envoya sur-le-champ le défi d'un combat à outrance; on choisit le voisinage du château de Chaluzet pour champ de bataille. Les deux champions arrivèrent au lieu convenu avec une suite de 100 hommes; les habitans des campagnes voisines accoururent pour être témoins d'un spectacle nouveau pour eux; dans la première course, le Français passa sans atteindre son adversaire, son cheval broncha dans la lice, et lui-même reçut dans la poitrine un violent coup qui pensa lui faire vider les arçons; mais à la seconde course, il frappa Labarde dans la visière et lui enleva le bacinet; le choc fut si terrible que l'Anglais en fut étourdi, et serait tombé de cheval si un de ses écuyers ne l'eût retenu ; le troisième coup de lance fut encore plus glorieux pour Le Meingre : la cuirasse de l'Anglais fut percée d'outre en outre, et Labarde tomba sur la poussière, demi-mort. Ainsi se termina ce combat qui fut célébré par tous les ménestrels de la Guienne. Quelques jours après le vainqueur partit pour l'Espagne. Le duc de Bourbon avait conçu pour lui une estime singulière ; ce prince le désigna pour l'accompagner dans l'expédition qu'il allait entreprendre pour secourir Jean Ier, fils de Henri de Transtamare. On sait que Louis de Clermont arriva trop tard ; le duc de Lancastre perdit les avantages que lui donnaient deux batailles gagnées ; il signa un arrangement avec son compétiteur, et les Français repassèrent les monts.

Boucicaut, déçu dans son espoir, voyant la France en paix avec ses voisins, voulut aller affronter les dangers dans d'autres pays. Il forma une confraternité d'armes avec Renaud de Roye, paladin jeune et bouillant comme lui ; ils convinrent de parcourir l'Europe en *redresseurs de torts* ; ils partirent accompagnés de 20 écuyers ; ils s'embarquèrent à Agde en Languedoc, abordèrent à Livourne et allèrent par terre à Venise, où ils arrivèrent (1387) au moment où le doge, Antoine Vernieri, se liguait avec Galeas Visconti contre François Cararra, duc de Trévise. Le doge voulut déterminer Boucicaut à lui prêter l'appui de son bras; mais le paladin le lui refusa, en objectant qu'il ne se battait pas contre des princes chrétiens en paix avec la France; et pour ne pas être tranquille spectateur d'une lutte à laquelle il s'imposait l'obligation de ne prendre aucune part, il se hâta de quitter la république. Il fréta une galère, et arriva à Constantinople au moment où la capitale de l'empire d'Orient était livrée aux plus affreux désordres : c'était alors qu'Andronic faisait jeter dans un cachot son père et son frère, dont les yeux avaient été crevés par ordre du tyran. Révoltés du spectacle que leur offrait la cour de Byzance, Boucicaut et Renaud de Roye envoyèrent demander un sauf-conduit à Amurath qui habitait Pruse; ils voulaient voir de près ces hommes terribles qui menaçaient déjà d'imposer le joug à l'Europe.

Le sauf-conduit leur fut envoyé sur-le-champ; ils avaient vu à Constantinople un empire en décadence, ils virent à Pruse une grandeur naissante, dont les progrès avaient pris une marche rapide. Amurath Ier était certainement un des personnages les plus remarquables de son siècle;

guerrier conquérant et législateur, il rangeait sous ses lois dans l'espace de quelques mois des provinces entières, et y établissait une administration dont la régularité rappelait celle des Romains; mais, comme tous les grands hommes de l'Orient, Amurath offrait l'assemblage des qualités les plus éminentes et des défauts les plus condamnables; lui et tous ses soldats ne respiraient que le carnage; le succès les rendait encore plus féroces, et, après la victoire, on les voyait élever sur le champ de bataille des tours avec les têtes des morts et des prisonniers. Vers l'Occident le christianisme tendait à adoucir les mœurs des hommes; vers l'Orient, au contraire, l'islamisme semblait vouloir les rendre encore plus sauvages. Amurath méprisait la plupart des chrétiens, mais il avait pour le caractère français une estime particulière; les chevaliers de cette nation, qu'il voyait parcourir l'Asie, la Palestine, et même l'Afrique, dans le seul but d'obtenir de la gloire, lui commandaient le respect. Les Turcs ne volaient aux combats que pour se gorger de pillage, que pour se baigner dans le sang de leurs ennemis; les preux de France passaient les mers pour rompre une lance, pour affronter mille dangers, et souvent dans le seul espoir de plaire à leurs dames. Cette différence de caractère n'échappait point au prince musulman, qui savait estimer chez les autres tout ce que la valeur généreuse avait de noble et de sublime.

Le sultan accueillit Boucicaut et son frère d'armes avec la plus haute distinction ; les deux paladins lui demandèrent la permission d'accompagner son armée dans l'expédition qu'elle allait entreprendre ; leur but était d'étudier la manière de combattre des peuples de l'Asie, et d'observer la différence qui existait entre leur tactique et celle des chrétiens ; les armées turques pouvaient alors être regardées comme une bonne école de l'art militaire : nous leur devons quelques institutions.

Aladin, sultan de Caramanie, avait pris les armes contre Amurath, son beau-père ; il comptait beaucoup sur la coopération des Tartares, la ligue était redoutable ; le grand-visir Charaïdin, réputé le capitaine le plus expérimenté de l'Orient, venait de mourir ; son fils Ali lui succéda et prit sous Amurath le commandement de l'armée ; Boucicaut et Renaud de Roye le suivirent au milieu des combats sans jamais vouloir tirer l'épée, se faisant une loi de rester neutres dans cette querelle : la campagne fut glorieuse pour les Turcs ; les Caramans se soumirent, et pour la première fois Amurath usa de modération.

Les deux Français assistèrent aux fêtes qui eurent lieu à l'occasion du mariage de Bajazet, second fils du sultan, avec Chonoï, princesse du sang impérial grec ; ces réjouissances furent troublées par la déclaration de guerre de Lazare, chef servien, prince chrétien, et l'un des plus formidables ennemis des Ottomans. Amurath invita Boucicaut à combattre dans les rangs de son armée ; le chevalier français s'en excusa, en objectant que nulle considération ne pouvait l'engager à porter les armes contre des chrétiens en paix avec son pays ; ce noble refus, loin de déplaire au sultan, augmenta l'estime qu'il avait conçue pour lui, et, par une distinction toute particulière, il le fit escorter jusqu'en Syrie, confins de ses états (1387).

Boucicaut et Renaud de Roye arrivèrent à Jérusalem ; là ils apprirent que Philippe d'Artois, comte d'Eu, prince du sang, et depuis connétable, revenant de visiter les lieux saints, avait été arrêté par les ordres du soudan et conduit à Damas ; Boucicaut y accourut, fit beaucoup de démarches pour briser les fers du comte, et, voyant ses prières infructueuses, il voulut partager la captivité du prince afin d'en diminuer la rigueur. Il resta ainsi prisonnier volontairement pendant quatre mois au fond d'un cachot infect; Renaud de Roye était allé chercher en France la rançon de Philippe; il l'apporta, et le prince, libre de revenir dans sa patrie, fut si touché du procédé généreux de Boucicaut, qu'il voulut devenir son frère d'armes : il lui voua une amitié qui ne se démentit jamais (1388).

A son retour en France, Boucicaut accompagna le roi dans son expédition de Gueldres (1388); il marcha toujours à l'avant-garde avec le sire de Couci, et prit part à tous les engagemens. Cette campagne tirait à sa fin, quand un jour il s'aventura trop dans un pays coupé de bois et y fut surpris avec quatre écuyers, enveloppé, et fait prisonnier; il fut rendu à la liberté bientôt après; ce malheur lui apprit combien il était cher à Charles VI, car le monarque fit de son élargissement la première condition de la paix qu'on lui demandait.

Ce fut après l'expédition de Gueldres que notre héros tint le pas d'armes de Juquelvert; cet événement fut si remarqué à cette époque, que sans doute on nous saura gré d'en parler avec quelque détail.

La trêve avec l'Angleterre venait d'être prolongée (1389); les Anglais débarquaient en foule pour jouir des douceurs de la vie, qu'ils savaient pouvoir trouver plus facilement en France que dans leur pays. Il leur fut impossible de contenir leur dépit en parcourant cette France si souvent arrosée de leur sang, où ils avaient acquis quelque gloire, mais que Charles V avait soustraite à leur domination; ils se livraient aux invectives les plus grossières contre les Français, contestaient leur bravoure et rabaissaient leur renommée; ces propos indisposaient tout le monde, et principalement la noblesse; cependant, grace à cette bienveillance, à cette politesse qui distinguent si bien la nation française, on usait d'indulgence sans songer à les punir. Boucicaut, rentré depuis peu de ses voyages, s'en trouva fort offensé, et forma le projet de venger d'une manière éclatante l'honneur de son pays. Il résolut d'inviter les chevaliers de la chrétienté à venir se mesurer avec lui; il s'adjoignit Saimpi et Renaud de Roye; il demanda au roi la licence de tenir la joute; cette permission était nécessaire, car le cartel devait être proclamé au nom de la nation entière; le bouillant Charles VI fut transporté de joie à la seule proposition de ce pas d'armes; mais son conseil fut moins prompt à partager cet enthousiasme, et s'opposa même à cette entreprise; il regardait comme très-imprudent d'attacher l'honneur du pays à la bravoure de trois hommes dont la défaite pourrait compromettre la gloire que l'on venait d'acquérir dans les guerres de Charles V, et la supériorité que l'on avait reprise sur les armées anglaises.

Les prières des trois chevaliers furent si pressantes, que Charles VI ne put résister davantage ; la licence fut accordée ; des hérauts aux armes du roi furent expédiés dans les différentes cours de la chrétienté, et principalement en Angleterre, car c'était surtout les chevaliers de cette nation qu'on voulait provoquer sans cependant rompre la trêve.

Le cartel portait qu'un pas d'armes serait tenu du 20 mars au 20 avril 1390 par les trois Français, Boucicaut, Saimpi et Renaud de Roye, qui fourniraient à tout venant, six coups d'épée ou six coups de lance, soit en *joute d'outrance soit en joute de tournois, ou en paix ou en guerre*, d'après les termes usités ; ce défi retentit dans toute l'Angleterre ; le comte de Holland déclara qu'il serait le premier à se mesurer contre les trois tenans français ; il était frère utérin de Richard II ; nous l'avons vu condamné à mort pour avoir tué le jeune Staffort dans une querelle pendant l'expédition du Nortumberland (1) ;

(1) Voyez la Vie d'Enguerand de Couci.

le trépas de sa mère lui valut sa grace, parce que cette princesse expira de douleur en voyant repoussées les prières qu'elle faisait en faveur de son fils; ce valeureux chevalier réunit une foule de bannerets, tous très-habiles jouteurs, et bien décidés à faire leurs efforts pour confondre l'orgueil des Français, dont ils regardaient le défi comme une bravade injurieuse.

L'on avait désigné, pour tenir le pas d'armes, une petite plaine fort unie auprès de l'abbaye de Juquelvert, entre Calais et Boulogne; le choix de ce lieu indiquait assez qu'on n'avait en vue que de s'adresser à la noblesse anglaise; Charles VI voulut que les trois chevaliers tinssent un état fort brillant, il envoya les pages et les valets de son hôtel pour les servir, et ordonna que toutes les dépenses fussent faites au compte du trésor royal. Des chevaliers et beaucoup de dames de Paris et des provinces voisines assistèrent aux joutes; on les traita aux frais du roi.

La lice était disposée en carré long; le côté du nord regardait les tentes des paladins; ces tentes étaient trois pavillons de forme très-élégante, et décorés avec magnificence. Entre la lice et ces pavillons on distinguait un orme très-touffu aux branches duquel étaient suspendus trois doubles boucliers aux armes des tenans, avec des devises : celle de Boucicaut se composait de ces mots : *ce que vous voudrez*; depuis lors il les conserva dans ses armes. Les instructions du cartel disaient qu'on frapperait de la lance le bouclier de guerre ou de paix, suivant le genre de combat qu'on voudrait soutenir; on avait attaché à l'une des branches de l'orme un oliphant en argent (un cor), dont chaque poursuivant devait donner pour annoncer son arrivée, et son intention de combattre; on voyait au pied de l'arbre six lances, trois à fer émoulu, trois à fer émoussé.

L'un des côtés de la lice était disposé pour placer les dames; l'autre était réservé aux juges du camp choisis parmi les chevaliers allemands, italiens, espagnols, bretons et anglais; ces juges devaient au préalable faire une profession de foi, et prouver que leur croyance n'était pas entachée d'hérésie. (Devoirs de la chevalerie, La Colombière.)

On avait donné un mois et demi pour s'inscrire sur la liste des poursuivans; les clercs de la maison du roi tenaient les registres; il fallait annoncer d'avance si l'on voulait jouter ou en paix ou en guerre; tous les poursuivans, sans exception d'un seul, se prononcèrent pour le dernier mode; les trois tenans, loin d'en paraître intimidés, s'en montrèrent plus joyeux. Mais ils ne faisaient point partager à la cour leur sécurité; on les blâmait fort d'avoir ainsi offensé l'amour-propre des chevaliers de toute la chrétienté.

Le 19 mars, veille des armes, Boucicaut, Saimpi et Renaud de Roye jeûnèrent, assistèrent aux offices dans la chapelle de l'abbaye, et y reçurent l'hostie sainte; le premier n'avait que vingt-trois ans, le second vingt-huit, et le troisième trente-trois. Le lendemain matin ils s'armèrent de pied en cap, se renfermèrent chacun dans un pavillon, ils y demeurèrent en prières jusqu'à l'ouverture du camp; un nombre considérable de trompettes et d'autres instrumens de guerre jouaient des fanfares depuis le lever du soleil; les juges étaient à leurs places, les spectateurs couvraient la plaine et se pressaient autour de la lice; parmi eux se trouvait Charles VI; ce prince avait quitté Creil sans prévenir la cour, et s'était rendu à Juquelvert accompagné d'un seul chambellan, le sire de Garencière; l'un et l'autre se mêlèrent dans la foule en conservant toujours la visière baissée. Le roi avait un goût particulier pour ces sortes d'incognito.

Au moment où l'horloge de Juquelvert sonnait la douzième heure du jour, et que le beffroi annonçait *l'angelus*, on vit s'avancer dans la plaine, venant du côté de Calais, tous les chevaliers anglais inscrits comme poursuivans; ils étaient précédés d'une nombreuse musique guerrière; leurs armes jetaient le plus vif éclat, et leurs chevaux étaient écumans. Le comte de Holland marchait à la tête de cette colonne; on le distinguait, monté sur un superbe coursier noir dont la couleur brune était rehaussée par de larges bandes d'argent poli; depuis cinquante ans on avait abandonné la coutume de couvrir les chevaux d'une large robe armoriée, on se bornait alors à les barder; un casque, ombragé de riches panaches également noirs, parait la tête du comte de Holland. En approchant de la lice, le prince anglais se détacha de ses chevaliers, qui allèrent se ranger en bataille sur le côté opposé aux pavillons. Holland arriva à l'orme, prit l'oliphant, en sonna « moult hautement, » dit Froissard, et fut se replacer à la tête des siens; il envoya aussitôt son écuyer frapper de la lance l'écu de guerre de Boucicaut. Le paladin sortit à l'instant même de sa tente, la targe au cou et bouclée par derrière : « Il était droit comme un jonc, » dit la Chronique; l'armure de Holland peut seule rivaliser de magnificence avec la sienne. Les barrières s'ouvrent par les côtés opposés;

les deux champions y entrent à la fois; les fanfares redoublent; les hérauts commencent à pousser par intervalle les cris accoutumés : *honneur aux fils des preux, la mort aux chevaux; souviens-toi de qui tu es fils, et ne forligne pas.*

Après s'être considérés quelque temps, les deux champions lèvent la lance, les hérauts laissent tomber le cordon de soie qui partage la lice; le premier juge du camp crie *laissez aller*. Boucicaut et le comte de Holland se précipitent l'un sur l'autre; le premier perce la targe de son adversaire, et lui passe le fer de sa lance sous le bras sans le blesser; l'un et l'autre ramènent leurs chevaux, reprennent du champ, se heurtent une seconde fois sans se faire mal, mais les chevaux se frappent tellement fort qu'à la course suivante ils refusent d'avancer. Le comte de Holland changea de coursier, et Boucicaut ne poursuivit pas la joute contre le prince anglais; la Chronique n'en dit pas le motif. Holland envoya son écuyer frapper le bouclier de Saimpi; ce paladin arriva au galop, et du premier coup enleva le heaume de son adversaire; les deux poursuivans se portaient des coups si terribles, que le feu jaillissait de leur armure; Saimpi fut à son tour déheaumé, Holland se retira. Le reste de la journée fut rempli, d'un côté par le comte Maréchal, Clifton, Courtenay, Jean Galaffre, Jean Roussel, Thomas de Schwbrunne, et de l'autre par les trois Français; la lutte fut regardée comme à peu près égale; on pencha même pour les Anglais. Le lendemain les tenans reprirent leur revanche; ils combattirent brillamment contre le sire de Mussidan, Navarrois au service de Richard II, et contre Clifton, Sattora, Héron, Stadon, Leicester, Blaquet, Guerry, Clinet, et Talbot, gouverneur de Guines, père du héros de ce nom. On se battit à l'épée, ce qui augmentait le danger; Boucicaut et ses frères d'armes achetèrent la victoire par des blessures assez graves. Le troisième jour fut pour eux un véritable triomphe; Jean Sevestre, Stapleton, Guillaume de Macqueri, Jean de Robasque, Nicolas Longwex, Jean d'Auberticourt, Jean Bellot, Hermanez, Castillan, et Richard de Verd, Flamand, furent obligés de quitter la lice percés de plusieurs coups, sans avoir seulement déheaumé aucun des trois paladins. Sept autres assaillans se présentèrent pour les venger; ils frappèrent tous sur l'écu de guerre de Renaud de Roye. C'étaient Henri de Duras, Mourlent, Lucteberry, Molctown, Robin de Stéry, Jean Hull, et Édouard Hunigton; Renaud de Roye les jeta tous sur la poussière; il fut proclamé vainqueur par acclamation. La journée suivante ne fut pas aussi heureuse; le comte de Holland rentrant en lice avec Maréchal, Roslay, André Hague, Hugues Lutterel, mena si rudement Boucicaut et Renaud de Roye, que ces deux guerriers furent obligés de rester dans leur tente neuf jours entiers. Pendant leur absence, Saimpi tint le camp tout seul, excepté le dimanche et le vendredi, suivant la convention d'usage; il se conduisit si vaillamment, qu'il battit tous ceux qui se présentèrent. Il fut reconduit à son pavillon par les juges du tournois, et accompagné des applaudissemens de la multitude.

Boucicaut, quoique très-affaibli, eut enfin la gloire de vaincre le comte de Holland, et cinq autres bannerets anglais parmi lesquels on distinguait le neveu du fameux Chandos; le quinzième jour, Renaud de Roye cassa quatre épées contre huit jouteurs qu'il désarçonna. Les trois Français paraissaient reprendre de nouvelles forces en combattant; le vingt-deuxième jour, Robert Felleton, Jean Cusat, Richard de Salvin, et Robert de Rocheforde, réputés les meilleurs jouteurs, doués tous les quatre d'une vigueur peu commune, s'unirent pour tenir la lice; ils furent vaincus et désarçonnés; Rocheforde fut celui qui se montra le plus piqué de sa défaite;

il avait fourni contre Boucicaut les six coups d'épée convenus, mais il se récria en disant qu'il n'en avait donné que quatre; Boucicaut rouvrit aussitôt la lice, la colère l'animait, le dépit poussait son adversaire, la lutte prit un caractère d'acharnement que l'on n'avait pas encore vu, les deux champions fondirent l'un sur l'autre; Boucicaut perça du premier coup la targe de son ennemi, lui traversa le bras, le flanc, et le jetta à terre : cet exploit termina le pas d'armes. Le lendemain 2 avril, le comte de Holland, accompagné de Maréchal, de Beaumont, et de Cliffort, vint complimenter les trois tenans : « Tous chevaliers et écuyers qui vouloient jouter, leur dit-il, ont fait armes et se prennent congé de vous, car nous retournons à Calais et de là en Angleterre; nous vous certifions que tous chevaliers et écuyers que nous verrons, qui à nous de ces armes parleront, nous leur prierons qu'ils vous viennent voir. — Grand merci, répondirent les François, ils seront accueillis de bonne volonté, nous vous remercions grandement de vostre courtoisie que vous nous avez faite. » (Froissadr.)

Boucicaut, Saimpi, et Renaud de Roye, tinrent encore le pas d'armes pendant huit jours pour compléter le mois annoncé dans le cartel, mais personne ne se présenta; pendant toute l'em-

prise, les chevaliers français et les officiers de l'hôtel du roi traitèrent les étrangers avec une magnificence et surtout une politesse dont les écrivains contemporains font un grand éloge: ce qui prouve qu'à toutes les époques les Français se distinguèrent par leur courtoisie et l'élégance de leurs manières.

Charles VI s'était retiré le huitième jour, pour ne pas faire trop remarquer son absence; les trois chevaliers étant venus le remercier à Paris, il mit le plus grand apparat dans leur réception, « et ce fut avec raison, car vaillamment ils s'étoient portés et avoient gardé l'honneur du roi et du royaume de France, » dit Froissard, qui ne se montre pas ordinairement empressé à louer les Français.

LIVRE II.

Boucicaut se rend une seconde fois dans le Nord, pour offrir ses services aux chevaliers Teutoniques. — Il se distingue dans la campagne de 1390. — A son retour le roi le nomme maréchal de France. — Boucicaut est envoyé dans le comtat d'Avignon pour faire cesser le schisme qui déchirait l'Église. — Il s'empare de la personne du pape Benoît XIII. — Il accompagne le comte de Nevers en Hongrie. — Bataille de Nicopolis. — Boucicaut est fait prisonnier par les Turcs.

Le duc de Bourbon allait s'embarquer pour l'Afrique ; il portait à Boucicaut l'intérêt d'un père, cependant on ne voit pas le jeune banneret au nombre des chevaliers qui firent partie de cette expédition ; Charles VI lui refusa la permission d'accompagner le prince français, ce qui est d'autant plus difficile à expliquer, qu'il le laissa aller quelques mois après à Kœnisberg, où d'autres chevaliers accouraient de toutes parts au secours de l'ordre Teutonique attaqué par une ligue formidable (1390).

Jagellon, prince de Lithuanie, avait embrassé

le christianisme pour épouser Edwige, reine de Pologne; malgré la conformité de croyance, il n'en resta pas moins l'ennemi le plus acharné des chevaliers Teutoniques; il fit alliance avec Wassili II, fils de Dmetri IV Donski, grand prince de Russie; il voulut entraîner dans cette confédération la fameuse Marguerite de Waldemar, reine de Suède, de Norvège, et de Danemarck, mais cette princesse persista dans sa neutralité; Jagellon, qui avait pris le nom d'Uladislas, mit sur pied une armée de 160,000 hommes composée de Polonais, de Lithuaniens, de Russes, et de Tatares. Les chevaliers de l'ordre firent un appel à toute l'Allemagne, dont ils étaient le bouclier; la nation germanique y répondit; l'Autriche, la Bohême, la Saxe, la Bavière et la Silésie, leur envoyèrent des troupes; des preux français, anglais, espagnols, allèrent offrir au grand-maître de marcher sous ses bannières. Conrad de Zolern attendait de grands services de ces étrangers, il les accueillit avec empressement, il se plut à combler de caresses Boucicaut, que les chevaliers de l'ordre Teutonique avaient déjà vu combattre dans leurs rangs; 100,000 soldats, bien supérieurs à ceux de Jagellon, se trouvèrent réunis sous les enseignes de l'ordre; ainsi, près de 300,000 combattans allaient se trouver en présence : le Nord n'avait pas vu depuis long-temps une aussi grande réunion d'hommes armés. Conrad de Zolern mourut au milieu de ces préparatifs ; il eut pour successeur Conrad de Wallenrod, dont le caractère n'était pas aussi élevé que celui des autres grands-maîtres ; pendant que l'on faisait les dispositions préliminaires de la campagne, le comte de Douglas, seigneur écossais, accouru au secours des chevaliers Teutoniques, fut lâchement assassiné par les Anglais dans les rues de Kœnisberg : ce banneret avait secondé, six ans auparavant, l'amiral Jean de Vienne et Enguerand de Couci dans leur invasion en Angleterre. Boucicaut se lia d'amitié avec lui, les Écossais de la suite de Douglas n'osèrent pas élever la voix contre un attentat aussi épouvantable ; le chevalier français, généreux autant que brave, ne songea qu'à venger son ami ; il annonça hautement aux Anglais que, s'il se trouvait parmi eux quelqu'un qui voulût soutenir que ce meurtre n'était pas la trahison la plus insigne, il se tenait prêt à le lui prouver les armes à la main ; les Anglais ne répondirent rien à ce défi : «Si les Écossais, dirent-ils, ont à se plaindre de nous, qu'ils jettent leur gage de bataille, nous le relèverons ; nous sommes en paix avec la France, et nous ne voulons pas engager de querelle particulière qui pût faire rompre la trève.» Les hostilités, qui commencèrent sur ces entrefaites entre les chevaliers Teutoniques et les Polonais, vinrent faire diversion à ces débats.

Boucicaut avait levé et organisé un corps de 300 cavaliers; il demanda à marcher constamment à l'avant-garde; l'armée du grand-maître prit l'offensive; elle se divisa en trois corps; le premier marcha sur Wilna, capitale des états héréditaires de Jagellon; le second se dirigea sur Danebrog, appartenant à la Russie; et le troisième traversa la Courlande, pays neutre, pour aller se rendre maître du golfe de Riga; Boucicaut marchait en tête de cette dernière colonne avec ces 300 cavaliers et 400 Bretons, Normands, Gascons ou Picards; il perça jusqu'à Hapsal, aux confins de la Livonie et de l'Ingrie : jamais les Français n'avaient visité ces lieux, même du temps de Charlemagne. La chronique dit que Boucicaut fit construire une forteresse sur la côte afin de faciliter la descente dans une île voisine, qui pourrait bien être l'île d'Oëzel; les Russes lui livrèrent des combats sanglans pour l'empêcher de fortifier cette île, mais ils ne purent le contraindre à renoncer à son projet : l'hiver vint terminer la campagne de 1390. Jagellon et les confédérés, effrayés des pertes qu'ils avaient faites, montrèrent des intentions pacifiques; Marguerite de Waldemar se porta pour médiatrice, et on signa un traité de paix définitif.

La guerre une fois terminée, Boucicaut quitta le Nord pour se rendre à Paris, où Charles VI l'appelait (1391); les services qu'il avait rendus aux chevaliers Teutoniques dans la dernière guerre avaient augmenté sa renommée; il fut accueilli avec une grande distinction : le duc de Bourbon venait d'arriver de son expédition d'outre-mer; tous deux ils avaient rehaussé la gloire du nom français, l'un sous les glaces du nord, l'autre sur les plages brûlantes de l'Afrique. Boucicaut trouva la cour à Tours, sa ville natale; il fut reçu par le roi dans le palais qu'avait longtemps occupé son père, Jean Le Meingre. « Le maréchal votre père est inhumé dans cette ville, lui dit le monarque en le voyant, on nous dit que vous êtes né dans ce même appartement; je l'ai choisi pour vous conférer la charge de maréchal. » Le lendemain, jour de Noël 1391, le roi lui donna le bâton. Boucicaut prêta serment entre les mains du duc de Bourbon; il succéda au sire de Blainville; il n'existait alors que deux maréchaux de France; il fallait commencer par être second maréchal avant d'être premier : Boucicaut ne fut élevé à cette dernière dignité qu'en

1412. Louis de Sancerre était premier maréchal en 1391, Boucicaut comptait alors à peine vingt-cinq ans; cependant tout le monde le trouva digne de succéder au sire de Blainville: il faisait la guerre depuis treize ans. Sa nouvelle position aplanit les difficultés qui s'opposaient depuis long-temps à son union avec Antoinette de Turenne, dont il était vivement épris; plusieurs princes de l'Allemagne, et même un prince du sang de France, Charles d'Anjou, aspiraient à la main de la fille du comte de Beaufort; Boucicaut fut préféré, et reçut pour dot de sa femme les comtés d'Alais et de Beaufort, ce qui le rendit un des plus riches seigneurs du royaume: le bonheur de sa nouvelle union augmenta encore l'ardeur qu'il mettait à se montrer digne des faveurs dont le roi le comblait. Une mission fort délicate, qu'il remplit à Bordeaux à la fin de 1393, auprès du duc de Lancastre, lui fournit l'occasion de prouver que son habileté dans les négociations égalait sa bravoure dans les combats. Le conseil de France lui ordonna de se rendre avec le maréchal de Sancerre et Renaud de Roye à Avignon, pour aviser aux moyens de faire cesser le schisme qui divisait l'Église. Comme Boucicaut joua un rôle important dans l'affaire de ce schisme, nous croyons nécessaire de donner quelques développemens à l'origine de ces fatales divisions, qui furent une des plaies du règne de Charles VI (1394).

Grégoire XI (Pierre Roger) fut le dernier pape que l'Église gallicane donna à l'Église universelle; il quitta le siège d'Avignon, revint à Rome le 17 janvier 1377, et finit ainsi ce que les Italiens appellent *la captivité de Babylone*; il mourut au Vatican le 27 mars 1378; de violentes querelles s'élevèrent à l'occasion de l'élection de son successeur; les seize cardinaux réunis élurent le Napolitain Prignagni, qui prit le nom d'Urbain VI; ils auraient bien voulu élire un Français, mais la populace de Rome, qui entourait le conclave, se montrait animée de fureur, et menaçait de massacrer les cardinaux si on ne choisissait pas un Italien; après l'élection on garda les cardinaux à vue; mais, sous prétexte d'aller prendre l'air au bord de la mer, ils se rendirent à Fondi, dans la terre de Labour, à l'entrée du royaume de Naples; là ils déclarèrent que l'élection avait été violentée; ils se joignirent à six autres cardinaux qui n'avaient point assisté au conclave précédent, et ils élurent Robert, de la maison des Comtes de Genève, qui prit le nom de Clément VII; dès ce moment il y eut schisme; la chrétienté se partagea entre ces deux pontifes; la majeure partie de l'Italie, l'Angleterre et l'Allemagne, reconnurent Urbain VI; la France, l'Espagne, l'Écosse, Naples et Chypre reconnurent Clément VII.

Urbain VI prêcha une croisade contre la France, qui s'était mise dans l'obédience de son compétiteur; détesté des Romains, au milieu de qui il ne se croyait pas en sûreté, il transporta le Saint-Siège à Pérouse, et mourut en 1389, laissant une mémoire odieuse; son rival mourut cinq ans après lui sans avoir guère mieux mérité l'estime des peuples. Clément VII s'était étroitement lié avec Louis d'Anjou, régent pendant la minorité de Charles VI. « Ils se vendirent réciproquement le clergé de France, disent les auteurs de l'Art de vérifier les dates; Clément accordait des décimes au duc d'Anjou, qui lui laissait prendre la moitié des bénéfices; jamais abus de graces ne fut porté plus loin; l'université de Paris, qui se voyait frustrée du prix légitime de ses travaux, et que le scandale du schisme affligeait, défendit avec courage les libertés de l'Église gallicane et ses propres droits. Elle porta un coup mortel à Clément VII par un mémoire dont Nicolas Clémengis fut l'auteur; le savant docteur y présenta un projet de pacification dont la sagesse frappa le conseil de France ; Clément en conçut tant de colère qu'il fut frappé d'une apoplexie qui le mit au tombeau, le 16 septembre 1394. Il laissa dans ses coffres 300,000 livres, provenant des décimes de France. La mort de Clément VII et d'Urbain VI ne finit pas le schisme ; Thomacelli fut élu pape à Rome le 2 novembre 1394, sous le nom de Boniface IX, par les cardinaux de l'obédience d'Urbain VI, et Pierre de Luna, Aragonnais, fut élu à Avignon, le 28 septembre 1394, par ceux de l'obédience de Clément VII ; le dernier prit le nom de Benoît XIII, mais avant son élection il avait souscrit l'acte par lequel les cardinaux firent le serment de réunir tous leurs efforts pour coopérer à la fusion des deux sièges, et promirent individuellement d'abdiquer même le pontificat si on le jugeait indispensable pour parvenir à ce but tant désiré.

Pierre de Luna, légat en France, avait dit devant toute la cour que s'il succédait à Clément VII il ferait cesser le schisme à quelque prix que ce fût ; mais une fois élu, il refusa de tenir des promesses aussi solennelles : c'est alors que le maréchal Boucicaut fut envoyé vers lui au nom du roi de France, afin de le déterminer à se démettre de la pourpre papale ; mais Pierre de Luna répondit évasivement sans vouloir se décider franchement. Le conseil de France, et principalement le duc de Bourbon, qui dirigeait dans ce moment les affaires publiques, ne voulant rien négliger pour faire cesser un schisme qui portait le trouble dans le clergé et jusqu'au sein des familles, députèrent vers l'Aragonnais une pompeuse ambassade, dans l'espoir qu'une pareille démarche le toucherait : le duc d'Orléans, frère du roi, les ducs de Bourgogne et de Berri, quarante docteurs ou jurisconsultes, se rendirent à Avignon, supplièrent le pape de se démettre, et allèrent jusqu'à se jeter à ses genoux ; Benoît XIII se montra inflexible ; les princes se retirèrent fort mécontens ; Louis d'Orléans seul se laissa gagner par Pierre de Luna. Aussitôt que l'ambassade fut de retour à Paris, le clergé s'assembla, et déclara se soustraire avec le roi à l'obédience de Benoît XIII, sans toutefois se prononcer en faveur de Boniface IX ; les cardinaux, assemblés à Avignon, approuvèrent cette résolution, et annoncèrent à Benoît qu'ils allaient le déclarer anti-pape ; les deux cardinaux de Terracine et de Pampelune, qui restèrent dévoués aux intérêts du pontife, lui conseillèrent d'user de violence pour arrêter ce projet ; Benoît ayant demandé quelques jours pour se décider, profita de ce délai pour faire venir des troupes du

Roussillon, qui appartenait au roi d'Aragon son compatriote et son plus fidèle allié.

Benoît introduisit dans son palais 900 soldats espagnols qui s'y cachèrent pendant la nuit; mais les cardinaux, ayant été avertis à temps, se retirèrent à Ville-Neuve, sur les terres de France, et implorèrent l'assistance de Boucicaut, qui dans ce moment était occupé à défendre les domaines du comte de Beaufort, père de sa femme, contre les troupes de la reine de Naples; Jeanne ne pouvait pardonner à la maison de Turenne le refus de la main de l'héritière de cette famille, qu'elle avait demandée pour son fils.

Boucicaut connaissait les dispositions peu bienveillantes de la cour de France pour Benoît; il accourut au secours des cardinaux, cerna, avec 1,000 soldats, le palais d'Avignon, fit prisonniers les Aragonnais, à la grande satisfaction des habitans, s'empara de la personne du pape, et d'après les ordres qu'il reçut de Paris, il tint Benoît dans une captivité assez dure (1395). Ainsi, c'était le troisième pape qui, depuis vingt-cinq ans, se voyait assailli dans Avignon par des hommes armés; les *Tard venus* avaient imposé de force une rançon à Urbain V.

Le maréchal laissa le sire de la Vieuville à Avignon, comme commandant des troupes françaises, et se rendit en Bourgogne pour hâter la levée des nobles que Jean de Nevers allait conduire en Hongrie; la famille de Boucicaut s'était toujours montrée très-dévouée à Philippe-le-Hardi, duc de Bourgogne; ce prince demanda que le maréchal accompagnât son fils et partageât cette tutelle avec le sire de Couci.

Le règne de Charles VI fut bien désastreux; cependant il est à remarquer que, du vivant de ce prince, il se fit plus d'expéditions que dans les deux siècles précédens réunis; tandis que une partie de la noblesse dérogeait par l'intrigue au caractère qu'elle tenait de ses ancêtres, l'autre partie se consolait des malheurs de la patrie en volant à des exploits lointains; dans l'espace de dix ans on avait vu, outre les campagnes de Flandres, de Guyenne et de Gueldres, les expéditions particulières de Couci en Ecosse et en Lombardie; celle de Boucicaut en Prusse, celle de Louis de Clermont en Afrique, celle de Louis d'Anjou dans le royaume de Naples, celle du comte d'Armagnac en Italie, enfin celle du sire de Bettancourt, seigneur normand, aux *Iles fortunées* (les Canaries), qu'il avait conquises et dont il avait formé un royaume; maintenant on allait en Hongrie attaquer le formidable Bajazet. Toutes ces entreprises eurent des résultats à peu près nuls, mais elles augmentèrent la gloire de la France à une époque où tous les autres royaumes de la chrétienté voyaient éclipser la leur.

Philippe-le-Hardi donna à son fils, outre des troupes levées dans ses états, une espèce de garde formée de chevaliers bourguignons, dont il confia le commandement au maréchal Boucicaut : on distinguait parmi ces gentilshommes Gui de la Rochefoucault, le sire de Pontallier, Jean de Croy, Guillaume de l'Aigle, Robert de Saveuse, et le sire de Courtivron.

Euguerand de Couci ayant été envoyé en Provence au moment où les Français partaient pour la Hongrie, il ne put accompagner Jean de Nevers, que Philippe-le-Hardi avait confié à ses soins; le maréchal Boucicaut le remplaça seul dans l'exercice de cette tutelle; le jeune prince, déjà fort réservé dans son amitié, montrait cependant pour ce général une prédilection singulière; ils avaient une grande conformité de caractère; tous deux étaient froids et peu expansifs. Le prince bourguignon avait vingt-trois ans, le maréchal vingt-sept; ce dernier conduisait à sa suite 75 chevaliers levés dans ses domaines ou dans ceux de sa femme; on voyait dans cette compagnie Pierre Lebarrois, Godemart de Linières, Renaud de Chauvigni, Robert de Milli, Jean d'Egreville; les pleurs que Marguerite de Flandres répandait sur son fils Jean de Nevers, en le voyant partir, semblaient présager les malheurs qui devaient signaler cette expédition.

Les Français firent, auprès de Bude, leur jonction avec Sigismond et l'armée hongroise (1396); la campagne s'ouvrit par le siége de quelques places que Bajazet possédait dans la Valachie; la conquête de ces villes coûta beaucoup de sang aux chrétiens; les Turcs opposaient à l'impétuosité française cette supériorité de tactique qui leur donnait alors de si grands avantages sur les autres peuples; la ville dont la soumission demanda plus d'efforts fut Croja, en Valachie, aujourd'hui place ruinée, mais qui pendant long-temps fut un des boulevards de la Porte; la vaste enceinte de cette ville était défendue par un ruisseau qui passait dans les fossés, et un large pont couvert par des ouvrages avancés; elle renfermait une garnison de 6,000 hommes d'excellentes troupes.

Boucicaut fut chargé de forcer le pont; le gouverneur y avait placé un détachement considérable; le maréchal l'attaqua avec vigueur pendant deux jours consécutifs, et l'emporta enfin après avoir perdu beaucoup de monde; les

Turcs se firent hacher dans les palissades; le pont étant pris, les murailles offraient de ce côté un accès facile, attendu que le ruisseau, ne rasant pas le pied des remparts, laissait un espace assez large pour permettre de faire les dispositions de l'escalade; ce fut aussi à ce moyen que le général français eut recours; il se transporta dans une forêt voisine, y fit confectionner un nombre considérable d'échelles, et les fit amener au camp; il les distribua pendant la nuit, et au point du jour il donna le signal de l'assaut, les échelles furent aussitôt appliquées; les assiégés, ayant prévu cette attaque, avaient ramassé sur le haut des murs quantité de pierres, de poutres, de morceaux de fer; ils les firent pleuvoir sur les assaillans; les échelles, construites à la hâte, ne pouvaient soutenir un pareil choc, elles furent pour la plupart brisées, et les soldats tombèrent accablés sous le poids des pierres et des madriers; une seule échelle resta debout, c'était celle de Gui de Chevernon, qui portait la bannière de Boucicaut; cet audacieux guerrier parvint jusqu'aux créneaux, et malgré les efforts de l'ennemi, il voulait y planter l'étendard de son maître; les Turcs se réunissent contre lui, arrachent de ses mains la bannière, et en font un trophée. Gui de Chevernon fut précipité au pied des remparts, et mourut quelques heures après; Boucicaut sentait vivement la perte de son pennon; sur les deux autres points, Sigismond et le connétable d'Eu avaient été repoussés dans l'attaque qu'ils avaient entreprise pour favoriser celle du maréchal. Le conseil réuni décida la levée du siège, mais Boucicaut s'y opposa hautement; l'idée de laisser sa bannière entre les mains des Turcs le désespérait; il proposa de recommencer l'assaut du côté du pont, le seul point qui offrît quelques chances de succès; cette tentative ne fut pas plus heureuse que les précédentes, mais ni Boucicaut, ni les chevaliers, ni les soldats, n'en furent rebutés; tous se montrèrent le lendemain plus déterminés que jamais à monter à l'escalade; cette résolution si long-temps soutenue effraya les Musulmans; ils avaient perdu l'élite de leurs soldats, ils pouvaient être pris d'assaut, et dans ce cas les vainqueurs avaient le droit de les passer au fil de l'épée; ils arborèrent le drapeau parlementaire, et se rendirent en demandant la vie sauve et la liberté d'emmener les bagages; Boucicaut y souscrivit; mais ces conditions déplurent à Sigismond; depuis qu'il faisait la guerre aux Turcs, il ne leur accordait jamais de quartier, car les Mahométans s'étaient montrés si cruels envers ses soldats, que les Hongrois jurèrent sur l'Évangile de ne laisser échapper aucune occasion d'user de représailles; ainsi, malgré les efforts des Français à défendre la garnison de Croja, elle fut entièrement passée au fil de l'épée; une centaine de Turcs furent sauvés par des chevaliers bretons et normands.

Les difficultés qui s'offraient à chaque pas, la vigoureuse défense des Ottomans, auraient dû rendre les chrétiens plus circonspects, et leur montrer la nécessité de mettre plus de réflexion dans leurs opérations; nous avons déjà dit, dans la vie d'Enguerand de Couci, qu'à la tête des Français on voyait une foule de jeunes seigneurs sans expérience et sans discipline; l'amiral Jean de Vienne et le sire de Couci tâchaient de modérer cette fougue, Boucicaut ne put les seconder; l'attachement qu'il portait à Jean de Nevers, son intime liaison avec ce prince, ne lui permit pas de différer d'opinion; d'ailleurs, le fils du duc de Bourgogne était d'un caractère tel, que les observations les plus sages ne pouvaient rien sur son esprit, et c'eût été rompre avec lui que de ne point partager son aveuglement.

Au moment de l'apparition de Bajazet, on mit en délibération si l'on marcherait sur-le-champ à l'ennemi sans avoir égard aux avis de Sigismond, ou si l'on n'agirait qu'en seconde ligne derrière les Hongrois; le maréchal Boucicaut soutint l'opinion du connétable d'Eu, qui voulait fondre sur les Turcs tête baissée; cette déférence inconsidérée prenait encore sa source dans l'intimité qui unissait Philippe d'Artois au maréchal depuis que celui-ci avait partagé volontairement la captivité du prince français à Damas; nous ne chercherons pas à excuser Boucicaut, car notre but est de peindre les hommes et non de les juger.

Nous avons déjà fait le récit de la bataille de Nicopolis (1); après avoir détruit les 8,000 tirailleurs à cheval dont Bajazet avait couvert le front de son corps de bataille, les Français se trouvèrent en face d'une double ligne d'infanterie, la meilleure troupe de l'Asie; ces Turcs armés d'arcs, dont ils se servaient avec une rare supériorité, firent tous à la fois leurs décharges: « Si druement, que oncques gresil (grêle) ne goute de pluie ne churent plus espoissement du ciel; là eschoient les flèches, qui en peu d'heures occirent hommes, chevaux à grande foison. (Chronique sur Boucicaut, p. 103.)

---

(1) Voyez les détails de cette bataille dans la Vie de Couci.

Les armes à feu de nos jours n'auraient pas été d'un effet plus terrible; le sire de Couci voulait que l'on exécutât un mouvement rétrograde afin de se mettre, pendant quelques instans seulement, hors de portée du trait; la seule bonne manière de vaincre cette redoutable infanterie c'était de lui faire épuiser ses flèches (1), et de l'aborder ensuite à la lance ou à l'épée; mais Boucicaut, écoutant moins la prudence que son bouillant courage, fit repousser cet avis: « Beaux seigneurs, s'écria-t-il, que faisons-nous ici, nous l'airons-nous en cette manière larder et occire lâchement; eh! sans plus faire, assemblons vistement à eux et les requérons hardiement et nous escherons ainsi les traits de leurs arcs. » A peine eut-il prononcé ces mots, que l'on s'élança vers la ligne ennemie; les chevaliers, quoique armés pesamment, préféraient combattre à pied; la majeure partie abandonna les chevaux en les faisant passer en arrière; Boucicaut resta sur son cheval ainsi que le sire de Couci, Philippe d'Artois, Jean de Nevers, et quelques autres; il s'enfonça dans les plus épais bataillons, et en fit une boucherie horrible; il

---

(1) Chaque fantassin turc avait quarante flèches dans son carquois. (Instituts de Tamerlan, Londres, 1765, p. 76.)

se trouva bientôt séparé de ses compagnons d'armes, n'ayant avec lui que le comte de la Marche, « qui le plus jeusne estoit, ne encore barbe n'avoit. » Ces deux preux passèrent sur des monceaux de cadavres pour faire leur jonction avec le sire de Couci et le comte de Nevers, et battirent ensuite en retraite vers le camp; enfin il fallut céder au nombre; 300 guerriers, seul reste de cette belle armée, furent enfermés au milieu de 50,000 Turcs, qui les prirent exténués de fatigue; à l'exception de 5, tous furent dévoués à la mort; Boucicaut, nu comme les autres, passait lentement devant Bajazet pour aller recevoir le trépas; sa vue fit tressaillir le comte de Nevers; les pleurs de ce prince touchèrent l'ame du terrible vainqueur, qui laissa la vie au maréchal (1); le sultan aurait bien pu reconnaître Boucicaut, car dix ans auparavant il s'était trouvé aux fêtes données à Pruse par Amurath à l'occasion du mariage de son fils, qui était ce même Bajazet; on a tout lieu de croire que le sultan le reconnut plus tard pour ce paladin français qui avait resté trois mois à la cour de son père, puisqu'il se relâcha en sa faveur de la sévérité dont il usait envers les

---

(1) Voyez la Vie d'Enguerand de Couci.

autres prisonniers; il lui permit de passer dans l'île de Metelin, dont le gouverneur vénitien, Jacques Gatilufio, avait fait la guerre en Prusse avec lui; la confraternité d'armes fut de tous les temps un lien puissant; deux hommes n'oublient point qu'ils ont en compagnie couru de grands dangers; Gatilufio s'offrit pour caution du maréchal envers les marchands de Metelin, qui prêtèrent au général français 100,000 écus d'or, à peu près le prix de la rançon qu'exigeait Bajazet; mais au lieu d'employer cette somme à racheter sa liberté, Boucicaut la fit servir à soulager la misère de ses compagnons d'infortune et reprit ses fers; il sauva ainsi la vie à ces prisonniers; car les Turcs les traitaient avec une dureté telle, que plusieurs moururent de faim faute d'avoir de quoi acheter des alimens; la différence de religion inspirait aux Musulmans une haine implacable contre les chrétiens : quatre siècles n'ont pas affaibli ce fanatisme délirant.

Enfin, après huit mois d'attente, Châteaumorand arriva à Burse; il apportait des présens et les 200,000 écus d'or exigés pour la rançon des six prisonniers, mais à peine cette somme fut-elle comptée que le sire de Couci, Philippe d'Artois et le jeune comte de Bar moururent des suites de leurs blessures; Jean de Nevers, Boucicaut et quatre ou cinq autres seigneurs, furent les seuls qui revinrent en France; leur aspect fit couler bien des larmes; une foule de mères, d'épouses, allèrent au devant d'eux lorsqu'ils arrivèrent à Paris, et leur demandèrent à grands cris des nouvelles des objets de leur sollicitude; elles ignoraient encore que les plaines de Nicopolis avaient tout dévoré, et que les six chevaliers qu'elles voyaient avaient seuls survécu à ce grand désastre.

LIVRE III.

Boucicaut revient en France. — Le roi l'envoie en Périgord pour faire rentrer dans le devoir le rebelle Archambaud. — Boucicaut soumet les places fortes de cette province et fait prisonnier le comte; le maréchal se rend à Constantinople. — Il est nommé connétable de l'empire. — Il bat les Turcs et revient en France chercher de nouveaux secours.

Louis de Rochechouart, seigneur de Mortemart et de Pérusse, avait rendu des services éminens à la monarchie en formant, au commencement de 1366, la ligue des seigneurs aquitains, dans le but de faire rentrer le Poitou sous l'obéissance de la France, dont cette province avait été séparée par le traité de Brétigni; mais Louis de Rochechouart avait perdu dans cette noble entreprise ses biens et sa liberté. En 1368 il soutint, aux portes de Tonnay-Charente, un combat opiniâtre contre le prince Noir lui-même, commandant sur ce point des forces supérieures; il fut pris après avoir fait des prodiges de valeur, et paya une forte rançon. Charles V, après l'avoir réintégré dans ses domaines, ne trouva pas de meilleure manière de récompenser son dévouement que de l'appeler *son cousin*(1), dans les chartes et actes publics; mais tous les grands feudataires ne suivirent pas l'exemple de ce seigneur. L'Angleterre conservait de nombreux partisans parmi la noblesse du midi; Archambaud, comte de Périgord, petit-neveu du cardinal Talleyrand, fit pour Henri de Lancastre, usurpateur du trône de Richard II, ce que le sire de Mortemart avait fait pour Charles V; il eut de vifs démêlés avec la ville de Périgueux au sujet de privilèges dont il voulait la priver; les habitans fermèrent les portes, prirent les armes, et déclarèrent qu'ils sacrifieraient leurs biens et même la vie pour défendre leurs prérogatives et leur liberté (1398). Le roi de France les prit sous sa protection; Archambaud, piqué, réunit tous les brigands qui désolaient le pays, les organisa en troupe réglée, et se déclara hautement vassal de l'Angleterre; il dévasta la contrée, et s'empara de plusieurs places fortes; le conseil de Charles VI, craignant que la rébellion

---

(1) Bouchet, Annales d'Aquitaine, t. v. — Histoire du Poitou, Thibaudeau, t. III, in-12.

d'Archambaud n'amenât un mouvement général, avisa aux moyens de faire rentrer ce seigneur dans le devoir, il crut d'abord qu'il suffisait de l'admonester; en conséquence il lui adressa une lettre revêtue de la signature du roi, et conçue en ces termes : « Comte de Périgord, nous avons entendu avec d'autant plus de ressentiment le récit des violences que vous faites à nos sujets de la ville de Périgueux, qu'il y a de la honte d'apprendre de si étranges excès de la part d'une personne d'un nom illustre, et d'une réputation si établie dans les armes; vos ancêtres ont toujours été fidèles à la couronne de France, et vous profitez mal de leur exemple, d'encourir notre colère par des entreprises contre notre service, que nous serions obligés de châtier si nous ne jugions plus à propos d'user de notre clémence que de notre justice; ce sera pourtant à condition que vous ferez cesser les courses et les brigandages de ceux qui s'avouent de vous pour traverser le repos de votre pays; que vous arrêterez les incendies, et que vous vous rendrez en votre devoir auprès de nous, où nous avons dessein de vous bien recevoir, et de vous bien traiter par la continuation de nos bonnes graces. » (Moine de St.-Denis, liv. 18, p. 393.)

Cette lettre ne toucha point Archambaud;

voyant l'Angleterre disposée à le soutenir, ce seigneur continua ses entreprises, et fit annoncer aux habitans de Périgueux qu'il les punirait de s'être adressés au roi. Le conseil de France résolut d'employer la force des armes pour faire rentrer le rebelle dans le devoir; l'intercession de Jean de Talleyrand, prince de Challais, chambellan de Charles VI, fut impuissante; le maréchal de Boucicaut reçut l'ordre de se rendre sur-le-champ en Auvergne, d'y réunir les garnisons des provinces centrales, et de marcher contre le seigneur félon. Le maréchal se rendit à Clermont-Ferrand, et avec son activité accoutumée rassembla un corps de 8,000 hommes : il fut secondé dans cette levée par Guillaume Leboutillier, sénéchal d'Auvergne. Il y avait à peine un mois qu'il était parti de Paris, et déjà il se trouvait sur les frontières du Périgord avec des forces imposantes; mais avant de pénétrer de vive force dans les domaines d'Archambaud, il envoya à ce seigneur le sire de Nangiac, pour l'engager à se soumettre volontairement aux ordres du roi; le maréchal offrit même d'employer ses bons offices pour le faire rentrer en grace. Sans donner aucune réponse à Boucicaut, le comte de Périgord fondit sur un détachement avancé, le tailla en pièces, et blessa grièvement

Robert de Milli, qui le commandait; le maréchal, indigné, forma une seule colonne de son armée, et pénétra dans la partie la plus riche des domaines de son ennemi; celui-ci, n'osant pas tenir la campagne devant un capitaine aussi habile, alla se renfermer avec ses deux sœurs, Éléonore et Marguerite, dans le château de Montagnac, forteresse réputée imprenable, à sept lieues de Périgueux; le maréchal l'y investit, après avoir pris Sarlat, Bourdeilles et d'Amberoches.

Montagnac avait été fortifié avec beaucoup de succès par le prince Noir, et depuis deux mois une forte garnison y avait été placée par le comte de Périgord; ainsi tout annonçait que la défense serait longue et vigoureuse. A peine Boucicaut eut-il établi son camp, que des sorties consécutives lui firent éprouver de grandes pertes; il fallut tout son sang-froid et sa présence d'esprit pour résister à ces attaques; il tenta deux assauts, mais ils ne furent pas heureux; les dispositions des fortifications rendaient l'escalade impossible. Le maréchal avait envoyé chercher des machines de guerre à la Rochelle; mais il fallait beaucoup de temps pour les transporter; enfin, ces machines de guerre arrivèrent : c'étaient des pierriers; la Chronique de Saint-Denis parle même de canons. Avant l'invention de l'artillerie, il importait peu qu'une place forte fût éloignée d'un point qui pût la dominer; Montagnac, inexpugnable pour des hommes armée de traits, se vit obligé de capituler parce que Boucicaut eut l'habileté de placer son artillerie sur des points dominant la ville ; nous disons l'habileté, car beaucoup de généraux, ayant des machines de guerre à leur disposition, ne savaient point s'en servir. L'artillerie du maréchal était composée de six pierriers, arme terrible qui précéda immédiatement les canons, et qui donna l'idée d'appliquer la poudre à des machines susceptibles d'un grand effet; outre ces six pierriers il y avait encore quatre canons : cette artillerie fit pleuvoir sur la ville une quantité considérable de pierres et de morceaux de fer. « Si prend à lancer grosses pierres d'engins, et de canons contre les murs, et si druement qu'un coup n'attendoit pas l'autre, dont ils abattoient la muraille à grands quartiers. » Cependant les effets de cette artillerie étaient bien bornés, car au bout d'un mois la ville tenait encore, quoique le jeu des machines ne discontinuât pas; enfin, on pratiqua dans le mur une brèche qui pouvait donner passage à six hommes de front. Le maréchal arrêta ses soldats, qui s'y élançaient; il voulait épargner à la ville les horreurs qui accompagnent une prise d'assaut; il somma une seconde fois Archambaud de se rendre prisonnier; ce seigneur, dont la valeur personnelle avait contribué à cette longue défense, ne put résister aux cris des habitans; il vint se mettre entre les mains du maréchal avec toute sa famille : le vainqueur l'envoya à Paris sous bonne escorte, et resta en Périgord pour conserver ses conquêtes et reprendre les places qu'Archambaud avait livrées aux Anglais (1). La vigueur qu'il avait mise

(1) Les éditeurs des Mémoires sur Boucicaut, l'historien Pilham, et Moréri lui-même, confondent Archambaud V avec son grand-père et avec son fils, ce qui fait une confusion inextricable; comme il est assez important de connaître l'époque où le Périgord sortit de la maison de Talleyrand pour être réunie à la couronne, nous avons cherché à éclaircir ce fait en prenant pour guide l'excellente chronologie des comtes de Périgord, du père Clément. Archambaud IV, que les mémoires prennent pour Archambaud V, fut père de Roger de Bernard; celui-ci laissa un fils, Archambaud V, révolté contre la France; ce dernier, conduit prisonnier à Paris, fut jugé par le parlement, qui le condamna à mort et prononça la confiscation de ses biens; mais le roi fit grace à ce baron, et le duc d'Orléans, qui convoitait la souveraineté du Périgord, donna à Archambaud V une somme assez forte pour qu'il se retirât à l'instant même en Angleterre. Il y mourut au commencement de 1399; mais l'arrêt de

dans ses opérations étonna et retint dans le devoir d'autres rebelles, qui se seraient déclarés ouvertement si Boucicaut eût échoué : la tranquillité fut rétablie pour long-temps dans les provinces méridionales.

Boucicaut venait de défendre d'une manière glorieuse les droits de la couronne; on le regarda comme le seul général capable de commander l'armée qu'on envoyait au secours de l'empire grec.

Jean Cantacuzene, premier ministre de Manuel Paléologue, avait si bien agi auprès du conseil de France, qu'enfin il avait obtenu les secours promis depuis long-temps à son maître. Philippe-le-Hardi, duc de Bourgogne, qui gouvernait souverainement, saisit ce prétexte pour éloigner cette noblesse bouillante, plus attachée au duc

---

confiscation n'avait pas été exécuté; Charles VI, dans un moment de lucidité, ordonna que le fils, Archambaud VI, fût réintégré; mais celui-ci ne fut pas plus sage que son père; il se révolta, se ligua avec les Anglais, fut jugé à son tour; on prononça la confiscation pour la seconde fois, et le comté de Périgord fut donné au duc d'Orléans; Archambaud VI voulut y rentrer après la bataille d'Azincourt dans laquelle il combattait pour Henri V; mais les Français l'en chassèrent de nouveau, et depuis cette époque le Périgord fut perdu pour sa famille.

d'Orléans, son rival, qu'à lui-même. De son côté la noblesse, dégoûtée des dissensions qui agitaient la cour, désirait s'éloigner de ce théâtre; les gens de guerre soldés, dont le seul talent était de combattre pour le prince ou de se livrer au brigandage, ne pouvaient plus vivre dans un pays en paix avec ses voisins; et, réduits à la plus profonde misère par l'intempérie des saisons, ils cherchaient avec avidité une occasion favorable de s'éloigner : on forma de suite une armée de 12,000 hommes. A cette époque, le gouvernement n'était obligé ni d'organiser, ni d'équiper, ni d'exercer les troupes; le duc d'Orléans se jeta aux pieds du roi pour obtenir le commandement de ces forces; le duc de Bourgogne le lui fit refuser; il craignait sans doute que ce prince ne fût plus heureux que son fils, et qu'il ne parvînt à acquérir une gloire dont l'éclat mettrait la maison d'Orléans au-dessus de la sienne. Il fit tomber le choix sur Boucicaut, à qui il portait un vif intérêt; d'ailleurs, le maréchal était dans ce moment le guerrier le plus en réputation, et le seul dont on pût disposer: Couci, le connétable d'Eu, La Trémouille, Blainville, avaient cessé de vivre; Sancerre était appesanti par l'âge; les soins de la couronne réclamaient à Paris la présence de Louis de Clermont, chef du conseil. Le maréchal avait séjourné à Constantinople et à Pruse, auprès de Bajazet; il connaissait la politique de ce sultan et la manière de combattre des Turcs; les malheurs de Nicopolis l'avaient mûri et le mettaient à même de montrer aux Grecs la ligne qu'ils avaient à suivre pour résister aux Ottomans : dans cette circonstance, voyons quelle était la situation des affaires de l'empire d'Orient.

Plus les sultans devenaient puissans, plus leur ambition augmentait; ils avaient conquis les provinces de l'empire grec, ils resserraient Constantinople de tous côtés, et l'avaient dépassé de plus de cent lieues vers l'occident, de sorte que cette capitale ne possédait pas deux lieues de territoire hors de son enceinte : il était facile de prévoir qu'elle tomberait bientôt elle-même au pouvoir du croissant. Cependant, cette ville avait des ressources; elle renfermait dans son sein une population plus considérable que celle des plus grandes cités connues, elle pouvait réunir dans ses murs 700,000 combattans; Venise, Gênes, et Pise, qui communiquaient avec elle par mer, l'alimentaient. Dans cette situation elle offrait un appât bien vif aux sultans, qui aspiraient à sa possession; et depuis cinquante ans tous leurs efforts ne tendaient qu'à s'en emparer; mais pen-

dant ce demi-siècle, des événemens importans
avaient retardé leurs agressions : les destins paraissaient se plaire à reculer la ruine de la ville
de Constantin. Et en effet, Amurath, après avoir
vaincu tous ses ennemis, donna la dernière bataille dont le gain, suivant lui, devait livrer Bysance à ses armes : il mourut au milieu de sa
victoire. Bajazet, plus terrible encore, se vit
appelé en Asie lorsqu'il allait fondre sur cette
ville avec des forces considérables ; après la soumission de la Syrie il revint à Pruse, et y réunit
de nouvelles armées destinées à la conquête de
Constantinople. La ligue de Sigismond et de la
chrétienté entière le força à porter ses coups sur
un autre point ; la victoire de Nicopolis lui coûta
30,000 hommes tués ou mis hors de combat par
des blessures graves ; il lui restait cependant assez de monde pour tenter de profiter de l'effroi
que son triomphe causait aux Grecs ; mais ses
soldats, peu accoutumés au climat de l'Europe,
demandèrent impérativement à revenir sous le
ciel plus doux de l'Asie : un prince qui ne tient
sa puissance que de ses soldats est forcé souvent
de se montrer docile, non-seulement à leurs désirs, mais encore quelquefois à leurs caprices.
Bajazet repassa donc avec beaucoup de regret le
détroit de Gallipoli, et remit à quelques années

plus tard l'exécution de son projet favori; pour en préparer les voies, il mit en usage tous les moyens que lui suggérait une politique astucieuse : les historiens grecs disent qu'il savait revêtir tour à tour, et suivant les circonstances, la peau du lion et la peau du renard.

Manuel Poléologe deuxième fils de Jean, s'était emparé de la couronne au préjudice de son neveu; celui-ci, nommé également Jean, trouva un protecteur dans Bajazet, qui lui offrit un asile dans sa cour, en promettant de le replacer sur le trône s'il voulait s'engager à lui faire la cession de Constantinople en échange de toute la Morée; on se demande pourquoi Bajazet, si formidable, avait recours à tout autre moyen que la force pour devenir le maître de Constantinople; c'est que les Turcs regardaient l'ancienne Byzance comme une ville sainte, et croyaient qu'une puissance surnaturelle la protégeait contre les entreprises armées; mais ces scrupules religieux s'affaiblirent peu à peu, et n'existaient déjà plus lorsque Mahomet II succéda à son père; le jeune prince grec accueillit les propositions du sultan, et fit avec lui une espèce de traité; en conséquence Bajazet, retenu en Asie, l'envoya sur le continent d'Europe avec un corps de 20,000 hommes; l'approche de Jean

Paléologue fit éclater une nouvelle révolution dans Constantinople, le peuple inconstant de cette cité se partagea d'affection; Manuel voyant que son parti était le plus faible, et ne voulant pas être la cause d'une guerre civile, abandonna volontairement le trône à son neveu, et se retira dans l'Occident afin d'éclairer les princes chrétiens sur les dangers qu'ils couraient tous en laissant prendre à la puissance turque un si grand accroissement; le nouvel empereur ne se crut pas lié par le traité qu'il avait conclu avec Bajazet, et, loin de céder au sultan la ville de Constantinople comme il s'y était engagé, il prit au contraire les mesures les plus énergiques pour mettre cette capitale sur un pied respectable de défense : les habitans savaient que Manuel pressait les secours promis par la chrétienté; ils secondèrent Paléologue, ne doutant pas que l'Occident ne marchât bientôt à leur secours; ils ne s'étaient point abusés. Le roi de France ordonna à Boucicaut de partir incontinent avec les troupes qui avaient servi à la conquête du Périgord, et d'aller attendre sur les côtes du Languedoc les flottes de Venise et de Gènes, qui devaient venir le prendre pour le conduire en Grèce; il ne faut point s'étonner de voir ces deux républiques servir toujours les chrétiens dans les expéditions contre les Turcs; le zèle religieux était pour bien peu de chose dans leurs motifs, la vérité est que leur prospérité commerciale diminuait à mesure que les Turcs faisaient des progrès, que leurs relations avec la Perse et le Levant se trouvaient déjà interrompues ; et comme ils exploitaient depuis deux siècles l'empire grec à leur profit, tout ce qu'ils redoutaient le plus était de lui voir subir le joug des mahométans, qui ne connaissaient que le sabre, et dont ils n'espéraient rien pour leur commerce.

Aigues-Mortes fut désigné pour le lieu du rendez-vous de la noblesse du midi; la flotte génoise mouillait dans ces parages depuis quinze jours ; Louis IX s'était embarqué dans ce port pour aller à la croisade : il paraît qu'en 1399 la mer ne s'était pas encore retirée au point où elle est aujourd'hui, car Aigues-Mortes est à présent éloignée de quatre lieues de la Méditerranée.

Boucicaut arriva dans cette ville le 15 mai, et y trouva réunis 8,000 hommes; un tiers de bandes soldées, un tiers de troupes de noblesse, et le reste de nobles volontaires; on distinguait parmi ces derniers Arnaud de Barbazan, Châteaumorand, de Torsai, de Milli, de Grancey, de Lagni, de Gestas, de Cervillon, etc. Ces troupes montèrent sur quatre vaisseaux et six frégates génoises; on devait trouver dans les ports de la république d'autres bâtimens, et la flotte vénitienne avait l'ordre d'agir de concert avec Boucicaut, et de l'attendre dans l'Archipel. On leva l'ancre à la fin de mai 1399, on alla aborder à Savone, où l'on prit des provisions de toute espèce et 1,500 arbalétriers; on cingla ensuite vers l'île de Chio, où l'on espérait trouver les Vénitiens, mais les vents avaient dispersé leurs vaisseaux; ils ne purent même pas se rallier dans la baie de Négrepont; Boucicaut, sentant que le moindre retard pouvait être fatal aux intérêts des Grecs, résolut de faire route sur-le-champ pour Constantinople, quoiqu'il n'eût à sa disposition que le tiers des forces maritimes destinées par les confédérés à forcer le canal des Dardanelles; il se dirigea donc vers ce passage si difficile à franchir, et détacha deux galères commandées par Châteaumorand et Torsai, en leur ordonnant d'éclairer sa marche, et de s'assurer si la mer de Marmara était libre; il les suivit d'assez près pour les secourir si elles étaient attaquées; l'événement justifia sa prévoyance; les Turcs, avertis de l'approche des chrétiens, rangèrent seize gros vaisseaux des deux côtés du débouché du canal; à peine les deux galères de Châteaumorand eurent-elles dépassé le détroit, qu'elles se trouvèrent enveloppées de tous côtés; Châteaumorand et Torsai, loin d'être étonnés de cette rencontre fortuite, laissèrent venir les Turcs à l'abordage, et les hachèrent sur leurs bords; les Génois, restés avec Boucicaut, effrayés de la supériorité de l'ennemi, refusaient d'aller au secours de Châteaumorand, et disaient qu'il valait mieux perdre deux galères que d'exposer la flotte entière à une défaite qu'on ne pourrait réparer; le maréchal repoussa cet avis; il frémit à l'idée de laisser accabler ses compagnons d'armes presque sous ses yeux; il déclara qu'il périrait plutôt que de ne pas voler au secours de ses amis, et contraignit les Génois à pénétrer dans le canal; le vent était favorable, la flotte des chrétiens cingla à pleines voiles sur celle des Turcs; la victoire ne resta pas long-temps indécise; les Français s'élançaient sur les vaisseaux ennemis avec un courage et une adresse qu'on aurait à peine attendus de la part d'hommes accoutumés à combattre sur mer; les Turcs prirent la fuite après deux heures de combat; leur vaisseau amiral alla se briser contre une chaîne de rochers, et coula à fond avec le commandant en chef et tout son équipage ; trois navires furent pris, le reste se sauva à la faveur de la nuit, et rentra dans la mer de Marmara ; c'est par ce triomphe inespéré que le général français annonça son arrivée aux Grecs ; cette victoire fut d'autant plus glorieuse, qu'à cette époque la supériorité des forces faisait tout dans les combats de mer ; il y avait encore moins de tactique que sur terre, et les rencontres étaient bien plus meurtrières ; l'ordre de bataille se prenait de front, au lieu qu'aujourd'hui il est de flanc ; les vaisseaux cherchaient à s'endommager à l'aide d'un éperon de fer dont on armait leur proue ; de nos jours les vaisseaux s'attaquent de plus loin et sous voiles ; la supériorité de talent peut donner la victoire, et en cas de mauvaise chance la retraite devient plus facile.

Le maréchal Boucicaut alla relâcher à l'île de Ténédos, afin de radouber ses vaisseaux et mettre à terre ses blessés ; il y trouva la flotte vénitienne avec une nouvelle division génoise, et deux frégates de l'ordre de Rhodes ; il prit le commandement de ces forces réunies, et se concerta avec les amiraux des deux nations pour entrer sur-le-champ dans le détroit ; peu de jours après on mit à la voile, et on s'engagea dans le canal ; on le passa sans accident, et l'on arriva en vue de Constantinople; en apercevant la flotte des chrétiens, les habitans poussèrent des cris de bonheur; Bysance ne douta plus de son salut, les Français accouraient à son secours.

Boucicaut dut s'applaudir de s'être hâté de passer le détroit, car depuis deux jours les Turcs attaquaient le faubourg de Péra, dont les Génois avaient fait l'entrepôt de leurs marchandises; à l'approche des chrétiens les musulmans abandonnèrent l'attaque, et se jetant sur leurs vaisseaux, ils s'enfuirent dans la mer Noire sans avoir le temps de charger leurs bagages.

L'empereur Manuel, que le vœu des Grecs avait rappelé, partageait le trône avec son neveu; il vint lui-même recevoir le maréchal à son débarquement, et le combla de caresses. Boucicaut arriva au palais impérial au travers d'une immense population ivre de joie; le peuple, dans ses acclamations, le nommait le sauveur de l'État: le général français brûlait de mériter ce titre par des services éclatans. Comme tous les hommes supérieurs, il connaissait le prix du temps, en conséquence il annonça à l'empereur que son intention était de prendre sur-le-champ l'offensive, autant pour relever le courage des Grecs que pour ôter aux Turcs cette confiance extrême qu'ils avaient en leur fortune, confiance qu'il regardait comme la véritable source de leurs succès; Manuel y souscrivit, et fit les dispositions nécessaires; il voulut passer la revue des troupes amenées par Boucicaut, et de celles qu'il lui donnait comme auxiliaires; la revue eut lieu sur l'hippodrome; l'armée se composait à peine de 10,000 hommes, mais tous excellens soldats; on y comptait 6,000 Français et 4,000 Génois ou Italiens. L'aspect de ces guerriers nourris dans les combats électrisa les Grecs; des souvenirs de gloire vinrent ranimer l'ardeur de ce peuple, que de longs revers avaient flétri; la revue étant terminée, l'empereur conduisit Boucicaut devant le front de l'armée, et lui déclarant qu'il le nommait grand connétable de l'empire, il lui ceignit l'épée, marque distinctive de cette dignité exercée avec tant d'éclat par Bélisaire et Narsès.

Manuel fut un des princes les moins médiocres du Bas-Empire; peut-être s'il eût commandé à un autre peuple son nom tiendrait dans l'histoire une place plus honorable; ne voulant pas rester tranquille spectateur des exploits du maréchal, il lui demanda la permission de l'accompagner comme volontaire; depuis la fin de la domination des princes latins, c'est-à-dire depuis plus d'un siècle, aucun empereur n'avait pris la cuirasse; Manuel organisa sur-le-champ, avec une activité incroyable, un corps de 6,000 Grecs, qu'il mit sous les ordres du maréchal; les Génois et les Vénitiens, intéressés au salut d'un empire dont ils se partageaient le commerce, avaient réuni une flotte nombreuse qu'ils placèrent également sous le commandement de Boucicaut; ce général en laissa une partie pour garder le détroit des Dardanelles, balaya avec les autres divisions les côtes de la Romélie jusqu'à Dercou, et détruisit tous les camps turcs établis le long de la plage; au bout de deux mois le territoire de Constantinople, qui se trouvait resserré jusques aux faubourgs, acquit un rayon de quinze lieues, ce qui ramena l'abondance dans cette capitale, et permit à ses habitans de faire des approvisionnemens considérables.

Cette expédition terminée, le maréchal ramena la flotte dans la rade de Constantinople; et après avoir donné à ses soldats quelques jours de repos, il remit à la voile avec la résolution de profiter, pour frapper de grands coups, de la guerre survenue entre Tamerlan et Bajazet; il aborda sur la côte opposée avec toutes ses forces, se proposant de faire une diversion puissante afin de forcer les Turcs à abandonner leurs possessions d'Europe pour défendre celles

d'Asie; il commença par attaquer une petite ville
située en face de Bysance, elle n'existe plus aujourd'hui, et son nom n'a point été conservé;
la chronique de Boucicaut, ainsi que l'histoire
du Bas-Empire, n'en font que désigner la place;
Bajazet s'était plu à l'embellir; il y avait fait bâtir
un superbe palais pour ses femmes; 8,000 Turcs,
qui s'y étaient retranchés, y furent taillés en
pièces ou précipités dans la mer; la ville fut
pillée et brûlée; elle n'avait point d'habitans,
parce que le *harem* et les esclaves chargés de
garder les femmes du sultan s'étaient retirés
dans l'intérieur des terres à l'approche des chrétiens; après ce succès, qui ouvrit la campagne
d'une manière brillante, le général français alla
tenter de prendre Isnik-mid, l'ancienne Nicomédie, dont Bajazet avait fait une des plus fortes
places de l'empire; les portes étaient recouvertes
de lames de fer qui les mettaient à l'épreuve des
coups de bélier et des plus terribles machines;
jamais on n'avait vu de murailles plus épaisses
et plus élevées, le sultan avait employé pour
les construire plus de 30,000 pionniers pendant deux années consécutives; l'ardeur dont les
Grecs et les Français étaient animés vint échouer
au pied de ces formidables remparts; on essaya
en vain de forcer les portes de fer; les échelles se

trouvèrent de la moitié trop courtes pour monter à l'assaut; les assiégés firent pleuvoir sur les assaillans des quartiers de pierres, des statues antiques mutilées, et même des statues entières (1), chefs-d'œuvre des artistes grecs du siècle de Périclès, et que les Turcs n'estimaient guère plus que des blocs de pierre ordinaires.

Boucicaut abandonna le siège ne voulant pas se consumer en efforts superflus, ni décourager ses soldats par des revers; la conquête de Nicomédie n'était pour lui d'aucune importance; il leva le camp, et se dirigea sur une autre ville appelée Koufti, dont les murs étaient mouillés par la mer de Marmara; elle fut enlevée de vive force, sans que les 10,000 Turcs qui la défendaient eussent le temps de se reconnaître; les Grecs montrèrent dans cette occasion une valeur peu commune, et secondèrent dignement leurs auxiliaires.

Dès que Koufti eut été détruit, le vainqueur se porta rapidement sur Chofta, défendue par une garnison turque de 3,000 hommes; on ne doit pas être étonné de la force de ces garnisons; dans le système des Ottomans, une place de guerre n'avait pas d'autres habitans, tout était

(1) Chroniques de Boucicaut.

soldat ; voyant que leurs remparts ne les défendraient pas contre l'ardeur martiale des Français, les assiégés eurent recours à un stratagème: ils remplirent les fossés de bois vert et de matières très-inflammables, ils en couvrirent même les murailles, et lorsqu'ils virent les chrétiens prêts à monter à l'assaut, ils mirent le feu à toutes ces matières ; en peu d'instans la ville entière se trouva enveloppée d'une épaisse fumée, ce qui n'empêcha pas de livrer l'assaut; Barbazan, Lajaille et Toligni arrivèrent aux remparts à travers des tourbillons de flammes, et sautèrent dans la ville avec une poignée de soldats; Boucicaut avait fait faire une énorme échelle avec deux entennes de frégate; on se précipita sur cette échelle si rapidement que le maréchal fut obligé d'en garder le pied pour écarter la foule; les Turcs, épouvantés de l'audace des chrétiens, ne songèrent pas à se défendre dans l'intérieur; la moitié de la garnison trouva moyen de gagner le rivage de la mer à la faveur du tumulte, l'autre partie fut passée au fil de l'épée.

Après ce triomphe, Boucicaut poursuivit le cours de ses succès, détruisit une infinité de petits forts sur les côtes de la Natolie, mais il se trouva déçu dans ses espérances; il avait compté que cette diversion attirerait les Turcs en Asie et leur ferait abandonner l'Europe, mais lui-même se vit obligé de quitter l'Asie pour voler au secours de l'Europe; pendant son excursion en Natolie la flotte turque, venant de la mer Noire, avait passé le détroit et attaquait Constantinople; les habitans persuadés qu'ils seraient bientôt secourus, leur opposèrent une vigoureuse résistance; Manuel et Boucicaut rembarquèrent donc leurs troupes avec une promptitude merveilleuse, et, favorisés par un bon vent, ils arrivèrent sur Péra au milieu de la nuit; les Turcs ne s'attendaient pas à une marche si rapide; ils avaient mis à terre la moitié de leurs soldats, qui se répandirent sur la grève et dans les villages voisins; le maréchal attaqua la flotte dégarnie de soldats, s'empara de la majeure partie des vaisseaux, et précipita dans la mer tout ce qu'il y trouva; cet exploit inattendu annonça le retour du général français aux habitans de Constantinople; le maréchal ne s'arrêtait pas dans le succès; le souvenir des désastres de Nicopolis et le désir de les venger enflammaient son zèle; il continua la campagne pendant deux mois avec le même bonheur; les Turcs, depuis cent ans accoutumés à vaincre, se virent enfin contraints de se tenir sur la défensive.

Les avantages immenses que Boucicaut venait de remporter en faisaient espérer d'autres, mais ces deux expéditions avaient coûté beaucoup de monde, car les Turcs savaient fort bien se défendre; l'armée se trouvait extrêmement réduite; il importait d'intéresser les princes chrétiens à la cause des Grecs, et d'en obtenir de nouveaux secours, à l'aide desquels on pût reprendre l'offensive l'année suivante, et mettre enfin l'empire grec dans une position assez prospère pour se défendre lui-même contre ses ennemis (1); en conséquence Boucicaut engagea Manuel à l'accompagner à la cour de France; profitant de la saison pendant laquelle on ne pouvait faire la guerre sur mer, l'empereur et le maréchal quittèrent Bysance, vinrent débarquer à Venise, et se rendirent à Paris, où ils arrivèrent en décembre 1400; on fit au monarque grec une réception dont le faste contrastait avec le dénuement dans lequel se trouvait l'État. 2,000 artisans, vêtus de la couleur distinctive de leur métier, allèrent

---

(1) Nous ne pouvons citer ici des historiens grecs nationaux, car il se trouve une lacune de trente ans dans la chronique bysantine; c'est ce qui explique pourquoi Le Beau et Gibbon, arrivés à cette période, sont obligés de puiser comme à une source première dans les Mémoires sur Boucicaut; ils n'ont pu trouver d'autorité plus compétente.

au-devant de l'illustre étranger; Manuel proposa de se déclarer vassal de la couronne de France, mais le conseil de Charles VI s'y opposa en disant que le roi se contentait du titre de protecteur de l'empire grec. L'empressement que l'on montrait pour Paléologue n'empêcha point d'accueillir Boucicaut comme il le méritait; on devait en effet beaucoup de reconnaissance à ce guerrier, car pendant que la France éprouvait dans l'intérieur toutes les calamités qu'entraîne une administration désastreuse, il soutenait au dehors la majesté du trône et l'honneur de la nation; ce guerrier, rentrant dans sa patrie, trouva de grands changemens dans les mœurs; il ne put retenir son indignation en voyant les préceptes de la chevalerie méconnus; les femmes ne trouvaient plus de protecteurs; la bataille de Nicopolis avait fait beaucoup de veuves, grand nombre de châtelaines y avaient perdu leurs fils uniques; des chevaliers déloyaux profitaient de leur abandon pour les persécuter; des chefs de bandes s'introduisaient dans les châteaux des dames, et y commettaient mille outrages; pour réprimer de pareils excès, Boucicaut conçut l'idée de créer un ordre de chevalerie dont les membres s'engageraient à combattre à outrance les hommes assez barbares pour attaquer des femmes sans défense; la réputation qu'il venait d'acquérir dans l'Orient, et que la renommée avait encore augmentée, lui donnait l'autorité nécessaire pour un tel projet; un puissant seigneur sans célébrité y aurait échoué; Boucicaut fonda, avec la permission du roi, l'ordre militaire de *la Dame blanche à l'écu vert*; le nombre des chevaliers fut d'abord fixé à treize seulement.

L'institution de cet ordre militaire produisit des effets salutaires; en fixant à treize seulement le nombre des chevaliers de *la Dame blanche à l'écu vert*, Boucicaut avait voulu piquer l'amour-propre des nobles; mais il en augmenta le nombre, et comme on montra beaucoup d'empressement à y être admis, il le porta jusqu'à soixante; il exigea des preuves de dévouement pour les dames; il fallut produire des titres qui constatassent que l'on avait puni des violences faites à des châtelaines; dès ce moment on se mit à courir les aventures, à poursuivre les malfaiteurs discourtois; telles étaient les généreuses occupations de Boucicaut, lorsqu'un nouvel incident vint le porter sur un théâtre où son grand caractère devait jeter encore plus d'éclat.

LIVRE IV.

Boucicaut gouverne Gênes au nom du roi de France.

Il régnait en Europe, au commencement du quinzième siècle, une agitation extrême qu'il ne faut pas confondre avec la confusion du dixième siècle, appelé le siècle de fer; ici on retombait dans la barbarie, on voyait une fureur homicide que le temps semblait augmenter; là, au contraire, on distinguait l'aurore de la civilisation et le commencement des sociétés; les états se formaient, les mœurs s'adoucissaient, les terribles émigrations des peuples du Nord ou des Palus Méotides avaient cessé; chaque nation prenait un caractère distinctif, adoptait des coutumes particulières; toutes s'agitaient pour arriver à une position fixe, invariable; mais avant d'y parvenir elles avaient à passer par des épreuves terribles, et c'est ce qui explique la fermentation du moyen âge, et principalement celle du quinzième siècle.

Dans les circonstances actuelles, le Nord était occupé des querelles de l'ordre Teutonique avec la Pologne, la Lithuanie et la Russie; l'Allemagne et l'Italie étaient déchirées par les Guelphes et les Gibelins; l'Angleterre, par les factions de Richard II et d'Henri IV; la France, par la rivalité des deux maisons de Bourgogne et d'Orléans; l'Espagne, par les guerres continuelles de la Castille et du Portugal, mais rien n'égalait le trouble qui régnait dans Gènes; la violence des partis y était telle, qu'on avait à craindre qu'elle n'amenât la ruine totale de cette république; la fureur des Guelphes et des Gibelins y tenait du délire; on voyait peu de familles qui ne fussent désunies; le fils et le père différaient d'opinion; l'effervescence n'y connaissait plus de bornes; les maisons des patriciens devenaient des forteresses; une haute tour s'élevait au-dessus de chacune d'elles; les nobles soutenaient dans leurs palais des sièges en règles, et signaient des traités et des capitulations; on se livrait combat au milieu des rues; l'arme usuelle était le poignard; deux frères s'élançaient l'un sur l'autre et se donnaient la mort; on alla jusqu'à rechercher l'assistance des Turcs; chaque faction introduisit secrètement dans la place les farouches enfans de Mahomet; il arriva que ces musulmans se trouvèrent en présence sans le savoir d'avance, et refusèrent de s'entr'égorger pour les querelles des chrétiens ; cet exemple ne toucha point les Génois, et ne les rendit pas plus unis ; Bajazet, dont le regard de lynx voyait du fond de l'Asie ce qui se passait dans l'Europe entière, forma le projet de se rendre maître de Gènes en envoyant beaucoup de Turcs comme auxiliaires des deux partis ; Galéas Visconti promettait de le servir puissamment dans ses vues, mais d'autres soins plus importans appelèrent toute l'attention du sultan du côté de la Perse, envahie par Tamerlan.

Au milieu de cette terrible tourmente, Gènes vit élever dans son sein un de ces hommes extraordinaires que produisent les fortes commotions politiques ; ce fut Antoine Adorne ; il sut fixer les suffrages de ce peuple inquiet, et fut élu doge quatre fois ; l'auteur des Révolutions de Gènes le dépeint ainsi : « Il connut mieux l'art de s'élever que celui de se maintenir ; trop ambitieux pour se contenter du rang de sujet, trop faible pour remplir celui de maître, il passa sa vie dans une suite de brigues et de cabales ; il fut pour sa patrie un grand homme et un dangereux citoyen. »

L'historien oublie de dire qu'au milieu de son

ambition il était enflammé de l'amour de son pays, qu'il portait jusqu'à la passion ; il eût joué un bien plus grand rôle, et serait devenu le souverain-maître de Gènes, s'il eût eu un caractère plus mâle, plus décidé ; tourmenté par les deux factions, il ne sut point se mettre franchement à la tête de l'une pour dominer l'autre ; il était Gibelin au fond de l'ame, et cependant il favorisait les Guelphes, qu'il craignait ; il fit de grandes conquêtes, s'illustra par le gain de plusieurs batailles navales, mais aucun parti ne lui pardonna ses hésitations ; ils se réunirent tous contre lui ; les hommes les plus opposés d'opinion, les Fiesques, les Guarco, les Grimaldi, les Doria, les Fregose, se liguèrent pour le dépouiller du dogat ; fatigué de ces tiraillemens, Adorne fit réunir le peuple extraordinairement, et lui proposa de se donner à un prince étranger et chrétien, comme le seul moyen de mettre un terme aux dissensions domestiques. Cet expédient avait toujours eu un plein succès ; en 1311 la république se mit sous la protection de l'empereur Henri VII ; en 1131 elle reconnut pour souverain Robert, roi de Naples, et en 1353 elle choisit pour maître Jean Visconti, archevêque de Milan. Le peuple de Gènes souscrivit par acclamation à la proposition d'Adorne ; il n'avait point perdu le souvenir des services que Louis de Clermont, prince français, avait rendus à la république six ans auparavant par sa belle expédition d'Afrique. Damien Catanée et Pierre de Persi, les deux citoyens les plus considérés et les plus savans de la république, furent envoyés (1396) pour supplier Charles VI de vouloir bien accepter la cession de Gênes et de ses dépendances, cession consentie par le peuple et la noblesse; il n'y eut pas unanimité dans le conseil de France pour accepter ces propositions; on se défiait du caractère inconstant des Génois; on prévoyait la nécessité d'entretenir une armée dans ce pays; enfin la majorité, ne voyant que la gloire de la couronne, accepta la cession. Valerand de Luxembourg, comte de Saint-Pol, fut nommé gouverneur, et partit de Paris avec un petit corps de troupes et cent jeunes bannerets qui voulurent le suivre; il emmena également un intendant nommé Arnould Boucher, chargé de l'entretien de l'armée, portant le titre de *trésorier des guerres;* nous n'avons vu personne en possession de cet emploi avant lui.

Valerand de Luxembourg arriva à Gênes le 18 mars 1397; il fut reçu avec pompe; Antoine Adorne, qui avait continué ses fonctions de premier magistrat, le complimenta en assemblée publique au nom des citoyens de Gènes; il déposa ensuite sur la table de marbre son bonnet, son épée et les clefs, insignes de la dignité du doge, et alla se confondre dans la foule du peuple, car il était plébéien; il mourut le 15 juillet de l'année suivante dans sa maison de Castelfranco.

Le comte de Saint-Pol mit beaucoup de zèle à ramener le calme au sein de la république, mais son caractère manquait de cette énergie nécessaire pour comprimer les factions; il voulut gouverner les Génois par la douceur, on se joua de lui; d'ailleurs il avilit sa dignité en affichant un goût de galanterie qui choqua les Génois, extrêmement jaloux comme tous les Italiens. « Il leur déplut, dit le président Hénaut, pour avoir trop plu à leurs femmes. » Les chevaliers et les seigneurs de sa suite imitèrent son exemple; les Français en avaient agi de même en Sicile, et en dernier lieu en Écosse, sous l'amiral Jean de Vienne; au bout de six mois on fut obligé de rappeler Valerand de Luxembourg; Olivier Arnaud, son successeur, effrayé de la fureur avec laquelle les partis se déchiraient en sa présence, demanda de cesser ses fonctions après huit mois d'exercice; il eut pour successeur le sire de Calville, qui resta un peu plus de temps, mais les Génois ne furent point encore satisfaits de ce choix; ils voulaient un homme d'un grand caractère, revêtu d'une haute dignité, et dont la réputation militaire fût connue; enfin, ils désignèrent eux-mêmes Boucicaut; à cet effet ils députèrent à Paris deux patriciens pour supplier Charles VI de leur donner ce guerrier pour gouverneur; le maréchal, uni aux Génois, avait fait la guerre aux Turcs; ils l'avaient vu à leur tête porter la terreur dans toute la Natolie, chasser les musulmans de la Romélie, et délivrer Constantinople du voisinage de ses féroces ennemis; c'étaient là ses titres à leur confiance.

Le duc de Bourgogne, qui dirigeait les affaires de France, et dont Boucicaut était une des créatures, nomma ce général gouverneur de Gênes en lui donnant des pouvoirs illimités, et la liberté de faire ce qu'il jugerait convenable pour le bien du pays.

Boucicaut partit de Paris le 1er août 1401, et s'arrêta quelque temps à Tours; il y réunit 3,000 soldats, dont 1,500 à cheval, se dirigea ensuite vers Lyon, et arriva à Milan le 15 septembre; il y séjourna pour attendre les renseignemens qu'il avait demandés sur la position de la république; il apprit avec étonnement que l'anarchie la plus affreuse y régnait; une nouvelle révolution avait éclaté ; le parti contraire à la France venait de triompher, Boccanegra et Franchi Luzardo en étaient les chefs ; le premier, jeune encore, appartenait à une des plus illustres familles ; il avait commandé les galères de la république, et s'était couvert de gloire dans plusieurs combats livrés aux Turcs et aux Vénitiens ; son audace égalait son ambition ; il forma une conspiration pour massacrer tous les partisans de la domination étrangère, et s'emparer du pouvoir ; si tous les conjurés avaient eu sa résolution, le succès le plus complet aurait couronné son entreprise ; mais il est difficile de réunir un grand nombre d'hommes tous également décidés ; le sire de Calville, désigné comme la première victime, eut le temps de se retirer dans la citadelle avec quelque peu de troupes françaises ; par une contradiction inexplicable, Boccanegra, agissant visiblement contre les intérêts de Charles VI, prit le titre de *capitaine du roi*, s'arrogea la suprême puissance de sa propre autorité, sans avoir reçu aucune autorisation de la cour de France ; il commença par exercer son ressentiment sur ses ennemis personnels ; chaque jour de son pouvoir improvisé fut marqué par quelque trait de cruauté.

Boucicaut reçut à Milan beaucoup de nobles

génois, qui s'étaient soustraits avec peine aux fureurs de Boccanegra; le maréchal les renvoya à Gênes annoncer son arrivée, et l'intention qu'il avait d'infliger aux rebelles les châtimens les plus terribles; la nouvelle de l'approche de ce général étranger épouvanta ces républicains si fiers; Boucicaut parvint aux portes de la ville le 1er octobre 1401; il s'était avancé lentement pour avoir le temps de bien prendre ses mesures; la moitié de la population vint au-devant de lui jusqu'à deux lieues; le maréchal, dont les fatigues de la guerre avaient rendu la physionomie encore plus sévère, ne répondit rien aux acclamations d'une populace volage; il était revêtu d'une brillante armure et monté sur un cheval richement caparaçonné; une nombreuse musique militaire le précédait; il entra dans la ville par la principale porte, sur le haut de laquelle on avait replacé le drapeau français; ses 3,000 soldats marchaient très-serrés, bannières déployées comme pour entrer dans une place conquise.

Le premier soin du maréchal fut d'occuper sur-le-champ les postes les plus importans; il mit des gardes aux portes avec ordre de ne laisser sortir personne; il se dirigea à cheval vers le palais du gouvernement; il y fut reçu par les principaux patriciens. « Je viens, leur dit-il, gouverner Gènes au nom de Charles VI, mon maître; les bons ne doivent rien craindre de moi, ils sont assurés de ma protection; mais je vais livrer à la rigueur des lois les factieux qui ont osé se révolter contre l'autorité du roi. » Après avoir terminé son discours, il combla de caresses et de prévenances les Génois qui avaient été persécutés à cause de leur attachement au régime français, et le soir même il fit arrêter Boccanegra et Franchi Luzardo; ces deux chefs de conjurés, jugeant le nouveau gouverneur d'après ses prédécesseurs, avaient dédaigné de se mettre en sûreté par une prompte fuite; le lendemain le maréchal composa un tribunal devant lequel il les traduisit en les accusant de haute trahison; il les fit juger d'après les lois génoises, qui étaient fort sévères à cet égard; comme la rébellion était patente, les juges furent contraints de les condamner à mort; l'exécution fut renvoyée au jour suivant; les amis de Boccanegra passèrent la nuit à chercher un moyen pour enlever les deux condamnés au moment où ils marcheraient au supplice; l'entreprise offrait des difficultés insurmontables à cause de la vigilance des troupes françaises; le moment fatal étant arrivé, Boccanegra et Luzardi furent conduits au lieu de l'exécution par un détachement de soldats français. Boccanegra, monté le premier sur l'échafaud, refusa de se mettre à genoux et de placer sa tête sur le billot; il lutta quelque temps avec le bourreau; enfin, il lui fallut céder à la force, et sa tête tomba au second coup; mais pendant cette querelle, Luzardo resté au pied de l'échafaud, profita du tumulte qu'elle occasionait; il eut l'adresse de tromper la surveillance de ses gardes, s'esquiva, et se perdit dans la foule; il se réfugia dans l'église de St.-Dominique; ses amis coupèrent les cordes qui lui tenaient les bras liés derrière le dos, et il sortit le soir même de Gènes.

A la nouvelle de cette évasion Boucicaut se montra extrêmement irrité; il condamna à mort l'officier commandant le détachement de garde, et le fit exécuter sur-le-champ; il mit à prix la tête de Luzardo, et fit raser sa maison; cette manière d'agir inspira une crainte salutaire au peuple génois, accoutumé à la licence. Dès ce moment le maréchal résolut d'étouffer les germes de discordes en déployant une sévérité inflexible, et d'arriver à son but par une route tout opposée à celle que Valerand de Luxembourg avait tenue; il prononça la peine de mort contre les individus, de quelque classe qu'ils fus-

sent, qui porteraient un poignard; il désarma
les Génois, et ne leur laissa que les couteaux de
table; il condamna à perdre le poing tout citoyen qui en provoquerait un autre en l'appelant *Guelfe* ou *Gibelin*; il établit une police
très-sévère dans les rues, et surtout dans les
églises, où les rixes les plus violentes avaient
toujours lieu; il fit raser les tours des maisons
des nobles (nous avons dit qu'elles servaient de
forteresses); il abolit les charges de consul, de
connétable de l'empire et de gonfalonier, qui
donnaient trop de pouvoir au peuple; il interdit
les confréries des pénitens, parce que, sous prétexte d'actes religieux, les agitateurs se réunissaient pour conspirer contre le repos public; il
rassembla le petit peuple, les désœuvrés, les
gens sans profession, dont les places publiques
regorgeaient, et les contraignit de travailler aux
deux forts qu'il faisait élever sur la montagne
de l'Ouest à l'entrée du port. Il existait un vieux
fort nommé *le Castelletto*, sa position était inexpugnable, car il dominait la ville sur tous les
points, mais il pouvait à peine loger 100 hommes
de garnison; Boucicaut construisit sur le même
lieu une citadelle vaste et capable de contenir
3,000 soldats et beaucoup de vivres; il abattit
l'église Saint-Honoré, trop voisine de la place,

et dont on pouvait se servir contre celle-ci en cas de siège, et la fit réédifier dans l'intérieur de la forteresse; au-dessus de la place du nouveau Castelletto on plaça l'inscription suivante, composée par Jiovanni Stella écrivain distingué de cette époque.

> Francorum regis titulos et jura reservans
> Arx excelsa loco tibi Janua presidet isto,
> Mille quadragentis uno currentibus annis
> Condita magnanimo nunc sub *Lemeigle* Joanne
> Regnis hic marescalus tua sceptra gubernat
> Trans hominem solers, et pacis cultor et æqui,
> Ergo diù gaude sub tanto rege beata.

Tout homme qui résistait à l'autorité était puni sur-le-champ très-sévèrement; les exécutions se succédaient avec rapidité; le peuple fut comprimé; il se soulevait pour rien lorsque les doges gouvernaient l'état, maintenant il tremblait au seul nom du guerrier qu'on lui avait donné pour le contenir, il rentra sans murmurer dans le devoir; une volonté forte et soutenue avait produit ce phénomène. La noblesse, toujours attaquée par les plébéiens, regarda le maréchal comme son défenseur naturel; les gens honnêtes, ennemis de tout excès, se rallièrent à lui et donnèrent plus de poids à son autorité;

le commerce reprit une nouvelle vie sous un gouvernement énergique; le port se remplit de vaisseaux; on ne songea plus qu'à former de ces entreprises maritimes qui avaient fait dans d'autres temps la prospérité de la république. Les huit années que dura le gouvernement du maréchal furent la période la plus paisible et la plus exempte de trouble; elles tiennent une place très-remarquable dans l'histoire de cette république. Les Génois, enthousiasmés, regardèrent Boucicaut comme un génie tutélaire, comme un homme supérieur destiné à relever leur grandeur passée. Craignant de se le voir enlever lorsque la première année de sa gestion fut écoulée, ils se hâtèrent d'envoyer à Paris deux ambassadeurs pour supplier le roi de nommer le maréchal gouverneur de Gênes à vie, ce qui leur fut accordé.

Si, malgré son inflexible sévérité, le maréchal réunissait tous les suffrages, c'est parce qu'il offrait l'assemblage des plus rares qualités : personne ne porta plus loin le désintéressement et la probité; les impôts, qu'il réglait lui-même, qu'il levait à son gré, étaient employés avec la plus religieuse exactitude à des travaux d'utilité publique, à l'équipement des flottes, à la solde des troupes; l'austérité de ses mœurs faisait l'admiration des Génois, qui aimaient chez les autres les vertus qu'ils ne professaient pas eux-mêmes; les historiens de la république, la plupart contemporains du maréchal, nous ont laissé de lui un portrait fidèle (1). « Cet homme, disent-ils, si terrible dans l'exercice de ses fonctions, était doux et affectueux dans sa vie privée, mais toujours froid et silencieux; dès qu'il paraissait en public son visage prenait un caractère de rudesse; sa justice égalait sa sévérité; dans leurs discussions journalières on entendait souvent les Génois dire, *Rends-moi justice, sinon Mgr. le gouverneur me la rendra.* Sa piété

(1) Voici le texte même de l'historien Giustiniano, page 163, l. iv (1537) :

.... « Il governatore fussi dotato di tutte quelle virtù che si ricercano in uno principe; era nel operare molto pronto, alieno da giochi et della conversatione delle donne, religioso e osservantissimo delle ceremonie christiane, elemosinaro, dedito al oratione, osservatore dei digiuni, e ogni giorno interveniva a due messe; liberale, gratioso, magnanimo, amatore della giustizia, e circonspetto piu certo che non se conveniva a baron francese; tal che si sperava che sotto in su governo la città devessi ristorare di tutti i danni e di tutte le tribulationi passate. »

(Nous ferons observer que l'orthographe de la langue italienne différait beaucoup dans le moyen âge de celle de nos jours.)

était sincère, elle inspirait le respect; il assistait chaque jour à deux messes; le vendredi il s'habillait très-simplement et tout en noir, en mémoire du fils de Marie; les autres jours de la semaine sa mise était magnifique, car il aimait beaucoup le faste; il quittait son lit de si bon matin que l'on avait coutume de dire qu'il était le premier levé dans Gênes; sa sobriété égalait celle d'un Spartiate; au milieu d'une table somptueuse il ne mangeait jamais qu'un seul plat de viande et quelques racines; il se montrait toujours très-libéral et très-charitable envers les pauvres; il se trouva moins riche en quittant Gênes qu'avant d'y arriver; les historiens italiens ne lui reprochent que sa sévérité, et son ardeur à servir le roi son maître; mais ce qu'il y a d'inexplicable c'est que ces écrivains le dépeignent comme un homme d'une taille colossale, tandis que les chroniques françaises s'accordent à dire qu'il était fort petit. Paolo Interiano dit, p. 151 : « *Per ciò Bouciart* (Boucicaut) *che sendo di natura feroce e di statura eccessiva*, etc.» Foglietta s'exprime ainsi : « *Il quale essendo natura feroce e di alta statura di corpo, e nell' aspetto molto terribile*, etc.» Du reste, nous adoptons leur opinion.

Après avoir ramené le calme dans l'intérieur

de la ville, après avoir habilement pourvu à tous ses besoins et avoir imprimé à l'administration une marche ferme et uniforme, Boucicaut songea à faire rentrer sous la domination de Gènes les villes qui s'y étaient soustraites à la faveur des dissensions élevées au sein de la métropole; il se proposa ensuite de venger les outrages que le commerce avait essuyés de la part des barbaresques d'Afrique, enfin, de rendre à la république son ancienne splendeur en enlevant aux Vénitiens l'empire de la mer; le maréchal avait à peine trente-six ans; il avait lieu d'espérer de pouvoir exécuter tous ces projets; il s'occupa sur-le-champ d'organiser un corps de 6,000 arbalétriers, dont il choisit les soldats parmi les habitans de la rivière de Gènes; il l'équipa et l'arma parfaitement, le prit à sa solde pour cinq ans, sauf à renouveler l'engagement à l'expiration du traité; il leur promit sur sa parole d'honneur que la paye ne manquerait pas un seul jour; ces arbalétriers, fiers de marcher sous les ordres d'un capitaine célèbre, voyant devant eux des avantages réels, se vouèrent entièrement à son service, et lui restèrent fidèles.

Le maréchal fit reprendre les travaux du port et les constructions des vaisseaux, rassembla des matelots pour monter une flotte considérable, qu'il se proposait de mettre bientôt à la mer; en attendant que ces préparatifs maritimes fussent terminés, il se mit à la tête de 3,000 arbalétriers et de 1,500 Français, et marcha sur Savone, occupée par les troupes milanaises; il les en expulsa, et se porta ensuite sur Monaco, dont les habitans subissaient le joug de Nice et de la Savoie; il y pénétra de vive force, tailla en pièces les soldats d'Amédée, et reconquit cette place; depuis Monaco jusqu'à Porto-Venere tout rentra sous la domination génoise; à son retour Boucicaut fut reçu en triomphe; quelques jours après sa femme et sa sœur arrivèrent; les habitans allèrent au-devant de ces nobles dames, et pour leur faire honneur ils s'habillèrent de vert, la couleur du maréchal. Ayant trouvé la flotte assez nombreuse pour tenter quelque entreprise, le gouverneur prépara une expédition dont le succès devait le placer bien haut dans l'opinion des Génois.

Famagouste, capitale de l'île de Chypre, appartenait à la république; Janus Lusignan, qui venait de succéder à son père dans la souveraineté de ce pays, s'indigna que la ville la plus considérable de cette île reconnût d'autres lois que les siennes; il somma Guarco, le gouverneur génois, de lui en ouvrir les portes; sur son refus il vint l'investir avec une nombreuse armée en jurant qu'il ne se retirerait pas avant d'avoir pris la ville, ou lorsque ses cheveux seraient devenus blancs; il avait alors vingt-deux ans. Guarco se défendit avec courage et envoya demander des secours à la république; Boucicaut mit à la voile le 13 avril 1403, soumit en passant l'île d'Elbe révoltée contre la métropole, et vogua ensuite vers l'île de Chypre, mais avant d'y aborder et de commencer les hostilités contre un prince chrétien, il voulut tenter la voie des négociations; il envoya le sire de La Faye auprès du roi de Chypre pour l'inviter à lever le siège de Famagouste, mais ce prince ne se montra pas disposé à céder aux désirs du maréchal; La Faye rejoignit son maître et lui fit part du refus de Lusignan : « Allons, s'écria le maréchal, puisque le roi de Chypre veut la guerre, donnons lui satisfaction. » Il fut obligé de stationner pendant quelque temps sur les côtes de la Grèce pour attendre Châteaumorand, qui avec une division navale était allé conduire l'empereur Manuel à Constantinople; ce prince n'avait pu rien obtenir de la chrétienté, mais ayant appris que Bajazet venait d'être vaincu par Tamerlan, il se hâtait de retourner dans ses états pour profiter des chances favorables que la fortune pourrait lui offrir; Châteaumorand ayant rejoint la flotte avec ses quatre galères, on marcha contre le roi de Chypre.

Le nom de Boucicaut, les forces que la république déployait en imposèrent tellement au jeune Lusignan, que ce prince se soumit aux conditions qu'on voulut bien lui imposer; les principales furent de signer un traité de trente ans et de payer 100,000 ducats pour les frais de la guerre; Janus demanda une entrevue au maréchal; ce guerrier le reçut à bord du vaisseau amiral; le roi lui offrit en témoignage d'estime une boîte de bois précieux renfermant 20,000 écus en or; Boucicaut refusa ce riche présent, se trouvant assez payé par le plaisir d'avoir rétabli la bonne intelligence entre Gênes et le roi de Chypre; le maréchal tourna alors ses vues d'un autre côté.

Venise, affaiblie par ses querelles intestines et par les revers que les Turcs lui avaient fait essuyer, s'était vue dans la nécessité de signer une trêve avec la république de Gênes, son éternelle rivale, qu'elle cherchait toujours à dominer et à tenir dans une sorte d'abaissement; le sénat vénitien avait vu avec douleur la France prendre possession de Gênes; les succès de Boucicaut, son entreprise contre l'île de Chypre, ses conquêtes sur le littoral de la Méditerranée, l'alarmèrent vivement; il se persuada que sous la conduite d'un homme aussi valeureux, aussi entreprenant, les Génois reprendraient, avec l'empire de la mer, toute leur ancienne influence, et que d'un moment à l'autre Venise elle-même serait attaquée; Boucicaut avait l'intention de faire tout ce que le sénat redoutait, à l'exception près de l'agression à main armée; il voulait élever Gènes au-dessus de sa rivale, et y parvenir sans rompre les traités existans, mais en ouvrant de nouvelles voies au commerce, en détruisant les repaires des pirates de la côte d'Afrique et de Syrie, en attaquant les possessions turques d'Europe, en dominant enfin dans la mer Noire et dans l'Archipel; ce plan était beau, vaste et sage.

Michel Steno, doge de Venise, devinant les projets du maréchal, se mit en mesure de les traverser; il rassembla une flotte considérable, dernière ressource de l'État, et la confia à Carlo Zeno, le plus habile marin de la chrétienté, quoique borgne. Les instructions données à cet amiral portaient de veiller à la sûreté des villes maritimes de la Grèce; de croiser constamment dans toute l'étendue de l'Archipel, d'observer la flotte génoise, de la suivre sans l'attaquer, et de s'opposer seulement aux hostilités qu'elle pourrait commettre sur les terres de la république ; le sénat voulait éviter une rupture, car Venise se trouvait dans l'impossibilité de soutenir une guerre un peu vive surtout contre la France, protectrice de Gènes.

Zeno partit de Venise avec douze galères supérieures à celles de Boucicaut; il entra dans l'Archipel, visita les places fortes, en avertissant les commandans de se tenir sur la défensive; il se rendit ensuite à Rhodes, où il trouva la flotte génoise, et lui fit les saluts usités entre les vaisseaux de puissances amies. Boucicaut, malade dans ce moment, invita l'amiral vénitien à venir conférer avec lui à bord de sa galère, pour s'entendre sur l'expédition qu'il projetait contre les pirates de Syrie, ennemis du nom chrétien; Zeno répondit sèchement que les lois de son pays prononçaient la peine capitale contre l'amiral qui, en pleine mer, quittait son bord; ce refus mortifia extrêmement le maréchal; les Génois l'aigrirent encore davantage en lui faisant pressentir que Zeno n'avait éludé sa proposition que dans la crainte de tomber dans quelque piège.

Boucicaut leva l'ancre, et se dirigea vers les

côtes d'Afrique, doubla le cap Bond, longea le pays d'Alger, et arriva devant Tripoli, dont les habitans troublaient depuis cinquante ans le commerce de Gènes, et lui causaient des dommages incalculables; il voulait les attaquer chez eux, user de représailles, et les forcer par la terreur à respecter la république; le vent l'avait favorisé, et il espérait arriver sur la côte avant que Tripoli eût eu le temps de se mettre en défense; mais son étonnement fut grand lorsqu'il vit le rivage couvert de soldats; Zeno, guidé par cet esprit d'envie si commun aux Italiens, avait averti les Maures de l'approche de Boucicaut au moyen de navires très-légers qui gagnèrent de vitesse ceux des Génois. L'amiral vénitien ne considérait pas qu'il servait les intérêts de ses plus cruels ennemis, et s'aveuglait au point de ne pas voir que la rivalité des peuples de la chrétienté fondait la grandeur mahométane.

L'aspect de cette armée qui couvrait la plage n'intimida point le maréchal; il aurait cru compromettre sa gloire s'il s'était laissé arrêter un instant; il partagea sa flotte en trois divisions de quatre vaisseaux chacune; il prit le commandement de la première, donna la seconde à Châteaumorand, et la troisième à Jean de Culant; il ordonna le débarquement sur trois points. Les

Arabes s'avancèrent pour s'y opposer, et obscurcirent l'air de leurs traits; mais les arcs des Tripolitains étaient d'un effet bien inférieur à celui des arbalètes génoises; leurs javelots venaient frapper les armures des chevaliers français sans les fausser; ceux des chrétiens, perçant à chaque coup, intimidèrent singulièrement la foule des combattans dont la grève était couverte; Boucicaut, profitant de ce moment d'irrésolution, descendit le premier de son vaisseau, se mit dans l'eau jusqu'au cou, et arriva à l'ennemi avec une poignée d'hommes résolus comme lui; le débarquement s'effectua sur les deux autres points, et aussitôt on fondit sur les Arabes, et on les contraignit à prendre la fuite : ils abandonnèrent leur camp et leurs bagages.

Boucicaut alla le lendemain reconnaître les approches de la ville de Tripoli; il vit que les fortifications de la place la mettaient à l'abri d'un coup de main; il n'avait ni assez de troupes ni le nombre nécessaire de machines de guerre pour former un siège en règle; il renonça donc au projet de prendre Tripoli, mais il ravagea tout le territoire et détruisit plusieurs forts le long du rivage; il se rembarqua après avoir porté la terreur dans tous ces parages, longea ensuite les côtes de Syrie, et ayant rencontré des barques, des galiotes de Venise et de Candie chargées d'armes et de munitions destinées aux infidèles, ce qui était contre la foi des traités, il les coula à fond; il se croyait autorisé d'en agir ainsi, car il avait fait publier, dans l'Archipel et dans tous les ports de la Méditerranée, sa déclaration de guerre contre les Barbaresques. Il aborda le 20 septembre dans la rade de Beyrite, port très-riche, très-fréquenté, et l'entrepôt des pirates de la Syrie; les Vénitiens y avaient des comptoirs; le maréchal promit de les respecter, mais il ne voulut pas se rendre aux instances des marchands européens, qui lui demandaient de ne point attaquer la ville; les Génois, de leur côté, l'exhortaient fortement à l'investir en disant que les vaisseaux turcs, qui venaient porter la désolation jusque dans la rivière de Gênes, sortaient tous de Beyrite; cette considération l'emporta; le débarquement eut lieu, la ville fut prise après une vigoureuse résistance, et livrée au pillage; au milieu du tumulte d'une pareille scène il fut impossible au général français de faire respecter les comptoirs vénitiens autant qu'il l'aurait désiré; plusieurs furent saccagés. Zeno fut instruit de la prise de Beyrite; il se plaignit vivement au maréchal du pillage des comptoirs vénitiens, et demanda sur-le-champ des réparations et des indemnités; Boucicaut jura sur son honneur que l'on avait envahi les propriétés vénitiennes contre son gré, car il faisait la guerre aux infidèles et non à la république : « Quant aux dommages éprouvés par les comptoirs, dit-il, je ne puis les payer sur-le-champ; cette affaire doit être réglée administrativement par des commissaires des deux nations et dans un tout autre moment. »

Boucicaut, satisfait d'avoir prouvé aux Barbaresques que l'on ne s'attirait pas impunément la colère de Gênes, remit à la voile pour revenir dans son gouvernement; deux de ses vaisseaux étaient fortement endommagés, il en avait perdu un autre sur des bancs de rocher; ses soldats demandaient quelque repos, il se dirigea donc vers l'Italie, passa à la hauteur de Rhodes, et alla relâcher à Porto-Longo de l'île de Sapienza, sur les côtes de la Morée, près Modon; Zeno, qui le suivait de loin, manœuvra toute la soirée, fit force de voiles, et s'arrêta entre l'île de Caprara et celle de Sapienza; il envoya chercher à Modon deux fortes galéasses, des armes, et 1,500 hommes de renfort; l'île de Sapienza favorisait ses projets en cachant ses mouvemens à Boucicaut, qui ne pouvait voir pendant la nuit ce qui se passait de l'autre côté de cette île; le lendemain matin, 8 octobre 1403, le maréchal leva l'ancre et sortit du golfe de Zonchio, mais en même temps Carlo Zeno sortit de Modon avec toute sa flotte, en prenant les dispositions nécessaires pour livrer combat et couper aux Génois le chemin de l'Italie.

Boucicaut fut très-étonné lorsqu'il vit devant lui la flotte vénitienne; en même temps la côte de la Morée, depuis Modon jusqu'à Moron, se couvrait de soldats prêts à repousser les Génois dans le cas où ils voudraient chercher un refuge dans ce lieu; le général français se mit aussitôt en défense; les cris de *bataille! bataille!* poussés par les Vénitiens ne lui laissèrent plus de doute sur la nature de leurs intentions; il était clair qu'ils voulaient se venger de l'affaire de Beyrite; leurs forces étaient supérieures, leurs vaisseaux en meilleur état; les historiens italiens s'accordent à dire que le combat commença par une vive canonnade, mais il paraît qu'après cette première décharge les canons ne jouèrent plus; on ignorait l'art de les charger avec promptitude; on fut deux siècles à y parvenir. Boucicaut s'attacha à la galère de Carlo, et la fit attaquer par trois vaisseaux à la fois; l'un d'eux jeta sur le vénitien quantité de poix brûlante et de soufre enflammé; Zeno eut ses armes brisées et fut criblé de blessures; son vaisseau étant le plus fort et portant le plus de monde, fit une résistance opiniâtre; deux des trois vaisseaux génois, attaqués à leur tour, l'abandonnèrent; celui de Boucicaut, au contraire, continua l'abordage sur le côté gauche, et déjà les grapins avaient accroché le bord de l'amiral, 50 hommes s'y élançaient, lorsque celui-ci échappa à ce pressant danger par une manœuvre hardie dont les annales de Venise parlent beaucoup, et qui serait inexécutable avec les gros vaisseaux de nos jours; il fit rouler tout à coup sur le côté opposé les plus pesans fardeaux, et s'y jeta lui-même avec tout son équipage; ce mouvement violent rompit les grapins, fit pencher la galère et la sépara de celle de Boucicaut; les 50 Français élancés sur son bord furent jetés à la mer ou tués à coups de hache; deux bâtimens accourus au secours de l'amiral relevèrent son navire; alors le combat se rétablit et dura pendant quatre heures avec un acharnement incroyable; Boucicaut, écumant de colère, s'indignait que son ardeur fût renfermée dans les bornes étroites d'un vaisseau; attaqué à la fois par trois navires, que montaient Moncénigo, Loredano et Zeno, il faisait face de tout côté; sa valeur personnelle suppléa au nombre, il sortit victorieux de cette lutte; les pertes qu'il fit éprouver aux trois assaillans forcèrent les amiraux vénitiens à l'abandonner, mais le reste de la flotte génoise ne fut pas si heureux; il est vrai qu'elle était inférieure à celle des ennemis; Boucicaut, dégagé, courut au secours de Grimaldi, que deux galères attaquaient en proue et en flanc, il livra un nouveau combat qui fut encore plus rude que le premier; Jean de Loup fut tué d'un coup de hache à côté de lui; Louis de Culant, Guichart de Mage, Robert de Tholigni, Vincens de Causans, Richard de Monteil, Odoart de Chassaigne, le secondèrent dignement, mais les efforts de ces vaillans guerriers n'empêchèrent pas que la fortune ne se déclarât en faveur de leurs rivaux; déjà deux vaisseaux étaient tombés en leur pouvoir; Boucicaut fit rallier la flotte; les ennemis, fort maltraités, ne s'y opposèrent pas; Zeno réunit ses forces, et renonçant au dessein de couper le chemin au maréchal, il rentra dans Modon amenant trois galères génoises et 400 prisonniers parmi lesquels on distinguait les deux Grimaldi, Cassan Doria, le sire de Châteaumorand et Jean de Ony; il laissait entre les mains de ses adversaires une galère et une centaine de prisonniers; dans son rapport au sénat, l'amiral vénitien dit qu'il aurait remporté une victoire complète s'il n'avait eu à combattre que des Génois : il se plaint beaucoup de ses lieutenans, qui ne le secondèrent pas. (Ce rapport se trouve dans l'Histoire de Venise, par Laugier, tom. v, in-12, pag. 180.)

Boucicaut ayant rangé sa flotte en bataille, resta en vue de Modon sur les lieux mêmes où s'était livré le combat, comme pour attendre un nouvel engagement ; il ne détermina son mouvement sur Zante qu'après plusieurs heures d'attente ; personne ne l'inquiéta dans sa marche ; il ramenait sept galères génoises, et de plus une galère vénitienne prise à l'abordage.

Telle fut la bataille de Zonchio, célèbre dans l'histoire de cette époque ; Carlo Zeno se dit vainqueur, et Venise célébra son triomphe par de grandes réjouissances ; cependant la victoire était loin d'être complète, et Boucicaut avait lieu de se consoler de son malheur ; le Moine de St.-Denis et Juvénal des Ursins disent que le maréchal fut entièrement défait, et qu'il eut beaucoup de peine à se sauver sur un esquif. On voit que ces deux historiens étaient peu instruits de ce qui se passait hors de France ; ceux de Venise racontent le fait tel que nous l'avons rapporté.

Rien ne donne mieux une idée de l'influence exercée alors par la France sur le reste de l'Europe que l'empressement avec lequel Venise fit des excuses de la violation dont elle venait de se rendre coupable vis-à-vis de Gènes depuis peu unie à la couronne de France; lorsque le premier élan de joie fut passé, le sénat, voyant le danger dans lequel il s'était engagé, se hâta d'envoyer une magnifique ambassade à Paris pour faire au roi Charles VI des excuses d'avoir combattu des Français; le sénat adressa à ce prince un rapport infidèle dans lequel il accusait Boucicaut d'avoir été l'agresseur, et pour mieux prouver combien Venise était éloignée de vouloir entrer en hostilité avec le royaume très-chrétien, le sénat renvoya sans rançon Châteaumorand et les autres Français faits prisonniers; le sénat eut à s'applaudir de ces démarches auprès de la cour de France.

Le premier soin de Boucicaut, en rentrant à Gènes, fut de déclarer la guerre à la république de Venise, et avec son activité ordinaire il poussa sur-le-champ les préparatifs, et commença des armemens considérables; mais il fut bien surpris lorsqu'il apprit par le sire de la Vieuville, arrivant de Paris, qu'il avait été prévenu par les Vénitiens, qui avaient fait sur son compte des rapports mensongers; il reçut peu de temps après un ordre signé du roi, qui lui enjoignit de ne rien entreprendre contre Venise, et de faire exécuter les traités existans; cette décision fut pour lui un coup de foudre; le parti d'Orléans, alors en possession du pouvoir, se montra contraire à Boucicaut, une des créatures du duc de Bourgogne; d'ailleurs le conseil jugea qu'il n'était pas prudent de s'engager dans une guerre au milieu des embarras où se trouvait l'état; Boucicaut, esclave de ses devoirs, respecta les volontés du Roi; mais il se crut en droit de venger en son particulier son honneur cruellement outragé; le doge et Carlo Zeno l'avaient dépeint comme un provocateur fomentant la discorde; ils avaient même dénaturé les faits en rendant compte de la bataille de Zonchio; en conséquence, le maréchal envoya à Venise le sire de Monteil avec ordre de remettre au doge Michel Steno et à l'amiral Zeno un cartel portant le défi de se battre en champ clos dans le lieu de la chrétienté qu'il leur plairait, à toutes armes, à pied ou à cheval, dix contre dix, cent contre cent; il leur laissait même le choix de combattre sur mer avec une ou plusieurs galères (1).

(1) Ce cartel, extrêmement long, se trouve dans le 2ᵉ vol. de l'Histoire de Gènes, et dans le 33ᵉ vol. de l'Histoire universelle anglaise.

Le doge et l'amiral, satisfaits de conserver la paix avec Gênes et d'avoir obtenu une réponse favorable de la cour de France, comblèrent de présens le messager du maréchal, le renvoyèrent en disant qu'ils examineraient la proposition du général français, et cependant ils ne rompirent jamais le silence.

La preuve que la bataille de Zonchio ne fut point une défaite, c'est que les Génois, après avoir reçu Boucicaut avec mille témoignages de satisfaction, doublèrent la pension qu'ils lui payaient comme gouverneur; de 8,500 écus ils la portèrent à 18,625; depuis les quatre années qu'il régissait la république, il lui avait donné tellement de puissance, que les princes d'Italie s'empressèrent d'abandonner l'alliance de Venise pour celle de sa rivale; le seigneur de Padoue demanda à vivre sous la protection de Gênes; Agnès, comtesse de Pise, implora son assistance contre les Florentins; la Corse, révoltée depuis quinze ans, fut domptée; Boucicaut y envoya pour gouverneur un homme aussi sévère que lui, Ambroise Marini; la vallée de Voltri était remplie de brigands; on apprit qu'un prêtre les favorisait dans leurs courses, et qu'il les cachait souvent dans un prieuré; le maréchal fit arrêter ce religieux, ordonna qu'on le liât dans un sac de cuir, et qu'on le jetât à la mer; les supplications de l'archevêque ne purent sauver le coupable.

Mais tandis que tout pliait devant la volonté du gouverneur général, un proscrit, ce Luzardo échappé miraculeusement au supplice en 1401, ourdissait des trames contre lui et devenait son plus redoutable ennemi. Cet homme avait l'audace que l'on trouve souvent chez les Italiens lorsque la haine et le ressentiment les animent; vindicatif à l'excès, ardent à poursuivre ses projets, il voyait le but auquel il tendait sans songer aux obstacles qui l'en séparaient; sa constance les surmonta tous; il devint le principal instrument de la ruine de Boucicaut, et prépara la chute de la domination française en Ligurie.

Caché pendant long-temps dans les terres du seigneur de Varchi, Luzardo ne cessait d'envoyer des émissaires sur tous les points pour échauffer les esprits et se faire des partisans; il gagna Orlando Fregose et Cassan Doria, et les attacha à sa fortune. Il parvint à soulever les trois vallées de Besagno, de Polcevera et de Arocia; enfin, se croyant assez fort pour lutter à découvert contre le maréchal, il déclara la guerre en son nom à la république de Gênes, et rassembla toutes ses forces à Sassello, place extrêmement forte, appartenant au seigneur de Varchi.

Boucicaut ne voulut pas compromettre les hautes fonctions qu'il remplissait en marchant lui-même contre le rebelle; il envoya à sa poursuite 6,000 hommes, sous le commandement de Bartholomeo Grimaldi, auquel il donna des instructions si sages, que ce général, en les suivant ponctuellement, eut un plein succès. Luzardo tenta d'enlever la ville d'Arrezzano, mais les habitans le repoussèrent; rebuté par cet échec, et apprenant l'approche de Grimaldi, il voulut battre en retraite sur Sassello; il ne put y parvenir, car il se trouva coupé de tout côté: dans cette position Grimaldi l'attaqua, dispersa ses deux divisions, et le fit prisonnier avec Orlando Fregose. Le bruit de cet avantage porta la joie dans Gênes, car les patriciens et les honnêtes gens craignaient de voir triompher Luzardo, et ce n'était pas sans raison; déjà la populace s'agitait comme à l'approche d'une crise: la défaite du rebelle confondit ces criminelles espérances. Cependant, au moment où l'on s'attendait à le voir arriver chargé de chaînes, l'on apprit que ce chef de parti s'était échappé une seconde fois avec le secours de l'évêque et de quelques habitans d'Arrezzano (1404). Luzardo se réfugia chez le marquis de Montferrat ; à cette nouvelle, Boucicaut alla se mettre à la tête des troupes, afin d'étouffer la révolte qui semblait devoir être bientôt générale ; il s'empara de vive force du château de Sassello, qui avait servi de point de réunion aux rebelles, prit le marquis de Varchi, et pour prix de sa liberté il lui fit payer une rançon qui le ruina.

Après la conquête de Sassello le maréchal se porta avec rapidité dans la vallée de Chiavari, et y dispersa le reste de la bande de Luzardo ; il courut ensuite dans la vallée de Sturla, dont les habitans s'étaient levés en masse ; mais il apprit que leur révolte ne se rattachait point aux projets de Luzardo, et que leur pauvreté et l'impossibilité de payer les impôts en étaient le seul et véritable motif : il les exempta de la taille pour une année entière, et tout rentra dans l'ordre en peu de jours.

Boucicaut parcourut ensuite la rivière de Gênes, en comprimant dans plusieurs lieux l'esprit de rébellion qui s'y était déclaré ; il entra même dans les terres de Gerardo Appiano, prince de Piombino, ennemi déclaré de la république, et que le doge Adorne n'avait jamais pu dompter ; il lui imposa des lois et le condamna à payer une taxe annuelle de 10,000 florins d'or ; il contraignit également Facino Cane à signer un traité par lequel il s'engageait à respecter l'autorité de Gênes, dépendante de la couronne de France. Ce Facino Cane était un chef de bande très-redouté, aventurier heureux, commandant 10,000 hommes de bonnes troupes, général aussi habile que brave, et depuis quinze ans la terreur des princes d'Italie; il se faisait appeler *le fléau de la Lombardie, l'ami de Dieu et l'ennemi de tout le monde* (1).

Après ces glorieux travaux le maréchal rentra à Gênes au milieu des acclamations unanimes; il trouva la ville dans le calme le plus parfait; les historiens italiens font observer comme une chose extraordinaire que, pendant le gouvernement de Boucicaut, on cessa de se battre dans les rues, et de s'égorger à coups de poignard dans les églises.

Le maréchal, de retour à Gênes, reprit aussitôt le cours de ses améliorations; il augmenta

(1) Les auteurs de l'Histoire universelle anglaise disent qu'un petit-fils de ce Facino Cane, ou Scalle, se retira en France dans le quinzième siècle, s'établit à Agen, et devint la souche de la famille qui a donné aux lettres le fameux Scaliger; cependant les titres de naturalisation accordés en 1528 par François Ier à Jules César Scaliger ne font pas mention de cette généalogie.

les fortifications de la place, élargit les digues pour que la mer ne les franchît plus; il seconda le zèle de l'archevêque, qui cherchait depuis long-temps à réprimer la mendicité; cette énorme quantité de mendians qui couvraient le port, les places publiques, et remplissaient les églises, disparut comme par enchantement; une partie fut employée aux travaux extérieurs, l'autre fut placée dans les chiourmes ou renfermée dans de vastes bâtimens; ces oisifs étaient toujours aux ordres de celui qui pouvait les payer; les ambitieux trouvaient en eux de zélés partisans; l'historien Foglietta s'étend beaucoup sur cette salutaire réforme, et ne trouve pas d'expressions assez fortes pour en louer l'auteur.

Cependant, au milieu de ces importantes occupations, le maréchal observait l'esprit public; les tentatives de Luzardo lui révélèrent l'existence d'un puissant parti ennemi de la domination de Charles VI; le mécontentement perçait; les Génois commençaient à se lasser des Français comme ils s'étaient lassés des Napolitains, des Florentins, des Fiesques, des Grimaldi et des Adorne, et de tous les grands hommes qui les avaient gouvernés; Luzardo entretenait des liaisons dans la ville, les rebelles s'agitaient; cependant la masse des citoyens, quoique dominée par cet esprit d'inconstance propre au génie de la nation, rendait justice au mérite du gouverneur, se montrait reconnaissante des services qu'il rendait à l'État, et montrait la ferme résolution de ne rien faire pour conspirer contre son autorité. Le maréchal savait donc qu'il n'avait pour ennemis que des factieux isolés dont l'opinion générale condamnait les projets subversifs; il résolut de les épouvanter et de frapper de grands coups en employant de nouveau cette inflexible sévérité dont il s'était un peu relâché depuis que le calme avait reparu dans Gênes; tout à coup il reprend ses rigueurs, ressuscite les ordonnances de police de l'ancien sénat, recherche les partisans de Luzardo, surprend des correspondances et fait jeter à la mer les personnes qui les portaient; les propos tenus contre la domination française furent punis de mort; plusieurs citoyens chez qui on trouva des armes prohibées eurent le poing coupé; trente patriciens, reconnus ennemis du régime existant, furent exilés; parmi eux se trouva Guarco, depuis peu rappelé du gouvernement de Famagouste, et devenu le nœud de toutes les intrigues; ce patricien se retira à Pavie et se mit aussitôt en pleine relation avec Luzardo; il ne cacha plus ses projets hostiles contre le gouvernement de Gênes; Boucicaut le déclara ennemi de l'état, et promit 5,000 livres à celui qui lui apporterait sa tête; un pareil salaire était fait pour tenter beaucoup de monde dans un pays où les meurtres gratuits devenaient chaque jour plus communs; six bandits s'introduisirent chez Guarco et le frappèrent de mille coups de poignard; on s'attroupa autour de la maison aux cris des domestiques; les six bandits furent saisis au moment où ils sortaient emportant la tête du patricien; le peuple en furie s'empara de ces misérables, les attacha par les jambes à des taureaux, les fit traîner dans les rues, et joua un jour entier avec les lambeaux de leurs cadavres.

Les mesures énergiques de Boucicaut attérèrent les partisans de Luzardo; ils s'exilèrent eux-mêmes de Gênes; leur départ rendit la tranquillité à la ville; tous les symptômes d'inquiétude disparurent; un incident nouveau vint faire diversion aux troubles publics, et fournit un nouvel aliment à l'humeur inquiète des Génois.

Le funeste schisme d'Occident durait toujours, contre le vœu des princes de la chrétienté, qui avaient fait tous leurs efforts pour l'éteindre. Benoît XIII n'avait jamais voulu consentir à une cession généreuse; il s'était vu un moment abandonné de tout le monde, mais le duc d'Orléans avait relevé ses espérances en remettant la France sous son obédience; il devint alors plus fier que jamais, et crut faire un grand sacrifice en consentant à s'aboucher dans un pays neutre avec le pape de Rome Boniface IX; il choisit la ville de Gènes, dont les habitans, à l'instigation de la famille de Fiesque et de l'archevêque Piles Marini, l'avaient reconnu pour légitime pontife. Il partit de Villeneuve, près Avignon, s'embarqua à Marseille conduisant à sa suite 600 soldats déterminés et six galères, dont trois lui appartenaient; les trois autres lui avaient été prêtées par Boniface de Castellane, le plus puissant baron de la Provence. Il arriva à Gènes en 1404; l'appareil militaire qui l'entourait, le faste qu'il étalait, prévinrent en sa faveur; Boucicaut, gouverneur de la Ligurie, avait tenu quelques années auparavant ce même Benoît XIII prisonnier dans Avignon, mais voyant en dernier lieu un pape reconnu par la cour de France, il lui rendit les plus grands honneurs; le génie inventif des Italiens déploya toutes ses ressources dans la réception du pontife; on jeta un pont couvert très-élégant sur le vaisseau du pape pour que sa sainteté descendît plus commodément à terre. L'archevêque vint le recevoir à la tête de son clergé; Boucicaut, sans armure et vêtu de satin blanc, lui présenta les clefs du Castelletto, la principale forteresse. Benoît les prit et les garda, au grand étonnement des spectateurs. Deux cent soixante bourgeois vêtus de rouge formaient la haie.

Le pape, en habits pontificaux chargés de broderies, monta sur un superbe cheval, dont les quatre principaux citoyens tenaient les rênes; il traversa une foule de peuple qui se pressait sur son passage; de magnifiques tentures tapissaient les façades des maisons; des branchages d'oliviers, d'orangers et d'arbustes précieux, en couvraient le faîte; la grosse cloche sonnait par intervalle; on ne la mettait en mouvement que pour l'élection d'un doge, ou pour une victoire navale, ou pour annoncer que la patrie était en danger. Benoît XIII alla descendre au monastère de St.-François, où il logea; on construisit à la hâte une galère couverte pour qu'il pût communiquer avec le Castelletto; sa défiance était telle, qu'il voulut garder cette citadelle pour sa sûreté personnelle.

A peine Benoît XIII venait d'arriver, que l'on apprit la mort de Boniface IX; Benoît lui avait envoyé un évêque en ambassade pour lui proposer de se rendre à Savone, afin de s'aboucher ensemble. Le pontife de Rome reçut fort mal le prélat et traita Benoît d'antipape; l'évêque lui répondit avec véhémence; la chaleur de la dispute produisit une inflammation dans la vessie de Boniface, depuis long-temps attaqué de la pierre : le saint-père termina sa vie dans des douleurs aiguës. L'art de la taille, inventé dans Alexandrie, par le Grec Ammonius, ne se pratiquait plus; les chirurgiens du moyen âge connaissaient trop peu leur art pour hasarder de telles opérations.

Aussitôt que le conseil de France eut appris la mort de Boniface, il écrivit aux cardinaux de l'obédience de ce pontife, pour les supplier de différer à lui donner un successeur. Ces cardinaux ne tinrent point compte de l'invitation, ils se hâtèrent au contraire de procéder à l'élection d'un autre pape. Ils firent serment que celui d'entre eux qui serait élu mettrait tous ses soins à éteindre le schisme; mais, s'ils eussent réellement voulu y mettre un terme, ils n'auraient point donné un concurrent au pontife que la moitié de la chrétienté reconnaissait. Au bout de quinze jours (le 17 octobre 1404), ils élevèrent à la papauté Cosme Meliorati, sous le nom d'Innocent VII; les élections n'étaient jamais si promptes que lorsqu'elles servaient l'esprit de parti. Innocent, comme son prédécesseur, fit des promesses vagues, des protestations de sincérité et garda le siège; de son côté, Benoît XIII mit une taxe sur le clergé français, pour payer les frais de son voyage de Gênes (1), feignit de vouloir conférer avec Innocent, et lui demanda un sauf-conduit pour se rendre à Rome. Innocent répondit qu'il ne voulait pas traiter avec un fourbe. Son rival, au lieu de s'irriter de cette réponse, en fit un objet de triomphe; il prétendit que ce n'était pas sa faute, mais bien celle de l'antipape, si le schisme se perpétuait. Sur ces entrefaites, la peste s'étant déclarée peu de jours après l'arrivée de Benoît XIII, les Génois attribuèrent ce fléau à la présence du pontife et ne cachèrent plus leur mécontentement. Benoît, qui s'était retiré à Savone, ne se croyant pas en sûreté chez eux, reprit la route d'Avignon par Final, Monaco, Nice et Marseille. Ce départ fut très-agréable à Boucicaut, et lui laissait le loisir de suivre les projets d'agrandissement qu'il méditait, mais il n'en eut pas le temps; de nouveaux événemens vinrent lui remettre les armes à la main.

Le fameux Galéas, dont le courage, l'habileté

(1) Art de vérifier les dates. — Schisme du quinzième siècle.

et l'astuce avaient élevé si haut la puissance de la maison Visconti, était mort le 4 septembre 1402; il se trouvait déjà légèrement indisposé lorsque la nouvelle de la défaite de Bajazet, son ami, lui causa un saisissement tel, qu'il tomba dans des convulsions affreuses et expira à l'âge de quarante-cinq ans. Il avait eu la précaution de faire le partage de ses états qui comprenaient toute l'Italie septentrionale; il réserva à l'aîné de ses fils, Jean-Marie, le duché de Milan et ses dépendances; au second, Philippe-Marie, Pavie, Verceil, Alexandrie, Tortone, Vérone et Vicence; au troisième, Gabriel-Marie, fils naturel légitimé, Pise, Livourne et Crémone : le plus âgé de ces trois princes comptait à peine dix-sept ans. Les Pisans se révoltèrent trois ans après la mort de Jean Galéas, contre son fils Gabriel, et le chassèrent; mais ils ne purent se rendre maîtres de la citadelle, qui resta entre les mains des officiers du prince milanais.

Le jeune Gabriel implora l'assistance de son beau-frère, le duc d'Orléans, qui dans ce moment gouvernait la France; celui-ci donna l'ordre à Boucicaut de voler au secours du fils de Galéas, et d'user de tous ses moyens pour le rétablir dans ses états. De leur côté, les Pisans demandèrent la médiation du maréchal, qui se rendit à Pise avec deux galères seulement et 300 hommes de troupes; mais, soit perfidie, soit malentendu, les Pisans fondirent sur une de ces galères qui était entrée dans l'Arno, s'en emparèrent, prirent quelques Génois et le jeune Desbarres, neveu de Boucicaut. Les historiens italiens ont représenté cette surprise comme une défaite essuyée par le général français; mais si le maréchal s'était rendu à Pise dans l'intention de livrer des combats et de soumettre les rebelles par la force, il aurait amené avec lui plus de deux galères et plus de 300 soldats. Il savait fort bien qu'il fallait déployer des moyens plus respectables pour imposer des lois à une vaste cité qui pouvait, dans un seul jour, mettre sur pied plus de 20,000 hommes : il n'y venait qu'en médiateur, et dans le seul but d'apaiser des différends graves.

Boucicaut voyant, d'après l'attitude des Pisans, l'impossibilité de les dompter sans déployer toutes ses ressources, se retira pour ne pas allumer dans l'Italie une guerre générale dont on ne pouvait prévoir les résultats; il considérait d'ailleurs que la cour de France, déchirée par les dissensions domestiques, lui saurait peut-être mauvais gré de l'avoir engagée dans cette querelle : il rentra donc dans son gouvernement, amenant Gabriel auquel il offrit un asile honorable. Ce jeune prince, d'un caractère timide, paraissait fort dégoûté du monde et des tracasseries inséparables du pouvoir. Boucicaut, voyant ces dispositions, l'engagea à rompre tous ses liens avec la puissance souveraine pour goûter les douceurs de la vie privée; d'après ses conseils, Gabriel Visconti vendit aux Florentins la ville de Pise et la citadelle, qui était restée toujours entre les mains des officiers milanais; il fit à la France la cession de Livourne pour 100,000 florins de capital. Livourne fut remise à la république de Gênes; celle-ci, par ce moyen, devint maîtresse du commerce de toute l'Italie.

Les Florentins voulurent se mettre en possession de leur nouvelle acquisition, mais ils furent repoussés et battus complètement par les Pisans; Boucicaut fut plus heureux; il entra sans difficulté dans Livourne, dont les habitans se virent avec plaisir placés sous la domination d'une puissance qui saurait les défendre contre les tyrans de la Péninsule; le maréchal fit travailler sur-le-champ aux fortifications, depuis long-temps négligées; grace à ses soins, Livourne fut en état de soutenir un siège en règle.

Le gouverneur fut bientôt après rappelé en France; on en ignore le motif; on le voit à Paris en 1405; il accompagna la reine et le dauphin lorsqu'ils sortirent de Paris à l'approche du duc de Bourgogne (1); il avait laissé, pour le remplacer durant son absence, Gilbert de La Fayette; il resta peu de temps en France, et revint à Gênes au commencement de 1406; l'énergie, la fermeté qu'il avait déployées, avaient imprimé aux Génois un sentiment de crainte si profond, qu'ils ne songèrent pas à profiter de son éloignement pour se livrer à de nouveaux excès; ils goûtaient un calme auquel ils n'étaient point accoutumés; en conséquence, ils fermèrent l'oreille aux suggestions des partisans de Luzardo, qui ne cessaient d'ourdir des trames; trop heureux s'ils eussent repoussé toujours leurs perfides insinuations.

Délivrés de l'anarchie, vivant dans l'aisance sous la protection de la France et sous la garde d'un homme aussi bon administrateur que valeureux guerrier, les Génois purent donner à leur commerce toute l'extension dont il était susceptible, et établir leur crédit sur des bases solides; dans cette vue, ils fondèrent la fameuse banque de St.-Georges, et lui donnèrent cette forme, cette consistance qui l'ont rendue pendant plu-

(1) Moine de St.-Denis, t. 1, p. 522.

sieurs siècles la ressource la plus sûre de l'état ; cet important établissement fut créé pendant le régime français, et sous les auspices de Boucicaut, qui en reçut le diplôme de régent honoraire en grande cérémonie; comme il n'entre pas dans notre sujet de publier les statuts de la banque de St.-Georges, nous renvoyons à l'historien Foglietta, livre ix, page 395, les lecteurs qui seraient curieux de les connaître.

Dans la même année (1407) la France, l'Écosse, l'Espagne et Chypre, chargèrent Boucicaut d'agir auprès du pape Benoît XIII afin d'éteindre le schisme; les princes de la chrétienté n'aspiraient qu'à voir le terme de cette funeste scission, qui entretenait le trouble dans leurs états; Boucicaut, enflammé de zèle pour la religion, gémissait de ces querelles; il se mit sur-le-champ en mesure de justifier la confiance que l'on avait eue en sa droiture; il invita Benoît à se rendre une seconde fois à Gènes ou à Savone, afin de se concerter ensemble sur les moyens de rendre la paix à l'Église; il lui annonça, de la part du roi de France son maître, que l'on abandonnerait une seconde fois son obédience s'il se refusait aux arrangemens que l'on désirait; l'Allemagne, l'Angleterre, la Flandres et la Hongrie, faisaient la même injonction à l'autre pape Grégoire XII.

Pressés de tous côtés, les deux pontifes convinrent de se rendre à Savone; Benoît y vint en effet avec onze cardinaux et six galères; il alla à Gènes peu de jours après, et officia dans l'église de St.-François pour célébrer la fête de la Nativité (1407); il se retira ensuite à Porto-Venere, où il demeura cinq mois; de son côté Grégoire XII offrit d'abdiquer, à condition de conserver pendant sa vie, avec le titre de patriarche de Constantinople, deux évêchés dans les états de Venise, et l'archevêché d'York; les cardinaux de son obédience lui garantirent ces conditions; mais deux jours après, sur un prétexte frivole, Grégoire se dédit; enfin, il fut impossible de faire aboucher ensemble les deux compétiteurs; ils assignèrent pendant six mois le jour, le lieu d'une conférence, sans jamais se réunir; cette conduite indisposa les princes de la chrétienté; le conseil de France fit publier à Paris et dans les provinces une déclaration par laquelle le royaume se retirait de l'obédience de Benoît XIII, et ne reconnaîtrait pour pape que celui qui serait élu au prochain concile général; Pierre de Luna venait de perdre son plus fidèle protecteur, Louis d'Orléans avait été assassiné.

La déclaration de la cour de France fut un coup de foudre pour Benoît; ne pouvant contenir sa colère, il adressa au roi de France des bulles pleines de menaces, rédigées dans les termes les plus offensans et dans l'esprit le plus contraire aux libertés de l'église gallicane; ces bulles étaient renfermées dans une masse très-volumineuse de papier et bien scellées; elles furent portées à Paris par deux palefreniers de l'écurie du pape, qui les remirent à un clerc du palais et s'échappèrent aussitôt. (Moine de St.-Denis, pag. 368.)

L'on déroula avec beaucoup de peine cette liasse de papiers, et l'on trouva au fond les bulles dont nous parlons. La lettre d'envoi faisait mention du nom des deux palefreniers chargés du message; on fit courir aussitôt après ces deux malheureux; mais ils échappèrent à toutes les poursuites. Le conseil s'assembla; les princes du sang, le chancelier, le président, le recteur et les principaux conseillers de l'Université, y furent admis. On y lut les bulles de Benoît; après cette lecture, Jean Courte-Cuisse prit la parole au nom de l'Université, et qualifia ces bulles *attentatoires à la majesté du trône et aux libertés de l'église gallicane;* il conclut à ce que le roi en poursuivît l'auteur; le chancelier recueillit les suffrages, après le discours de Jean Courte-Cuisse; les avis furent unanimes en faveur des conclusions du rapporteur. Le chancelier remit ensuite les bulles aux secrétaires du roi, qui les percèrent de leurs canifs et les jetèrent à terre; le recteur de l'Université les ramassa et les lacéra devant l'assemblée. La séance étant levée, un secrétaire du roi partit sur-le-champ pour Gênes, et apporta à Boucicaut l'ordre d'arrêter à l'instant même Benoît partout où il pourrait le trouver, et de le garder à vue pour qu'il n'allât pas transférer le siège ailleurs; mais Benoît, instruit, on ne sait comment, de l'expédition de cet ordre, monta sur ses galères quelques heures avant l'arrivée du messager, et échappa au maréchal qu'il redoutait beaucoup. Benoît resta en mer pendant trois mois avec onze cardinaux, croisant devant les côtes de la Toscane et dans la mer de Sicile, sans savoir où aborder, car personne ne voulait le recevoir : il tenait le consistoire assemblé à bord de son vaisseau et lançait des bulles d'excommunication contre tous les princes de la chrétienté. Enfin, le manque de vivres l'obligea de quitter ces parages, il passa le détroit de Bonifacio, entra dans le golfe de Lyon, et vint prendre terre dans un petit port de Roussillon, appartenant au roi d'Aragon, qui lui était resté fidèle par esprit de patriotisme. (Benoît était Aragonais.) Enfin, il établit son siège à Perpignan.

Boucicaut eut un regret infini de n'avoir pu arrêter Pierre de Luna, dont il aurait sans doute obtenu la démission à force de menaces; il aurait ainsi terminé cette querelle qui tenait les chrétiens dans une agitation continuelle, et plus à Gênes que partout ailleurs; car les partisans du pape de Rome s'unissaient aux amis de Luzardo pour décrier la domination française et la faire détester. Le maréchal comprimait les factieux par des actes d'une sévérité extrême; il voulait enchaîner l'inconstance des Génois au moyen des bourreaux et des supplices; il pensait qu'on ne pouvait gouverner les Italiens qu'avec une verge de fer, mais les esprits avaient changé depuis deux années. Cette dureté, qui d'abord avait comprimé le peuple, ne faisait plus que l'irriter aujourd'hui; il crut le faire rentrer dans les bornes du devoir et l'y fixer pour toujours, en frappant les têtes les plus élevées : la première fut celle de Gabriel Visconti. Ce prince, après avoir vendu Pise aux Florentins et Livourne aux Français, se retira auprès de ses deux frères, Jean-Marie et Philippe-Marie; mais, n'ayant pu s'accommoder avec eux, il vint s'établir à Gênes, sur l'invitation de Boucicaut. Jeune et imprudent, il tomba dans les pièges des ennemis de la France, se lia avec eux; les conjurés se servaient de son nom pour augmenter le nombre de leurs partisans ; ils voulaient enfin l'ériger en chef de parti, pour l'opposer à Charles VI. Le gouverneur, instruit des menées, enleva Visconti de sa demeure et le retint prisonnier dans le palais du gouvernement, en ayant pour lui tous les égards possibles, et promettant même de le rendre à la liberté dès qu'il aurait dissipé la ligue. Le maréchal sortit de Gènes, fondit sur Melaspina, seigneur de Novi, un des principaux conjurés, dissipa ses troupes et le fit prisonnier; on saisit sur lui une correspondance qui compromettait gravement Gabriel Visconti et le montrait comme l'unique chef de la coalition qui avait pour but de chasser les Français de la Ligurie. Dans cette correspondance, Visconti proposait d'introduire l'ennemi dans la ville, en lui livrant une des principales portes; le gouverneur, prompt dans ses résolutions, mit en jugement Gabriel et lui fit trancher la tête, comme coupable de haute trahison.

Les mémoires sur Boucicaut, écrits par un contemporain, dépeignent le fils de Galéas comme un grand criminel. Foglietta, Corio et Muratori, déplorent sa triste fin sans dire un seul mot pour sa justification, mais ils finissent par dire que le principal motif du maréchal en l'envoyant à la mort fut de se dispenser de payer à Gabriel le restant de 100,000 florins qu'il devait lui donner pour la cession de Livourne : la loyauté bien reconnue de Boucicaut repousse victorieusement cette accusation; ce fut moins à l'intérêt personnel qu'au maintien de l'autorité du roi de France son maître, que le maréchal immola ce malheureux prince; l'avarice était si éloignée de son caractère, qu'il ne laissait point passer un seul jour sans donner des preuves éclatantes de son désintéressement et de sa libéralité (1). Quoi qu'il en soit, cet acte d'une justice trop rigoureuse nuisit à Boucicaut; il fit sur les Génois un effet opposé à celui qu'il en attendait; dès ce moment les intrigues se renouèrent avec plus d'activité. Luzardo, retiré dans le Montferrat, devint l'ame de toutes les trames; ses compatriotes le regardaient comme le génie tutélaire de la patrie; il régnait d'affection dans

(1) Deux de ses intendans ayant été convaincus d'une manière irréfragable d'avoir fait des gains illicites sur les fournitures de son hôtel, furent renvoyés sans être punis; le maréchal, en les chassant de chez lui, leur donna une année de gages; peut-être le même jour faisait-il jeter à la mer un voleur pris sur la place de Gênes, et un imprudent qui avait tenu des propos injurieux contre le gouvernement royal.

Gènes; tout lui fut dévoué, tout servit ses projets avec la même ardeur, des avis secrets instruisirent Boucicaut de ces complots, mais le gouverneur, accoutumé à de pareilles entreprises, qu'il faisait échouer d'un signe, méprisa les avertissemens; il ne voulait pas croire que l'universalité des Génois partageât les opinions de quelques factieux; il se refusait à penser que la ville de Gènes oubliât les bienfaits dont il l'avait comblée, et ne rendît pas justice à ses vues éclairées, à son zèle pour les améliorations; selon lui, les établissemens d'utilité publique créés par ses soins ou sous ses auspices, devaient inspirer aux habitans une reconnaissance éternelle; il ne mit point en doute leur fidélité; sa confiance le trahit; il manqua de vigilance au moment où il en fallait le plus.

Luzardo entretenait des correspondances dans les différentes îles de l'Archipel appartenantes à la république; il fit soulever celle de Chio (fin de 1408). Boucicaut, toujours prêt à repousser des attaques, fit partir sur-le-champ quatre galères avec des troupes de débarquement sous le commandement de Conrad Doria, son amiral, guerrier aussi loyal que brave; Doria arriva en peu de jours à Chio, dissipa les rebelles et rétablit le gouvernement royal; dans le même instant, Novi arbora l'étendard de la révolte; le gouverneur s'y rendit en personne, fit abattre les portes, accabla les habitans de contributions; Savone voulut imiter l'exemple de Novi, elle fut privée de ses magistrats; dix de ses habitans payèrent de leur tête le pardon accordé aux autres; tous ces soulèvemens partiels, quoique promptement réprimés, faisaient présager une révolte.

Cependant on était assez tranquille dans Gênes; on y murmurait, mais sourdement ; on y faisait en secret des vœux pour le rétablissement de la république; on détestait Boucicaut, mais on le redoutait ; la terreur qu'il inspirait était le seul frein qui retenait le peuple; on pouvait prévoir dès lors que l'explosion aurait lieu à la première absence du gouverneur; celui-ci, voyant la sensation profonde qu'avait produite sur les Génois la prompte soumission de Chio, de Novi et de Savone, en conçut plus de sécurité. Avide de gloire, s'indignant de passer ses jours dans l'oisiveté, renfermé dans des murailles, il crut le moment propre à exécuter un projet mûri depuis long-temps, et qui devait avoir pour la France des résultats aussi utiles que glorieux; ce projet était de profiter des troubles élevés dans le Milanais pour ranger ce pays sous les lois de Charles VI.

Galéas Visconti avait travaillé toute sa vie à mettre un terme aux querelles des Guelphes et des Gibelins; à sa mort, ces factions long-temps contenues se livrèrent de nouveau aux plus affreux excès; l'autorité de Jean-Marie, successeur de Galéas, était d'autant plus méconnue que ce jeune prince n'ayant aucune des brillantes qualités de son père, avait au contraire tous les vices qui provoquent la haine des peuples; l'âge développait en lui un caractère de férocité atroce comparable à celui qui rendit odieux Néron et Caracalla; si on en croit Corio, historien véridique, il faisait dévorer par des chiens les personnes qui lui déplaisaient, et repaissait ses yeux de ce cruel spectacle; le ministre de ses vengeances, chargé du soin de cette meute homicide, s'appelait Scarcia Giramo (1).

Un jour ce prince, passant de très-bonne heure dans les rues de Milan, enveloppé dans un large manteau, rencontra une pauvre femme toute en pleurs; interrogée sur le sujet de ses larmes, elle répondit que son mari venait de mourir, et que le prêtre de la paroisse ne voulait pas l'enterrer parce qu'elle n'avait pas l'ar-

---

(1) Ce genre de cruauté s'est renouvelé au milieu du seizième siècle en Russie, sous Jean-le-Terrible.

gent nécessaire pour payer les funérailles; Jean Visconti envoya un de ses officiers dire à cet ecclésiastique d'enlever sur-le-champ le corps du défunt; le prince se rendit lui-même à l'église, assista au service, accompagna le convoi au cimetière, fit agrandir la fosse, et ordonna d'y jeter le prêtre le premier et le mort par-dessus. On n'attribuera sans doute pas ceci à un esprit de justice, mais bien à sa férocité naturelle. (Corio, Historia di Milano, quarta parte, p. 700.)

Jean-Marie Visconti, voyant les deux factions des Guelphes et Gibelins réunies contre son gouvernement, nomma commandant de Milan Charles de Malatesta, le plus brave et le plus vertueux des seigneurs de l'Italie, et remit entre ses mains l'exercice de la suprême puissance; Malatesta ne put arrêter le torrent; on venait de former contre Visconti une ligue terrible dont les chefs étaient Charles-Philippe Visconti, frère de Jean, Théodore, marquis de Montferrat, et ce chef de bande Facino-Cane, arbitre des princes de la Lombardie.

Dans ce pressant danger, Malatesta et Jean de La Torre, les deux principaux seigneurs du Milanais, ne virent pas d'autre moyen pour sauver l'État que de le mettre sous la protection de la France, et de demander Boucicaut pour gouverneur; d'après leur avis, le grand duc envoya aussitôt son chancelier vers le maréchal pour lui offrir le gouvernement de Milan (1409).

Cette offre flattait trop l'ambition et les désirs du général français pour être refusée; il se mit incontinent en mesure d'aller prendre possession de son gouvernement, bien résolu de faire tous ses efforts pour rétablir la tranquillité dans Milan comme il l'avait rétablie dans Gênes; il n'ignorait pas que les princes d'Italie devenaient tous les jours plus jaloux de l'influence que la France acquérait au-delà des monts, et qu'ils formaient des ligues pour mettre des bornes à cet accroissement de puissance; instruit depuis long-temps de ces projets hostiles, Boucicaut ne cessait de demander à la cour de France un renfort de troupes; les maladies, les diverses expéditions, avaient diminué de moitié celles qu'il avait amenées avec lui; ce qui lui restait suffisait à peine pour fournir les garnisons de Gênes et des places fortes de la Ligurie; avec son habileté ordinaire il avait, il est vrai, formé un corps de 6,000 arbalétriers génois; on le tenait toujours au complet; mais quoique ces soldats parussent dévoués, cependant ils ne lui inspiraient pas un assez haut degré de confiance; il engagea les habitans des trois vallées qui élevaient beaucoup de chevaux, à lui fournir 2,000 cavaliers, et leur promit une solde très-forte; il reçut de France 1000 soldats, la moitié nobles ou écuyers: quelque insuffisant que fût ce secours, il lui prouva du moins qu'on ne l'avait pas entièrement oublié.

Le maréchal nomma Heugues d'Auvergne commandant de la ville de Gênes pendant son absence; il lui laissa 1,500 hommes dont 500 Français, et le reste des troupes indigènes; il emporta une somme considérable pour payer son armée, car il savait que les soldats italiens exigeaient une grande exactitude pour leur solde; il arriva à Novi le 13 juillet, et après avoir réuni ses forces, au nombre de 11,000 hommes, dont 4,000 de cavalerie, il marcha sur Milan en passant par Alexandrie qu'il réduisit de force; il se jeta sur sa droite dans le Plaisantin, où il battit deux divisions des princes confédérés; il se rendit maître de la ville de Plaisance et passa le Pô devant un fort détachement ennemi qu'il précipita dans le fleuve; il enleva Pavie malgré tous les efforts de San-Pietro, lieutenant de Facino Cane, et entra en triomphe dans Milan, mais il ne put s'emparer de la citadelle occupée par le parti des Guelphes.

Jean-Marie Visconti le reçut avec les démonstrations de la plus vive reconnaissance; il assembla dans son palais les grands, le clergé du Milanais, et se déclara, en leur présence, feudataire de la couronne de France, et fit planter sur la principale porte de la ville le drapeau français en signe de vasselage; Boucicaut, représentant Charles VI, reçut le serment de fidélité, et prit sur-le-champ possession du gouvernement de Milan. Il est à remarquer qu'il fit jeter dans les rues, le 30 août 1409, de petites monnaies à son effigie; ce triomphe fut court; il apprit, le 8 septembre, que la plus horrible révolution avait éclaté dans Gênes.

Luzardo, ce personnage dangereux et invisible, ayant appris que Boucicaut se préparait à passer dans le Milanais, s'était rapproché de Gênes; il avait même trouvé le moyen de se cacher dans un des faubourgs et de tromper la vigilance active du gouverneur; du fond de sa retraite il guidait les Génois dans leur conduite; il recommanda surtout d'étouffer les murmures pour mieux tromper les Français et leur inspirer une fausse sécurité; en même temps il instruisait le marquis de Montferrat et Facino Cane des moindres démarches du gouverneur; enfin, le général français partit pour Novi où il rassemblait son armée; le calme le plus parfait paraissait régner dans Gênes, les conjurés, c'est-à-dire à peu près tous les habitans, furent pendant quelque temps retenus par la crainte de la garnison et du voisinage de Boucicaut, qui au moindre mouvement serait accouru dans la ville; ils voulaient le laisser s'éloigner, et n'agir que lorsqu'ils seraient certains d'être appuyés sur-le-champ par l'armée des confédérés, forte de 12,000 hommes; on distinguait parmi ses chefs, Philippe Visconti, Théodore marquis de Montferrat, François de Gonzague, seigneur de Mantoue, Pandolphe, seigneur de Brescia, Gabriel Fondolo, gonfalonier de Crémone, et Facino Cane, seigneur de Vérone; ce dernier conservait pour Boucicaut un ressentiment profond; le général français méprisait tellement cet Italien, chef de bandits, qu'il refusa de se battre à outrance contre lui, en disant qu'un chevalier français et chrétien ne pouvait se mesurer avec un brigand couvert de crimes; il lui avait fait dire que, s'il le prenait les armes à la main, il ne le traiterait pas comme un guerrier, mais qu'il le ferait pendre à un arbre comme un voleur.

A la nouvelle que Boucicaut avait levé le camp de Novi, l'armée des confédérés se concentra sur la Sezia, passa le Tésin et vint établir sa ligne de défense à Binasco, comme pour couvrir Milan. Le maréchal se montra très-joyeux en apprenant que les Italiens s'étaient concentrés, il accourut pour leur livrer bataille; il passa le Pô, s'avança au-delà de Pavie et prit position avec la résolution d'attaquer le lendemain; mais pendant la nuit, l'armée italienne se disloqua et fit un mouvement sur les deux flancs des Français. Le maréchal commit la faute de ne pas assez veiller sur les dispositions de l'ennemi et n'eut aucune connaissance des changemens survenus dans le plan des confédérés; ceux-ci, pour mieux le tromper, abandonnèrent leur camp, en conservant dans les bivouacs la même quantité de feux, et se partagèrent ensuite en deux divisions. La première, forte de 6,000 hommes, commandée par le marquis de Montferrat, se jeta sur la droite de Milan, repassa le Tésin, la Sezia, le Pô à Cazal, capitale des états de Théodore, descendit par Nizza, Acqui, et entra dans la rivière de Gênes par la vallée de Voltri; l'autre division, formée des bandes de Facino Cane, se jeta sur la gauche, et franchit l'Adda.

Obligé de faire un grand détour pour dérober sa marche à Boucicaut, Facino Cane, qui commandait cette dernière division, ne parvint à la vallée de Recco que long-temps après l'arrivée du marquis de Montferrat. Boucicaut, n'ayant en vue que de se rendre maître de la capitale de la Lombardie, se laissa tromper complètement sur le mouvement opéré sur ses flancs. Il attaqua le camp le lendemain; les 2,000 hommes chargés de le défendre firent quelque résistance, furent battus, et se replièrent en désordre sur Milan; Boucicaut les prit pour l'arrière-garde ennemie, accéléra sa marche, et entra dans la ville sans avoir livré bataille; oubliant trop légèrement, dans les premiers soins de sa conquête, celui de veiller aux mouvemens de l'armée de Théodore, qui avait disparu devant lui. Le marquis de Montferrat avait été retardé par les nombreux ruisseaux et rivières qu'il avait eu à passer; enfin, il déboucha par la vallée de Voltri, et parut en vue de Gênes. L'approche de ces troupes donna le signal aux habitans; ils coururent au palais ducal, massacrèrent la garde et sonnèrent la grosse cloche, signal d'alarme et de ralliement: le peuple s'assembla dans les rues. Luzardo et les principaux conjurés s'emparèrent de la porte du Levant, et firent entendre les cris de *vive la liberté! vive la république!*

Heugues d'Auvergne, vice-gouverneur, était accouru pour s'opposer à l'entrée du marquis de Montferrat; mais, voyant toute la ville en insurrection, il jugea qu'il ne pouvait faire tête à l'orage avec le peu de forces qu'il avait à sa disposition. Il envoya sur-le-champ plusieurs officiers ordonner aux postes isolés de se replier sur le Castelletto, et lui-même en prit le chemin à travers les flots de peuple, qui vomissait les plus affreuses imprécations ; mais sa contenance fière, la résolution de ses officiers, en imposaient aux mutins. Heugues d'Auvergne avançait très-lentement, car il était obligé de se frayer un chemin par la force; quelques habitans étrangers à la révolte, distingués par leur rang et leur fortune, se tenaient auprès de lui pour le garantir de la fureur populaire. Enfin, après un trajet très-difficile, il arriva devant les portes du Castelletto, défendues par toute la garnison française. Il allait se réunir à elle et échapper à ces forcenés, lorsqu'un habitant de la vallée de Polcevera, dont le frère avait été pendu deux jours auparavant pour un crime capital, s'élança de la foule et abattit, d'un coup de masse, le vice-gouverneur; il se jeta sur son corps, le mit en pièces, et en partagea les lambeaux avec les autres séditieux (3 septembre 1409). La mort de Heugues fut le signal du massacre; on se répandit dans les rues et l'on égorgea tous les Français qui couraient se rallier au Castelletto; quelques-uns firent une défense inutile et vendirent chèrement leur vie. Les Génois, dans le délire de la joie, célébrèrent ce jour horrible par des excès bachiques; ils disaient avoir reconquis leur liberté, et 10,000 étrangers étaient à leurs portes. Le soir ils s'assemblèrent au palais ducal, sous la présidence de Luzardo, qui se croyait déjà doge; mais les espérances de ce chef de parti furent trompées, la majorité pensa qu'il valait mieux nommer le marquis de Montferrat gouverneur de Gènes, sans rétablir le dogat : cette élection se fit au milieu du plus affreux tumulte. Le lendemain, Théodore entra dans la ville avec 6,000 hommes; les Génois désiraient que ces troupes restassent hors des murs, mais les Français, toujours maîtres du Castelletto, inquiétaient beaucoup le marquis de Montferrat, qui voulait les forcer dans cette citadelle.

Le premier acte d'autorité du nouveau gouverneur fut de demander 200,000 florins pour payer ses soldats qui commençaient à murmurer; à peine était-il installé dans ses fonctions, que Facino Cane parut du côté du couchant avec 4,000 combattans, la plupart bandits organisés et depuis quinze ans la terreur du Milanais. Les Génois épouvantés supplièrent Théodore de s'opposer à l'entrée de ces troupes; le marquis de

Montferrat sortit au-devant de Facino Cane, et l'invita à se retirer, en disant que les Génois le remerciaient de son appui; qu'ils avaient secoué le joug de la France, et que la révolution était consommée; Facino Cane répondit qu'il n'était pas venu du fond de la Lombardie pour saluer les portes de Gènes, et qu'il voulait pénétrer dans l'intérieur, afin de recevoir une indemnité pour les frais de la guerre; les bandits italiens n'avaient suivi Facino Cane que dans l'espoir de piller Gènes, une des villes les plus opulentes de la chrétienté. Théodore rentra pour faire part aux patriciens et au peuple assemblé de la réponse du général; cette communication glaça d'épouvante tous les esprits. Gènes se trouvait dans la position la plus critique; elle avait dans son sein les 6,000 soldats de Théodore; 1,500 Français occupaient sa citadelle, et à ses portes étaient 4,000 Italiens; et c'est au milieu de tous ces étrangers qu'elle criait : *liberté!* qu'elle se félicitait d'avoir brisé ses chaînes!

Le marquis de Montferrat sortit une seconde fois avec une députation de notables; on offrit à Facino Cane une indemnité pour les frais de la guerre, à condition de ne pas entrer dans la ville. Ce chef accepta après s'être fait prier un jour entier, mais il demanda 600,000 florins, somme énorme, le double de la solde que Gênes payait chaque année à la garnison française et à Boucicaut. On se récria; Facino Cane déclara que si on ne lui apportait pas les 600,000 florins dans le délai de deux heures, il enfoncerait les portes, et entrerait malgré les soldats de Théodore. Les habitans, menacés de voir leur ville devenir le théâtre d'une lutte sanglante, consentirent à payer la somme demandée; et, comme il ne se trouva pas assez de numéraire, car le nouveau gouverneur avait déjà pris 200,000 florins, on fut obligé de fournir la moitié en bijoux et en joyaux. Les bandits se retirèrent alors en ravageant les lieux qu'ils traversaient.

Boucicaut apprit la nouvelle du soulèvement de Gênes et de son occupation par Théodore peu de jours après avoir reçu le serment de fidélité de Jean-Marie Visconti; rien ne pourrait peindre son étonnement. Sa résolution l'abandonna un instant; il ne pouvait se dissimuler qu'il avait seul causé ce malheur en s'éloignant de Gênes. Il quitta Milan, et fit une nouvelle faute en y laissant une garnison de 900 hommes; il reprit la route de Gênes avec le reste de ses forces; mais, le premier jour de marche, la désertion se mit dans son armée, composée en grande partie de soldats italiens qui lui étaient restés fidèles tant qu'ils l'avaient vu heureux. Arrivé auprès d'Alexandrie, il rencontra Facino Cane qui revenait de Gènes; il l'attaqua avec impétuosité : le combat fut opiniâtre et dura plus de quatre heures. L'historien Stella dit que le maréchal fut vaincu, mais les autres annalistes d'Italie assurent que la bataille fut indécise; il coula beaucoup de sang, et cependant ni l'un ni l'autre parti ne put s'attribuer la victoire; l'action étant finie, les deux armées battirent en retraite chacune de son côté. Boucicaut s'arrêta sur les rives de la Stura pour se concerter sur les moyens de faire rentrer Gènes dans le devoir, et d'en chasser Théodore; il tenait conseil avec ses officiers, et les consultait sur cette grande question, quand il apprit que ce même Jean-Marie, dont naguère il venait de recevoir le serment de fidélité, s'était révolté à son tour; le mouvement avait été le même à Milan qu'à Gènes; les 900 hommes de garnison laissés par le maréchal furent assaillis et exterminés; le lâche Marie Visconti fit dévorer plusieurs de ces Français par ses chiens, en présence d'une populace aussi féroce et aussi stupide que lui; le drapeau de Charles VI fut arraché de dessus la porte principale, et traîné dans les rues à la queue d'un mulet.

Le maréchal ne se laissa pas abattre par ce dernier coup, mais craignant d'être enfermé dans le pays d'Alexandrie, il se retira en Piémont pour se mettre à même de communiquer avec la France, et de recevoir les secours qu'on lui promettait; il envoya à Paris deux de ses chevaliers pour demander 4,000 hommes de bonnes troupes, se faisant fort de reconquérir Gênes avec ce renfort; il passa l'hiver de 1410 dans le Piémont, toujours en haleine et toujours harcelé; la cour de France n'était pas en position de lui envoyer de nouvelles troupes; la perte de la Ligurie y avait été vue d'un œil indifférent; il reçut seulement quelques centaines d'hommes d'armes; il obtint d'Amédée, comte de Savoie, un millier de soldats, à l'aide desquels il se maintint une année entière en Italie; au commencement de 1411, il parvint à réunir 4,000 combattans, et reprit aussitôt l'offensive; il rentra dans la rivière de Gênes espérant trouver de grandes ressources à Porto-Fino et à Porto-Venere, occupés par les garnisons françaises; malheureusement le manque de vivres avait obligé celle du Castelletto à capituler.

L'apparition du maréchal aux portes de Gênes terrifia les habitans de cette grande ville, Boucicaut trouva le moyen de se ménager des intelligences dans Savone; il se présenta devant la place avec la certitude d'y être reçu; mais le marquis de Montferrat avait été prévenu à temps, il prit les mesures nécessaires pour faire échouer l'entreprise; le maréchal fut reçu à coups de traits; il donna l'assaut, et fut repoussé après avoir perdu beaucoup de monde; cet échec découragea ses partisans; le peu d'Italiens fidèles encore à sa fortune l'abandonna; il ne lui resta que les Français et les Savoyards, formant à peine 1,500 hommes en totalité; il sortit avec eux de la rivière de Gênes, culbuta les troupes de Facino Cane qui voulaient lui couper la retraite sur le Piémont, rentra en Savoie, où il séjourna quelque temps, et arriva en France dans le mois de juillet 1411.

Ainsi finit l'occupation de la Ligurie après douze ans de possession; les historiens italiens attribuent la perte de Gênes à l'extrême sévérité de Boucicaut; il fallait plutôt l'attribuer à son inconcevable sécurité qui lui fit entreprendre la campagne de Milan, car le caractère du peuple génois exigeait une administration vigoureuse; d'ailleurs, nous allons voir que ce qui se passa dans la république après le départ du maréchal justifia complètement la sévérité de son gouvernement.

A peine Gênes eut-elle payé près d'un million de florins aux troupes étrangères, qu'une sédition épouvantable éclata dans son sein; les Guelphes et les Gibelins, comprimés pendant le régime français, firent revivre leurs querelles malgré Théodore, qui, n'ayant pas la fermeté de Boucicaut, eut à souffrir les outrages les plus sanglans; l'anarchie régna dans cette ville pendant deux années entières, sous les yeux même du marquis de Montferrat; le commerce cessa; la misère remplaça l'état florissant dans lequel la population vivait trois ans auparavant; Savone s'étant révoltée, Théodore marcha contre les rebelles, mais pendant son absence les Génois se soulevèrent, le 20 mars 1413, massacrèrent son lieutenant comme ils avaient massacré celui de Boucicaut; les troupes italiennes furent expulsées; George Adorne, frère d'Antoine, fut élu doge par acclamation, et porté en triomphe au palais ducal; six mois après éclata une nouvelle révolution qui dura plus d'un an; Gênes nagea dans le sang, et perdit, dans cet espace de temps, la cinquième partie de ses habitans; le fameux Luzardo fut massacré dans les rues comme mauvais citoyen; Georges Adorne, naguère porté au dogat avec enthousiasme, fut chassé, et échappa fort difficilement à la mort; on lui donna pour successeur, le 29 mai 1415, Barnabé Goano; ce nouveau doge fut expulsé du palais ducal, le 1er juillet de la même année, et remplacé par Thomas Fregose. Nous ne pousserons pas plus loin nos remarques; nous dirons seulement que dans l'espace de quinze ans Gènes eut douze gouvernemens différens, et eut lieu de regretter la sévérité de Boucicaut et son administration éclairée.

Jean Marie Visconti, qui avait trahi si lâchement les Français, fut poignardé, le 16 mai 1412, dans l'église de St.-Gothard à Milan, par les deux frères Bancio, officiers de son palais. Facino Cane, long-temps l'ennemi de ce Visconti, venait de se réconcilier avec lui, et de le prendre sous sa protection; il était atteint d'une maladie grave; il tomba dans un violent accès de colère lorsqu'il apprit ce meurtre, et expira quelques heures après, à l'âge de trente-six ans; enfin, pour achever ce qui concerne la destinée des héros de toutes ces révolutions, nous dirons que Théodore, marquis de Montferrat, dépouillé d'une partie de ses états, mourut à Montcalvi le 14 septembre 1418, à l'âge de cinquante-quatre ans (1).

(1) Voyez, pour l'épisode de l'occupation de Gènes par les

Français, les Mémoires sur Boucicaut. — Foglietta, vol. 1 in-8°, depuis la page 389 jusqu'à 403. — Corio, Historia di Milano, in-4°, depuis la page 693 à 699.—Muratori, Annali d'Italia, t. IX, depuis la page 1 jusqu'à 53.— Georgius Stella, depuis la page 64 jusqu'à 103. — Justiniano, in-4°, depuis la page 161 jusqu'à 174. — Paolo Interiano, depuis la page 151 jusqu'à 158, etc.

LIVRE V.

Boucicaut arrive à Paris en 1411.— Le roi le nomme commandant des troupes rassemblées à Paris. — Il marche contre une division nombreuse de soldats licenciés, et les détruit totalement. — Le duc de Bourgogne le choisit pour son lieutenant.— Il assiste au siège de Ham. — Il disperse les troupes des princes confédérés du parti orléanais, et les rejette au-delà de la Loire. — Il est élevé à la dignité de premier maréchal de France.

Boucicaut arriva à Paris dans les derniers jours de juillet 1411; les esprits étaient trop agités pour qu'on pût s'occuper de la perte de Gênes : dans tout autre moment cet événement aurait fixé l'attention publique, il fut à peine remarqué; le maréchal venait de quitter un théâtre livré au désordre, il allait monter sur une scène bien plus tumultueuse.

L'assassinat du duc d'Orléans avait été le signal de la guerre civile; le duc de Bourgogne poussa le mépris pour l'opinion publique jusqu'à faire composer et publier l'apologie de son crime. A la faveur de l'effroi qu'il avait inspiré, il s'empara violemment du pouvoir, il régna en maître, mais sa hauteur et son despotisme blessèrent les autres princes du sang, qui s'armèrent plutôt pour venger leur vanité blessée que pour venger le meurtre de leur parent; les ducs de Berri et d'Alençon se mirent à la tête de la ligue de Gien; et pour donner à leur fédération armée un but légitime, ils placèrent en première ligne les enfans de Louis d'Orléans, qui depuis trois ans demandaient justice de l'assassinat de leur père sans pouvoir l'obtenir. Leur mère Valentine mourut de chagrin en voyant cet attentat impuni.

Charles, l'aîné des enfans de Louis d'Orléans, avait près de vingt ans: c'était un prince savant, d'un caractère doux et de mœurs simples; il fallait un devoir aussi sacré que celui de poursuivre le châtiment des meurtriers de son père pour le déterminer à devenir chef de parti; il avait perdu en 1409 sa femme Isabelle, fille de Charles VI et veuve de Richard; il épousa, au commencement de 1410, Bonne, fille de Bernard, comte d'Armagnac, le plus puissant seigneur de la Guienne, homme habile, entreprenant, fameux par ses exploits en Italie et dans le midi de la France, où il avait enlevé vingt places fortes aux Anglais; Bordeaux même avait été obligé de lui payer une contribution de 200,000 florins.

Ambitieux au dernier degré, d'Armagnac devint le principal mobile de la faction opposée au duc de Bourgogne, et lui donna son nom. Pour le perdre dans l'opinion publique, les amis de Jean de Nevers l'accusaient de vouloir placer son gendre sur le trône au préjudice des héritiers naturels de la couronne. Pendant que les partisans du Bourguignon prévenaient ainsi les Français contre les d'Armagnacs, Jean-sans-Peur, leur chef, s'emparait de la personne de Charles VI, et s'en servait comme d'une arme meurtrière pour frapper ses ennemis; le roi avait alors quarante-trois ans; ses accès se prolongeaient tous les jours davantage; il restait des mois entiers dans un état de stupidité complète; il en sortait pour retrouver une lueur de raison, alors sa volonté était absolue, et servait admirablement celui qui le premier s'emparait de son esprit.

Le duc de Bourgogne exerçait pareillement un grand empire sur le dauphin Louis (1), âgé

(1) Charles VI eut cinq fils qui portèrent successivement le titre de dauphin : Charles, mort en bas âge; Charles, duc de Guienne, mort en 1400; Louis, mort en 1415;

de seize ans, son gendre, et dont il avait gagné l'affection en favorisant ses goûts pour le libertinage; Isabeau de Bavière, immobile au milieu des partis, les regardait froidement se déchirer; elle flottait entre les Bourguignons et les Orléanais, excitant les uns contre les autres pour qu'ils se détruisissent plus tôt, et qu'ils laissassent un champ libre à ses propres fureurs; elle n'avait point rougi de prêter son crédit au meurtrier de l'homme qu'elle avait tant aimé, mais le duc de Bourgogne répudia de lui-même son alliance, car les Parisiens, dont il cherchait à gagner les suffrages, abhorraient cette princesse, et la faveur populaire lui était bien plus précieuse que l'appui d'une reine déconsidérée.

Jamais personne n'exerça sur le vulgaire un pouvoir aussi absolu que Jean de Nevers; cependant ses formes n'avaient rien de séduisant, bien au contraire: son regard était farouche; il

---

Jean, mort en 1416, et Charles, comte de Ponthieu, qui succéda à son père sous le nom de Charles VII. Les trois derniers fils de Charles VI jouèrent un rôle dans les troubles de ce règne. Cet homonime de *Charles* et ce titre de dauphin, porté successivement par ces trois princes, ont fait commettre à Vely et à d'autres historiens des erreurs qui ont mis partout une confusion fâcheuse.

se plaisait à inspirer de l'effroi; il voulait donner une haute opinion de son mérite et de son courage par un visage terrible; aussi Paradin, son historien, dit-il : « Si la face peut donner foi de ce qui est au cœur, il sembloit que le duc de Bourgogne n'eût voulu céder à prince du monde.» Cependant, tout ne répondait pas à des dehors si terribles, car on ne voit dans sa conduite qu'irrésolution et pusillanimité; mais le vulgaire, si facile à tromper, regardait Jean de Nevers comme un être surnaturel.

Le duc de Bourgogne régnait dans Paris plus qu'à Dijon ou en Flandres. Le peuple, toujours extrême, poussa son amour jusqu'au délire; les femmes, les hommes, les vieillards, portaient ostensiblement la croix de Saint-André, qui partageait *ses armes*, et que l'on regardait comme le signe distinctif du parti bourguignon; les prêtres attachaient cette croix à leurs chasubles en disant la messe; on en parait les enfans au berceau et les statues des saints placées aux angles des rues. Les bouchers formaient une compagnie de 500 hommes qui servaient au duc de Bourgogne de gardes et de ministres de ses vengeances; cette bande de scélérats parcourait les rues, armés de masses avec lesquelles on abattait les bœufs à la boucherie; ils en assommaient les passans, selon leur caprice et sous prétexte de tuer des armagnacs. On vit souvent le duc de Bourgogne prendre la main de Capeluche, bourreau de la ville et le plus violent ennemi des orléanistes. Cependant, toutes les fois que ce prince venait de recueillir les témoignages les moins douteux de l'attachement des Parisiens, la nouvelle de quelque révolte l'appelait en Flandres; il passait sans cesse et froidement au milieu de violens orages, sans songer que sa tête n'était pas à l'abri de la foudre.

Deux fois l'on était parvenu à arracher les armes des mains des bourguignons et des armagnacs; on en fut redevable au clergé, qui fit des efforts admirables pour maintenir la paix. Boucicaut arriva à Paris au moment où, pour la seconde fois, les princes venaient de licencier une partie de leurs troupes; il ne se prononça d'abord ni pour l'une ni pour l'autre faction. Absent depuis long-temps de la France, il ne pouvait s'accoutumer à connaître d'autre parti que celui du roi. Il fut du petit nombre des serviteurs fidèles qui voulaient rester étrangers aux menées, pour ne défendre que les intérêts du trône; son zèle infatigable fit l'admiration de la cour; le roi, revenu à la santé, le reconnut fort bien, et le chargea d'aller réprimer les courses d'une bande

armée, forte de 3,000 hommes, qui désolait la
Beauce; le maréchal partit de Paris le soir même,
au milieu de torrens de pluie et contre l'avis de
tout le monde; il voyait dans ce temps horrible
le moyen d'exécuter le projet qu'il avait formé
de surprendre l'ennemi; en effet, il marcha
toute la nuit, arriva auprès de Cloye, et fondit
sur les bandits retranchés dans un bois; le combat dura cinq heures avec un acharnement soutenu; les hommes qu'il avait en tête étaient des
soldats licenciés de l'armée des princes; ils se
battirent comme des gens qui font métier de
mépriser la vie; Boucicaut remplit dans cette
circonstance le devoir de soldat autant que
celui de général; il reçut plusieurs blessures,
et remporta enfin une victoire complète; les
3,000 partisans furent exterminés, le vainqueur
ne fit quartier qu'à 100 d'entre eux qu'il conduisit
à Paris: on les pendit à un gibet (1411). (Juvénal
des Ursins.)

Les succès remportés sur ces brigands effrayèrent les autres, et procurèrent quelques mois de
tranquillité, mais on ne pouvait espérer de voir
régner le calme bien long-temps, et en effet le
duc de Bourgogne semblait n'agir que pour
amener une rupture; les criminels excès des
bouchers continuaient, et, malgré la paix signée

et les ordres du roi, on ne cessait de massacrer dans les rues; le prévôt des marchands, Culdoé, ne pouvant arrêter ces violences, quitta Paris avec 300 notables; peu de jours après, lorsqu'on s'y attendait le moins, le jeune duc d'Orléans fit paraître un manifeste pour demander au roi justice de la mort de son père, en même temps il envoya au duc de Bourgogne un cartel rédigé dans les termes les plus forts; Jean de Nevers répondit: « Ne pouvant laisser sur la terre un si faux, si déloyal, si mauvais traître que Louis d'Orléans sans faire tort à la fidélité et au service que nous devons au roi et à ses enfans, nous avons ordonné qu'on mît ce méchant à mort comme il le méritait; et en cela nous avons fait le plaisir de Dieu, nous avons rendu un signalé service au roi, nous avons fait une action de devoir et de justice. » Ces deux actes furent très-publics, et ce qu'il y a de singulier, c'est que le combat à outrance n'eut pas lieu.

Les choses étant en cet état, on se prépara à la guerre de tout côté; mais comme, dans des momens de trouble, il faut payer ceux qui prêtent leurs bras, le principal objet était de se procurer de l'argent; on eut recours aux moyens les plus extraordinaires; le duc de Bourgogne s'empara du dépôt du parlement, espèce de caisse de consignation; elle renfermait quatre mille écus d'or, il en donna décharge au greffier. (Juvénal des Ursins.)

De son côté le duc d'Orléans fit vendre, sur le grand pont de Paris, le pont au Change, où se tenaient les marchands lombards, une paix d'église qui venait du riche trésor de son père; cette paix d'or massif, ornée de perles et de rubis, fut achetée 36,000 francs (1411).

Le parti du duc d'Orléans se trouva sur pied le premier; il compta sous ses bannières 15,000 hommes, qui se réunirent dans l'espace d'un mois; on voyait, à la tête de cette armée, les ducs de Berri, de Bourbon, les comtes d'Alençon, d'Armagnac, et le connétable Charles d'Albret « qui d'un talon clocoit. »

Le duc de Bourgogne se trouvait en ce moment dans ses états de Flandres; il y apprit avec étonnement un événement qui semblait devoir arrêter la guerre civile prête à éclater : Charles VI, dans un intervalle de lucidité, venait de faire paraître une déclaration par laquelle il expulsait des affaires publiques Jean de Bourgogne et Charles d'Orléans; il nomma en même temps un ministère composé de l'archevêque de Reims, des évêques de St.-Flour, de Noyon, des sires d'Affemont, de Mailly, de Rambures, de Blaru, et de neuf autres barons; ces hommes se montrèrent animés de l'amour de leur pays et fort empressés de tirer l'État du chaos dans lequel tant de fautes et tant de crimes l'avaient plongé. Ils débutèrent par réformer des abus et par diminuer les dépenses; ils supprimèrent la plupart des pensions; ils n'en conservèrent que quelques-unes, au nombre desquelles fut celle de Christine de Pisan, que son savoir et ses écrits avaient rendue illustre sous le règne de Charles V : Christine de Pisan conservait, dans un âge fort avancé, toute la vivacité de son esprit.

Le nouveau ministère nomma le maréchal Boucicaut commandant du peu de troupes que le roi avait à sa disposition; l'exemple de Boucicaut, resté invariable dans la ligne du devoir, rallia autour du trône beaucoup d'autres chevaliers. Le conseil décida que l'entrée de Paris serait défendue aux ducs de Bourgogne et d'Orléans; on mura la porte St.-Antoine et celle de Flandres. Cependant, malgré les ordres précis de la cour, l'armée des princes s'avança sur Paris; elle avait pour auxiliaires les provinces du centre et du midi; le duc de Bourgogne, toujours en Flandres, résolut de faire tous ses efforts pour lutter avec avantage contre les Orléanais; il envoya des émissaires secrets solliciter des secours de l'Angleterre; d'autres émissaires chargés des pouvoirs des princes arrivaient en même temps à Londres pour faire de semblables demandes; Henri IV, que l'on appelait en France usurpateur et meurtrier de son roi, se voyait l'arbitre des deux factions qui divisaient ce pays. Il se décida en faveur du duc de Bourgogne, parce qu'il espérait que Jean de Nevers ferait plus de mal à la France que le parti d'Armagnac; en conséquence il lui envoya 6,000 hommes commandés par le comte d'Arundel; les princes confédérés avaient pris à leur solde 5,000 Allemands (1412).

Le maréchal Boucicaut fut chargé par le roi d'aller à Gand signifier au duc de Bourgogne la défense expresse d'introduire des troupes étrangères dans le royaume; de son côté la reine, à la tête d'une députation, se rendit auprès des ducs de Berri et d'Orléans pour les exhorter à mettre bas les armes et à licencier leurs troupes; les princes se préparaient à obéir, lorsqu'un nouvel incident vint arrêter ces louables dispositions.

Les Parisiens, très-attachés au duc de Bourgogne, excités par cette bande de 500 bouchers, se soulevèrent spontanément, cernèrent le

Louvre, où le roi habitait avec sa famille, et forcèrent Charles VI non-seulement à se prononcer ouvertement contre les d'Armagnacs, mais encore à faire revivre à leur égard les édits lancés sous le règne de Charles V contre les grandes compagnies. Ce fut au milieu des plus affreuses menaces que le roi fut obligé de donner cette déclaration; dès ce moment les Orléanais furent regardés comme les ennemis de l'État, et le parti de Jean de Nevers eut l'avantage de combattre pour l'autorité souveraine. Jamais on ne vit mieux le pouvoir magique du nom du roi; la scène changea dès que la déclaration de Charles VI parut; les provinces qui jusqu'alors avaient soutenu les Orléanais contre les Bourguignons refusèrent de les servir contre le monarque; les princes ne trouvèrent partout que des ennemis, mais leur armée n'en fut cependant pas diminuée; la noblesse en formait la majeure partie; moins dupe de la manœuvre des bouchers que le peuple et le tiers-état, elle resta fidèle à la fortune du duc d'Orléans; bien loin de s'en laisser imposer, elle se rapprocha davantage de Paris, et bloqua étroitement cette capitale; elle fit paraître à son tour un manifeste, en annonçant qu'elle prenait les armes dans le seul but d'affranchir le roi de l'esclavage dans lequel le parti bourguignon le tenait (1412).

Le voisinage de l'armée des princes augmenta la confusion qui régnait dans Paris; les habitans imploraient l'assistance du duc de Bourgogne, et pour hâter son retour adressaient au ciel les plus ferventes prières; on faisait tous les jours des processions; à celle du 8 septembre on vit 40,000 hommes pieds nus traverser des flots de peuple; cette particularité, rapportée par Juvénal des Ursins, peut donner une idée de la population de la capitale dans le quinzième siècle; enfin, l'on apprit que Jean de Nevers était parti de Flandres pour venir au secours des Parisiens; ce prince avait rassemblé 50,000 hommes entre les rives de la Scarpe et de l'Escaut; il avait fait un appel à toute l'ancienne Belgique; les habitans de Bruges, de Bruxelles, d'Ostende, d'Alost, de Termonde, de Courtrai et de Gand, y répondirent avec enthousiasme; ils ne voyaient que le pillage du plus beau royaume de la chrétienté, et le plaisir de pouvoir venger dans le sang français la défaite de Rosebec.

Ceux de Gand furent les premiers au rendez-vous; ils conduisaient 1,400 chars portant engins, tentes, traits et canons, leur attirail était immense; on les aurait pris pour une peuplade de nomades ; ils tenaient près de quatre lieues de terrain quoiqu'ils ne fussent que 18,000 ; ils amenaient avec eux des hommes de loi et des échevins pour rendre la justice et juger les différends qui pourraient s'élever entre eux, car ils étaient essentiellement querelleurs ; les Gantois avaient pour chef un jeune bachelier, nommé Jean Melun, qui avait plus de crédit sur ses compatriotes que le duc lui-même (1).

Chaque Flamand portait sur son habit une croix blanche, signe caractéristique de la faction bourguignonne ; ceux d'Ypres, d'Alost, de Termonde arrivèrent après les Gantois ; le duc de Bourgogne conduisait avec lui au moins 80,000 hommes, les princes en avaient à peine 40,000 : Juvénal des Ursins dit que Jean-sans-Peur avait en sa compagnie 3,000 chevaliers, 5,000 archers, 2,000 *ribaudequins*, machine à lancer des traits, portée sur des traîneaux à roulettes, et 4,000 canons ou couleuvrines. Ce nombre de canons paraît exagéré, ou plutôt le texte de l'auteur a été altéré.

(1) Nous empruntons tous les détails de cette campagne à Cottigné, écuyer du duc de Bourgogne, qu'il suivit partout. Ce Cottigné a laissé une chronique manuscrite écrite en français-picard, et qui est à la bibliothèque Mazarine sous le numéro 1380.

Au moment de lever le camp, un prêtre se présenta devant le duc de Bourgogne, et l'aborda d'un air si embarrassé qu'il parut suspect; on le saisit, et l'on trouva sous sa robe un grand *ponchond*, espèce de poignard bien affilé; il eut la tête tranchée peu de jours après; cet homme déclara en mourant ne pas être prêtre; il n'avait pris l'habit ecclésiastique que pour mieux approcher le duc. (Juvénal des Ursins.)

L'armée se mit en marche le 1ᵉʳ juillet 1412; Jean de Nevers parvint à faire régner assez d'ordre dans cette multitude d'hommes étrangers aux habitudes de la guerre; il traversa l'Artois, entra dans le Vermandois; et voulant donner à l'ennemi une idée avantageuse de ses forces, il attaqua Ham, un des boulevards du parti orléanais; la place avait des fortifications nouvellement construites à angles saillans et rentrans, et pour gouverneur un chevalier gascon nommé Bernard d'Albret, parent du connétable avec lequel Vely le confond; Manzard du Bosc, banneret breton, était son lieutenant; les assiégés, fiers de leurs fortifications, injuriaient les assiégeans, du haut des murs, « leur disoient maintes geulées, les appelant *flamengailles, humeur de purée* et les envoient manger leur beurre sous la cheminée. »

Le duc de Bourgogne, craignant d'échouer dans ce siège, voulut essayer les négociations avant de commencer les attaques ; il envoya le sire de Helly vers le gouverneur de Ham; on ne répondit au message de ce prince que par de nouvelles railleries : « Nous vous conseillons, lui dirent les assiégés, de renvoyer au plus tôt ces Flamands dans leur pays, parce qu'étant tous faits de beurre, un peu de soleil pourrait les faire fondre, et dès qu'ils n'entendront plus mugir leurs vaches, ils s'en iront. » (Cottigné.)

Voyant la résolution de soutenir ouvertement toutes les attaques, le duc fit tirer ses gros canons, arme bien peu redoutable alors, car les habitans de Ham s'en moquaient, et *torchaient* les murs à l'endroit où le projectile avait frappé; après les canons, on fit jouer la *grielle*, pièce d'artillerie qui avait une ouverture « plus grande qu'une caque de harengs. » Le maître artilleur était un bourgeois de St.-Omer « et d'un fuysil il y bouta le feu, la poudre s'alluma, qui prist à boursoufler; » mais la pièce se trouvait placée sur un point trop élevé, de sorte que la grosse pierre ronde passa par-dessus la ville; le maître artilleur la descendit un peu à l'aide de 40 hommes, « il y boutit le feu une seconde fois », la pierre en sortit avec un tel fracas, qu'on eût dit la foudre s'échappant du ciel ; elle perça le mur, fit deux trous à une tour, alla tomber au milieu de la ville, puis rebondit, et tua huit personnes, et en blessa plusieurs autres. « Douce vierge, dirent les assiégés ; comment puet telle pierre estre chi envoyée. »

Il paraît que cette redoutable *grielle* ne pouvait tirer que peu de coups, car les assiégeans l'abandonnèrent pour avoir recours à un autre expédient ; « ils charpentèrent toute la nuit pour dresser la *bricolle*, excellent engin. » C'était une boîte carrée en bois ferré, « propre à recevoir charognes, chiens pourris, et même matière de gens. » On la lançait par le moyen d'une machine à rouet, elle se brisait en tombant, et répandait une odeur si infecte que les assiégés ne pouvaient y tenir ; mais les assiégeans, après bien du travail, renoncèrent à cet expédient, car ils s'empoisonnaient eux-mêmes ; les soldats dirent qu'ils préféraient monter dix fois à l'assaut plutôt que de se servir de cette machine.

Cependant Bernard d'Albret voyant ses vivres diminuer, et persuadé que cette armée considérable, arrêtée devant ses remparts depuis huit jours, finirait par enlever la place de vive force, résolut d'abandonner la ville ; il fit sortir les habitans pendant la nuit, par une porte basse donnant sur la Somme, et les mit sur des bateaux avec les hommes de traits, et au point du jour, ayant fait baisser le pont-levis, il sortit au galop à la tête des chevaliers et écuyers, traversa le camp, culbuta tout ce qu'il trouva sur son passage, et gagna la plaine sans avoir perdu un seul homme; les Flamands entrèrent aussitôt dans la place, la pillèrent, et tuèrent quelques femmes et quelques vieillards qui n'avaient pas voulu sortir avec les autres habitans; il s'éleva à cette occasion de violens débats entre les Flamands et les Picards.

Le duc de Bourgogne abandonna Ham et s'avança vers Paris; l'armée des princes accourait au-devant de lui, il la rencontra entre Montdidier et Beauvais; les coureurs du duc d'Orléans ayant découvert d'une hauteur cette multitude de Flamands qui couvrait la plaine, rentrèrent aussitôt et vinrent dire au jeune prince qu'ils avaient vu au moins 200,000 ennemis. « Et quand toute votre gent serait chair cuite et bon rôti, cela ne suffirait pas pour un seul dîner.» Ce discours indigna d'Armagnac, qui frappa l'un d'eux et lui creva un œil; les autres capitaines se montrèrent aussi coûrroucés que le comte d'Armagnac, et calmèrent les craintes du duc d'Orléans; Louis Bourdon, banneret tourangeau, lui dit : « Seigneur, je vous prie de me donner le duc de Bourgogne si nous le prenons, pour que j'en fasse justice pour le meurtre de votre père. Je prendrai un bœuf bien gras, massif et gros, je le ferai fendre parmi le ventre, j'en ôterai la coraille (les intestins), et à leur lieu sera mis icelui duc tout en vie et viestis, puis à grand feu de charbon bien après sera de gros varlets tourné et rôti tout vif. » Le duc d'Orléans le lui promit.

Les deux armées se trouvèrent en présence ; celle de Jean-sans-Peur était beaucoup plus nombreuse, mais bien moins aguerrie; on distinguait parmi ses chefs le duc de Brabant, frère du duc de Bourgogne, le duc de Frise, le comte d'Arundel et Boucicaut ; ce maréchal, obligé de choisir un parti au moment où l'on allait se battre, embrassa celui de Bourgogne, qui paraissait avoué du roi, tandis que son parent Geoffroi de Boucicaut prenait celui d'Armagnac; Geoffroi se fit remarquer par son intrépidité; les continuateurs de Vely l'ont confondu mal à propos avec le maréchal; on voyait réunis sous les bannières des princes, les comtes d'Alençon, d'Eu, de Sarbruk et d'Hangest, les sires de Montbazon, de Boutillier, Geoffroi de Lasalle, Jean de Combourg, Pierre Desfontaines, Louis de Braquemont,

Heugues d'Amboise, Robert de Chaumont, François d'Hauberticourt, Jean de l'Hôpital, Geoffroi de Beaufremont, grand maître de l'ordre de Rhodes, Baudran de la Heuse, Guillaume Bataille, Louis de Culant, Louis de Dreux Brézé, Gallois d'Acy, Raoul de Gaucourt, Guillaume de Troye, Pierre de Mornay et Pierre de Guittry.

La grande querelle allait se décider peut-être dans un seul jour; la victoire d'un des deux partis pouvait terminer d'un seul coup la guerre civile; mais une crainte mutuelle arrêta les Bourguignons comme les Orléanais; ceux-ci redoutaient la supériorité du nombre, ceux-là craignaient la valeur, l'habileté et la discipline de ces chevaliers experts dans l'art de la guerre.

Boucicaut, le capitaine le plus consommé du parti bourguignon, voulait que l'on fondît sur l'ennemi pour l'écraser avec de grandes masses; Jean-sans-Peur, appréhendant qu'un échec ne le discréditât auprès des Parisiens, ne voulut pas tenter l'attaque et resta en observation; depuis quatre jours il occupait la même position lorsque tout à coup, au milieu de la nuit, son camp retentit des cris *Flandres! Flandres!* le duc courut sur-le-champ avec son frère aux bivouacs des Belges; il trouva tout le monde se disposant au départ; les Gantois avaient promis au duc un service de soixante jours seulement; ce terme venait d'expirer à minuit; prières, exhortations, tout devint inutile : « Ils troussèrent leurs tentes, réunirent les bagages, les chariots, et au point du jour reprirent confusément la route de Flandres; Jean-sans-Peur, désespéré, après avoir épuisé les supplications, *les envoya à tous les diables.*» (Cottigné.)

Le duc d'Orléans, apprenant le départ des Flamands, voulut profiter de cette heureuse circonstance pour attaquer le duc de Bourgogne : « Nous le prendrons, s'écriait-il, et Bourdon le fera rôtir sur le brasier.» Mais le comte d'Armagnac contint cette fougue; il jugea plus prudent de revenir sur Paris et d'entrer dans cette ville à la faveur de l'effroi que la retraite des Flamands allait causer à ses habitans; l'armée des princes se replia sur l'Ile de France, elle marcha en deux colonnes, et se réunit sous les murs de St.-Denis; elle emporta cette place, défendue par 4,000 hommes, et la livra au pillage; d'Armagnac s'empara de plusieurs effets précieux, notamment de plusieurs clous «dont Jésus fut clavé.» Il savait que le trésor d'Isabeau de Bavière était caché dans un des caveaux, il les parcourut tous à la lueur des torches, accompagné du sire de la Jaille, son chambellan, et de quatre écuyers; après bien des recherches on découvrit, dans un arrière-caveau, un grand coffre de fer fermé de trois serrures d'argent; le comte d'Armagnac fit venir de St.-Denis douze serruriers, et leur ordonna de briser le coffre; ces ouvriers, croyant que les saintes reliques de l'abbaye y étaient renfermées, dirent au comte qu'ils n'en feraient rien, dussent-ils avoir les membres *dérompus*. Sur leur refus d'Armagnac se saisit d'un gros marteau, et aidé du sire de la Jaille, il brisa le coffre après deux heures d'efforts; il y trouva une quantité prodigieuse d'argent monnoyé, des bijoux, des joyaux et une couronne royale enrichie de pierres précieuses ; le comte emporta ces richesses et vint les étaler aux yeux du duc d'Orléans. Les historiens du parti bourguignon disent qu'il posa la couronne sur la tête de ce jeune prince (son gendre) en lui promettant de le faire sacrer roi sous peu de jours dans la cathédrale de Reims.

Les Parisiens, effrayés de la prise de St.-Denis, se hâtèrent d'envoyer des messages au duc de Bourgogne pour le supplier de venir à leur secours; Jean-sans-Peur, atterré du départ des Flamands, croyant la capitale perdue sans retour, versa des larmes de regret. Le comte d'Arundel s'efforça de le consoler : « Ne vous affligez pas, lui dit-il ; nous enverrons d'Angleterre aux Armagnacs des mouches qui les piqueront si fort que la chair leur en cuira. » (Cottigné.)

Outre 10,000 hommes levés dans ses domaines de Bourgogne, le duc avait encore 6,000 Picards, 6,000 Anglais et 3,000 chevaliers ou écuyers ; ces forces réunies pouvaient bien tenir la campagne contre l'armée des princes, mais Jean-sans-Peur montra toujours beaucoup d'hésitation à la guerre ; il dut les succès qu'il obtint à son frère le duc de Brabant ou à quelques autres généraux placés sous ses ordres. Cependant, d'après les exhortations du comte d'Arundel, il s'avança vers Paris ; Boucicaut, commandant l'avant-garde, fondit sur les détachemens laissés en échelons par le comte d'Armagnac ; les culbuta ou les força de se replier en désordre sur le gros de l'armée, qu'il alla lui-même reconnaître ; l'ennemi occupait les faubourgs de la capitale ; le duc d'Orléans était logé dans Paris même, le duc de Bourbon à Bourg-la-Reine, le comte d'Alençon à Gonesse, et Bernard d'Armagnac campait sous Montmartre.

Les Orléanais prirent un habitant de La Chapelle, chaud partisan du Bourguignon ; ils l'attachèrent par les bras et par les jambes à l'une des ailes d'un moulin, et puis l'abandonnèrent au vent, le laissant tourner ainsi pendant trois heures, au bout desquelles le malheureux expira; c'était le prélude des excès auxquels les d'armagnacs devaient se livrer; les environs de Paris furent pillés impitoyablement; chaque jour un chevalier monté sur un cheval blanc comme neige, venait jusqu'aux barrières insulter les Parisiens : « Issez mierdaille, leur criait-il, vous n'osez bouger. » Un matin qu'il disait ces gros mots, il fut surpris, enveloppé et mis en pièces comme un agneau que l'en pourfend. Mais ces Parisiens, que l'on raillait sans cesse, surent cependant contenir une armée aguerrie de 20,000 combattans; la population devait être formidable, car dans ce moment elle avait plus de 40,000 hommes sous les armes.

Au lieu de passer la Seine avec toute son armée au-dessous de l'Oise, et de tourner Paris afin d'y entrer par la route d'Étampes, le duc de Bourgogne laissa les troupes sous le commandement de Boucicaut, et chercha à forcer le passage par St.-Denis avec 4,000 Anglais et 1,500 gendarmes; il y parvint, et entra au galop dans la ville: il y fut d'abord reçu avec des transports de joie inexprimables, mais bientôt la vue des Anglais qui le suivaient refroidit ce zèle et aliéna les esprits; personne ne voulut loger ces étrangers, qui furent obligés de passer la nuit dans la rue avec leurs chevaux; on les distribua le lendemain, avec beaucoup de peine, chez les bourgeois soupçonnés d'être du parti orléanais.

Comme la haine des Parisiens contre les princes était portée au dernier degré, on ne pouvait les empêcher de faire des sorties contre eux. Le duc de Berri, chef de la ligue, s'approchait de la capitale avec 8,000 hommes de renfort, et menaçait de bloquer la ville par un autre côté et de la priver de toute communication avec la Marne, qui apportait des vivres aux habitans; le danger devenait pressant; le maréchal Boucicaut, instruit de la marche du duc de Berri, s'avança vers Paris avec toute l'armée bourguignonne, en laissa une partie pour garder des points importans, et entra lui-même dans la capitale à la tête de deux divisions. Comme son habileté était reconnue, il fut chargé de la conduite des opérations, et tourna toutes ses vues vers un seul but, qui consistait à battre l'armée des princes avant l'arrivée du duc de Berri; d'après ses ordres, le sire de Croy, commandant 6,000 Parisiens et 500 chevaliers, alla s'emparer de la belle maison de Wincester (Bicêtre) appartenant au duc de Berri et défendue par 2,000 hommes; cette garde fut taillée en pièces, le château fut pris et saccagé; ce fut un grand malheur pour les lettres et les arts; la bibliothèque du frère de Charles V, très-précieuse pour cette époque, fut brûlée. On livra également aux flammes une galerie de tableaux où l'on remarquait, dit Juvénal des Ursins, les portraits originaux des rois de France depuis Charlemagne jusqu'à Charles VI. On eut encore à regretter des châssis de fenêtre en vitres, chose fort rare alors; Galéas Visconti les avait mis en usage dans son palais; il les tirait de Constantinople. Le duc de Berri en avait seul en France.

Deux jours après la prise de Wincester, Boucicaut envoya un nouveau détachement, soutenu par les Anglais d'Arundel, attaquer St.-Cloud, qui fut enlevé, après un combat sanglant, le 9 novembre 1412. Colinet, gouverneur de St.-Cloud, avait livré cette place aux Orléanais le mois précédent; il fut pris par les Parisiens, et pendu à l'une des portes. Ce dernier avantage fut couronné le lendemain par la victoire complète que Boucicaut remporta. Ce général sortit de Paris le 11 novembre, fondit avec impétuosité sur les d'armagnacs postés devant St.-Denis; il les chassa de Montmartre et leur livra bataille dans la plaine. Tous les princes du sang, hors le duc de Berri, étaient présents; le maréchal perça leur ligne et obligea les deux ailes de se jeter en désordre sur leurs flancs; il manœuvra ensuite avec une grande habileté contre ces deux corps, et rendit leur jonction impossible; ce coup hardi décida de la campagne; l'armée ennemie, ne pouvant se réunir sous un seul chef comme le comte d'Armagnac le désirait, se dispersa et gagna la Loire; Boucicaut lui avait tué 6,000 hommes, il avait rendu dans cette circonstance des services si éclatans, qu'il fut nommé premier maréchal de France, il n'en existait alors que deux; il fallait commencer par être deuxième maréchal; cette charge militaire prenait chaque jour plus d'importance; cependant il n'était pas indispensable de l'occuper pour devenir connétable ni pour commander en chef une armée; Duguesclin, Couci, Clisson, ne l'exercèrent jamais; Le Meingre est le premier maréchal de France d'une grande réputation.

Boucicaut ne fut pas encore satisfait de l'avantage qu'il avait remporté devant St.-Denis sur le comte d'Armagnac; il continua la campagne en rejetant au-delà de la Loire les corps qui cherchaient à se rallier; il alla au-devant du duc de Berri sur la route d'Orléans pour lui présenter le combat; mais afin d'éviter l'effusion du sang français, il envoya vers ce prince deux officiers de son hôtel pour l'instruire du véritable état des choses, de l'occupation de Paris par le duc de Bourgogne, et de la dispersion de l'armée des princes; ces officiers s'acquittèrent de leur mission avec habileté; ils montrèrent au duc de Berri le danger qu'il courait en engageant une action avec le maréchal, déjà victorieux; le duc se rendit à cet avis, il repassa la Loire; les autres divisions de l'armée des princes se disséminèrent dans les provinces du centre sans se dissoudre; le dauphin, âgé de seize ans, vint joindre le maréchal, et fit ses premières armes sous ce général qui profita de l'arrière-saison pour reprendre les places dont l'ennemi s'était emparé dans le voisinage de la capitale : il conquit, dans l'espace de quinze jours, Dourdan, Étampes, Pierrefonds, Couci, La Ferté-Milon. La rigueur de l'hiver l'empêcha de poursuivre ses opérations.

LIVRE VI.

Le maréchal Boucicaut commande le premier corps de l'armée royale dans la campagne que Charles VI fit en 1413 contre le duc de Berri et les autres princes confédérés. — Boucicaut conduit le siège de Bourges. — La paix est faite. — Il est chargé d'aller à Londres renouveler la trève. — A son retour à Paris il délivre le dauphin de la tyrannie des chefs populaires de Paris, et le remet en possession de l'autorité tout entière. — Siège de Soissons et d'Arras. — Boucicaut est nommé gouverneur-général du Languedoc et rétablit le calme dans cette province.

Le roi venait de passer près d'une année entière sans jouir d'un moment de lucidité; on avait beaucoup de peine à le faire coucher; il fallait user de violence pour lui renouveler son linge; la vermine le couvrait entièrement; tout à coup, à la suite d'un sommeil assez prolongé, il retrouva sa raison; il fut effrayé de l'état dans lequel il se trouvait, et plus encore des désordres du royaume; il redevint en peu de jours ce qu'il était dans sa jeunesse, bouillant, ardent pour le travail, mais sans jugement, sans caractère, et toujours l'esclave d'une volonté étrangère; désireux du bien, mais incapable de prendre une forte résolution. Le duc de Bourgogne, qui se trouvait auprès de lui, s'empara de son esprit et en fit l'instrument docile de ses volontés; il le détermina à sanctionner tout ce qu'il avait fait depuis un an; il se donna le mérite d'avoir dispersé la ligue des princes du sang. Charles VI se montra fort irrité contre les princes, et surtout contre le duc de Berri, que l'on savait occupé à rassembler une nouvelle armée pour reprendre les hostilités; le roi ordonna sur-le-champ l'armement des milices et de la noblesse, et annonça qu'il voulait prendre lui-même le commandement de ses troupes, et marcher contre les confédérés (1412); ceux-ci, épouvantés en voyant un nouvel orage se former contre eux et ne se croyant pas assez forts pour y résister, implorèrent l'assistance de l'Angleterre; ils lui firent les propositions les plus honteuses; le duc de Berri et le duc d'Orléans, le premier oncle, et le le second neveu du roi de France, offrirent à Henri IV de se reconnaître vassaux de la couronne d'Angleterre, et de lui livrer quatre provinces méridionales; le duc de Bourbon et le comte d'Armagnac souscrivirent aux mêmes conditions, à l'exception du vasselage. Henri promit un secours considérable : six mois avant ses soldats avaient fait triompher le duc de Bourgogne. Il entrait dans sa politique de ruiner alternativement les deux partis : il légua les mêmes vues à ses successeurs. Charles VI, informé de l'alliance que les princes venaient de former avec l'Angleterre, les déclara traîtres à la patrie ainsi que leurs adhérens : cette déclaration, au lieu de produire l'effet qu'on en attendait, ne fit qu'aigrir les esprits; une partie de la France, la noblesse surtout, accusa le duc de Bourgogne d'avoir jeté le royaume dans un chaos de malheurs; on lui reprochait son ambition et l'assassinat de Louis d'Orléans; ainsi, malgré la déclaration du roi, les princes trouvèrent beaucoup plus de partisans qu'on ne l'aurait cru. Dès ce moment la guerre civile prit un caractère effrayant; chaque bourg, chaque ville devint une place de guerre; il se livra des combats sanglans dans l'intérieur des cités. Le roi, qui avait pressé avec ardeur les préparatifs de la campagne, alla prendre à St.-Denis l'oriflamme, le 8 avril 1412 (1), et la remit au sire d'Aumont, qui la reçut aux pieds des autels après avoir communié;

(1) L'année commençant à Pâques.

le maréchal de Boucicaut fut nommé commandant du premier corps, qui formait l'avant-garde; l'armée était forte de 50,000 hommes, dont les deux tiers se composaient de troupes seigneuriales; les nobles avaient été requis comme s'il s'agissait de défendre le territoire menacé d'une invasion. Cette armée marchait fière d'avoir son roi à sa tête; elle se dirigea vers la Loire sur trois colonnes, par Chartres, Melun et Provins; Charles VI commandait en personne celle du centre; le comte de St.-Paul, nouvellement nommé connétable, la droite (Chartres), et Boucicaut la gauche, qui dépassait les deux autres; le roi arriva le 11 mai (1413) à Melun, passa la Seine et ensuite l'Yonne; arrivé dans le voisinage d'Auxerre, il s'arrêta, et voulut voir les deux derniers corps de l'armée qui venaient de faire leur jonction dans la Bourgogne; pendant la revue, un écuyer de sa suite fut emporté par un cheval très-fougueux qui, venant se ruer sur celui de Charles VI, blessa d'un coup de pied la jambe droite de ce prince (1). Les seigneurs voulaient fondre sur cet écuyer pour le punir, le roi les arrêta; il dévora la douleur qu'il ressentait, et ne voulut rien faire dans le moment, mais

---

(1) Juvénal des Ursins, liv. XIV.

arrivé à Auxerre il sentit son mal empirer tellement, que, malgré le désir de se trouver au plus tôt dans le Berri, il se vit obligé de séjourner en Bourgogne pour soigner sa blessure.

La nouvelle de cet accident porta la consternation dans Paris; les églises se remplirent de peuple, on fit des prières publiques pour demander à Dieu la prompte guérison du roi; il se trouva trente mille personnes à la procession du parlement; celles des paroisses et des monastères en comptèrent cinquante-deux mille, quoiqu'il n'y eût pas alors le quart des couvens existans en 1750. La dernière procession fut celle de l'université; il y assista une quantité si prodigieuse d'écoliers, que les premiers entraient dans l'église de St.-Denis quand le recteur n'était pas encore sorti des Mathurins (1).

Après huit jours de repos à Auxerre, Charles VI voulut, malgré l'avis contraire des médecins, remonter à cheval et commencer la campagne. Boucicaut prit position, le 26 mai, au-delà de Cosnes; avec 6,000 cavaliers nobles, 3,000 gros varlets et 3,000 arbalétriers; les bagages, qui étaient immenses, passèrent la Loire les deux jours suivans. Le roi franchit le fleuve,

---

(1) Journal de Paris, p. 19.

le 29, à Gien avec l'arrière-garde; toute l'armée se trouva réunie en ligne le 3 juin 1413; la gauche, appuyée à la ville de Sancerre, et la droite au Cher, ayant derrière elle la Sauldre. Le maréchal commença par culbuter tout ce qui défendait les approches de Bourges, et cerna cette ville par le côté du couchant; le roi le chargea spécialement de réprimer les désordres que les soldats de l'armée royale commettaient déjà dans le Berri; il fallait une volonté aussi ferme que celle de l'ancien gouverneur de Gênes pour arrêter ces excès; il fit planter une ligne de gibets, et sur la moindre plainte bien fondée il ordonnait d'y attacher les coupables. Plusieurs écuyers appartenant à des familles très-anciennes payèrent de la vie le mépris qu'ils faisaient de ce châtiment réservé, selon eux, aux soldats mercenaires et aux valets.

Le duc de Berri, chef des confédérés, avait près de soixante-dix ans; il montrait à cet âge avancé une activité qu'il n'avait eue à aucune époque de sa vie; il envoya complimenter le roi son neveu, mais il lui déclara qu'il ne poserait les armes que lorsque le duc de Bourgogne serait éloigné de la cour, et que l'attentat commis sur la personne de Louis d'Orléans serait puni. On traita de rebelle le duc de Berri, et l'on ne voulut plus recevoir ses messages; ce prince n'essaya point de tenir la campagne contre Boucicaut, dont l'impétuosité ne connaissait pas d'obstacle; il abandonna le plat pays et se renferma dans Bourges. Si l'on en croit les chroniques du temps, cette ville, quoique très-grande et très-peuplée, était fortifiée avec beaucoup de soin; il se trouvait dans son enceinte, outre ses habitans, 15,000 nobles qui avaient pour chefs les ducs de Berri, d'Orléans, de Bourbon, de Bar et d'Anjou; les comtes d'Auxerre, d'Alençon, d'Armagnac; les sires de Gaucourt, de Barbazan, de Le Borgne, de Foucault, les évêques de Paris, de Chartres et de Meaux. Les 50,000 hommes que Charles VI conduisait à sa suite suffisaient à peine pour cerner cette vaste enceinte; comme le comte de St.-Pol, nouveau connétable, n'avait aucun talent militaire, et que le duc de Bourgogne ne voulait pas quitter le roi un seul instant, Boucicaut se vit chargé de la conduite du siège; il plaça les machines de guerre et les canons sur des points qui dominaient la ville, il les dirigea lui-même, et causa beaucoup de dommages aux assiégés; le duc de Berri fut obligé huit fois de changer de maison; la duchesse sa femme, réfugiée dans le château, vit pleuvoir sur elle une immense quantité de projectiles, de pierres; effrayée du danger qu'elle courait, elle envoya supplier le roi de ne pas tirer sur le château qu'elle venait de choisir pour sa demeure; la duchesse avait alors trente-sept ans; elle passait encore pour une des plus belles femmes du royaume; Charles VI ne pouvait oublier qu'elle l'avait préservé du feu dans le bal de 1392 en l'enveloppant dans la queue de sa robe; il envoya sur-le-champ l'ordre au maréchal de diriger ses coups sur un autre point.

Malgré les projectiles qui pleuvaient sans cesse, les habitans de Bourges criaient du haut de leurs remparts : *Vive le roi! vive le roi! à mort le duc de Bourgogne!* Tous les matins ils envoyaient des présens à Charles VI et s'informaient avec soin de la santé du monarque ; ils ne négligeaient rien pour lui prouver que leur conduite n'avait pour but que de défendre la majesté du trône, les droits de la couronne, et non pas de les attaquer; ils laissaient même les portes ouvertes pour qu'on ne pût les accuser de les avoir fermées au roi (1).

Le comte d'Armagnac et le duc d'Anjou firent une sortie à la tête de 6,000 nobles afin d'enlever les machines de guerre ou de les détruire; le

---

(1) Paradin, Annales de Bourgogne, liv. III, p. 535.

maréchal Boucicaut les reçut avec sang-froid et leur livra combat au pied des remparts; la lutte fut longue et opiniâtre, comme elle devait l'être entre des Français; d'Armagnac ne put arriver jusqu'aux machines, mais il tua tellement de monde au maréchal, que celui-ci ne se trouva pas assez en force pour lui couper la retraite et l'empêcher de rentrer dans la place.

Tout annonçait que le siège serait long; les Français d'alors redoutaient ces sortes d'expéditions; ils aspiraient à voir l'ennemi en rase campagne; ils se dégoûtaient dès qu'ils trouvaient de la résistance, et que les remparts ne tombaient point devant leurs premières attaques; les maladies se mirent dans le camp malgré les soins de Boucicaut; elles furent la suite de l'intempérance, et de la manière irrégulière dont les troupes vivaient; Pierre, frère du roi de Navarre, mourut le premier; Gilles de Bretagne le suivit de près; les soldats périssaient par centaines; un grand nombre de milices, effrayées de ces ravages, abandonnèrent le camp; pour comble de malheur le roi, qui depuis six mois jouissait d'une santé parfaite et de toute sa raison, retomba malade et offrit à toute l'armée le spectacle le plus déchirant; la paix entre les deux partis pouvait seule arrêter les maux qui menaçaient la

France; Boucicaut eut la gloire et le bonheur de la proposer et de la faire conclure; ce général, quoique fort sévère et peu communicatif, était éloquent; il savait ramener à son avis les opinions qui s'y montraient d'abord les plus opposées.

Les princes confédérés, renfermés dans Bourges, offrirent les premiers de cesser les hostilités, quoique leur position fût très-brillante et qu'ils fussent à l'abri des calamités qui pesaient sur l'armée royale; le duc de Bourgogne voulait que l'on poussât le siège jusqu'à la reddition de la place; le maréchal eut le courage de lui résister, et usa auprès du dauphin Louis, redevenu régent, de tout l'ascendant qu'un guerrier fameux pouvait exercer sur un jeune prince; il fut secondé par Pierre de Lignac, grand-maître de Rhodes; enfin, malgré tous les efforts du duc de Bourgogne, on entra en pourparlers; mais voyant qu'il ne pouvait s'opposer à la paix, Jean de Nevers voulut du moins en régler les conditions; à cet effet il eut une entrevue avec le duc de Berri son oncle, mais il ne lui parla qu'à travers une barrière gardée par une forte escorte; depuis le meurtre du duc d'Orléans il voyait partout des vengeurs prêts à le frapper; ses prétentions parurent si élevées, que l'on rompit les pourparlers; Boucicaut les fit reprendre sur-le-champ au nom du dauphin; on échangea les clauses respectives demandées par les deux partis; les princes ne tenaient qu'à une seule condition; ils désiraient que, d'après l'édit de Charles VI du mois de mai 1408, le dauphin prît les rênes de l'État et gouvernât d'après ses propres vues sans se laisser guider par des impulsions étrangères; cette clause unique flatta l'amour-propre du dauphin, qui fut moins exigeant; on convint que les princes licencieraient leurs troupes, renonceraient à l'alliance de l'Angleterre, et rendraient les clefs de la ville de Bourges, mais par forme; quelques seigneurs, excités par Jean de Nevers, essayèrent de rompre les conférences et de faire changer les résolutions du dauphin; ce prince répondit à leurs discours spécieux ces belles paroles : « Le bien de l'État consiste dans l'union et la bonne intelligence de la royale maison de France. » La paix fut signée le 13 juillet 1413; le lendemain matin Boucicaut alla prendre le duc de Berri avec une escorte d'honneur de 1,500 nobles, et le conduisit dans la tente du dauphin; le duc mit un genou à terre en saluant son petit-neveu, et fit acte de soumission au nom de tous les confédérés; les seigneurs du parti bourguignon murmuraient hautement de ce que ce prince portait encore l'écharpe blanche, signe avoué de la confédération; ils voulaient même profiter de cette circonstance pour provoquer une rupture; le duc de Berri, devinant leurs intentions, dénoua son écharpe et la remit au dauphin, voulant ainsi ôter toute espèce de prétexte.

L'armée royale n'entra pas dans Bourges, mais elle laissa des garnisons dans Montfaucon, Sancerre, Châteaudun, et se replia sur la Bourgogne; Auxerre fut choisi pour le lieu de réunion des principaux chefs des deux partis; la paix y fut ratifiée le 30 juillet; on oublia pour un instant les inimitiés, ou l'on feignit de les oublier; on vit les ducs d'Orléans et de Bourgogne parcourir les rues de Paris montés sur le même cheval; le premier portait encore le deuil, qu'il n'avait pas quitté depuis la mort de son père.

La paix de Bourges, en terminant la guerre, semblait promettre au duc de Bourgogne la paisible jouissance du pouvoir; il touchait enfin au but vers lequel il marchait depuis huit ans avec une égale constance, rien ne lui avait coûté pour y parvenir; la violence et le crime avaient été ses moyens bien plus que la force des armes; il allait donc, selon lui, exercer sans contrainte le droit de commander à la France, à toutes les destinées, mais il se vit encore trompé dans ses espérances ; un rival redoutable s'élevait dans sa propre famille, c'était le dauphin Louis, son gendre, âgé de dix-sept ans, *et qui se sentait déjà*, dit la chronique. Ce jeune prince avait reçu de la nature un tempérament aussi chaud que celui de son père ; Jean-sans-Peur en avait agi à son égard comme Philippe-le-Hardi en avait agi envers Charles VI ; il l'avait de bonne heure poussé au libertinage le plus outré afin de gagner son affection et d'exercer sur son esprit un grand empire ; il y avait réussi ; Isabeau de Bavière, dont l'ame ne fut étrangère à aucun genre de crimes, guidée par les mêmes motifs, mit encore plus d'ardeur à corrompre son fils ; la dépravation de cet enfant faisait le scandale des Parisiens, et livrait davantage au mépris public la famille du malheureux Charles VI. Le duc de Bourgogne voulut écarter ce nouveau concurrent, mais le dauphin, stimulé secrètement par la faction orléaniste, annonça qu'en qualité d'héritier présomptif de la couronne il entendait gouverner sans entraves pendant la maladie de son père, et que d'ailleurs une clause expresse du traité d'Auxerre le prescrivait ainsi : le dauphin, par cette fermeté, devint un point de ralliement pour tous les bons Français qui gémissaient sur les malheurs causés par les querelles des deux partis.

Boucicaut, quoique fort attaché au duc de Bourgogne, fut le premier à se ranger sous la bannière du dauphin; et comme il jouissait d'un grand crédit auprès des gens de guerre; il entraîna avec lui de nombreux partisans, qui déclarèrent par son organe ne vouloir reconnaître que l'autorité du fils du roi; le dauphin prit donc les rênes de l'État, aidé d'un conseil composé d'hommes recommandables; les devoirs que cette nouvelle situation lui imposait le détournèrent bientôt de ses dérèglemens; il débuta par diminuer les dépenses de l'administration, par donner des édits de la plus haute sagesse; il chargea Boucicaut d'aller à Londres renouveler le traité de paix avec le nouveau roi d'Angleterre.

Henri de Lancastre, quatrième du nom, venait de mourir (commencement de 1413); il était rongé de la lèpre et avait des attaques intermittentes d'apoplexie pendant lesquelles il restait comme mort des journées entières. Relativement à son roi, l'Angleterre n'était guère mieux partagée que la France. Deux sentimens opposés agitaient l'ame d'Henri IV; d'un côté les remords de son usurpation, de l'autre la crainte de se voir chassé du trône; aussi tenait-il toujours auprès de lui la couronne royale; ses regards y étaient constamment attachés. Un jour son attaque d'apoplexie se prolongea plus qu'à l'ordinaire; son fils, le croyant mort, prit la couronne et l'emporta dans son appartement; il fut obligé de la rapporter quelques heures après, car son père revint à la vie. Enfin le monarque sentit que ses derniers momens étaient arrivés; il appela son fils, il eut avec lui un long entretien en présence des grands de sa cour; il jeta un dernier regard sur ce diadème qu'il avait eu tant de peine à conserver : « Mon fils, dit-il à son successeur, voilà une couronne à laquelle nous avons, vous et moi, bien peu de droits.— Mon père, répondit Henri V, mon épée saura conserver ce que la vôtre a su conquérir (1). »

Le nouveau roi d'Angleterre avait vingt-six ans; il aimait la gloire; il reçut Boucicaut avec distinction, et renouvela le traité de paix qui ne devait expirer que deux ans plus tard; le maréchal, ayant accompli sa mission, revint à Paris, mais à son retour il trouva la scène entièrement changée.

Le duc de Bourgogne voyant que le dauphin voulait régner par lui-même en s'appuyant sur la faction d'Orléans, n'avait plus gardé de mé-

(1) Rapin Thoiras.

nagemens; il avait tout-à-fait levé le masque, s'était mis en opposition ouverte avec tous les actes du gouvernement, et à l'aide de ses émissaires il avait insurgé la populace de Paris, déjà très-nombreuse à cette époque; enfin, il trouva moyen de la déchaîner et d'allumer ses fureurs; dans l'espace de quelques jours 20,000 furieux furent réunis et organisés comme par enchantement; le noyau de cette armée était formé de 600 bouchers commandés par Saint-Yons; les autres chefs populaires se nommaient Robinet de Mailly, écuyer du duc de Bourgogne; Caboche, écorcheur de bêtes; Jean Malart, fripier; Jean de Rouen, marchand de trippes au parvis de Notre-Dame, et Jean de Troye, chirurgien, déjà fameux dans les séditions qui signalèrent le commencement de ce règne; c'était un beau vieillard de soixante-quatorze ans, qui gouvernait les halles par son éloquence. D'un autre côté Eustache de Pavilly, religieux carme, prédicateur savant, abusait de la chaire de vérité pour souffler le feu des séditions; ces chefs populaires s'emparèrent du gouvernement de fait, et comme le dauphin n'avait aucune troupe régulière à sa disposition, il lui fallut subir le joug de ces 20,000 hommes avides de sang et de pillage.

Soit pudeur, soit pusillanimité, le duc de Bourgogne ne se mit pas à leur tête; il les guidait seulement dans leurs excès et se cachait dans l'ombre; dès ce moment il n'y eut plus de sûreté, plus de lois, plus de gouvernement; une tourbe effrénée, n'agissant qu'au gré de ses caprices, plongea l'État dans la plus affreuse anarchie. Caboche et ses collègues s'érigèrent en magistrats suprêmes, en annonçant qu'ils voulaient détruire les abus et gouverner au nom du roi; ils nommèrent gouverneur de Paris Hélion de Jaqueville, banneret de la Beauce, créature du duc de Bourgogne, homme de résolution, féroce et d'une taille gigantesque. Après s'être concertés quelques jours, les chefs de la populace décidèrent de frapper les grands coups; ils commencèrent par courir dans les rues à la tête de leurs divisions, et portèrent la terreur dans tous les lieux; les bourgeois, effrayés, restèrent enfermés chez eux; les rebelles se portèrent à l'hôtel St.-Paul, qu'habitait le roi, le cernèrent, arrachèrent l'étendard placé à la porte et le foulèrent aux pieds; ils pénétrèrent dans les appartemens et demandèrent à voir le dauphin, contre qui ils paraissaient très-courroucés; le jeune prince parut; le chirurgien Jean de Troye l'apostropha vivement en lui reprochant de ruiner sa santé par sa vie licencieuse; il finit son admonition en remettant au dauphin une liste de soixante personnes de la cour, dont les Parisiens, disait-il, demandaient la punition. Le chancelier fut contraint de lire cette liste à haute voix, et il trouva son nom en tête; le dauphin, ne pouvant contenir davantage son indignation, se mit à pleurer de rage, et se sauva dans la chambre du roi comme dans un asile inviolable. Charles VI était en ce moment dans un état complet d'imbécillité qui l'empêchait de comprendre ce qui se passait autour de lui; les séditieux, que rien ne retenait plus, fondirent sur les seigneurs accourus au secours du dauphin, ils se saisirent de Louis de Bavière, frère de la reine, du comte de Bar, de Robert de La Rivière, de Nantouillet, de Villars, d'Angènes et de Courte-Botte, premier violon du dauphin, et fort aimé de ce prince; Courte-Botte, voulant résister, fut massacré au bas des escaliers (1). Les séditieux n'épargnèrent même pas les dames du palais de la reine; ils les emmenèrent de force en prison et les livrèrent pendant le trajet à la brutalité de

(1) Journal d'un bourgeois de Paris. Cet anonyme, violent bourguignon, a laissé une chronique qui rapporte jour par jour tout ce qui se passait à Paris, avec des détails de localités fort curieux.

la populace; on battit ces nobles dames et on les *enfarina*.

Le duc de Bourgogne avait assisté à ces scènes de violence sans y prendre part, et en feignant de les blâmer; mais il ne trompa personne, pas même le jeune dauphin, qui, voyant emmener les seigneurs de son hôtel, revint dans la grande salle, où il trouva Jean-sans-Peur; il lui fit signer, *sur une croix de fin or qu'il fit apporter, que les prisonniers n'auraient aucun mal.*

Le lendemain on arrêta Des Essarts, prévôt de Paris et surintendant des finances; on l'accusa de malversation, mais son véritable crime était d'avoir dit publiquement au dauphin : « Veillez à la sûreté des trois princes d'Orléans, car le duc de Bourgogne veut les faire occire comme leur père. » Des Essarts eut la tête tranchée; plus de 15,000 factieux allèrent le lendemain à la Bastille pour enlever cette forteresse, mais le gouverneur la défendit vaillamment et rendit nuls tous leurs efforts.

Arnaud de Corbie, vieillard de quatre-vingts ans, fut obligé de remettre les sceaux; Jaqueville parcourait à cheval les rues de Paris accompagné de cent gardes; il faisait pendre au gibet les passans qu'on lui désignait comme orléanistes; les exécutions journalières ne satisfaisaient pas son impatience sanguinaire; il alla lui-même dans les prisons pour presser le carnage des détenus; il pénétra seul dans le cachot où l'on gardait Robert de La Rivière, neveu du fameux ministre de Charles V; le jeune prisonnier, en l'apercevant, lui adressa les plus vifs reproches; Jaqueville se saisit d'une pinte pleine de vin, posée sur la table, et assena sur la tête de Robert un coup si violent, que le crâne en fut brisé, la cervelle s'épancha. Le meurtrier enveloppa la tête de sa victime, et le lendemain il fit apporter sur la place de Grève le corps de ce malheureux, et le fit décapiter mort, avec son compagnon d'infortune Duménil, maître d'hôtel du Dauphin. (Journal de Paris, in-4°, p. 19.)

Peu de jours après on fit mourir également Maussart Dubosc, un des plus beaux hommes de son temps; il eut la tête tranchée aux halles; le corps de cet infortuné, au lieu de rester sur place après la décapitation, fit un bond et heurta vivement le bourreau, maître Geoffroi, qui, laissant tomber le fer, eut une si grande frayeur qu'il en mourut le surlendemain. (Journal de Paris.)

Ces fureurs servaient les projets du duc de Bourgogne, mais elles l'épouvantaient; il craignit un moment de devenir lui-même la victime de ce monstre populaire, qu'il avait démuselé; chaque jour voyait quelque nouvel excès. Le 1ᵉʳ juillet les rebelles se portèrent une seconde fois à l'hôtel de St.-Paul, en brisèrent les portes, se répandirent dans les appartemens, bravèrent l'autorité du dauphin, et contraignirent ce prince à prendre le chaperon rouge adopté par eux, sans doute parce que c'était la couleur du sang; ils en posèrent un sur la tête de Charles VI qu'ils arrachèrent d'une chambre étroite, son refuge habituel : la vue de cet infortuné monarque, privé de la raison et que l'on insultait jusque dans ses misères, arracha des larmes à quelques-uns de ces forcenés. Peu de temps après cet attentat le terrible Jaqueville, faisant un soir sa ronde, passa sous les fenêtres de l'hôtel St.-Paul; il entendit des instrumens dans l'appartement du dauphin, il força la porte, monta les degrés, et entra avec ses gardes dans la salle, où il trouva le jeune Louis avec douze personnes de la cour; Jaqueville fit cesser le bal en reprochant au dauphin sa vie molle et licencieuse : « Vous passez, lui dit-il, la nuit à veiller et le jour à dormir; certes, avec un pareil genre de vie vous ne mourrez pas vieux. ». Le sire de La Trémouille, chambellan du roi, présent à cette scène, ne put contenir son indignation : « Vous êtes un impertinent, dit-il au gouverneur, de tenir un pareil propos à un prince; vu le petit lieu dont vous estes. » Jaqueville entra en fureur en se voyant reprocher son peu de naissance, et donna un démenti au sire de La Trémouille; le dauphin, dont la colère ne connaissait plus de bornes, tira une petite dague attachée à sa ceinture, se jeta sur l'audacieux gouverneur, et lui porta plusieurs coups qui furent parés par sa cuirasse; l'émotion du jeune prince fut si grande, que pendant trois jours il cracha le sang en abondance. (Journal de Paris, p. 21.)

Un état aussi violent ne pouvait durer longtemps; il devait cesser à l'apparition d'un homme énergique, capable d'en imposer aux factieux; Boucicaut fut celui qui mit un terme à cette anarchie; le maréchal revenait d'Angleterre, portant le renouvellement du traité; il se rendit aussitôt auprès du dauphin et licencia l'espèce de garde que Jaqueville avait mise auprès de ce prince pour le tenir prisonnier, parcourut tous les quartiers de Paris, et réunit beaucoup de nobles, que la crainte tenait éloignés. Le conseil s'assembla sous la protection de Boucicaut, et il fut décidé que l'on inviterait les princes d'Orléans à s'approcher de Paris pour tirer le roi et le dauphin de l'affreux esclavage dans lequel ils vivaient; le maréchal fut chargé de cette mission délicate. Depuis la paix de Bourges les princes n'avaient point encore licencié leurs troupes; il fallait les convaincre qu'en s'adressant à eux le roi n'implorait pas l'appui d'un parti, mais qu'il faisait un appel à la noblesse comme il en avait le droit en qualité de suzerain. Le maréchal eut l'habileté de conserver cette nuance si importante pour la majesté du trône; à sa voix les princes concentrèrent leur armée sur la Loire, et s'unirent au duc de Bretagne, qui venait d'abandonner l'alliance du duc de Bourgogne; ils s'avancèrent tous ensemble vers Paris, guidés par Boucicaut, qui marchait à l'avant-garde; l'approche de ces troupes donna l'élan à la bourgeoisie; qui, gémissant des excès du peuple, n'avait cependant osé faire aucune démonstration. Les conseillers du dauphin surent si bien enflammer ces hommes en faveur de leur maître, que tout à coup 25,000 bourgeois se trouvèrent en armes sur la place de Grève, au Châtelet, le long des quais, sur les ponts et sur les deux rives de la Seine; l'aspect de forces aussi imposantes effraya cette populace naguère si terrible: Jean de Troye, le chirurgien, voulut le haranguer et relever son courage; voyant qu'on méconnaissait sa voix, il se hâta de quitter Paris; Saint-Yons, Caboche et les autres coryphées du parti populaire, se cachèrent; le dauphin, à la tête de 25,000 bourgeois et de quelque noblesse, alla ouvrir les prisons, s'empara des postes importans, et rétablit les anciens magistrats; on arrêta plusieurs chefs subalternes chez qui on trouva une liste de 1,400 personnes dévouées à la mort; cette liste indiquait le jour et le genre de supplice destiné à chaque proscrit. Cette révolution déplut extrêmement à Jean-sans-Peur, qui avait mis la populace en avant dans l'espoir de saisir le pouvoir lorsque la domination de Caboche et de ses collègues serait devenue intolérable; il ne put déguiser son dépit, et apostropha durement, dans la chambre du conseil, Juvénal des Ursins, un des principaux conseillers du dauphin (et père de l'historien).

Cependant les princes approchaient avec leur armée; Boucicaut était déjà à Étampes avec l'avant-garde; le conseil de Charles VI leur députa quatre de ses membres pour les remercier au nom du dauphin et des Parisiens, et pour leur dire que les secours demandés devenaient inutiles. « Nous ne nous sommes réunis, répondirent les princes, que pour briser les fers du roi et du dauphin : puisque leurs seigneuries sont rentrées dans l'exercice de l'autorité, et qu'elles ne courent plus de dangers, nous déposons les armes avec joie. » En effet, ils licencièrent leurs troupes et se rendirent seuls à Paris. L'esprit, fatigué des désordres de ce règne malheureux, se repose avec satisfaction sur ce beau trait de modération et de dévouement au bien public.

Jean de Nevers avait joué le plus triste rôle dans cette révolution; le pouvoir lui échappait encore une fois, il tenta de le conserver par le moyen le plus odieux. Il forma le projet d'enlever le roi dans une partie de chasse et de l'emmener à Lille, où il aurait établi le siège du gouvernement royal. Un simple hasard fit échouer ce complot; le jour de la chasse le roi se trouva accompagné d'une suite extrêmement nombreuse quoique personne ne soupçonnât le projet; l'enlèvement ne put avoir lieu, et le duc fut si effrayé de la grandeur de l'attentat, qu'il n'eut pas le courage d'en renvoyer l'exécution à un autre moment; une terreur panique s'empara de lui; le soir même il s'enfuit à toute bride sans que l'on songeât à le poursuivre.

Le lendemain de cette fuite précipitée, Boucicaut fit son entrée dans la capitale, escortant les princes confédérés, les ducs d'Orléans, de Bourbon, de Bar, d'Anjou, les comtes d'Alençon, d'Eu, d'Albret, d'Armagnac, qui avaient tous le chaperon mi-partie noir et rouge, fort à la mode alors; ils portaient des manteaux violets couverts de feuilles d'argent, que le dauphin leur avait envoyés. Vingt-quatre trompettes ouvraient la marche; les bourgeois formaient la haie; un héraut, qui précédait les princes, jetait de l'argent en criant : *Vive le roi et la paix!*

Dès ce moment le duc d'Orléans quitta les habits de deuil, qu'il gardait depuis six ans; poussé par son beau-père, le comte d'Armagnac, il sortit de la ligne de modération qu'il avait suivie jusqu'alors, et se proposa de citer le duc de Bourgogne devant la cour des pairs du royaume pour le faire juger comme assassin de Louis d'Orléans; cette démarche fut le prélude d'une réaction. Le comte d'Armagnac chassa toutes les créatures de Jean de Nevers, et s'appliqua à tenir le dauphin dans une tutelle rigoureuse; il voulait commander en son nom, et cependant, par une contradiction singulière, il exigeait que ce jeune prince s'occupât exclusivement des affaires de l'État; le dauphin n'avait plus de temps à consacrer au plaisir; il trouvait une bien grande différence entre cette domination et celle du duc de Bourgogne, qui, voulant gouverner sans entraves, l'engageait sans cesse dans des parties de chasse, dans des bals et des festins, sans jamais lui parler de la misère du peuple, que l'on foulait d'impôts; soit légèreté, soit dégoût pour son nouveau maître, soit reste d'affection pour l'ancien, le dauphin manifesta le désir de se rapprocher de son beau-père; il lui écrivit une lettre très-pressante, le priant de revenir aussitôt à Paris pour le délivrer des orléanistes. Ce message stimula le duc de Bourgogne. Il venait de renouer ses liaisons avec l'Angleterre, et dans ce moment il vendait aux états de Flandres des franchises pour en obtenir de l'argent; il réunissait aussi des troupes sur ses frontières. (Monstrelet, liv. III.)

Redouté de ses voisins, régnant sur des états qui le rendaient le prince le plus riche de l'Europe, Jean de Nevers aurait pu jouir d'un bonheur parfait; mais poussé par une ambition inexplicable, il préférait vivre en France au milieu des factions; il se plaisait à souffler le feu de la discorde, à traverser des orages, et à passer sa vie dans des agitations perpétuelles.

Au mépris de tous ses devoirs, Jean-sans-Peur franchit les frontières à la tête de 20,000 hommes; il parcourut en ennemi les provinces du nord, et s'approcha de Paris, où il espérait qu'un mouvement éclaterait en sa faveur (commencement de 1414); mais le gouvernement du duc d'Orléans, ou plutôt du comte d'Armagnac, était mieux constitué que celui de Jaqueville et des autres chefs populaires; il annonçait l'intention d'alléger les maux de l'État; l'ordre le plus sévère régnait dans la capitale; les excès étaient réprimés; la bourgeoisie, amie de la tranquillité, secondait merveilleusement un régime protecteur des libertés et de la propriété; le maréchal Boucicaut se trouvait dans la ligne du devoir en servant cette administration, qui agissait au nom du roi, et certes il fallait que son amour pour le bien public fût bien pur, car il avait dû la vie aux larmes de ce même Jean de Nevers après la bataille de Nicopolis (1), et néanmoins il ne balança pas à se déclarer contre ce prince dès qu'il vit en lui l'ennemi de son pays.

Le duc de Bourgogne se présenta en ordre de bataille sous Montmartre; le maréchal sortit à sa rencontre avec des forces inférieures et lui offrit le combat; le duc le refusa et se tint renfermé dans ses positions, attendant l'effet du soulèvement dont on l'avait flatté; mais le duc de Berri, nouveau gouverneur de Paris, avait pris des mesures si énergiques, que pas un homme ne

(1) Voyez la Vie d'Enguerand de Couci.

bougea; on fit publier que, sous peine de mort, aucun ouvrier ni artisan n'eût à quitter sa boutique ou son atelier pour se rendre aux remparts; les comtes d'Alençon et d'Armagnac, les ducs de Bar et d'Anjou, parcouraient les rues à cheval avec de nombreuses patrouilles, et plaçaient des gardes à chaque carrefour; ces dispositions en imposèrent aux factieux dans l'intérieur, pendant qu'en dehors le maréchal Boucicaut contenait l'ennemi dans ses lignes.

Dans ce moment critique Charles VI sortit de sa léthargie et reprit une lueur de raison comme il l'avait reprise l'année précédente dans une circonstance semblable, mais il trouva de nouveaux maîtres; il ne fut pas difficile de lui représenter le duc de Bourgogne comme le plus mortel ennemi de l'État; le monarque le déclara criminel de lèse-majesté; on fit publier cet édit dans les rues de Paris avec beaucoup de solennité; le maréchal Boucicaut en envoya sur-le-champ une copie au duc de Bourgogne en l'invitant à se retirer promptement pour éviter l'effusion du sang, et lui annonçant au surplus que s'il ne se rendait pas à son invitation il allait l'attaquer dans son camp le soir même; cette menace produisit l'effet que le général en attendait; Jean de Nevers leva le siège sans avoir tenté un seul engagement; il exécuta son mouvement de retraite avec une précipitation telle, qu'il laissa une partie de ses bagages dans ses lignes ; le sire de Gaucourt, envoyé à sa poursuite par Boucicaut, ne put jamais atteindre la queue de sa colonne. Jean de Nevers justifia bien mal, pendant la moitié de sa vie, le surnom de Jean-sans-Peur, que l'histoire lui a donné; depuis l'assassinat de Louis d'Orléans il se montra le prince le plus pusillanime de cette époque, comme il en était le plus déloyal (1).

La retraite du duc de Bourgogne consolida le pouvoir du parti orléaniste; le dauphin avoua sa faute en pleurant, et se soumit; on ne garda plus de ménagemens vis-à-vis son beau-père ; on lacéra en pleine assemblée la justification du docteur Jean Petit; l'université tonna contre les bourguignons comme elle avait tonné contre les d'armagnacs, le duc d'Orléans se montra décidé

---

(1) Le Moine de St.-Denis, témoin oculaire, dit, à l'occasion de ce siège de Paris entrepris par le duc de Bourgogne : « Ce prince nous avoit promis, et même il en avoit levé la main et juré foi, que notre abbaye de St.-Denis ne recevroit aucun dommage, et qu'il paieroit jusqu'au dernier sol tout ce qu'il prendroit en vivres et en fourrages, mais il consomma tout sans satisfaire à rien; il nous paya en gendarmes. »

plus que jamais à poursuivre le meurtrier de son père, l'assassin de l'époux de Valentine; ce crime était une plaie toujours saignante, et l'unique prétexte de la guerre civile.

Le roi, avons-nous dit, avait repris ses sens; mais dans cet état de santé il était encore le jouet de ceux qui l'entouraient; il montra autant de courroux contre le duc de Bourgogne qu'il en avait montré naguère contre les ducs de Berri et de Bourbon ; il voulait marcher en personne contre lui, porter la guerre dans ses états et pénétrer en Flandres. Des souvenirs lointains rappelaient à sa faible raison le triomphe de Rosebec, et Boucicaut, qu'il retrouvait auprès de sa personne, lui retraçait encore mieux les événemens de cette journée, car tous les deux y avaient combattu presque au même âge. On publia l'ordonnance du ban et de l'arrière-ban; chaque noble fut sommé de se rendre auprès du roi; des historiens inexacts disent que l'armée comptait 200,000 hommes présens sous les armes ; il est positif que très-peu de milices rejoignirent (1); on ne put réunir que la noblesse; on épuisa les faibles ressources du trésor pour solder un corps assez nombreux de Gascons et

(1) Fontanieu, Actes du règne de Charles VI, carton 28.

d'Allemands; on distinguait, à la tête de ces divisions, des barons français et étrangers; les ducs de Bourbon, d'Anjou et de Bar, un prince de Lorraine, un comte de Sarbruk, les comtes d'Alençon, d'Eu, d'Armagnac, d'Albret, les sires de Rohan, de Tintiniac, de Malestroit, de Quelen, Hector, fils bâtard de Louis de Clermont duc de Bourbon. Le maréchal Boucicaut fut chargé d'organiser cette armée; le comte de St.-Pol, connétable, et le sire de Dampierre, grand amiral, tous deux nommés à ces emplois par le duc de Bourgogne, prétextèrent le mauvais état de leur santé, et ne vinrent pas se ranger sous la bannière royale. Charles VI se rendit en grande cérémonie à St.-Denis, comme il l'avait fait l'année précédente; il prit des mains de Pierre de Villette, supérieur de l'abbaye, la bannière royale, et la remit à Guillaume Martel, vieillard blanchi dans les combats, et qui choisit trois chevaliers pour l'aider à défendre le drapeau sacré; ces trois chevaliers furent, le fils de Guillaume Martel, Jean Bétas et le sire de St.-Clair; pendant les marches le garde-bannière portait à son cou l'étendard ployé; un écuyer tenait la lance ou le bâton, et on ne déployait le drapeau qu'au moment du combat.

L'armée se rassembla dans la Brie; on plaça

les troupes soldées, les Gascons, les Bretons et les Allemands sous le commandement de Boucicaut, dont le caractère énergique pouvait seul en imposer à ces indociles guerriers; il se plaça avec eux à l'avant-garde, et malgré tous ses efforts il ne put parvenir à garantir des excès de la guerre les pays qu'il traversait; un ordre de la cour suspendit sa marche, car plusieurs membres du conseil, voyant avec peine entreprendre une nouvelle guerre contre le duc de Bourgogne, obtinrent un délai de quelques jours et l'autorisation de tenter encore les voies de la conciliation; ils partirent en toute hâte et allèrent vers Jean de Nevers, qu'ils trouvèrent à Lille; ce prince les reçut avec beaucoup de dédain et leur ordonna brusquement de s'expliquer sur l'objet de leur mission; les ambassadeurs lui annoncèrent de la part du roi que l'on était disposé à lui accorder la paix et l'oubli entier de ce qui s'était passé s'il voulait jurer de rompre ses liaisons avec l'Angleterre, et venir faire à Paris un acte de soumission; pour toute réponse le duc demanda à son écuyer ses bottes (ses houzeaux), et monta à cheval sans dire un seul mot aux ambassadeurs, qui revinrent auprès du roi et lui firent part de la manière dont ils avaient été reçus. Charles VI, indigné, ordonna que l'avant-garde se mît en route, et le lendemain, 10 avril 1414, l'armée s'ébranla en marchant sur trois corps échelonnés, la gauche appuyée à l'Oise; le troisième corps, commandé par le roi en personne, s'arrêta à Senlis, attendant que les deux autres eussent franchi l'Oise à Compiègne, mais les habitans de cette dernière ville, chauds partisans du Bourguignon, refusèrent de livrer passage; on s'y attendait. Compiègne, surnommée *la Royale* parce qu'elle avait été la demeure de plusieurs rois, était régulièrement fortifiée pour cette époque. Jean-sans-Peur y avait laissé une nombreuse garnison commandée par Heugues de Lannoy, Guillaume de Sorel, Hector de Saveuse et le bailli de Fouquerolles, hommes dévoués et intrépides; les remparts étaient garnis d'artillerie et de batteries de grosses arbalètes. Le roi aurait bien voulu que cette ville se rendît sans combattre; les Allemands et les Gascons juraient de la brûler si elle opposait la moindre résistance; elle fut resserrée de tous côtés; il se livra des combats très-vifs sous ses remparts; les assiégés se servaient de leur artillerie avec beaucoup d'habileté; le camp regorgeait d'ouvriers travaillant à jeter des ponts volans sur l'Oise; de leur côté les ouvriers de Compiègne travaillaient avec ardeur à fabriquer des armes et des machines de guerre ; on entendait leurs marteaux frappant sur les enclumes.

A chaque instant une nouvelle sortie donnait lieu à une forte escarmouche ; on atteignit ainsi la fin d'avril. Le dernier jour de ce mois, Hector, bâtard de Bourbon, s'avança au bord des fossés et dit aux assiégés qu'il viendrait les voir le lendemain *pour leur donner le mai ;* en effet, le paladin se présenta le 1ᵉʳ mai, à la tête d'un fort détachement, à la porte de Pierrefonds, tenant un rameau de fleurs ; son casque et ceux de ses chevaliers étaient également ornés de couronnes de fleurs appelés vulgairement *chapeaux de mai.* L'élite de la garnison sortit à sa rencontre et lui livra combat ; les assiégés et leurs adversaires restèrent tranquilles spectateurs de cette joute singulière ; la fatigue sépara les combattans ; Hector eut son cheval tué sous lui, mais il continua à combattre à pied, et sa brillante valeur fit l'admiration des ennemis. (Fenin, p. 363.)

Les habitans de Compiègne, accourus sur les remparts, paraissaient transportés ; ils firent le lendemain une sortie qui eut un plein succès ; ils culbutèrent les avant-postes, arrivèrent jusqu'à l'artillerie, s'emparèrent de trois petites pièces, et en enclouèrent une autre très-grosse appelée *la Bourgeoise;* « mirent, au trou par où l'on boutoit le feu, un clou tellement que devant ladite ville oncques *la Bourgeoise* ne put jeter. » (Juvénal des Ursins.)

Ce succès enhardit davantage les assiégés; ils sortirent le jour suivant et essayèrent de brûler les deux ponts que l'on avait jetés sur l'Oise pour tourner la place, mais le maréchal Boucicaut ne leur en laissa pas le temps; il les attaqua vigoureusement, les battit, et les rejeta dans la ville après leur avoir tué un monde considérable. Cet échec diminua leur arrogance; plusieurs des notables ouvrirent l'avis de faire leur soumission, mais la majeure partie ne pouvait supporter l'idée de subir les lois des armagnacs; enfin, après de vifs débats, on tomba d'accord d'envoyer une députation au roi qui venait d'arriver au camp. On choisit, pour remplir ce message, Jean Quièret, chirurgien, et Henri d'Ailly, noble bourguignon très-mal famé à la cour; le choix de ces deux personnages comme ambassadeurs indigna tout le monde; ils étaient chargés d'offrir au roi un tonneau de vin du territoire de Compiègne; Érard de Damas, vicomte de Châlons, grand échanson de Charles VI (1),

---

(1) Le père Anselme, Histoire des grands-officiers de la couronne, p. 319.

ne voulut pas recevoir le présent adressé à son maître; Jean Quièret et Henri d'Ailly furent obligés de se retirer sans avoir vu le monarque; peu d'heures après on annonça une autre députation de six personnes : à leur tête marchait le gouverneur lui-même, Pierre de Lannoy; on les admit auprès du prince; le chancelier, qui accompagnait l'armée, leur adressa de vifs reproches : « Votre ville, leur dit-il, s'est mise en état de rébellion en refusant le passage à l'armée du roi; cette faute seule méritait un châtiment, mais qu'est-ce aujourd'hui, où elle a combattu à outrance contre son souverain? Il ne peut y avoir de traité avec elle, il faut qu'elle se mette sur-le-champ à la discrétion de notre maître le roi. » Les députés se retirèrent, et rapportèrent à leurs compatriotes la réponse du chancelier, réponse qui les épouvanta d'autant plus que le maréchal Boucicaut, après les avoir battus la veille, s'était logé au pied des murailles, avait comblé les fossés, et faisait ses dispositions pour livrer un vigoureux assaut. Compiègne se soumit le 7 mai : le roi y fit son entrée sans armes et avec six chevaliers seulement, ce qui toucha beaucoup les habitans; il ne voulut pas permettre que l'armée y pénétrât, ce dont les Gascons et les Allemands furent extrêmement courroucés.

Le jour même de la prise de Compiègne, Boucicaut marcha contre Soissons; le duc de Bourgogne avait su inspirer aux villes du nord un véritable enthousiasme : avant d'entrer dans les états de Flandres, le roi avait à se rendre maître de plusieurs places fortes échelonnées sur la route, comme Compiègne, Soissons, Laon, Bapaume, Arras; et pour épargner tout le sang que tant de sièges devaient coûter à ses sujets, il fit précéder son avant-garde de plusieurs conseillers du parlement chargés d'user des voies de la persuasion pour soumettre les villes rebelles. Ces conseillers entrèrent dans Soissons avant que Boucicaut eût paru devant les portes; on les reçut dans la salle du conseil, où siégeaient Pierre de Craon, gouverneur, Collard de Fiennes, Enguerand de Bournonville, et d'autres chefs; Enguerand de Bournonville avait mérité le surnom de *fleur de la chevalerie* par son courage, sa courtoisie, sa bonne mine; ses exploits en Lombardie et dans l'Orient avaient rendu son nom célèbre; il était fort éloquent, et par ses discours il animait le zèle des Soissonnais pour la cause de Jean de Nevers, qui n'avait pas de plus chaud partisan que lui. Bournonville prit la parole dans le conseil : « Nous tenons la ville pour le duc de Bourgogne, dit-il, le roi et son fils peuvent y entrer, mais seuls; si on a recours à la force pour faire changer notre résolution, nous saurons y résister. » Cette réponse fière et séditieuse entraîna tout le monde; les messagers se retirèrent sans avoir rien pu obtenir. Le roi apprit avec beaucoup de chagrin la résolution des Soissonnais; dès le soir même le maréchal Boucicaut fit charger les machines de guerre sur des bateaux et leur fit remonter l'Oise. L'armée se déploya dans la plaine de Senlis en s'appuyant à l'Aisne; alors le maréchal franchit cette rivière avec le premier corps, et vint cerner la ville du côté de Laon, tandis que le roi et les deux autres corps campaient sur la rive gauche de l'Aisne.

Les habitans de Soissons s'étaient montrés de tout temps fort indépendans; ils avaient démoli, en 1399, le château qu'Enguerand de Couci avait fait construire pour les tenir dans le devoir; ne doutant pas qu'on ne vînt les attaquer après la prise de Compiègne, ils n'épargnèrent rien pour se fortifier; la position de leur ville sur l'Aisne rendait les approches très-difficiles; il brûlèrent le faubourg de Crise, démolirent l'Église St.-Remi et le couvent des Cordeliers, dont la muraille bordait le fossé; les soldats bourguignons battirent le plat pays pendant plusieurs jours pour ramasser des vivres; Pierre de Menou, leur chef, pilla l'abbaye de Long-Pont; la garnison se composait de 6,000 soldats aguerris, dont 1,000 Anglais; les habitans pouvaient en outre fournir 10,000 combattans.

Le roi vint se loger à l'abbaye St.-Jean; le duc d'Orléans se plaça à celle de St.-Crepin; le comte d'Armagnac et le duc de Bourbon passèrent l'Aisne et cernèrent la partie d'Orient; la cavalerie resta sur la rive gauche avec le connétable d'Albret, prête à combattre le duc de Bourgogne, si, comme on le disait, il venait du côté de Rhétel pour prendre l'armée royale en queue, ou s'il marchait sur Paris pendant que Charles VI serait occupé devant Soissons.

Les assiégés, animés de cette fureur qui rend si terribles les guerres civiles, n'attendirent pas qu'on vînt attaquer leurs remparts; le jour même (10 mai), pendant que le roi prenait ses quartiers, ils firent deux sorties, mais ils furent repoussés et essuyèrent une perte assez considérable; alors les assiégeans prirent à leur tour l'offensive; le maréchal Boucicaut, placé à l'opposé du roi, dressa des batteries et fit un feu assez bien nourri; il se servait avec avantage de *la Bourgeoise*, nouvellement raccommodée, pendant que le comte d'Armagnac s'emparait du pont fortifié et se logeait aux pieds des murailles. Ce début intimida les Soissonnais, qui se voyaient ainsi resserrés dès le premier jour; sur ces entrefaites, des transfuges vinrent dire au camp que l'on agitait la question de capituler; Charles VI, charmé de l'apprendre, se hâta d'envoyer le bâtard de Bourbon dans la ville pour offrir de sa part les conditions les plus honorables; Hector de Bourbon s'avança vers la porte d'ouest à la tête d'une nombreuse escorte de cavalerie; un religieux l'ayant aperçu de la fenêtre de son abbaye, qui bordait le rempart, crut que c'était un parti ennemi qui venait tenter un coup de main; il saisit son arbalète, tout le monde était alors armé, et dirigea son vireton contre le jeune banneret, qu'il distinguait fort bien à sa brillante armure; le trait frappa le paladin à la joue et le renversa; Hector expira quelques heures après (1).

La nouvelle de cette mort porta la désolation dans le camp du roi; le guerrier que l'on pleurait offrait l'assemblage des plus rares qualités;

(1) Le Moine de St.-Denis et Monstrelet disent que ce jeune prince fut tué dans une sortie des Soissonnais qui surprirent le camp. Nous avons cru devoir adopter la version des archives de la ville de Soissons, conservées à l'abbaye de Long-Pont et mises au jour par Dormay.

il était fait pour arriver à une grande réputation militaire. Le duc de Bourbon son frère se montra inconsolable de cette perte; il jura de le venger dans le sang des Soissonnais; les autres barons firent le même serment; dès ce moment on ne parla plus de négociations, et l'on poussa les travaux du siège avec une activité incroyable. De leur côté les assiégés redoublèrent d'efforts; les hommes en état de porter les armes gardaient les murs pour en défendre l'approche; les femmes et les enfans charriaient des pierres; tous à l'envi déployaient un grand zèle; les assiégés recommencèrent les sorties en les dirigeant toutes vers le quartier du roi, qu'ils cherchaient à surprendre, ce qui augmenta l'indignation des assiégeans. La chronique dit que le bruit de l'artillerie ressemblait au roulement du tonnerre, mais il s'en fallait beaucoup que les effets répondissent au bruit; les projectiles tombaient sur les maisons sans les détruire, et ne faisaient point brèche aux remparts; cependant le siège avançait, la place était resserrée sur tous les points. Le péril devenant plus grand la discorde se mit parmi les chefs des assiégés. Bournonville lui-même, regardant la perte de la ville comme assurée voulut, abandonner Soissons sous prétexte d'aller presser les secours promis par le duc de Bourgogne, mais le gouverneur Pierre de Craon s'opposa à sa sortie en lui disant : « En tels hannaps (verres) que nous boirons, vous boirez aussi. » Bournonville, ne pouvant exécuter son dessein, s'opposa à son tour à ce que l'on rendît la ville comme Pierre de Craon le proposait; la querelle s'échauffa de plus en plus, il s'ensuivit au milieu de la nuit un tumulte effroyable; les deux partis couraient dans les rues avec des torches en poussant des cris perçans. A ce bruit l'armée royale prit les armes, et se tint sur pied; le maréchal Boucicaut et le comte d'Armagnac demandèrent au roi la permission de livrer l'assaut. Charles VI ne le voulut pas, craignant que les ténèbres ne favorisassent trop la fureur du soldat. Le lendemain matin le tumulte recommença avec plus de violence, les partisans de Craon et de Bournonville en étaient venus aux mains; un bourgeois sauta par-dessus les remparts, et vint instruire les avant-postes de ce qui se passait. « Maintenant, dit-il aux officiers, vous pouvez attaquer en toute sûreté. » En effet, le maréchal, qui avait comblé les fossés et préparé des échelles, s'élança le premier sur les remparts, suivi de tous ses chevaliers; malgré les désordres intérieurs, on lui opposa encore la résistance la plus opiniâtre; enfin il se logea sur les murailles, descendit dans la place, et s'avança dans les rues toujours en combattant; il se trouva bientôt en face du comte d'Armagnac, à qui les Anglais avaient livré la porte de la rivière; les soldats gascons et bretons inondaient la ville, mais ils trouvaient partout des obstacles auxquels ils ne s'attendaient pas. Bournonville, conduisant l'élite de la garnison, se battait en héros; il cherchait à rallier les siens afin de s'ouvrir un passage; les soldats d'Armagnac l'entourèrent, le reconnurent, et dirigèrent tous leurs efforts contre lui. Bournonville, désespérant de pouvoir résister plus long-temps, abandonna le carrefour où il avait réuni les siens, et se jeta dans une rue très-étroite fermée par une chaîne; il voulut franchir cet obstacle, mais son cheval, trop fatigué, ne passa que les jambes de devant et resta engagé : Bournonville fut pris par Raymonnet, qui le poursuivait avec ardeur.

Les historiens contemporains disent que le sac de cette ville offrit tout ce que la guerre a de plus horrible; le viol, le massacre, le pillage et l'incendie; personne ne fut épargné; quinze cents habitans périrent dans l'espace de quelques heures; les chroniques de Soissons assurent que les chefs supérieurs, les barons et les princes même, pressaient la fureur du soldat : « Ces princes et ces chefs, ajoutent-elles, périrent tous l'année suivante à la bataille d'Azincourt, frappés par un dieu vengeur. » (Dormay.)

Les églises, ornées de riches reliques, furent pillées impitoyablement; les vainqueurs se battirent entre eux pour se partager ces dépouilles; leur rage s'étendit jusque sur les édifices publics; la halle, une des plus vastes de France, fut démolie en un instant; le quartier qu'habitait le roi fut seul épargné pendant la présence du monarque. Cet antique Soissons, qui avait été la résidence de plusieurs rois, et avant cette catastrophe une des villes les plus florissantes du royaume, devint une vraie solitude.

Lorsque la fureur du soldat parut assouvie, la vengeance juridique commença à sévir contre les habitans et les chefs échappés au carnage; Enguerand de Bournonville fut décapité près de l'abbaye Saint-Médard, on mit sa tête au bout d'une lance; Bassuel, jurisconsulte célèbre, eut le même sort, ainsi que le sire de Menou : ce dernier, fort jeune, fut conduit au supplice avec son père, âgé de soixante-dix ans; il protesta, sur l'échafaud, de l'innocence de son père, et lui sauva la vie en déclarant que lui seul l'avait engagé dans la rébellion en surprenant sa bonne foi; on fit grace à Collart de Fiennes parce qu'il était petit-fils du connétable de ce nom ; on envoya à Paris cinquante notables, dont plusieurs eurent la tête tranchée ; les autres restèrent en prison ; douze cents habitans se rachetèrent en payant des rançons qui les ruinèrent, et une grande partie des autres s'échappa par les portes à la faveur du tumulte.

Charles VI, partant pour la Flandres trois jours après, traversa la ville en décombres ; la vue de tant de maux le frappa d'horreur ; il se laissa toucher de compassion, et ordonna de rebâtir les maisons des particuliers avec les débris des édifices publics ; en même temps il rapporta l'édit qui condamnait à une forte contribution les habitans qui avaient survécu à tant de désastres ; il fit rechercher les reliques, leurs possesseurs rendirent bien les os des saints, mais non pas l'or dans lequel ils étaient enchâssés ; les soldats se l'étaient partagé. On perdit, dans cette circonstance, une verge d'or que l'on disait être celle d'Aaron.

Meyer, dans ses Annales de Flandres (livre xv), raconte, d'après une ancienne chronique, que le sort funeste de Soissons avait été prédit quarante ans auparavant : un écolier, dit-il, se promenant hors la ville, trouva dans la rivière une lame de métal sur laquelle était écrit en latin

« Soissons, tu périras comme Sodôme. » (Hist. de Soissons. — Dormay, de la page 371 à 379.)

Le duc de Bourgogne s'approcha de Soissons pour faire lever le siège; mais apprenant la prise de la ville, il se retira promptement. Le maréchal de Thoulougeon, ayant sous lui le sire de Chatellux et Pierre de Damas, sire d'Estieuges (1), protégea sa retraite, mais il ne put empêcher Boucicaut de tailler en pièces l'arrière-garde, et de faire 2,000 prisonniers.

Laon et Péronne se rendirent, à l'approche de l'armée royale; Bapaume voulut résister un moment; mais, aux premières démonstrations hostiles que fit cette ville, le maréchal se mit à enfoncer ses portes à coups d'engins; les habitans épouvantés crièrent grâce et se soumirent; on trouva dans la place Caboche l'écorcheur, ce chef fameux des égorgeurs de Paris; on le pendit à une haute perche.

Arras ne suivit pas l'exemple de Bapaume;

---

(1) La maison de Damas, une des plus illustres familles des provinces du centre, s'était divisée en beaucoup de branches : il n'est donc pas étonnant de voir dans les guerres civiles un seigneur de Damas échanson de Charles VI, et un autre servant le duc de Bourgogne.

cette ville passait pour une des plus riches du nord, les Gascons se promettaient de la piller, aussi les habitans résolurent-ils de périr les armes à la main plutôt que de subir le sort de ceux de Soissons; le duc de Bourgogne leur avait envoyé huit mille de ses meilleurs soldats, en leur promettant de faire marcher toute la Flandres pour les empêcher de tomber au pouvoir des Français. Les princes formèrent le siège de cette ville quinze jours après être sortis de Soissons ; ils réunirent sous les remparts une quantité prodigieuse de machines de guerre et surtout des canons; l'artillerie incommodait beaucoup la ville, quoique les habitans se servissent avec succès d'arquebuses chargées de balles de plomb, et fissent des ravages extrêmes dans les rangs ennemis; c'est la première fois que l'histoire parle de l'usage des balles; voyant donc l'effet que produisaient les canons, les assiégés envoyèrent des espions qui s'introduisirent dans les lignes des Français, corrompirent le chef des artilleurs, homme très-habile, et l'amenèrent dans Arras; ce fut une conquête précieuse pour les habitans, car après le départ de cet artilleur on ne sut plus mettre en jeu les canons; circonstance qui contribua beaucoup à faire accepter les propositions que le duc de Bourgogne faisait pour conclure une paix durable; ce prince, qui avait reçu à Lille d'une manière si hautaine les ambassadeurs du roi, fut glacé d'effroi à la nouvelle de la prise de Soissons et de la soumission des autres villes ; il eut recours aux plus basses supplications pour conjurer l'orage qui le menaçait ; il envoya quatre fois la comtesse de Hainaut, sa sœur, vers Charles VI, afin de calmer son courroux et obtenir une trêve; les membres du conseil se laissèrent toucher, le traité fut signé le 16 octobre 1414, malgré les ducs d'Anjou et d'Orléans. (Juvénal des Ursins.)

Aussitôt après la conclusion de cette importante affaire, le roi se prépara à regagner Paris ; mais le matin de son départ, des soldats ayant mis le feu à leurs baraques, l'incendie se communiqua rapidement aux autres parties du camp, et atteignit la tente de Charles VI; ce prince n'échappa à ce pressant danger qu'avec beaucoup de peine, ses gardes l'arrachèrent des flammes à demi habillé : étrange fatalité ! c'était la seconde fois qu'il courait risque de périr par le feu. Cinq cents malades furent brûlés dans leurs baraques (1).

Le maréchal Boucicaut ne vit pas conclure

(1) Histoire de Charles VI, par le Laboureur, t. II.

le traité d'Arras ; il avait reçu l'ordre, au commencement du siège, de se rendre en toute hâte dans le Languedoc, dont il était gouverneur depuis deux ans; le 4 février 1412, le roi l'avait nommé commandant du Languedoc et de la Guienne, menacée par le comte d'Armagnac alors opposé à la cour. L'autorité du maréchal s'étendait sur les sénéchaussées de Toulouse, de Beaucaire, de Carcassonne, sur le Rouergue, le Quercy, le Bigorre et l'Agénois. Le comte de Foix, neveu de Gaston Phœbus, fut nommé son lieutenant; Boucicaut s'établit dans son gouvernement, et débuta par réprimer le brigandage des sénéchaux qui, profitant de la faiblesse de la cour et de la confusion générale, imposaient des taxes de la manière la plus arbitraire; il abolit un impôt sur le sel, qui gênait beaucoup le peuple, et rendit libre la navigation du Rhône; il marcha ensuite sur le Vélay, limitrophe des états du comte d'Armagnac, et rejeta les troupes de ce seigneur au-delà des montagnes. Le roi, s'étant réconcilié avec son oncle le duc de Berri, rendit à ce prince le gouvernement du Languedoc le 21 octobre 1413; mais les habitans de cette riche province manifestèrent hautement leur mécontentement, car ils se rappelaient avec effroi les maux causés par l'administration du duc de Berri; le conseil, voulant les calmer, nomma Boucicaut capitaine général du Languedoc sous l'autorité de ce prince, qui, étant trop vieux, préféra rester à Paris dans sa belle maison de Wincester.

Pour subvenir aux frais de la guerre entreprise contre le duc de Bourgogne au commencement de 1414, le dauphin imposa une taille extraordinaire sur toutes les provinces; celle du Languedoc fut taxée à 600,000 livres, mais la levée de cet impôt trouva beaucoup d'opposition parce que le décret violait toutes les formes constitutives des états. Le duc de Bourgogne, attentif aux démarches de ses ennemis, ne laissait échapper aucune occasion de profiter de leurs fautes; il envoya de nombreux émissaires dans les provinces pour agiter les esprits et semer la division; ces émissaires formèrent à Toulouse le plan d'une insurrection générale; ils devaient, à la faveur du tumulte, égorger les partisans du duc d'Orléans; la vigilance et l'énergie du maréchal firent échouer l'entreprise. Ce général venait d'arriver du camp d'Arras; il se mit à la tête de ses gardes, et arrêta lui-même tous les agens du duc de Bourgogne au moment où ils marquaient d'une croix de Saint-André rouge les portes des partisans de Jean de Nevers pour qu'on ne les confondît pas avec ceux de la faction orléaniste; le gouverneur les fit pendre aux créneaux de la principale tour et sur les places publiques; les corps y restèrent exposés plusieurs jours. (Vaissette, Hist. du Languedoc, tom. v.)

Après avoir ramené la tranquillité dans Toulouse par cet acte de vigueur, Boucicaut se porta rapidement à Carcassonne, que l'esprit de révolte avait gagné. La populace tendit des chaînes dans les rues, mais effrayée à la nouvelle de la marche du gouverneur, elle lui envoya une députation qui le rencontra, le 15 juillet 1414, à Balma; le maréchal ne voulut pas écouter ces messagers, et les fit arrêter comme rebelles; il poursuivit sa route et arriva à Carcassonne, où il fit décapiter les quatre principaux chefs des séditieux; il priva les consuls et les habitans de la garde de leur ville, et fit enlever les chaînes; il ne poussa pas plus loin leur châtiment, car une maladie contagieuse, se déclarant sur ces entrefaites, fit de tels ravages, que le maréchal songea à arrêter le cours de ce fléau plutôt qu'à sévir contre cette malheureuse cité. (1)

La sagesse et la fermeté de Boucicaut procu-

(1) Vaissette, t. v.

raient au Languedoc des jours tranquilles, tandis que le reste du royaume était livré à l'anarchie : cependant au moment où le royaume espérait goûter quelque repos, on éprouvait de nouvelles secousses qui jetaient l'Etat dans une crise plus dangereuse que la précédente, de sorte que la France vivait dans une succession d'alarmes toujours plus vives.

LIVRE VII.

Boucicaut est rappelé du Languedoc pour commander en second l'armée destinée à expulser les Anglais de la Picardie. — Bataille d'Azincourt. — Boucicaut y est fait prisonnier. — Il est conduit à Londres. — Il y meurt.

La prise de Soissons, de Bapaume, l'occupation de l'Artois et la dispersion des troupes flamandes, avaient contraint le duc de Bourgogne à demander la paix, qui lui fut accordée par le dauphin malgré la vive opposition des princes du sang du parti d'Armagnac; ainsi qu'on l'a vu plus haut. Le malheureux Charles VI, que chaque faction traînait alternativement à sa suite, fut ramené à Paris. On licencia les troupes soldées, elles se répandirent dans les campagnes en commettant les plus horribles excès; loin de songer à les réprimer, le dauphin et les princes, déjà en rivalité, les encourageaient chacun de leur côté pour s'en faire un peu plus tard des auxiliaires puissans. Les ducs de Berri, d'Anjou, d'Orléans, le connétable d'Albret, les comtes d'Alençon, d'Eu, de Vendôme, forcés de céder à l'ascendant du dauphin, se retirèrent de la cour; les uns restèrent dans les faubourgs de Paris; les autres allèrent porter leur mécontentement dans les provinces, où ils levèrent des troupes pour leur défense personnelle. Les communes et les villes les imitèrent; l'agitation devint générale. Les Français se divisèrent en trois partis bien distincts; celui du roi ou du dauphin, celui des princes mécontens, et celui de Jean de Nevers: ce dernier était le plus redoutable, car le duc de Bourgogne attisait le feu de la discorde en affectant un faux air de modération.

Des maladies effrayantes mettaient le comble à la confusion générale; dans la Beauce et dans la Brie, les troupeaux périssaient par milliers, la putréfaction des corps des animaux engendrait des épidémies; en Normandie la fièvre était perpétuelle, et nul ne pouvait s'y soustraire; à Paris la coqueluche atteignait tout le monde, on ressentait à la gorge des douleurs inexprimables; le parlement vaqua pendant plusieurs mois, il n'y avait plus ni avocats, ni plaideurs, ni juges (Registres du parlement, 2ᵉ vol.). Dans plusieurs provinces les terres restèrent en friche; les laboureurs se retiraient dans les bois pour échapper aux brigands; le peu de troupes à la disposition du dauphin servait à pressurer les habitans, à les tracasser pour payer les impôts; il régnait sur la surface du royaume, entre la noblesse et le tiers état, une violente opposition qui détruisait l'esprit public. Au milieu de cette désorganisation, voilà qu'une nouvelle calamité vint à paraître, plus terrible que toutes les autres ensemble; ce fut la déclaration de guerre de l'Angleterre.

Au moment où l'on s'y attendait le moins, lorsque la trève conclue en 1395 semblait assurer un long repos, Henri V demanda dans le mois de mai 1414 l'entière exécution du traité de Bretigni; c'est-à-dire le paiement des sommes qui étaient dues sur la rançon du roi Jean, la restitution de la Normandie, du Poitou, de la Touraine et de plusieurs autres villes de la Guienne : on pouvait répondre en premier lieu que le roi Jean étant mort à Londres dans les fers, la France ne devait plus rien pour lui; quant à la restitution des provinces, on pouvait objecter que Charles V avait regagné par les armes ce que les armes avaient enlevé à son père: d'ailleurs les conventions conclues depuis cette époque entre la France et l'Angleterre avaient garanti à la première la paisible jouissance de ces provinces. Henri V le savait aussi bien que personne; mais il cherchait un prétexte : il venait de succéder à Henri IV dont l'usurpation était manifeste, car non-seulement il avait précipité du trône le possesseur légitime, mais il avait encore interverti l'ordre naturel, car descendant de Jean de Lancastre, troisième fils d'Édouard III, il se trouvait séparé du trône par Jean de Mortimer, comte de la Marche, issu de Lionel, deuxième fils d'Édouard III.

A l'exemple du Prince Noir son grand oncle, Henri V avait fait ses premières armes à l'âge de quinze ans, et s'était fait remarquer autant par son courage que par ses brillantes qualités; ce fut sa bouillante valeur qui décida de la furieuse bataille de Shrewsbury, remportée en 1403 sur les Gallois et les Écossais réunis. Le jeune héros y reçut un coup de flèche qui lui fit au visage une large blessure, ce qui ne l'empêcha point d'affronter d'autres dangers. Il devint bientôt l'idole des soldats et de la nation. Henri IV n'éprouva point ces transports de joie qu'un père ressent ordinairement à la vue des succès de son fils : ombrageux comme tous les usurpateurs, il eut la faiblesse d'en être jaloux; il le rappela à Westminster, et lui défendit de se mêler des affaires publiques. Le jeune Lancastre, livré malgré lui à l'oisiveté, se signala dans Londres par ses désordres, comme il s'était signalé par son courage à la tête des armées ; mais il changea de conduite le jour même qu'il fut roi (20 mars 1413), il avait alors vingt-quatre ans ; il chassa d'auprès de lui les compagnons de ses débauches, n'en conserva qu'un seul, Robert Scrooph de Masham ; il eut bientôt lieu de s'en repentir.

Du moment qu'il monta sur le trône, Henri devint un tout autre homme ; il prit des habitudes graves, sa figure se rembrunit ; un flegme emprunté fit place à sa fougue impétueuse ; d'impie il devint bigot ; il mit beaucoup d'affectation à se livrer aux pratiques de la religion ; il espérait se rendre populaire en agissant ainsi. Son visage était allongé, son teint pâle et ses traits fort grands, car le type français des Plantagenet se trouvait déjà altéré par le mélange du sang des femmes anglaises ; ses yeux très-fendus paraissaient languissans. La blessure qu'il avait reçue dans la joue droite à la bataille de Shrewsbury contribuait à lui donner encore un aspect plus sévère, sans qu'il eût cependant la physionomie terrible d'Olivier de Clisson, d'Arthur de Richemont et de quelques autres guerriers de cet âge (1).

(1) Nous avons essayé de donner un portrait de ce prince d'après ce qu'en disent les historiens contemporains, Walsignam, Elmham et surtout Titus Livius : ce dernier, moine

Henri V avait reçu de son père une puissance contre laquelle beaucoup de monde se montrait conjuré; à ces trames ourdies par des ennemis personnels vinrent se joindre les querelles religieuses. Wikleff, docteur d'Oxfort, avait publié de nouvelles doctrines dont l'examen alarma toutes les consciences; elles donnèrent naissance à la secte des Lollards, et furent l'origine de l'hérésie du seizième siècle. Ainsi, l'Angleterre se trouvait presque aussi agitée que la France; mais ses maux pouvaient être facilement apaisés, il ne fallait pour cela qu'une volonté ferme et un génie actif. Henri V n'était dépourvu ni de l'un ni de l'autre; il jugea qu'il était de son intérêt de faire diversion aux idées du moment en donnant un aliment puissant à l'ardeur dont chacun paraissait transporté; la guerre lui parut le moyen le plus efficace, il la

---

du Frioul, fut clerc du duc de Glocester, frère d'Henri V; cet auteur, très-rare et fort estimé, se trouve dans la grande collection de Hearne. Les autres historiens de ce prince sont : Polydore Virgile, William Martyn, 1628, *Life of Henri the fifth*; John Samuel, 1685, *Life of king Henri V*, et Goodwin, 1665, *Life of Henri V*. Catherine de France fit élever à son époux, dans l'église de Winsminster, une statue en argent fort ressemblante, d'après laquelle on a fait les gravures existantes aujourd'hui.

regardait comme un remède politique, parce qu'elle satisfait tout à coup et les ambitions et les amours-propre. En conséquence, Henri V fit dénoncer le commencement des hostilités à l'expiration de la trêve si l'on n'exécutait pas entièrement le traité de Bretigni; chose qu'il savait être impraticable.

Le conseil de France se trouva fort embarrassé, car il avait déjà sur les bras le duc de Bourgogne. Dans l'espoir de gagner du temps, les princes de la maison d'Orléans et le comte d'Armagnac, qui dirigeaient en commun les affaires, envoyèrent des ambassadeurs à Londres pour avoir des explications et faire des promesses; mais le dauphin Louis, inconsidéré comme on l'est à dix-huit ans, se conduisit en son particulier d'une manière bien fâcheuse pour la chose publique; ne pouvant contenir l'indignation que lui causait l'injuste provocation d'Henri V, il lui envoya un tonneau rempli de balles, de raquettes et de tamis. On savait que Lancastre aimait beaucoup le jeu de paume; le dauphin voulait sans doute lui faire sentir que cette occupation lui convenait mieux que le métier des armes. Lancastre fut très-piqué de cette allusion, il fit dire au prince français qu'il lui enverrait en retour des balles telles, que les portes de

Paris ne seraient pas des raquettes assez fortes pour les renvoyer. L'historien Hume, jugeant le passé de la hauteur de la philosophie moderne, repousse ce fait parce qu'il est, dit-il, trop ridicule; nous le regardons au contraire comme authentique parce qu'il est dans les idées du temps.

L'ambassade envoyée par la cour de France, et dont le maréchal Boucicaut fit partie, ne décida rien; elle obtint seulement une prolongation de trêve jusqu'au 2 février 1415. Au moment de quitter Londres, les envoyés des comtes d'Armagnac, voulant à tout prix éviter la guerre, proposèrent d'eux-mêmes un moyen propre à aplanir toutes les difficultés; c'était le mariage de Catherine de France avec le roi d'Angleterre (1). Cette idée plut à Henri V, parce que le mariage qu'on lui proposait n'avait rien d'incompatible avec la restitution qu'il demandait; il envoya à son tour des ambassadeurs à Paris, pour suivre cette négociation. Le restant de l'année 1414 et les premiers mois de 1415 se passèrent en pourparlers dans lesquels on ne fit

(1) Les historiens français disent que ce fut Henri qui demanda le premier la main de Catherine; c'est une erreur; on peut s'en assurer en consultant les actes publics d'Angleterre recueillis par Rymer, t. IX, in-f°, p. 101.

preuve de franchise ni d'un côté ni de l'autre. La trève fut prolongée jusqu'au 2 août 1415; cependant, malgré ces prolongations successives, Henri V poussait avec activité ses préparatifs, et agissait enfin comme si les hostilités allaient commencer. Il réunit à Westminster, le 1er mai 1415, tous les hauts barons qui se trouvaient à Londres, leur fit part de ses desseins, et les supplia de l'aider dans la campagne qu'il allait entreprendre *pour regagner son bien.* Telle fut son expression, car il se disait légitime roi de France, et voulait l'être de fait, chimère qu'Édouard s'était créée, et que les monarques anglais ont eu le ridicule de poursuivre jusqu'à nos jours. Enfin, dans un parlement tenu à Leicester, le 31 mai, la guerre contre la France fut convenue (1); la chambre basse, présidée par Thomas Chaucer, fils du fameux poète (2), vota la moitié des subsides qu'on lui demandait, en expliquant que c'était pour la défense du royaume et la sûreté des mers (3); elle ne parla point de la guerre intentée à la France par Henri, car

(1) Rymer, Recueil, t. ix, p. 103.
(2) Geoffroi Chaucer, né en 1328, fut le premier poète qui écrivit en anglais; il débuta par son poëme de *la Cour d'amour.*
(3) Rôles du parlement, vol. iv.

elle la regardait comme injuste. Les supplications d'Henri ne purent obtenir plus de subsides; on sait que la chambre des communes avait commencé à prendre un grand pouvoir sous le règne d'Henri IV (1), qui, pour faire pardonner son illégitimité, se vit obligé de sacrifier une partie des droits de la couronne; il est à remarquer que les Anglais arrachèrent successivement à des usurpateurs leurs plus chères libertés, aussi tiennent-elles de la licence. En France, ce furent les rois qui d'eux-mêmes, et souvent malgré les plus vives oppositions, octroyèrent les libertés aux peuples, par la seule pensée de ne vouloir régner que sur des hommes libres.

Pour suppléer au défaut de subsides que les communes avaient refusé de voter, le roi se vit obligé d'avoir recours à des expédiens de toute espèce; il mit en gage la plupart de ses joyaux, et contracta des emprunts en son nom particulier avec les villes de Londres, de Cantorbéry, de Bristol, de Lincoln. Un marchand de Lucques, nommé Paulo, lui prêta cent marcs. Les évêques anglais, alors les plus riches de la chré-

(1) Ce prince se vit obligé de renvoyer plusieurs personnes de sa cour (notamment son confesseur) parce qu'elles déplaisaient aux communes.

tienté, lui donnèrent de fortes sommes sous bonne caution. (Goodwin, Life of Henri V.)

Henri avait plus besoin d'argent que tout autre souverain, car le régime féodal ayant été modifié en Angleterre à l'égard du service personnel, le système des troupes soldées avait été établi de fait, sans que pour cela le monarque obtînt plus de subsides pour entretenir des armées. Les Anglais qui suivaient le métier des armes ne marchaient qu'avec la certitude d'être payés exactement, souvent même exigeaient-ils des avances; il est juste de dire qu'ils se montraient ensuite fort dociles, et obéissaient sans murmurer. Les Français, animés d'une ardeur martiale, servaient la plupart gratuitement; mais aussi refusaient-ils de subir le joug de la discipline, tellement qu'il devenait impossible de les diriger. Henri V déploya une habileté surprenante pour se ménager des chances de succès; il conclut avec les villes maritimes de la Flandres, de la Hollande et du Danemarck, un marché d'après lequel on devait lui fournir les bâtimens nécessaires au transport de ses troupes; car son intention était de débarquer toutes ses forces le même jour, et d'éviter par là les revers qu'Édouard III avait essuyés en suivant le système des débarquemens partiels. Il se procura tant en Angleterre qu'à l'étranger, près de deux mille bâtimens de toute grandeur. Les actes publics d'Angleterre recueillis par Rymer donnent des détails curieux sur les préparatifs de cette expédition, et prouvent à quel point de perfection les Anglais avaient poussé leur administration intérieure.

Le roi prit à sa solde plusieurs centaines de boulangers, de bouchers, d'armuriers, de maréchaux ferrans et de charpentiers ; il amena aussi des pharmaciens, des médecins, dont il prit les plus habiles pour son service particulier; car sa santé exigeait beaucoup de soin; il était déjà atteint du mal qui le mit au tombeau quelques années plus tard. Il amena également douze ménestrels, dont le chef était John Gliff, poète troubadour.

Cependant tous ces préparatifs alarmèrent la cour de France; le conseil du dauphin se décida à envoyer en Angleterre une ambassade plus solennelle que les précédentes; elle se composa de douze personnes soit laïques soit ecclésiastiques. Guillaume de Boiratier, archevêque de Bourges, fut désigné pour en être le chef; c'était un prélat d'un rare savoir et d'une grande fermeté de caractère; il avait rempli plusieurs messages importans, et notamment au concile de Pise où il se fit remarquer par son éloquence et son habileté (1). Les personnages les plus notables de cette ambassade après Guillaume de Boiratier, furent Jean Du Beuil, évêque de Lizieux, et Louis de Bourbon, comte de Vendôme, jeune prince rempli de zèle mais d'une destinée malheureuse. Ces envoyés, munis de sauf-conduit datés du 13 avril 1415 (Rymer), arrivèrent à Douvres au commencement de mai; on leur envoya de Londres Jean Villequier, chambellan d'Henri V, qui les conduisit à Westminster où le monarque avait établi sa résidence. Ils n'eurent leur première audience que le 26 juin. Lancastre les reçut dans son appartement, car il était fort souffrant, il se tenait auprès de son lit appuyé sur un riche carreau de velours, il avait auprès de lui, ses frères, ses oncles et les grands de sa cour; il accueillit les ambassadeurs français avec

(1) Il mourut en 1421. Il fut le quatre-vingt-huitième archevêque de Bourges; il était né dans cette ville.— Histoire du Berry par la Thomassière, livre iv.

Walsingham qualifie Guillaume de Boiratier de *vir verbosus et arrogans*. Cet auteur, qui vivait en 1440, ne put s'empêcher, en écrivant ses annales, de parler des Français avec un ton d'âcreté fort extraordinaire, et que les historiens plus modernes du même pays ont constamment imité.

assez d'empressement, s'informa auprès d'eux de la santé de Charles VI, et ordonna qu'on servît à ces étrangers le clairet et les épices, suivant la coutume du moyen âge, coutume qui s'est conservée en Orient; l'archevêque de Bourges se borna ce jour-là à demander une prolongation de trève jusqu'au 5 août; ce qui lui fut accordé. Les jours suivans il débattit avec l'archevêque de Cantorbéry, chancelier d'Angleterre, les conditions que l'on mettait à une paix de longue durée; il fit de larges concessions vu le piteux état de la France; mais plus il accordait, plus on devenait exigeant. Enfin, malgré les difficultés sans cesse renaissantes, toutes les clauses d'une convention définitive étaient arrêtées, et l'union de Catherine de Valois avec Henri de Lancastre devait être le gage du repos des deux peuples, lorsque le roi, qui ne cherchait sans doute qu'un sujet de rupture, détruisit pour jamais ces flatteuses espérances. Henri accorda, le 6 juillet, une dernière audience à l'ambassade française, et après avoir longuement parlé de son désir de maintenir la paix et d'éviter l'effusion du sang, après s'être réjoui de son mariage avec Catherine, la plus belle princesse de cette époque, il dit à l'archevêque de Bourges,

« Toutefois il est bien entendu, qu'en devenant l'époux de la fille de Charles VI, je deviens également, et à l'exclusion de tout autre, l'héritier présomptif et naturel de la couronne de France: je l'entends ainsi, et je ne signerai aucun traité si au préalable cette clause n'est assurée. » Ces paroles singulières dessillèrent les yeux des ambassadeurs, que l'on amusait depuis un mois par de feintes promesses. L'archevêque de Bourges sut conserver dans cette occasion la dignité d'un envoyé de France : « Me serait-il permis, demanda-t-il au roi avec fermeté, d'expliquer toute ma pensée?» «Vous le pouvez en toute assurance, » répondit Henri: « Dès lors je dirai à votre seigneurie, répliqua Guillaume de Boiratier, que je suis d'autant plus étonné de l'entendre parler de ses prétentions à la couronne de France, que je pense qu'elle n'a même aucun droit à celle d'Angleterre qui appartient aux héritiers de Richard II; j'estime qu'à la rigueur le roi mon maître ne devrait pas traiter avec vous, car vous n'avez pas qualité pour cela. » (1)

Le flegme emprunté d'Henri V ne put tenir contre l'apostrophe du courageux prélat. « Sortez de ma présence, s'écria Lancastre en cour-

---

(1) Juvénal des Ursins, pag. 289, in-folio.

roux; rentrez en France, j'y serai aussitôt que vous. »

L'archevêque de Bourges et les autres ambassadeurs se mirent en route le jour même, et arrivèrent à Douvres sans avoir éprouvé aucun mauvais traitement pendant leur trajet; ils rentrèrent à Paris le 26 juillet, et déclarèrent aux membres du conseil que pendant dix-huit mois ils avaient été dupes de la fourberie d'Henri V, et que maintenant il n'y avait plus espoir d'éviter la guerre. Dix jours après il arriva d'Angleterre un message qui confirma ce que Guillaume de Boiratier et ses collègues venaient de rapporter: le héraut était chargé d'une lettre écrite en latin par Henri V, et datée de Southampton le 28 juillet. D'après sa coutume, Lancastre y parlait le langage mystique, il invoquait Abraham, Dieu et les anges, et reprochait à Charles VI d'avoir provoqué une rupture en ne voulant pas lui rendre le trône qui lui appartenait; et il le sommait au nom des entrailles charitables de Jésus-Christ de lui restituer le royaume de France, et que dans le cas d'un refus il débarquerait, et couvrirait la terre d'un déluge de sang humain (1).

(1) Le Laboureur, Hist. de Charles VI, 1663, in-fol.

Cette lettre fut remise à Charles VI, qui dans ce moment venait de retrouver sa raison tout entière; ce malheureux prince la lut avec indignation, il répondit un billet de quelques lignes écrit en français, daté du 23 août, et conçu en ces termes : « Le conseil de France a tenté toutes les voies pour éviter la guerre; au reste vos menaces ne m'épouvantent pas, et si le ciel daigne m'accorder quelque temps de santé, l'on me trouvera prêt à vous chasser de France si vous osez y descendre (1). » Hélas! le ciel, que ce prince infortuné appelait à son aide, se montrait inexorable envers la France; Charles VI rentra dans le néant quelques jours après, au moment où l'on concevait la douce espérance de le conserver dans son bon sens. Cette circonstance était d'autant plus fâcheuse que Henri V, loin d'éprouver une semblable calamité, paraissait redoubler d'ardeur, et poussait son entreprise avec une activité dont peu d'hommes eussent été capables. Après le départ des ambassadeurs français il avait quitté Westminster, il traversa Londres, fit ses dévotions dans les églises de

t. II, p. 1000. On sait que cette histoire est faite sur la réunion complète des documens les plus authentiques de ce règne.

(1) Le Laboureur, t. II, in-folio, p. 1010.

Saint-Paul et de Saint-Georges, et combla de dons leurs chapelles ; il partit ensuite pour Southampton, où il arriva le 20 juillet ; il s'établit dans l'abbaye de Thicfield à trois lieues de cette ville ; il ne s'occupa pendant quinze jours qu'à visiter les cantonnemens où se trouvaient ses troupes, à passer des revues, à visiter les bâtimens de transport. L'aménité la plus obséquieuse avait fait place chez lui à la froide réserve ; il caressait tout le monde, remerciait les nobles qui lui amenaient des soldats. Un jour qu'il passait devant les murs de Southampton la montre ou revue de plusieurs forts détachemens arrivés depuis peu, il vit venir un banneret armé de toutes pièces, et marchant à la tête d'une compagnie de cent vingt cavaliers très-bien équipés ; le chevalier l'aborda en lui disant : « Seigneur roi, je viens vous offrir cette compagnie que j'ai levée à mes frais, et que je m'engage à entretenir pendant toute l'expédition. » On conçoit combien cette offre devait être agréable au monarque. Henri remercia le banneret avec une vive effusion. «Je brûle, lui dit-il, de connaître le nom d'un serviteur aussi fidèle.—Je suis le sire William Olendyne.—Vous suivez sans doute le métier des armes ?—Non, seigneur : j'avais embrassé l'état monastique, je m'étais consacré au service des autels; mais dégoûté de ce genre de vie j'ai quitté le cilice pour la cuirasse. — Vous avez déserté les autels! répondit le roi avec colère; vous êtes un mécréant : retirez-vous, je ne veux ni de vous ni de vos présens. » Olendyne voulut lui faire des observations, elles ne furent point écoutées, et Lancastre le fit chasser ignominieusement de sa présence. Ce banneret, la rage dans le cœur, se rendit dans un port voisin, fréta un bâtiment, y monta avec ses hommes, débarqua en France, et vint offrir ses services au dauphin, qui l'accueillit avec distinction (1).

Une circonstance plus grave vint allumer la colère du monarque anglais : au moment où les premières divisions des troupes montaient sur les vaisseaux préparés dans la rade de Southampton (5 août 1415), lorsque Henri V se préparait lui-même à se rendre à bord de son bâtiment pour aller anéantir la puissance des Valois, il apprit que la sienne était fortement menacée; une conspiration qui avait pour but de lui arracher la couronne avec la vie s'était formée sous ses yeux sans qu'il s'en doutât; elle avait pour chef Richard, comte de Camdbrige, frère du duc d'York, et par conséquent cousin du roi,

(1) Historia Londini, mss. ex bibliothecâ Harleiamâ.

Thomas Gray, sire de Werk, et Robert Scrooph de Masham; les deux premiers se trouvaient pairs d'Angleterre et chevaliers de la Jarretière; le troisième, ancien compagnon des débauches d'Henri V, venait d'être pourvu par lui de la charge de grand trésorier; le prince avait conçu pour lui une telle affection qu'il ne pouvait s'en passer; l'appartement de Scrooph était contigu au sien, c'est même cette particularité qui fit concevoir aux conjurés la possibilité de se défaire de Henri par les mains de son favori, dont ils exaltèrent l'imagination. Le comte de Camdbrige avait épousé la sœur de Mortimer; ce dernier, à défaut de Richard II, aurait dû régner avant la branche de Lancastre, et comme il n'avait pas d'enfans ses droits passaient à son neveu, fils de sa sœur et du comte de Camdbrige, ce qui explique l'ardeur que celui-ci mettait à vouloir placer son beau-frère sur le trône; mais cette trame fut ourdie à l'insu du comte de la Marche, qui l'ignora jusqu'au moment de l'exécution; c'est alors que les conjurés l'informèrent des projets que l'on avait formés sur lui. Mortimer, effrayé de la grandeur de l'entreprise, alla sur-le-champ avertir Henri de ce complot en protestant qu'il y était étranger. Les conjurés furent arrêtés, jugés au bout de quelques jours, et mis à mort incontinent. Les échafauds étaient encore établis sur la grève de Scuthampton lorsque Henri mit à la voile le 19 août 1415; il montait de sa personne un vaisseau nommé *la Trinité* (1), au-dessus duquel il fit arborer le grand étendard d'Angleterre écartelé des lys français; il resta quelques jours en vue de Southampton afin de rallier sa flotte qui s'étendait sur les côtes de Portsmouth. Les troupes de transport formaient seules une armée de 50,000 hommes, dont le tiers de noblesse et le reste de troupes soldées. Le roi avait avec lui les ducs de Clarence et de Glocester ses frères, le duc d'York son cousin

(1) Nouvelle relation de la bataille d'Azincourt.—Batlle of Agincourt by Nicolas Harris. — London, 1827. 1 vol. in-8° avec gravures.

Cet ouvrage est fait avec beaucoup de soin; l'auteur, qui se montre fort impartial, compare les opinions des divers historiens français et anglais, et donne un extrait très-étendu (en anglais) d'une chronique latine que l'on a retrouvée, depuis quelques années, dans les débris de la bibliothèque Cottonienne, conservés au Musée britannique; cette chronique, inconnue jusqu'alors, fut écrite par un religieux qui était attaché à la personne de Henri V, et qui l'accompagna dans cette expédition; elle paraît authentique; mais à notre avis elle ne fait que confirmer les détails que nous connaissons déjà, et ne cite aucune particularité bien saillante. Nous la citerons quelquefois.

germain, que l'on confond souvent avec le vieux duc d'York oncle de Henri, mort depuis quelques années; outre ces trois princes du sang, on voyait les comtes Dorset, de Kent, de Cornouailles, de Suffolk, de Salisburi, de Hunigton, de Warwik, de Staffort, et l'évêque de Norwik. Au moment de lever l'ancre, Henri V expédia plusieurs messagers chargés de porter à l'empereur Sigismond et aux cardinaux réunis dans ce moment au concile de Constance, des lettres dans lesquelles il les informait de son départ, et du projet qu'il avait de conquérir le royaume de France qui lui appartenait; il expliquait à sa manière les droits qu'il croyait avoir à la couronne de Charlemagne, et s'efforçait de prouver qu'il n'avait pris les armes que pour la plus juste des causes, et non pour céder au fol désir des conquêtes (1).

L'approche d'un ennemi aussi implacable ne rendit pas les Français plus unis, et ne tira pas non plus le conseil de son apathie; il semblait que la maladie de Charles VI était devenue contagieuse; tout était frappé d'inertie autour de ce malheureux monarque; les menaces du roi d'Angleterre ne servirent qu'à fournir au dauphin et à sa mère Isabeau un nouveau prétexte

(1) Rymer, Collection ix, p. 221.

pour lever des impôts ; le Languedoc fut frappé d'une contribution de 100,000 livres ; les 600,000 décrétées l'année précédente n'avaient pu être acquittées en entier. « La manière dont le roi imposa ces 100,000 livres, dit don Vaissète (1), parut extraordinaire au peuple du pays, et contraire à l'ancien usage suivant lequel on avait coutume d'assembler ou les trois états, ou les communes de la province en particulier, pour leur demander leur consentement à l'imposition des subsides. »

Les capitouls de Toulouse, se regardant en droit de défendre les privilèges du Languedoc, voulurent assembler les états; cette détermination effraya le conseil du roi, et sur l'injonction du dauphin qui disait : « Payez sans préjudice de vos privilèges pour l'avenir, » les états ne se réunirent pas, et les 100,000 livres furent soldées sur-le-champ; ce fut le premier argent qui rentra dans le trésor royal : on devait cette heureuse issue au zèle et à l'activité du maréchal Boucicaut, gouverneur de la province. Ce général reçut l'ordre de quitter sur-le-champ le midi pour se rendre à Paris, où la situation des choses réclamait vivement sa présence.

(1) Hist. de Languedoc, in-folio, t. v, p. 438.

Des avis certains faisaient croire que Henri V était décidé à conduire en personne les opérations de la guerre sur les côtes de la Normandie, au lieu de les diriger sur la Guyenne, comme il en avait eu déjà la pensée. Le maréchal Boucicaut reçut à son arrivée le commandement du peu de troupes que l'on était parvenu à réunir; l'approche du péril augmentait la division qui régnait dans le conseil. Le maréchal se porta sur les côtes de l'Océan avec 1500 hommes d'armes, à peu près 8000 combattans, afin de s'opposer au débarquement projeté. Son zèle pour le bien public suppléa à l'exiguité de ses moyens; il se multipliait et se transportait sur tous les points, s'efforçant d'exciter les habitans à servir la cause commune. Quelques jours après, Charles d'Albret, supérieur au maréchal par sa dignité de connétable, arriva en Normandie, et changea toutes les dispositions de Boucicaut; il plaça ce général avec 9000 soldats entre Caudebec et Tancarville, sur la rive droite de la Seine, et lui-même prit position sur la rive opposée, à Honfleur, avec 10,000 hommes. Ces forces, concentrées sur le bord de la mer, auraient pu faire échouer les Anglais dans leur débarquement; divisées ainsi par un grand fleuve, elles ne servirent à rien.

Les avis que transmettaient les gens de la côte de la Normandie furent bientôt justifiés par les faits ; car on vit bientôt approcher la flotte anglaise, forte de seize cents bâtimens ; celui d'Henri marchait au centre ; il trouva sur sa route, après avoir passé l'île de Wight, plusieurs cygnes qui vinrent jouer sous les flancs du vaisseau : cette rencontre fut regardée par tout le monde comme d'un bon augure (1). La flotte entra dans l'embouchure de la Seine un mardi, vers cinq heures du soir, 23 août. Le lendemain matin, le débarquement s'opéra à l'endroit occupé aujourd'hui par le Havre-de-Grace. Sir John Holland, comte de Hunigton, se mit aussitôt à la tête d'un faible détachement de cavalerie pour éclairer le pays.

Les Anglais effectuèrent leur descente sans obstacle, quoique le terrain fût susceptible d'une bonne défense à cause des marais qui garnissaient la côte. Dans ce moment le connétable, au lieu de se rapprocher du littoral, s'en éloigna davantage et se porta sur Rouen ; cette manœuvre singulière semblait justifier les reproches que plusieurs barons lui firent en plein conseil, en l'accusant d'entretenir des relations secrètes avec

(1) Manuscrit latin du Musée britannique, traduit en anglais par M. Nicolas Harris. (Battle of Agincourt, p. 179.)

l'Angleterre. Le moine de Saint-Denis (Contemporains, t. II, p. 1002) dit : « Le bruit courait « que le connétable s'était laissé gagner dans « une mission qu'il avait remplie à Londres l'an- « née précédente. »

Henri V mit son armée en bataille entre Fécamps et Montivillers. Voulant imiter Edouard III dans son activité, il forma le lendemain le siège d'Harfleur, le meilleur port de la Normandie, et l'une des villes les plus riches du royaume; elle servait de refuge aux pirates normands qui désolaient le commerce anglais; ils y avaient formé des magasins considérables. La conquête de cette place était de la plus haute importance pour Henri V; sa flotte pouvait trouver dans le Havre un abri assuré contre les coups de vent. La garnison de cette ville, depuis long-temps menacée par l'ennemi, était à peine de 1500 hommes, Lionel de Braquemont la commandait. Boucicaut, que l'on avait fait reculer jusqu'à Neuchâtel, on ne sait pas pourquoi, accourut en toute hâte avec une partie de sa division; le débarquement venait de s'effectuer; les forces des Anglais étaient considérables. Le maréchal ne chercha pas à engager l'action, il aurait compromis ses troupes; il fut assez heureux pour faire entrer dans Harfleur 500 hommes de renfort, sous le commandement des sires de Gaucourt, d'Estouteville, d'Harcourt, de Beauté, de Gaillarbois, de Blainville, de Guitry, de Sainte-Claire, de la Heuze, tous seigneurs normands.

Henri V avait débuté par attaquer Harfleur, parce qu'il avait sur cette ville des notions positives. Le duc d'York et le comte Dorset, chargés des négociations entamées au commencement de 1415 pour le mariage de Catherine de France, avaient passé sept à huit fois d'Angleterre sur le continent, et toujours par Harfleur. Des officiers de leur suite levèrent le plan de la baie, des fortifications et de l'intérieur (1).

Quatre cents assiégés commandés par Estouteville firent, le 24 août, une vigoureuse sortie, dans le but de rendre plus difficiles les approches de la place ; ils coupèrent la chaussée de Montivilliers, ce qui retarda beaucoup les opérations des assiégeans ; enfin les soldats de Henri, après beaucoup de travail, parvinrent à établir les machines de guerre et les batteries de canons et de pierriers ; un ingénieur, nommé maître Gilles, dirigeait les travaux. Les Normands se défendirent d'une manière héroïque ; ils étaient parvenus à donner à leurs canons une direction

---

(1) Antiquités d'Harfleur, par Lamothe.

tellement supérieure à ceux des assiégeans, que ces derniers furent obligés de s'éloigner hors de portée; mais par malheur la poudre manqua aux Français. Un convoi envoyé de Rouen tomba au pouvoir du duc de Clarence à deux lieues de la ville; ce cruel échec diminua considérablement leurs moyens de défense. Les Anglais se remirent à portée, recommencèrent leur feu, et firent de larges brèches que les Normands défendirent vigoureusement. Mais comme l'ennemi pouvait renouveler les assauts en envoyant successivement des troupes fraîches, les assiégés trop peu nombreux ne pouvaient continuer leurs sorties, et se bornaient à se faire tuer sur les remparts. Cependant le siège traînait en longueur, parce les Anglais n'osaient brusquer une attaque générale, car le maréchal Boucicaut les inquiétait et ne cessait de les harceler, sans se laisser intimider par la supériorité de leurs forces. Il resserrait tellement Henri V dans ses lignes, que rien ne pouvait sortir du camp. Chaque jour il faisait une nouvelle tentative pour pénétrer dans la place, mais la nature des lieux plus que l'ennemi rendit tous ses efforts inutiles.

Deux officiers de la garnison sortirent de Harfleur pendant la nuit, et allèrent à Vernon où se trouvait le roi; ils supplièrent le conseil d'envoyer au plus vite des secours aux chevaliers normands renfermés dans la ville; on leur répondit « que la puissance du roi n'était pas assemblée, ni prête pour donner secours hâtivement. » Cette réponse était d'autant plus extraordinaire, que depuis quinze jours le connétable avait 20,000 hommes réunis sous ses ordres. Cette armée augmentait à chaque instant, et néanmoins elle ne faisait aucune démonstration pour arrêter les Anglais dans leur entreprise. Toutes les circonstances de cette malheureuse guerre décèlent l'existence d'intrigues et de trahisons.

Le 17 septembre, les assiégés firent une furieuse sortie, mirent le feu aux travaux des Anglais, tuèrent les soldats qui les gardaient, et rentrèrent en triomphe dans la place. Mais ce succès ne fut d'aucune importance, et malgré les efforts de Boucicaut la ville fut prise presque d'assaut, après cinq semaines de siège, le 24 septembre 1415. Les assiégés firent encore au milieu des flammes une telle résistance, qu'ils obligèrent les Anglais à se retirer. Mais voyant qu'on préparait une nouvelle attaque, ils arborèrent le drapeau parlementaire; ils convinrent avec Henri que si à une époque désignée Charles VI n'envoyait personne à leur secours, ils ouvriraient leurs portes. Le jour fatal étant arrivé sans que le plus petit détachement parût, le sire de Gaucourt, devenu commandant d'Harfleur, révolté à l'idée de rendre une place aussi importante, chercha plusieurs prétextes pour éloigner le moment de la reddition. Le roi irrité fit les apprêts d'un assaut général. Gaucourt, pour éviter un plus grand désastre, se soumit; il sortit de la place avec soixante otages un dimanche 30 septembre, et se rendit auprès du roi, qui le reçut assis sur un trône, dans un pavillon que l'on avait élevé près de la montagne qui domine la ville. Les grands de la cour étaient rangés autour de lui. Il était nu-tête. Le chevalier Gilbert Humfreville portait sur la pointe d'une lance son casque couronné. Le sire de Gaucourt s'inclina, et présenta les clefs que le roi remit au comte Marschal. Henri reprocha au sire de Gaucourt d'avoir retenu une ville qui lui appartenait comme faisant partie de la Normandie; néanmoins il le pardonna, et lui fit donner ensuite un festin splendide. Le soir même, la bannière de Saint-Georges fut arborée sur les murs de la place, dont le commandement fut confié à Thomas Beaufort, comte de Dorset, oncle de Henri V (1).

(1) Chronique du Musée britannique. Battle of Agincourt by Nicolas Harris, p. 129.

Le lendemain, Henri V arriva aux portes de la ville que son armée occupait déjà; il descendit de cheval, se fit déchausser, et se rendit pieds nus à l'église de Saint-Martin, où il pria très-dévotement pendant deux heures (1); ensuite il fit mettre en prison tous les nobles et les gens de guerre. Le lendemain il les en fit sortir, en ayant soin d'inscrire leurs noms sur un registre, et les força de jurer sur la croix d'aller se constituer prisonniers à Calais le jour de la Saint-Martin d'hiver. Aucun d'eux ne viola son serment. Henri V assembla les habitans et les fit haranguer par son chancelier; à l'issue du discours on essaya de leur faire jurer fidélité au souverain de l'Angleterre. Les habitans s'y refusèrent tous sans exception. « Henri V, les voyant trop bons et trop loyaux au royaume de France, les expulsa entièrement, en gardant les 100 plus notables, qu'il envoya captifs à Londres. » De plus, il fit apporter dans un carrefour les archives de la ville, tous les actes publics ou titres de propriété, et les livra aux flammes en déclarant que nul, s'il n'était né en Angleterre, ne pourrait habiter Harfleur, et y acheter des maisons(2). 1600 familles, chassées par un vainqueur

---

(1) Lamothe, Antiquités de la ville d'Harfleur.
(2) Ibid., p. 91.

impitoyable, sortirent en gémissant de leur ville natale. Chaque individu emportait une partie de ses vêtemens et cinq sous qu'Henri V leur fit donner. Toute cette population se retira à Saint-Aubin, alors ville assez considérable ; elle y fut accueillie avec transport. « Depuis cette époque, dit l'historien Lamothe, advint la coutume que celui d'Harfleur et celui de Saint-Aubin s'appelaient *frères*. »

Le monarque anglais avait défendu le pillage, mais il le fit faire à son profit : d'après ses ordres, les clercs de son hôtel enlevèrent les meubles les plus précieux, le linge, l'argenterie des églises, les pièces de drap renfermées dans les magasins des marchands. On chargea tous ces effets sur la flotte, comme Édouard l'avait fait soixante ans auparavant.

Le maréchal Boucicaut n'avait point quitté sa position ; il observait tous les mouvemens des Anglais, espérant bien que Henri V trouverait sa ruine dans Harfleur même ; la conquête de cette place avait coûté beaucoup de monde à ce prince, les vivres apportés d'Angleterre s'étaient avariés, le flux de ventre enleva en peu de jours 5000 soldats et beaucoup de chefs distingués, tels que les comtes de Warwick, de Staffort, de Brunnel, de Beaumont, et Richard Courtenay, évêque de

Norwick, prélat fort estimé du roi, qui fit enterrer son corps dans l'église de Westminster. Michel Pôle, comte de Suffolk, gendre du poète Chaucer, mourut également pendant ce siège (1): il laissait un fils de la plus haute espérance servant dans l'armée. Le reste des troupes était malade; Henri V s'était trop hâté de faire partir la moitié de sa flotte avec le duc de Clarence; les autres vaisseaux, battus par la tempête, se brisèrent sur les côtes, de sorte qu'il était impossible de se rembarquer. Boucicaut, à la tête de 6000 hommes bien déterminés, bloquait les Anglais dans leurs lignes, taillait en pièces les détachemens qui sortaient pour aller chercher des vivres frais; il ne les laissa pas s'établir dans un seul village autour d'Harfleur : Henri V, resserré dans la ville, se trouvait au moment d'y mourir de faim.

Le conseil de France, rempli de reconnaissance pour les efforts et le zèle que montrait Boucicaut, le nomma gouverneur général de la Normandie, en le chargeant de conserver cette province à la couronne; mais en lui conférant un des commandemens les plus importans du

---

(1) Walsingam, p. 274.— Chronique du Musée britannique, page 128.

royaume, on ne lui envoyait pas un homme de renfort. Le maréchal, gémissant sur l'inconcevable conduite de la cour, n'en prit pas moins les mesures les plus efficaces pour justifier la confiance du roi ; il arma par force les habitans des campagnes et les fit refluer vers Harfleur : cette manœuvre effraya Henri V. Renfermé dans la ville sans espoir d'être secouru par mer, car les vents de l'équinoxe éloignaient tous les vaisseaux des côtes, ce prince résolut de percer à travers la Normandie et la Picardie pour arriver jusqu'à Calais, où il pourrait attendre sa flotte. Ainsi ce grand armement avait eu de bien minces résultats. La moitié de l'armée anglaise avait péri soit par le fer, soit par les maladies, Henri n'avait pris qu'une ville, dont la conquête fut chèrement payée ; et ce prince qui voulait envahir la France, qui avait épuisé toutes ses ressources pour cette campagne, n'aspirait qu'à sortir de ce pays pour chercher un refuge dans Calais : ainsi le but de ses efforts fut dès ce moment de gagner cette ville. De son côté, le maréchal, qui devina l'intention du monarque anglais, redoubla d'activité pour lui opposer des obstacles, et les multiplier autant qu'il était en son pouvoir ; il déploya une ardeur et une habileté auxquelles les froides chroniques de cette époque ne peuvent s'empêcher de rendre un témoignage éclatant. Nous allons le voir lutter d'adresse avec un ennemi redoutable; les efforts qu'il fit dans cette circonstance pour défendre son pays contre une invasion étrangère sont ses plus beaux titres de gloire.

Le maréchal quitta Caudebec avec 6000 hommes seulement, car il n'avait jamais pu retenir sous ses drapeaux les habitans des campagnes; il divisa ces 6000 hommes en détachemens, de manière qu'ils pouvaient voltiger autour de l'armée anglaise et se réunir sur-le-champ dans sa main pour frapper un grand coup; il espérait trouver des secours dans les habitans de la Normandie, réputés très-belliqueux, et en effet la noblesse n'avait pas attendu son arrivée pour s'armer, mais elle était allée se rallier à Rouen auprès du roi. Les paysans, par opposition à leurs seigneurs, ne répondirent pas à l'appel du maréchal; ils se cachèrent dans les bois, tous ses efforts pour ranimer l'esprit public furent perdus : tant de fautes l'avaient anéanti. Les bourgeois se renfermèrent dans les cités, en disant qu'ils les défendraient; aucune milice communale ne voulut sortir pour grossir l'armée active; c'était une des suites de l'affranchissement des communes : l'humeur indépendante des habitans des villes nuisit dans beaucoup de circonstances aux intérêts de l'État.

Malgré ces désavantages, le maréchal ne se montra pas moins ardent à remplir sa mission; il envoya vers Harfleur deux de ses écuyers, déguisés en marchands, pour qu'ils s'assurassent par leurs yeux de l'état des choses. Il apprit que deux grosses tours qui défendaient la ville du côté de la mer n'avaient été prises que dix jours après la reddition de la place, et que le monarque anglais faisait ses préparatifs pour percer à travers le pays; en effet, Henri V fit réparer les murs et les fortifications, laissa dans Harfleur le comte Dorset avec 3400 nobles et 1000 archers, commandés par le capitaine Jean Leblond ; il y laissa également les engins et machines de guerre, car il lui importait que rien n'embarrassât la marche de son armée; après dix jours de repos donnés à ses soldats, il sortit de Harfleur avec 26,000 combattans, c'était à peu près la moitié de ce qu'il avait amené d'Angleterre; il prit la grande chaussée de Dieppe en se dirigeant sur Saint-Miel, ayant la droite à la Seine et la gauche à la mer; il alla coucher à la Fauville (1).

(1) Voyez la carte de Cassini. Nous avons pris pour guide

A la nouvelle de la marche de l'ennemi, Boucicaut fit un mouvement général sur Harfleur et concentra ses forces sur le flanc droit de l'armée anglaise, ayant le projet de la contraindre à reculer jusqu'à la mer, et de l'y acculer, espérant recevoir à chaque instant les renforts nécessaires pour la combattre de front; son attaque fut si vive, que Henri V se vit obligé d'abandonner la route qu'il tenait, et de se jeter sur Fécamp. Le roi d'Angleterre faisait régner dans ses troupes la plus grande discipline afin de gagner l'affection des habitans et entretenir la mauvaise volonté qu'ils montraient déjà pour Charles VI, leur souverain; il y parvint en multipliant les exemples de sévérité, entre autres il fit pendre à un arbre un soldat qui avait volé, dans la chapelle d'un village, le custode du Saint-Sacrement, fait en cuivre doré, qu'il avait caché dans sa manche, croyant qu'il était pur or (1).

dans la marche de Henri V, le seigneur de St.-Remi, qui suivait l'armée anglaise, et l'écuyer Fenin, contemporain, bien plus authentiques pour tout ce qui est guerre que les autres historiens de cette époque. Le manuscrit du Musée britannique, que nous avons consulté en dernier lieu, nous a raffermi dans la confiance que nous avions en ces deux écrivains.

(1) Pierre Fenin, manuscrit du Musée britannique, p. 132.

Boucicaut serrait toujours les ennemis, et les empêcha de regagner la grande chaussée, ce qui retardait beaucoup leur marche et la rendait plus difficile; trouvant enfin le moment et le terrain favorables, il attaqua Henri V, à la sortie d'Arques, avec une telle furie, qu'il lui tua 2000 hommes avant qu'il eût eu le temps de se déployer; il le suivit à travers la forêt d'Inerville, fondit sur lui une seconde fois, sous les murs de la ville d'Eu, et fit essuyer à ce prince un échec considérable : le maréchal perdit dans ce combat son frère d'armes Lancelot, paladin célèbre. (Fenin. chap. 19.)

Henri V accéléra sa marche, et passa la Presle avec précipitation à Gouzenville; il arriva le surlendemain dans le voisinage de la Somme, après avoir perdu dans ce trajet (de trente lieues à cause des détours) 5000 hommes tués par Boucicaut, et quelques centaines de malades abandonnés dans les villages ; mais le maréchal n'avait pas causé tant de mal à son adversaire sans perdre lui-même beaucoup de monde, il se vit obligé de ralentir sa poursuite pour recompléter sa division au moyen de quelques détachemens envoyés par la noblesse ; Henri V put un instant respirer, et ne fut point inquiété pour franchir l'espace qui le séparait encore de la Somme; il se dirigea sur Abbeville avec l'intention de passer la rivière au gué de Blanquetaque, qui avait été si favorable à Édouard III; il se serait trouvé alors à trois petites journées de Calais; le gouverneur de cette ville, sir William Bardolf, averti de ses projets, avait envoyé au-devant de lui, pour le protéger, un fort détachement qui devait l'attendre à une lieue du gué, mais les Picards se jetèrent en foule sur ce détachement, et le détruisirent en entier; le maréchal Boucicaut ayant franchi la Presle à Soren, un peu plus haut que l'ennemi, marchait à sa hauteur en menaçant toujours sa droite; la position de Henri V devenait à chaque instant plus critique, la noblesse de Normandie, réunie à Rouen, autour de Charles VI, marchait enfin derrière le maréchal pour aller se joindre à la noblesse de la Picardie, de la Champagne et de l'Artois, concentrée au-delà de la Somme. Lancastre n'avait donc pas un moment à perdre s'il voulait éviter de se trouver en face de tant de forces réunies, car les nobles des provinces centrales avaient passé la Loire, et accouraient pour lui couper la retraite sur la Guyenne; il était donc entouré de toutes parts: le cercle que l'on formait autour de lui était encore assez large, mais il se rétrécissait à chaque instant; il lui importait d'arriver au gué de Blanquetaque avant qu'il fût gardé; son existence en dépendait. Il se dirigea précipitamment sur ce point par Fréville et Cartigny; mais à deux lieues de Blanquetaque, dans un bourg nommé Drancour, son extrême avant-garde prit un chevalier gascon, qui revenait d'Abbeville; les soldats le conduisirent à Lancastre, qui lui demanda si le gué était gardé. Ce brave chevalier, dont on n'a pas conservé le nom, répondit: « Des pieux très-élevés barrent « la rivière; et hier, 6000 combattans déter- « minés défendaient ce passage; aujourd'hui le « nombre doit en être doublé, car tous les hom- « mes d'armes se dirigent sur ce point. » Le roi d'Angleterre voulut mettre ce rapport en doute. « Seigneur, reprit le chevalier, je le jure sur ma « tête à couper. » Tout ce que ce gentilhomme annonçait était faux (1). Il ne se trouvait pas un seul écuyer pour l'instant à Blanquetaque; mais sentant toute l'importance du moment, il voulut, en vrai chevalier français, servir sa patrie par un expédient qui pouvait lui coûter la vie. Soixante ans auparavant, le paysan Agasse, par

(1) Les chroniques anglaises ont affirmé, d'après les paroles de ce chevalier, que le gué était gardé et garni de pieux; mais l'Histoire des mayeurs d'Abbeville, qui savait le fait, le rapporte ainsi.

une conduite opposée, avait été la première cause du désastre de Crécy.

Henri V ne voulut pas tenter le passage, qu'il croyait défendu par des forces imposantes, et compromettre le sort de son armée dans cette entreprise périlleuse, car le passage d'une rivière est l'opération la plus critique de la guerre; il abandonna sa route, franchit un large ruisseau à la hauteur d'Abbeville, et revint rejoindre la Somme à Fontaine, résolu de tâter tous les points de la rive gauche; il gagna Araines, et se rabattit tout à coup par un mouvement rétrograde sur St.-Remi, croyant surprendre le pont, mais il était coupé; et le sire de Vaucour, commandant de cette place, sortit avec son fils et un fort détachement, attaqua les Anglais, et leur fit essuyer quelque perte (1). Force fut de continuer sa route sur Angest, en longeant la Somme; il voyait sur l'autre rive de fortes colonnes de troupes qui suivaient ses mouvemens, tandis que de nombreuses divisions guidées par Boucicaut le harcelaient. C'est dans cette position embarrassante qu'il envoya offrir de rendre Harfleur et de renouveler la trève si on voulait

(1) Pierre Fenin, in-8°. Collection des Mémoires, 1785, p. 379.

lui laisser le passage libre jusqu'à la ville de Calais; on repoussa ces propositions. Les historiens français taxent ce refus de présomption; ils disent que le conseil de Charles VI aurait dû accepter ces conditions; mais quelle confiance prendre dans des offres arrachées par l'imminence du grand péril? Henri V ne pouvait-il pas rompre toutes ses conventions, une fois hors de danger, en alléguant la nécessité qui les lui avait imposées? Le motif de la guerre opiniâtre que les rois d'Angleterre faisaient à la France existait toujours. Certes, le conseil de Charles VI agissait dans les intérêts de l'État, en se montrant inflexible; il voulait prendre Henri V et son armée, la chose était facile, elle était au moins probable; mais parce que l'imprévoyance, l'intrigue et l'inhabileté présidèrent à l'exécution de ce plan, il n'en faut pas conclure qu'il était mauvais et qu'on devait l'abandonner; au reste, l'histoire de la bataille de Poitiers, perdue par le roi Jean, avait offert une particularité semblable à celle-ci.

Dans l'intervalle de la réponse du conseil de France, Henri V avait toujours cheminé; il évita Péquigny, place de guerre, continua à remonter la Somme, en tournant toujours le dos à Calais, ce qui le désespérait; il s'écarta d'Amiens, et ne put éviter d'avoir un vif engagement avec la garnison de Corbie commandée par Pierre de Lameth et Gauthier de Caulincourt, nobles picards; dans ce trajet, il trouva une grande quantité de celliers remplis de vin, ce qui lui fut d'un grand secours; ce vin ranima les forces de ses soldats, et concourut à diminuer la dissenterie qui les affligeait depuis Harfleur.

Il arriva le 18 octobre devant la ville de Neele qu'il essaya d'enlever, mais les habitans se défendirent vigoureusement, et l'obligèrent à se retirer; Henri continua sa route, et fit halte à l'entrée de la nuit auprès d'un village nommé Éclusier, situé à deux lieues ouest de Péronne, dans un rentrant de la Somme; les habitans l'avaient abandonné. Les Anglais établis dans leurs bivouacs se répandirent le lendemain dans les campagnes pour chercher des vivres; ils aperçurent de l'autre côté de la rivière un moulin et plusieurs maisons de bonne apparence; excités par la faim ils se hasardèrent de passer la Somme quoiqu'elle parût très-profonde; mais à leur grand étonnement ils n'avaient de l'eau que jusqu'au dessous de l'aisselle, ils parvinrent au bord opposé, et trouvèrent des vivres en abondance dans ces habitations. Henri, instruit de cette aventure, se porta lui-même sur les lieux, fit sonder la rivière, et découvrit un autre gué à cinquante pas au-dessous du premier; il rallia aussitôt ses gens, et se mit en mesure de franchir le fleuve; il fallut qu'il prît de grandes précautions pour que cette opération se fît sans encombrement, il se tint lui-même avec ses principaux officiers à l'entrée du gué principal, et fit défiler ses troupes. On fut obligé de laisser sur le rivage beaucoup de bagage, des chevaux, et un assez grand nombre de malades qu'il recommanda à la générosité; mais il n'oublia pas d'emmener ses prisonniers, dont il espérait une rançon. Le passage commença le 19 à une heure après midi, et fut terminé à la nuit tombante (1). Cet obstacle surmonté, les Anglais sentirent renaître leur courage abattu, ils se voyaient déjà à Calais sans songer aux difficultés qu'ils auraient encore à vaincre. Mais avant de les suivre plus loin, il est nécessaire d'examiner quelle fut la manœuvre des Français qui marchaient sous les ordres de Boucicaut et de Charles d'Albret.

Le maréchal, voyant les Anglais continuer à s'éloigner de Calais en remontant toujours la Somme, comprit qu'il était inutile de les suivre,

(1) Manuscrit britannique, p. 153 et 154. — La chronique de Tramecourt dit que le passage eut lieu au pont de Voyenne : nous ne le croyons pas.

et qu'il valait mieux aller les attendre sur la route de Calais, ne doutant pas qu'ils ne parvinssent à franchir la rivière puisqu'ils remontaient vers sa source; en conséquence, il descendit la Somme, arriva dans Abbeville où il trouva le connétable d'Albret avec 12,000 hommes. Les ducs de Bourbon, d'Alençon, de Bar et de Vendôme, qui se tenaient à Péronne avec 8,000 nobles, suivirent le même mouvement sur la rive droite. Les nobles de l'Artois et de la Champagne arrivèrent par Cambrai avec les milices communales de ces provinces, et firent à Doulens leur jonction avec le connétable et le maréchal, qui se trouvèrent alors à la tête de 50,000 combattans. Charles d'Albret, étant le premier par sa dignité, prit le commandement général; il se porta sur la chaussée d'Hesdin que les Anglais étaient obligés de traverser pour se rendre dans l'Artois; il appuya sa droite à Montreuil, ayant le centre à Hesdin même et la gauche à Saint-Pol; la position était fort avantageuse, cette ligne de quinze lieues pouvait se replier sur son centre dans une seule nuit si les circonstances l'exigeaient. Le mouvement du connétable et du maréchal par Abbeville était une fort belle manœuvre de guerre, car on coupait à l'ennemi le chemin de Calais d'une manière admirable. Henri V aurait dû être perdu ; mais il trouva de puissans auxiliaires dans la jalousie des grands, et dans les mauvaises dispositions que les fautes de la cour faisaient naître en tous lieux ; la ville de Paris venait d'offrir au roi 8,000 soldats tirés de la bourgeoisie ; le duc de Berri, qui n'aimait pas les Parisiens, fit repousser leur offre en disant : « Qu'avons-nous à faire de ces gens de boutiques ? nous sommes trois fois plus nombreux que les Anglais (1). » La noblesse craignait en admettant la bourgeoisie dans ses rangs, de lui offrir l'occasion de se signaler, et d'augmenter ainsi la puissance et l'influence du tiers-état déjà si redoutable ; on n'accepta que la coopération des petites villes et des campagnes. Mais cette noblesse si jalouse de vaincre seule était elle-même divisée en deux partis bien distincts, dont l'un aurait voulu triompher sans le secours de l'autre ; elle ignorait que l'union la plus parfaite devenait indispensable pour contenir seulement un ennemi aussi opiniâtre dans ses projets que Henri de Lancastre. Ce prince, après avoir passé la Somme à Éclusier, s'était porté rapidement en avant, coupant la chaussée d'Amiens à Cambrai, et

---

(1) Le Laboureur, Hist. de Charles VI, t. II, p. 1006.

avait pris position à la fin de la journée, auprès de Miraumont, derrière un bois, à une lieue ouest de Bapaume; il s'y reposa vingt-quatre heures sans être inquiété, car il avait dérobé sa marche aux Français; le 21 octobre il reprit sa direction par un mouvement sur son flanc gauche, en tirant vers la mer; il avait soin de n'envoyer en avant pour reconnaître le pays et les chemins, que des chevaliers en pourpoint, sans cuirasse ni casque, pour que l'éclat des armes n'attirât pas de loin l'attention des habitans et des colonnes qu'il voyait sur sa droite se dirigeant en toute hâte vers l'Artois, où le connétable les appelait.

Le 22 octobre, Henri V alla loger à Forceville, Acheu portant son avant-garde à Louvencourt; le corps d'armée français le plus rapproché de lui se trouvait entre St.-Pol et Avesnes, à dix lieues de sa droite; le duc d'Alençon le commandait; les ducs de Bourbon, de Bar, arrivaient de Corbie et menaçaient sa gauche. Il se trouvait ainsi resserré par deux divisions, mais aucune d'elles n'était assez forte pour engager une action avec lui, et les généraux français n'avaient pas assez d'expérience pour combiner une attaque subite sur les deux points opposés; de plus, Henri V avait devant lui le connétable, qui dans l'espace de quelques heures pouvait réunir dans sa main 20,000 combattans. Dans cette position délicate, Lancastre reçut un héraut porteur d'un cartel de la part du duc d'Alençon, qui lui présentait la bataille rangée trois jours après, en lui désignant même un village nommé Aubigny, à trois lieues dans l'ouest d'Arras, à un quart de lieue de la grande chaussée de St.-Pol; un vaste plateau y offrait un beau champ de bataille. On voit par là que le duc d'Alençon voulait agir indépendamment du connétable et battre l'ennemi sans sa participation. Henri V, suivant l'usage d'alors, donna de riches présens à l'envoyé, et répondit : « J'irai à Aubigny si le ciel y conduit mes pas; si l'on vient en mon encontre je ne refuserai pas le combat; mais aussi je ne le rechercherai pas, car je désire éviter l'effusion du sang chrétien (1). » Ce langage était moins fier que celui qu'il tenait naguère à Southampton. Quoique la réponse fût bien ambiguë, les Français l'interprétèrent à leur manière. En conséquence, ils manœuvrèrent tous sur Aubigny; mais au lieu de se diriger sur ce point, Henri fit au contraire un

(1) Polydore Virgile. Cet historien, né à Urbin, s'attacha à Henri VII et composa en latin une Histoire d'Angleterre fort estimée.

à gauche, et prit sa direction vers Hesdin, par son front, et en appuyant ensuite tout à coup sur sa droite, il entra dans le bassin renfermé entre la Somme et la Authie, passa à Beauquesne, une lieue sud de Doulens, reprit la direction du nord, et porta son avant-garde à Frévent, le jour même où l'on croyait qu'il serait à Aubigny; il partit de Frévent, passa la Canche, et vint prendre position à Blangi, deux lieues nord-ouest de St.-Pol, et trois lieues nord-est d'Hesdin. Il avait devant lui la rivière de Ternoise, et derrière lui des masses de forêts. Il est évident que par cette marche oblique Henri avait voulu donner le change aux Français, les engager à se porter tous sur Aubigny, gagner une journée sur eux, et passer à la hauteur de leur flanc droit. Il pouvait espérer d'arriver à Calais avant eux; mais le maréchal Boucicaut, accouru d'Hesdin avec un petit corps de cavalerie, s'était attaché à ses pas, et, devinant son projet, il alla avec la rapidité de l'éclair en avertir le connétable, pour qu'il suspendît son mouvement sur Aubigny. Le connétable reçut cet avis assez à temps pour prendre les dispositions les plus heureuses. En effet, il se trouvait à la hauteur des Anglais, de manière que s'ils avaient poussé leur marche ils seraient venus tomber dans le centre de la colonne des Français. Le connétable s'arrêta sur place à Ruissauville et y concentra toutes ses forces, en rappelant à lui les divisions déjà arrivées à Aubigny; il étendit ses deux ailes pour embrasser toutes les issues, la droite à la petite rivière de la Planque, la gauche à Ambricourt, formant ainsi une espèce de demi-cercle dont la Ternoise était la corde.

Si on jugeait les généraux du moyen âge seulement d'après ce qu'en ont dit des historiens qui n'avaient aucune idée de la guerre, on aurait d'eux une opinion bien désavantageuse; mais en suivant les opérations sur les cartes, en comparant les détails amoncelés sans ordre dans les diverses chroniques, on peut juger un peu mieux de la tactique de cette époque, et se convaincre qu'elle n'était pas aussi misérable qu'on se le figure d'abord.

Henri V franchit la Ternoise, dont le passage aurait pu lui être facilement disputé, car cette rivière est fort encaissée; mais personne ne gardait ce point important. Le roi traversa ensuite la forêt de Blingel, la vallée de Bellancourt, et monta le 24 à midi sur le plateau de Maisoncelles (1),

(1) Nous avons suivi la route que tinrent les Anglais de-

ne doutant pas d'avoir dérobé sa marche à l'ennemi; mais quel fut son étonnement en voyant devant lui d'épaisses colonnes de Français se déployant dans la plaine qu'il devait traverser. Il ne fut pas long-temps à s'apercevoir qu'il était cerné de tous côtés; après avoir jeté ses regards autour de lui, il acquit la triste conviction qu'il ne pouvait sortir de ce mauvais pas sans combattre; car en se jetant sur sa droite il serait tombé dans Thérouanne, ville alors très-considérable, fournie d'une bonne garnison; et s'il avait cherché à s'ouvrir un chemin sur sa gauche, il aurait été arrêté par la ville d'Hesdin, place très-forte et remplie de gens de guerre; il se décida franchement à combattre, et en prit la détermination avec l'énergie d'un homme qui sait affronter la fortune. La nature l'avait doué d'un grand caractère, d'un courage à toute épreuve, et d'un coup d'œil pénétrant; il déclara à ses généraux qu'il leur fallait passer sur le ventre des Français, s'ils voulaient arriver à Calais dont ils étaient encore éloignés de six marches.

La position qu'il venait d'occuper ne pouvait être forcée que très-difficilement, il avait l'avan-

puis le passage de la homme jusqu'à Maisoncelles, nous nous sommes convaincus qu'ils avaient dû éprouver de bien grandes difficultés, surtout les trois derniers jours.

tage d'être libre de n'en sortir que lorsqu'il le jugerait à propos; c'était un plateau peu adhérent, couvert d'arbres très-élevés mais peu serrés; au milieu de cette forêt se trouvait un village nommé Maisoncelles, très-petit, car il n'avait pas d'église, il ne s'y trouvait qu'une chapelle bâtie au milieu du bois. Ainsi ces arbres cachaient en grande partie les Anglais, et ne les empêchaient cependant pas de bien distinguer les mouvemens des Français. La plaine, qui se développait à leurs yeux, formait un quarré long parfait, dessiné par la lisière de trois bois, qui portaient chacun des noms différens. Le côté droit (par rapport aux Anglais) était bordé par les bois de Tramecourt, qui eux-mêmes se trouvaient clos par de très-fortes haies; le petit côté, faisant face à Maisoncelles, était bordé par les bois de Ruissauville, et celui de gauche par la forêt du château d'Azincourt, dont les tourelles s'élevaient au-dessus des arbres.

Ce quarré avait une petite lieue de long, depuis Ruissauville jusqu'à Maisoncelles, et sept à huit cents pas de large (1).

(1) La description que Fenin, le seigneur de St.-Remi et la chronique de Tramecourt font de ces lieux, prouve qu'ils n'ont point changé de physionomie; d'ailleurs tous les gens du pays l'attestent; seulement on a défriché quel-

Du côté droit les haies, très-fortes et très-élevées, arrivaient jusqu'au plateau de Maisoncelle et bordaient les bois de Tramecourt; du côté gauche, un versant assez marqué séparait l'angle du bois d'Azincourt du camp des Anglais. Azincourt était un village bâti comme Maisoncelles au milieu d'un bouquet d'arbres, et groupé autour du château. Pour aller de Maisoncelles à ce village, il fallait suivre une gorge d'un quart de lieue de long et fort difficile à traverser; le château de Tramecourt, l'un des plus beaux de l'Artois, se trouvait dans un bas-fond, à un demi-quart de lieue du camp anglais : des masses d'arbres le cachaient entièrement. La forêt de Ruissauville, qui bornait la vue, conduisait à Fruges, d'où l'on pouvait gagner la grande chaussée de Saint-Omer; le terrain compris dans cet espace était ondulé par des versans légers, et partagé en pièces de culture appartenant à di-

ques arpens du bois de Tramecourt, ce qui a rompu la régularité du carré. Nous avons trouvé à Maisoncelles un vieillard âgé de quatre-vingt-dix ans, qui se chauffait à un grand feu dans le mois de juillet, par une chaleur de 25 degrés; son père était mort à quatre-vingt-cinq ans, et il avait entendu raconter des particularités de la bataille d'Azincourt par son grand-père, né dans les premières années du règne de Louis XIV.

vers particuliers, dont les titres existaient encore en 1785. On voit, d'après cette description, que ce quarré rétréci était un véritable défilé, il eût été sage d'y laisser engager les Anglais, et de les attaquer lorsqu'ils en déboucheraient : il suffisait aux Français de se placer une lieue en arrière à Fruges, où ils auraient trouvé un pays découvert favorable aux grands déploiemens ; mais, poussés par la fatalité, ils vinrent remplir ce défilé, et se privèrent ainsi des avantages que la supériorité du nombre devait leur donner sur l'ennemi. On ne doit imputer cette violation de toutes les règles ni au connétable d'Albret, ni à Boucicaut son lieutenant. La composition de l'armée française était telle, qu'il leur devenait impossible de disposer des troupes comme ils l'auraient voulu ; il y avait absence d'unité de commandement : on voyait en tête de cette armée douze princes du sang et onze mille hauts barons ou bannerets ou chevaliers, tous fiers de leur naissance, et jaloux les uns des autres. Pouvait-on espérer de les astreindre à une obéissance passive dans un moment où les discordes civiles avaient rompu tous les liens de la discipline ; c'est aussi par suite des préjugés de ce temps, que, renversant tous les principes de l'art militaire, ils s'obstinèrent à vouloir se placer en première ligne pour que personne ne pût aborder l'ennemi avant eux. Le souvenir de Créci, dont le champ de bataille, si funeste à leurs pères, se trouvait à quelques lieues de Ruissauville, aurait dû les rendre plus sages ; mais les revers ne servirent jamais de leçons aux Français.

Les soldats du connétable, au nombre de 40,000 hommes (1), se formèrent en trois corps bien distincts : le premier corps se composait de 8,000 hauts barons, bannerets ou chevaliers, tous à pied, et de deux divisions de cavalerie fortes chacune de 2,000 hommes, et destinées à protéger les flancs, celle de gauche avait pour chef Clignet de Brabant et Geoffroi Boucicaut, et celle de droite le sire de La Trémouille et Hector de Saveuse ; 4,000 archers devaient se placer devant le front pour le protéger, et essuyer les premiers coups de l'ennemi comme cela se pratiquait, mais les nobles les renvoyèrent en arrière ; les dernières files de cette division rasaient les obstacles latéraux ; la ligne se subdivisait en portions inégales ou en chevauchées des hauts barons ; le connétable s'était placé au centre avec le maréchal

---

(1) Attendu que depuis deux jours le connétable, sur la demande du conseil, avait envoyé 8,000 nobles ou communaux à Rouen pour renfoncer la garde du roi et du dauphin. (St.-Remy.)

Boucicaut; la bannière royale flottait devant lui ; on l'avait confiée à Guillaume Martel; les ducs de Bourbon, d'Orléans, de Bar, les comtes d'Aumale, d'Eu, se trouvaient en première ligne ainsi que le jeune comte de Richemond et les 300 chevaliers bretons qu'il conduisait à sa suite; le comte de Vendôme, les sires d'Aumont, de Haqueville occupaient les ailes. Cette première division s'approcha jusqu'à trois portées d'arc de Maisoncelles, de sorte que les Anglais entendaient fort bien parler les Français (1), qui, selon leur coutume, criaient à tue-tête. Le deuxième corps, formé de noblesse moyenne et de troupes soldées, composait une masse de 14,000 hommes; on l'avait placé à une distance démesurée de la première division, qu'il ne pouvait soutenir parce que la nature du terrain s'opposait à ce qu'il pût se déployer; ce second corps avait pour chef Jean IV, comte d'Alençon, depuis peu nommé duc, prince du sang, guerrier brave et le seigneur le mieux fait de la cour; il descendait de Pierre, cinquième fils de saint Louis.

Le duc d'Alençon avait avec lui plusieurs étrangers de distinction, notamment un baron

(1) St.-Remy.

de la maison de Savoie, Ferri de Lorraine et William Olendyne, cet Anglais dont Henri avait repoussé les services à Southampton.

Le dernier corps, placé à Canlers, non loin de Ruissauville, encore plus éloigné du second que celui-ci du premier, était fort de 18,000 hommes, et formé des milices belliqueuses de la Normandie, de la Picardie, de l'Artois, de la Champagne, et d'un peu de noblesse; il avait pour chef les baillis de plusieurs grandes villes et quatre seigneurs, le comte d'Aumale, les sires de Dampmartin, de Fauquebergue et de Longroi.

D'après ce que nous venons de dire, l'on voit que ces trois corps, échelonnés ainsi, ne pouvaient se prêter un mutuel appui, et que si on en venait à une action, ils ne pouvaient être engagés tous à la fois.

Les dispositions morales de l'armée française étaient encore plus déplorables que sa composition et son ordre de bataille. Douze princes du sang marchaient à la tête de la noblesse; le duc d'Orléans, âgé de vingt-trois ans; Philippe, comte de Nevers; Charles, duc de Brabant, tous deux frères du duc de Bourgogne, le premier âgé de vingt-six ans, le second de vingt-sept; le comte d'Eu, âgé de vingt ans: trois princes de la maison de Bar, le plus âgé avait vingt-deux ans; le comte de Vaudemont, de vingt-neuf ans; le duc d'Alençon, de trente ans; le duc de Bourbon, de trente-quatre ans; le duc de Vendôme, de trente-huit ans; Arthur, frère du duc de Bretagne, de vingt-un ans; enfin le connétable Charles d'Albret, considéré comme prince du sang, en sa qualité de cousin-germain de Charles VI, par sa mère, Marguerite de Bourbon, sœur de la femme de Charles V : ce général, d'un esprit timide, n'avait qu'une faible idée de la guerre, dont les hautes connaissances ne s'acquièrent que par la pratique : aussi avait-il refusé d'abord la charge de connétable, persuadé qu'il n'avait pas la capacité nécessaire pour la remplir; et d'ailleurs les soupçons les plus cruels planaient sur lui; à chaque instant il voyait son autorité méconnue par ces douze princes du sang, jeunes, violens, divisés d'opinion; chacun des 12,000 nobles réunis sous les bannières de ces princes avait à reprocher à l'autre quelque sanglante injure reçue depuis que la guerre civile déchirait la France; ils pouvaient mutuellement se demander compte de la vie d'un père, d'un frère, d'un ami : et tant de ressentimens, tant de haines légitimes habitaient sous la même tente! Ceux du parti de Bourgogne avaient couru aux armes, non pour défendre la gloire de la patrie, mais dans l'espoir de se distinguer davantage sur le champ de bataille, d'acquérir plus d'influence et d'écraser les Armagnacs; ceux-ci agissaient dans les mêmes vues: à côté d'eux on voyait des milices communales que quelques baillis zélés avaient arrachées à des habitudes tranquilles; ces milices mal armées, mal équipées, ne pouvaient se battre avec la passion nécessaire; depuis vingt ans la nation paraissait muette et immobile devant tous les événemens désastreux enfantés par les querelles de la cour.

Le maréchal Boucicaut, le Nestor de l'armée, le seul, peut-être, qui fût animé de l'amour du bien public, voulut faire entendre la voix de la raison à cette ardente jeunesse; il proposa dans le conseil de livrer passage aux Anglais, en disant qu'il n'était pas prudent de s'opposer de front à un ennemi habile, et dont le désespoir doublerait les forces; que d'ailleurs, en lui livrant passage, on ne se privait pas de la faculté de le poursuivre, de le harceler jusqu'à Calais et de le détruire en détail. Le maréchal eut la douleur de voir repousser ses sages avis, comme vingt ans auparavant il avait repoussé lui-même, à Nicopolis, ceux du vénérable Couci.

Pour bien comprendre la suite des événemens, il ne faut pas oublier de considérer que depuis quinze ans il s'était opéré un changement notable dans l'armure des bannerets; comme ils avaient adopté la coutume de combattre à pied, ils portaient une cuirasse qui se prolongeait autant par derrière que par devant, tandis que les cuirasses d'hommes de cheval s'arrêtaient au bas des reins pour laisser au chevalier la facilité de s'asseoir sur la selle; de plus le casque n'avait plus de visière, seulement il partait du sommet une branche qui suivait la ligne du nez et s'arrêtait à la hauteur du menton, elle pouvait parer un coup de hache, ou un coup d'épée donné en travers, mais elle laissait à découvert la plus grande partie du visage. (1).

Les deux armées étaient arrivées dans leurs positions respectives le jeudi à midi. Cette journée ne se passa pas sans engagement : le connétable apercevant les Anglais dans le bois de Maisoncelles, envoya les reconnaître; il chargea le jeune comte de Richemont de cette mission : le

(1) On voit encore à Paris, au musée d'artillerie, le casque ainsi construit et la cuirasse de ce Ferri de Lorraine, qui fut tué à la bataille d'Azincourt; ces deux pièces, qui sont très-authentiques et d'un beau caractère, pèsent ensemble 90 livres.

prince breton voulut pénétrer dans la forêt avec un détachement de 2,000 hommes; mais il fut repoussé vigoureusement par les archers placés derrière les fortes haies qui bordaient le bois. Le comte de Richemont fut obligé de battre en retraite. Une autre escarmouche, qui eut lieu le soir, du côté de Tramecourt, fut plus heureuse : le comte de Nevers, qui commandait les Français, chassa les Anglais de ce village, où ils étaient venus chercher des vivres, et les refoula jusque sur le plateau. En rentrant, le comte de Nevers fut armé chevalier par le maréchal Boucicaut.

Ces deux escarmouches, qui se terminèrent à la nuit, prouvèrent à Henri V qu'il serait attaqué le lendemain plus vigoureusement encore, et que la journée ne se passerait pas sans qu'on en vînt à une action générale; loin de le dissimuler à ses soldats, il leur apprit sans détour le danger qui les menaçait, et eut recours aux moyens les plus extraordinaires pour remonter leurs esprits abattus; malgré les pertes qu'il avait éprouvées, son armée se trouvait encore forte de 16 à 18,000 hommes, dont 8000 de noblesse et le restant d'archers soldés. On voit d'après les rôles conservés au Musée britannique, que chaque baron d'Angleterre conduisait avec lui un certain nombre de petits nobles organisés en lances, c'est-à-dire en petites sections de 6 hommes; il conduisait en sus un peloton d'archers qui dans les marches suivaient la bannière de leur seigneur; mais d'après une disposition prescrite par Édouard III et le prince Noir, lorsqu'on en venait à une bataille, tous les archers seigneuriaux se réunissaient à la division d'archers que les rois d'Angleterre entretenaient toujours sur pied. Cet amalgame formait un corps d'autant plus redoutable que les hommes qui le formaient étaient armés et équipés uniformément; outre leur arbalète qui, en se perfectionnant, était devenue une arme terrible, les archers portaient à la ceinture une dague très-affilée, et une massue pendue au cou, faite de bois léger et recouverte de lames de plomb; ils s'en servaient pour assommer le gendarme dont ils avaient abattu le cheval; leur poitrine était plastronnée d'une espèce de cuirasse d'osier croisée par deux bandes de fer(1), un chapeau de cuir bouilli leur tenait lieu de casque; tous ces hommes étaient fort agiles, et savaient voltiger autour des cavaliers couverts de fer, et les mettaient ordinairement hors de combat. Les archers de Henri V avaient perdu

---

(1) Manuscrit du Musée britannique.— St.-Remy.

presque tous leurs chaussures dans les longues marches qu'ils venaient de faire au travers d'un pays difficile et fangeux. Henri était débarqué avec fort peu de cavalerie, et les chevaux qu'il avait amenés périrent la plupart à Harfleur ou dans les premières marches; il savait que le connétable avait une cavalerie assez nombreuse: afin de lui opposer un obstacle, il fit exercer, dans les haltes, les archers à la manœuvre du piquet empruntée aux Turcs(1). Il avait chargé le duc d'York, sir Thomas Erpingham et sir William Marshall de faire confectionner une grande quantité de piquets longs de cinq pieds, et armés d'un gros clou à chaque bout. Les archers apprirent à le planter devant eux en l'inclinant en dehors, et à se tenir derrière cette espèce de ligne de chevaux de frise pour faire leur décharge sur la cavalerie, qui ne pouvait les assaillir sans danger de s'enferrer. Les archers de Henri V parvinrent à exécuter cette manœuvre avec une rare précision. D'après l'usage, le roi leur avait donné un commandant en chef, et désigna pour cette campagne sir Thomas Erpingham, vieux guerrier, compagnon d'armes de Chandos; il avait assisté aux batailles de Poitiers

---

(1) Voyez la bataille de Nicopolis, dans la vie de Couci.

et d'Aurai où il avait gagné l'ordre de la Jarretière : il passait pour le général le plus expérimenté de l'Angleterre. Lorsque la nuit fut venue, Henri V commanda le silence le plus absolu parmi ses gens, et défendit d'allumer des feux, et il fut si sévère à cet égard, qu'il fit publier que tout noble qui enfreindrait cette défense en faisant du tumulte serait privé de ses armes, et que si c'était un archer on lui couperait l'oreille droite (1) : comme chacun connaissait la sévérité d'Henri V on se soumit sans murmurer. Les archers se couchèrent sur la lisière du bois, le roi et les principaux barons s'établirent en arrière dans le peu de maisons qui se trouvaient là, et dans quelques jardins ; le calme qui régnait dans le camp des Anglais contrastait avec le mouvement qui se faisait dans celui des Français. Les laquais des barons couraient çà et là dans la campagne pour chercher des vivres et de la paille, incendiaient les maisons des paysans, se battaient entre eux, et entretenaient un tumulte perpétuel ; les soldats brisaient les arbres pour se faire des baraques qui les missent à couvert de l'eau qui ne cessait de tomber. De leur côté les bannerets se livraient à de vives discussions

(1) Manuscrit du Musée britannique, p. 162.

suites de leurs vieilles querelles ; ce désordre était augmenté par l'arrivée continuelle d'autres seigneurs qui rejoignaient le connétable, et qui voulaient être placés à la première bataille. Enfin la nuit parvint à son terme sans que le soldat eût goûté ce repos indispensable la veille d'une action. Les historiens anglais, et même le sire de Saint-Remy, assurent que dans leur fol orgueil les chevaliers français, à la lueur des feux des bivouacs, jouèrent aux dés Henri V et les nobles comme s'ils les avaient eus déjà en leur puissance ; selon ces mêmes chroniques on remarqua comme un incident de mauvais augure pour les Français que pas un cheval ne hennit dans leur camp pendant cette nuit.

Le jour parut (25 octobre 1415, fête de la St. Crépin) à travers un brouillard épais accompagné d'une pluie fine et glaciale ; Henri V entra dans la petite chapelle de Maisoncelles, y entendit la messe qui fut dite par l'évêque de Bath, et il communia (1) ; il ordonna à ses soldats de faire la paix avec Dieu par la confession, et leur dit qu'il avait « une vraie espérance de gagner la

(1) La chapelle dans laquelle Henri fit ses dévotions devint, le siècle suivant, une église ; et l'on voit encore, dans un des murs latéraux, le cintre de la porte de la chapelle qui a servi, suivant l'usage, de fondement au nouvel édifice.

« bataille, parce que les Français étaient tous
« pleins de péchés, et ne craignaient point leur
« Créateur. » Il promit la chevalerie aux nobles
qui n'avaient point encore reçu l'ordre, et la noblesse à ceux de la bourgeoisie qui se comporteraient bien ; il dit aux archers que l'ennemi avait juré de leur couper les trois premiers doigts de la main droite, afin de les mettre hors d'état de tirer, « et moi, comme votre roi, je dois subir le même traitement ; » les Anglais se prosternèrent tous à genoux pour recevoir la bénédiction de l'évêque de Bath ; cette cérémonie étant terminée, à neuf heures du matin le roi se revêtit, en présence de l'armée, d'une cuirasse brillante, et couvrit sa tête d'un casque magnifique avec la couronne d'or en cimier, et monta un petit cheval gris. Il ordonna à un chevalier du pays de Galles, nommé David Gamme, de se porter sur le point le plus rapproché du camp ennemi, pour s'assurer si les dispositions de la veille étaient restées les mêmes, et surtout pour évaluer approximativement le nombre des combattans; David Gamme revint trois quarts d'heure après :
« Seigneur, dit-il à Henri d'un air joyeux, il y
« en a assez pour être tués, assez pour être faits
« prisonniers, assez pour prendre la fuite. »
Cette saillie, qui courut aussitôt dans l'armée an-

glaise, y produisit plus d'effet que la harangue la plus éloquente. Henri V, qui ne doutait pas d'être attaqué, prit les dispositions en conséquence. Il fit filer derrière les haies de Tramecourt l'élite de ses archers sous le commandement de sir William Marshall, avec ordre de ne se lever et de ne commencer à tirer que lorsqu'on lui en donnerait le signal. Pour détourner l'attention de ce côté, il envoya par sa gauche dans le village d'Azincourt un fort détachement qui incendia plusieurs maisons, et notamment une ferme appartenant à l'abbaye de Saint-Georges (1). Hector de Saveuse, qui gardait le village, fut tué dans cet engagement (2). Pendant que ceci se passait dans le village d'Azincourt, Henri descendit du plateau à Maisoncelles avec toute son armée, et la rangea en bataille. Nous rappellerons qu'elle n'avait presque pas de cavalerie, et que les chevaux que les Anglais possédaient encore servaient à porter les bagages.

Henri disposa ses 16,000 hommes (il en avait détaché 2,000 dans les bois de Tramecourt) en une seule bataille formée en masse, qui pouvait

(1) Toutes les chroniques.
(2) Chronique de Tramecourt. La famille de Saveuse fit élever en ce lieu une croix qui exista jusqu'en 1789.

avoir 1,000 hommes de front(1); les premières lignes se composaient en entier d'archers; un gros de ces soldats formé en coin appuyait chaque aile et suppléait ainsi à la cavalerie. Sir Thomas Erpingham, à cheval comme le roi, se plaça en avant du centre tenant à la main un piquet semblable à celui de ses archers; au milieu de ceux-ci voltigeait la bannière de Saint-George de soie blanche partagée par une grande croix faite rouge; elle était portée par Thomas Strikland.

Le roi se plaça derrière le centre des archers, il avait auprès de lui les comtes de La Marche, d'Oxenfort, le duc de Glocester, son frère, et Archambaud VI, comte de Périgord, révolté contre Charles VI, et qui tenait, dans cette circonstance, la place que Geoffroi d'Harcourt avait tenue à Créci auprès d'Édouard III. Au-dessus de la tête de Henri V flottait le grand étendard d'Angleterre, mi-partie bleu et rouge, écartelé des lis français. L'aile droite était commandée par le duc d'Yorck, cousin du roi; on portait au mi-

(1) Les détails qui vont suivre sont textuellement extraits du manuscrit du Musée britannique, reproduit par M. Nicolas Harris, de St.-Remy, tous deux témoins oculaires, et de la chronique de Tramecourt, faite sur les lieux trente ans après l'événement; ainsi nous nous abstiendrons de les citer davantage.

lieu d'elle l'étendard de saint Édouard, bleu, avec une croix d'or; lord Camoys, chevalier de la Jarretière, commandait l'aile gauche; il avait avec lui les bannières de la Trinité et de saint Edmond. On laissa les bagages dans Maisoncelles, avec 80 hommes, commandés par sir John Garrew; là se trouvaient aussi les chapelains, dont l'un était cet anonyme dont le manuscrit est conservé au Musée britannique.

Henri V se trouvait ainsi serré entre le plateau et un versant qui le dérobait à la vue des Français, quoiqu'il n'en fût qu'à deux portées d'arc. Décidé à se conduire comme le prince Noir à Poitiers, il attendait en cette position qu'on vînt l'attaquer. Mais il venait de se passer dans le camp des Français un événement singulier qui trompa ses calculs; grace à un mouvement patriotique provoqué par les exhortations de Boucicaut et des autres sages de l'armée, ces ardens bannerets, appartenant aux différens partis qui déchiraient la France, firent tout à coup un oubli généreux du passé, et scellèrent leur réconciliation par l'accolade de paix. L'arrivée du duc de Brabant vint augmenter ces heureuses dispositions. Ce prince, neveu de Charles V, était parvenu à tromper la vigilance du duc de Bourgogne, qui voulait l'empêcher d'aller joindre l'armée française; il partit de Lille sans cuirasse et sans casque, et, suivi d'un seul trompette, il arriva à dix heures du matin par Fruges, perça les rangs des trois divisions échelonnées, et vint se placer au centre de la première; et, comme il n'avait pas de cotte d'armes, partie de l'équipement militaire la plus importante pour un seigneur, il prit l'étendard armoirié de ses armes qui pendait à la trompette de son guide, y fit un trou au milieu, y passa la tête, et le rabattit sur ses épaules en guise de la cotte d'armes qui lui manquait.

Par suite de la réconciliation qui venait d'avoir lieu parmi les nobles de France, on put obtenir d'eux de se conformer aux nouvelles dispositions que Boucicaut venait d'arrêter avec le connétable; c'était de rester en place, de fermer toutes les issues, et de laisser consumer les Anglais dans leur position, sans les attaquer : en effet cette détermination devait amener leur ruine complète. Les nobles, qui étaient dès le matin en armes, se soumirent à cette décision; ils firent rallumer les feux des bivouacs, se groupèrent autour, et envoyèrent leurs gens chercher des vivres. Dès ce moment les lignes se rompirent, et chacun en agit comme s'il n'avait point d'ennemi devant soi.

Cependant Henri V était sous les armes depuis le matin ; déjà il avait vu arriver la moitié du jour sans qu'il aperçût aucune apparence d'attaque ; il comprit alors que les Français, contre leur coutume, ne voulaient point prendre l'initiative, et que leur but était de le tenir cerné dans une position où il n'avait aucun moyen de faire subsister ses gens, car depuis trente-six heures ils n'avaient mangé que des noix et un peu de chèvre. Cette idée le fit frémir, et il conçut le projet hardi d'aller fondre sur les Français, puisqu'ils ne voulaient pas venir l'attaquer. Il parcourut les rangs, échauffa l'esprit de ses soldats ; il ne leur parla ni de la gloire ni de la patrie, mais de leur propre existence, ce qui les touchait bien plus : il leur montra l'alternative de mourir de faim dans un pays soulevé, ou de périr par le fer ennemi ; il leur fit sentir que ce dernier parti offrait plus que l'autre des chances de salut à des hommes de cœur. Ses soldats le comprirent, et ils se montrèrent décidés à se conduire, non pas comme des guerriers enflammés d'une ardeur martiale, mais comme des gens que l'on veut égorger sans pitié, et qui se défendent en désespérés. Henri, profitant de ces dispositions, donne l'ordre de se porter en avant, il abandonne même son cheval et se confond à pied dans les rangs des nobles comme un simple écuyer. En conséquence l'armée anglaise s'ébranla, monta en silence la hauteur qui la séparait des Français, s'avança rapidement et dans un ordre parfait. A la vue de cette masse qui s'approchait en ligne, les nobles de France quittent les bivouacs (1), courent aux armes, forment leurs divisions avec une grande célérité, et reprennent l'ordre de bataille qu'ils avaient quelques heures auparavant; les deux corps de cavalerie, destinés à protéger les ailes, s'avancent en colonne en rasant la lisière des deux bois d'Azincourt et de Tramecourt; à leur aspect, le vieux Erpingham se porte en avant de la première ligne des archers, et lance dans les airs son piquet en criant d'une voix forte : *Nowe strike*, «maintenant frappez.» Le sire William Marshall, qui se tenait caché derrière les haies de Tramecourt, répète ce signal convenu : au même instant les archers y répondent en jetant un grand cri, et commencent leurs terribles décharges; elles avaient mis

---

(1) On lit dans les chroniques d'Aquitaine, ces quatre vers :

> L'an mile quinze avec quatre cent,
> Fut la journée d'Azincourt,
> Où les Anglais prindrent par bon sens,
> Les Français près du feu tout court.

beaucoup de Français hors de combat avant que les deux armées se joignissent. Les deux corps de cavalerie, commandés l'un par Clignet de Brabant, et l'autre par le comte de Vendôme, voulurent charger en colonne, mais, comme la terre était imbibée d'eau et nouvellement ensemencée, les chevaux s'enfonçaient jusqu'à la sangle; sur les 4000 hommes de cavalerie dont on espérait tirer un si bon parti pour rompre les archers anglais, 900 purent fournir leur charge, mais ils le firent d'une manière malheureuse, la plupart vinrent se précipiter sur les piquets; les chevaux blessés se renversaient sur leurs maîtres, ou tombaient aux pieds des archers. Clignet de Brabant fut tué dans cette circonstance, et le comte de Vendôme, engagé sous son destrier, fut fait prisonnier par John Corwall. A l'exception de ce prince, que l'on épargna à cause de son rang, les archers ne firent quartier à personne. Malgré ce premier désavantage, le connétable s'avança contre Henri, et cette masse de chevaliers couverts de fer fit reculer toute l'armée anglaise; mais les archers, cachés dans les bois de Tramecourt, avaient la facilité de tirer obliquement sur le dos de l'aile gauche des nobles, et les perçaient sans que ceux-ci pussent se défendre: cette circonstance fit chanceler la résolution des Français, dont la constance n'est pas de longue durée. Erpingham, qui s'était mis à pied au milieu des premières lignes, profitant de ce moment d'hésitation, lança une seconde fois les archers contre la bataille du connétable; les archers, stimulés de nouveau, se baissèrent simultanément, prirent une poignée de terre, l'approchèrent de leur bouche, sans doute, dit l'historien anglais, pour montrer qu'ils étaient décidés à redevenir terre, c'est-à-dire à marcher à la mort (1); et en effet ils se jetèrent avec furie au milieu des nobles, les saisirent par les bras, et les frappaient à coups de dague sous l'aisselle, ou au visage, qui se trouvait à découvert à cause des casques sans visière adoptés depuis peu.

Henri V, qui suivait pas à pas les archers, abandonna son cheval et se porta en avant avec toute son armée, en criant : « Allons, donnons « en l'honneur de la Sainte-Trinité, » attaqua directement la bataille du connétable, déjà rompue par sa propre cavalerie, et pénétra dans cette masse : alors la lutte devint générale. Cette première ligne de 8,000 hommes, dont la moitié était ou tuée ou mise hors de combat par des

---

(1) M. Nicolas Harris, Battle of Agincourt, p. 240.

blessures terribles, soutint pendant près d'une heure, sans être secourue, tout le poids de l'armée anglaise, dont les rangs se renouvelaient perpétuellement. Le connétable et le duc de Brabant, arrivé le dernier, furent tués au milieu des leurs; le maréchal de Boucicaut, blessé au visage d'un coup de javelot, tomba et resta enseveli sous des monceaux de cadavres; le duc d'Orléans fut pris par sir Richard Valler : les nobles, pressés entre eux comme les Flamands à Rosebec, reçurent la mort sans pouvoir seulement se servir de leurs lances, qu'ils avaient raccourcies de moitié; enfin il n'en resta plus un seul debout; leurs corps entassés remplissaient toute la largeur du défilé. Henri V, à qui ce triomphe avait coûté 800 hommes, l'élite de ses troupes, franchit avec toute son armée cette ligne de cadavres, de blessés et de chevaux, et au-delà il forma de nouveau ses divisions, ce mouvement fut exécuté avec une précision, avec un calme que l'on ne pouvait attendre que de soldats aussi disciplinés que les siens. Il plaça une seconde fois ses archers devant son front pour recommencer la même manœuvre, et dans cette position il attendit de pied ferme le duc d'Alençon, qui, trois cents pas plus loin, ralliait à son corps de bataille les débris du connétable, ce qui fut un malheur pour lui, car les soldats communiquèrent aux siens une partie de la terreur dont leurs esprits étaient frappés.

Nous avons dit que ce second corps de bataille ne pouvait se déployer, ni sur sa droite, ni sur sa gauche, pour secourir le connétable; il ne pouvait que suivre son mouvement en avant; il resta immobile pendant toute l'action, et ne s'ébranla que lorsqu'il vit les soldats du connétable reculer confusément sur lui; il s'avança enfin, enseignes déployées et les rangs très-serrés. Le comte d'Alençon, se voyant appelé à réparer le premier désastre, marcha fièrement au centre, ayant autour de lui 18 chevaliers, commandés par le sire de Brunelet. Ces chevaliers avaient dévoué leur vie pour tuer le roi d'Angleterre (1).

Les deux lignes se joignirent; elles étaient alors à la hauteur du château d'Azincourt; les archers, défendant le front de Henri V, furent taillés en pièces, et laissèrent sur place 300 des leurs, avec le jeune comte de Suffolk, dont le père venait de mourir devant Harfleur. Le reste n'échappa qu'en se jetant dans les bois qui bordaient le défilé. Le duc d'Alençon fondit sur

(1) Tous les historiens d'Angleterre.

l'ennemi tête baissée, il brisa les premiers rangs, qui se replièrent en désordre sur les autres; il fallait aux Anglais la présence de leur roi et l'enthousiasme d'un premier succès pour résister à un pareil choc : pendant une heure entière les deux partis se poussèrent alternativement comme les vagues de la mer. Henri V courut les plus grands dangers; les 18 chevaliers voués pour lui arracher la vie pénétrèrent individuellement jusqu'à sa personne, et ne furent arrêtés que par la foule des bannerets qui faisaient à leur roi un rempart de leurs corps; ces chevaliers audacieux se firent tous tuer, David Gamme le Gallois en abattit deux au moment où ils allaient frapper son maître, mais il fut renversé à son tour et ne se releva plus.

La fureur, le dépit de se voir enlever une victoire qu'ils croyaient déjà assurée animèrent les soldats de Henri d'un sentiment de rage; ils dirigèrent tous leurs efforts sur la droite de l'ennemi, formée de bandes de différens pays; ils tuèrent le sire de La Tour, leur chef, et enfoncèrent cette aile; les Anglais, trouvant une issue par ce côté, s'y jetèrent en colonne et tournèrent la ligne; le duc d'Alençon, qui avait le génie de la guerre, voulut changer de front par un mouvement rétrograde sur sa gauche, mais les soldats d'alors n'étaient pas assez exercés pour exécuter ce mouvement difficile. Les 4,000 soudoyés de l'aile droite, depuis longtemps sans solde, se retirèrent avec une lâche précipitation, signalée comme telle par les historiens contemporains. Le duc d'Alençon, par son exemple et son activité, serait parvenu à réparer cet échec, et aurait pu balancer la fortune sans un incident encore plus malheureux : les archers anglais, obligés de se jeter dans les bois qui bordaient le défilé, s'y étaient ralliés ; ils revinrent au combat avec une nouvelle ardeur ; placés sur la lisière de la forêt, ils prirent en queue l'extrême gauche des Français, pendant que le duc d'Alençon était occupé à réparer le désordre de la droite, et firent essuyer à l'ennemi une perte considérable par des décharges continuelles ; la ligne rompue à ses deux extrémités céda par le centre aux efforts de Henri V, qui s'y jeta avec des divisions toutes fraîches ; le mouvement de retraite se détermina, il se changea bientôt en fuite. Le duc d'Alençon, le héros de cette malheureuse journée, conserva son sang-froid au milieu de ce désastre ; il céda lui-même au torrent quelques instants, mais s'arrêtant tout à coup, il parvint à rallier autour de lui un noyau d'hommes valeureux. Il se trouvait alors à trois cents pas du dernier corps, formé de milices, et resté jusqu'alors tranquille spectateur de la scène ; 4,000 hommes des premières lignes de ces troupes communales, entraînés par leurs baillis, s'avancèrent précipitamment et se joignirent au duc d'Alençon, qui avait déjà rallié 2,000 combattans. Les Anglais n'auraient remporté qu'un faible avantage si ce prince bouillant se fût replié sur le dernier corps; mais, n'écoutant que son ardeur, il s'avança de nouveau pour recommencer l'engagement, reconquérir la victoire ou trouver une mort glorieuse; il passa par-dessus des masses de cadavres, joignit les Anglais et fondit sur eux ; rien ne résista à sa fougue, tout plia devant lui, il ne combattait plus en général, mais en soldat; il se dirigea vers le centre où il voyait flotter la bannière d'Angleterre, et voulut pénétrer jusqu'à Henri : personne ne put l'arrêter, il abattait tout ce qui s'opposait à sa marche; déjà près du monarque anglais, il le menace de la voix ; il n'en était plus séparé que de la longueur de son arme, lorsque le duc de Glocester (1) se jeta entre

(1) Elmham, dit le duc de Glocester et non le duc d'York, et il dit vrai, puisque ce dernier commandait l'aile droite, où il fut tué.

Henri V et le duc d'Alençon ; celui-ci lui lança sur la tête un coup de sabre et le renversa ; Henri se baissa pour retenir son frère, qui tombait ; le prince français lui assena un coup si violent qu'il brisa la couronne qui surmontait son casque ; il releva son bras et allait le tuer d'un nouveau coup, lorsque les barons anglais se jetèrent sur lui, brisèrent son arme dans ses mains et le frappèrent de tous côtés : le duc d'Alençon désarmé, cria, en s'adressant au roi Henri : « Je suis le duc d'Alençon, je me rends à vous ; » il était tué avant que Henri eût eu le temps de recevoir son gantelet. Les 6,000 combattans qui suivaient le jeune prince français le secondèrent dignement tant qu'il vécut ; David Derambure, Jean Leborgne, les sires de Beaufremont, de Noailles, d'Aumont, de Laroche-Guyon, Jean de Montagu, archevêque de Sens, combattirent vaillamment, et se firent hacher sous ses pas, ainsi que les baillis de Mâcon, de Sens, de Caen, de Senlis et de Meaux. La place sur laquelle se livra cette action si opiniâtre s'appelle le Champ de la Bataille. (Chronique de Tramecourt.)

Il restait encore près de 15,000 hommes de milice rangés en ligne à l'entrée de la plaine, à quinze cents toises du premier champ de bataille ;

Henri V ne chercha pas à engager dans une quatrième action ses soldats accablés de lassitude et la plupart blessés. Il envoya le sir de Ross vers ces milices pour leur dire que tous les nobles de France étaient ou morts ou prisonniers, et que le roi d'Angleterre leur laissait la liberté de se retirer sans combattre; mais que si elles commençaient un nouveau combat, il ne ferait quartier à personne. (Journal de Paris, p. 27.)

Pendant que le sir de Ross était en pourparlers avec les milices, l'alarme se mit dans l'armée anglaise; des fuyards venant de Maisoncelles annoncèrent que les Français avaient tourné la position, et que ralliés au nombre de 20,000, ils s'avançaient pour attaquer les Anglais en queue; cette nouvelle irrita Henri V; ce prince forma de nouveau ses divisions, dans la conviction qu'il allait recommencer la bataille contre des forces supérieures; il ordonna qu'on fît main-basse sur les 4,000 prisonniers, jugeant qu'il serait embarrassé de les faire garder, mais comme ces prisonniers étaient des nobles de distinction, les soldats anglais, espérant une forte rançon, refusèrent de les tuer. Henri V, outré de colère, ordonna à un chevalier de son hôtel de prendre 200 archers, et d'exterminer les prisonniers à coups de dague (1). Cet ordre barbare fut exécuté froidement comme celui de Bajazet à Nicopolis; déjà 1,200 de ces malheureux nobles avaient péri, lorsque Henri V fit cesser le carnage, à l'arrivée d'un nouveau message annonçant que les fuyards avaient donné une fausse alerte; quelques soldats et 600 paysans commandés par Isambert d'Azincourt et Pierre de Bournonville, parent d'Engueraud de Bournonville, défenseur de Soissons, s'étaient jetés sur le camp des Anglais et avaient dispersé les soldats de garde; ceux-ci épouvantés étaient venus joindre l'armée en criant que tout était perdu; on courut sur ces pillards qui, à l'approche d'une division, se hâtèrent d'abandonner le camp, ayant eu cependant le temps d'enlever ce qu'il y avait de plus précieux dans les bagages du roi (2), et de faire prisonnier sir John Garow.

(1) Tous les historiens.

(2) Henri V perdit, dans cette occasion un coffret plein de pierreries, ses habits royaux, le grand sceau de la chancellerie, un morceau de la vraie croix incrusté dans un lingot d'or, et une épée fort riche; Pierre de Bournonville eut pour sa part cette épée; il la donna au jeune comte de Charolais, qui le prit sous sa protection, et empêcha qu'il ne fût mis à mort, comme le duc de Bourgogne l'avait or-

Sur ces entrefaites le sire de Ross rentrant de sa mission auprès des milices, annonça qu'elles allaient se retirer; en effet ces troupes, composées d'hommes étrangers au métier des armes, conduits par force sur le terrain, pouvaient-elles espérer de faire ce que n'avaient pas fait ces nobles animés d'une ardeur martiale, et dont l'occupation journalière était de combattre; on les vit s'ébranler, et par un mouvement rétrograde se jeter dans la grande chaussée de Fruges où elles se rompirent pour prendre différentes directions; Henri V les fit suivre par une division d'archers, et lorsqu'il les eut perdus de vue il vint se placer au centre du défilé; il s'assit sur un monceau d'armes, et se livra comme un enfant aux transports d'une joie immodérée; il se fit amener Montjoie, roi d'armes de France, qui se trouvait au nombre des prisonniers. « Eh bien! lui demanda-t-il avec ironie, dis-nous à qui est l'honneur de la victoire? » Montjoie ré-

donné pour le punir d'avoir causé la mort de 1,200 chevaliers.

Le sire de Gaucourt, pris dans Harfleur, promit de retrouver tous les effets enlevés, si on lui donnait la liberté sans rançon; son offre fut acceptée, il parvint à retrouver ces objets précieux, et les racheta au compte du roi d'Angleterre pour une somme assez forte.

pondit : « A qui voulez-vous qu'il soit si ce n'est à vous ? » Henri lui dit ensuite : « Quel est le nom du château que j'aperçois sur ma gauche au milieu des arbres ? — Il se nomme Azincourt. — Eh bien! comme toutes les batailles doivent porter le nom de la forteresse la plus voisine, celle-ci s'appellera la journée d'Azincourt. » Ceci n'était point exact, car le château de Tramecourt, caché par les arbres sur la droite, était beaucoup plus près que celui d'Azincourt.

Henri voulut voir les prisonniers; on les fit passer devant lui, la plupart étaient couverts de larges blessures; le prince reconnut parmi eux cet Olandyne qu'il avait chassé de sa présence à Southampton; il le fit hacher à coups de dague.

Il ordonna à ses clercs de parcourir le champ de bataille, et de faire le relevé des morts; les clercs trouvèrent, outre sept princes du sang, plus de 6,000 nobles, barons, chevaliers ou écuyers, l'élite de la noblesse de France; on releva 2,000 blessés très-grièvement, parmi lesquels on distinguait les comtes de Vendôme, de Richemont et le maréchal Boucicaut.

Les Anglais perdirent 1,600 hommes, outre une quantité considérable de blessés; le duc d'York, le comte d'Oxenfort, princes du sang, succombèrent dans cette journée; on fit bouillir leurs corps afin d'emporter les os en Angleterre, et leurs entrailles furent enterrées à Fressin.

Boucicaut, blessé très-grièvement, fut enlevé du milieu des morts, parce que l'on s'aperçut qu'il respirait encore: en reprenant ses esprits il se trouva dans le camp des Anglais; sa sensation fut bien pénible, car il ne revenait à la vie que pour être témoin de la joie inexprimable des ennemis qui célébraient leur victoire. La carrière du maréchal avait été remplie d'infortunes : à Nicopolis, il fut victime de sa propre imprudence; à la bataille d'Azincourt, il fut victime de celle des autres; il se trouva bien plus malheureux que les guerriers morts dans ce funeste combat, car il orna le triomphe du vainqueur. Il arriva le 29 octobre à Calais avec Henri V, qui bien loin de profiter de sa victoire pour faire des conquêtes se hâta d'aller se renfermer dans cette place de guerre; il craignait d'être obligé d'en venir aux mains avec le duc de Bretagne, qui accourait à la tête d'une armée bien disciplinée; le monarque anglais passa quinze jours à Calais, il arriva à Douvres le 17 novembre, après une traversée fort difficile, et fit son entrée à Londres le 24.

Boucicaut vécut encore six ans dans une captivité assez dure; l'histoire n'a laissé aucun détail sur les six dernières années de sa vie ; on sait qu'il allait souvent visiter à Windsor le tombeau du roi Jean, dont les infortunes étaient conformes aux siennes. Il mourut à Londres, des suites de ses graves blessures, en 1421, à l'âge de cinquante-six ans, huit mois avant Charles VI ; sa famille obtint la permission de transporter son corps en France ; le maréchal fut enterré dans l'église de Saint-Martin à Tours (1), auprès du maréchal son père ; on voyait son épitaphe gravée sur une plaque de bronze et conçue en ces termes : « Cy gist noble chevalier messire Jean Lemeingre dit Boucicaut, le fils, maréchal de France, grand connétable de l'empereur et de l'empire de Constantinople, gouverneur de Gênes pour le roi, comte de Beaufort, de Clux, d'Alest et vicomte de Turenne, lequel trépassa en Angleterre *illec* étant prisonnier, le 27me jour de .... MCCCCXXI. »

Boucicaut avait épousé, en 1392, Antoinette de Turenne ; il en eut un fils qui vint au monde avec une faible complexion, et qui mourut à l'âge de vingt ans en 1416 ; la mère de ce jeune banneret, consumée par le chagrin que lui causait la captivité de son époux et la mort ré-

---

(1) Cette église n'existe plus.

cente de son fils, descendit au tombeau à la fin de 1416; elle légua ses riches possessions, le vicomté de Turenne et le comté de Beaufort, au maréchal; mais celui-ci étant prisonnier ne put faire valoir ses droits contre la famille de sa femme, qui s'empara de tous les biens, et Boucicaut mourut sans avoir joui du bénéfice de cette donation.

(1) On trouvera, à la fin du sixième volume renfermant la vie d'Arthur Richemont, pris à la bataille d'Azincourt, la liste des chevaliers tués dans cette circonstance, et plusieurs notes relatives à cette funeste journée.

FIN

DU TOME CINQUIÈME.

TABLE

DU CINQUIEME VOLUME.

IIe PARTIE.

JEAN LE MEINGRE DE BOUCICAUT,

MARECHAL DE FRANCE.

LIVRE PREMIER.

Pag.

Son enfance. — Il accompagne, à l'âge de douze ans, Louis de Clermont dans la campagne de la Normandie en 1377. — Il assiste cinq ans après à la bataille de Rosebec, et tue un Flamand d'une taille gigantesque. — Il va en Prusse prêter l'appui de son bras aux chevaliers Teutoniques. — A son retour Louis de Clermont le choisit pour son lieutenant dans la campagne du Poitou de 1385. — Boucicaut se distingue et termine seul l'expédition. — Il forme une confraternité d'armes avec Renaud de Roye. — Il parcourt avec lui toute l'Europe et une partie de l'Asie. — A son retour en France, il soutient, avec Renaud de Roye et Saimpy, le fameux pas d'armes de Juquelvert. 307

LIVRE II.

Boucicaut se rend une seconde fois dans le nord, pour offrir ses services aux chevaliers Teutoniques. — Il se distingue dans la campagne de 1390. — A son retour le roi le nomme maréchal de France. — Boucicaut est envoyé dans le comtat d'Avignon pour faire cesser le schisme qui déchirait l'Église. — Il s'empare de la personne du pape Benoît XIII. — Il accompagne le comte de Nevers en Hongrie. — Bataille de Nicopolis. — Boucicaut est fait prisonnier par les Turcs.   345

LIVRE III.

Boucicaut revient en France. — Le roi l'envoie en Périgord pour faire rentrer dans le devoir le rebelle Archambaud. — Boucicaut soumet les places fortes de cette province et fait prisonnier le comte; le maréchal se rend à Constantinople. — Il est nommé connétable de l'empire. — Il bat les Turcs et revient en France chercher de nouveaux secours.   367

LIVRE IV.

Boucicaut gouverne Gênes au nom du roi de France.   394

LIVRE V.

Boucicaut arrive à Paris en 1411. — Le roi le nomme

commandant des troupes rassemblées à Paris. — Il marche contre une division nombreuse de soldats licenciés, et les détruit totalement. — Le duc de Bourgogne le choisit pour son lieutenant. — Il assiste au siège de Ham. — Il disperse les troupes des princes confédérés du parti orléanais, et les rejette au-delà de la Loire. — Il est élevé à la dignité de premier maréchal de France. 469

LIVRE VI.

Le maréchal Boucicaut commande le premier corps de l'armée royale dans la campagne que Charles VI fit en 1413 contre le duc de Berri et les autres princes confédérés. — Boucicaut conduit le siège de Bourges. — La paix est faite. — Il est chargé d'aller à Londres renouveler la trève. — A son retour à Paris il délivre le dauphin de la tyrannie des chefs populaires de Paris, et le remet en possession de l'autorité tout entière. — Siège de Soissons et d'Arras. — Boucicaut est nommé gouverneur-général du Languedoc et rétablit le calme dans cette province. 497

LIVRE VII.

Boucicaut est rappelé du Languedoc pour commander en second l'armée destinée à expulser les Anglais de la Picardie. — Bataille d'Azincourt. — Boucicaut y est fait prisonnier. — Il est conduit à Londres. — Il y meurt. 550

FIN DE LA TABLE.

www.ingramcontent.com/pod-product-compliance
Lightning Source LLC
Chambersburg PA
CBHW071200230426
43668CB00009B/1023